홍익인간

韓中日
역사 연대기 중심 총망라

7만년 역사

①

■ 조홍근(曺洪根)

경남 밀양(密陽) 무안(武安) 삼강동(三綱洞)이 고향이며, 마산(馬山)고등학교를 졸업하고, 서울대학교에서 섬유공학을 전공, 법학을 부전공하였다. 대검찰청, 서울지방검찰청, 서울북부검찰청 등에서 13년간 근무하였으며, 미국 애리조나 폴리그래프 스쿨을 수료하고, 한국방송대학교에서 법학, 중어중문학, 영어영문학, 미디어영상학, 국어국문학을 전공하였다.

1980년경부터 40여 년 동안 족보(族譜)와 한중일(韓中日) 역사를 연구해 오면서, 부도지(符都誌), 한단고기(桓檀古記), 규원사화(揆園史話), 단기고사(檀奇古史) 등 귀중한 역사자료를 통하여, 우리역사 1만년을 넘어 마고(麻姑) 시대를 포함한 72399년의 역사를 밝히고 정립하는 데 총력을 기울이고 있다.

홍익인간 7만년 역사 1

© 조홍근, 2021

1판 1쇄 인쇄__2021년 10월 1일
1판 1쇄 발행__2021년 10월 3일

지은이__조홍근
펴낸이__이종엽
펴낸곳__글모아출판
　　　　등록__제324-2005-42호

공급처__(주)글로벌콘텐츠출판그룹
　　　　대표_홍정표 이사_김미미 편집_하선연 권군오 최한나 문방희 기획·마케팅_김수경 이종훈 홍민지
　　　　주소__서울특별시 강동구 풍성로 87-6
　　　　전화__02) 488-3280 팩스__02) 488-3281
　　　　홈페이지__http://www.gcbook.co.kr
　　　　이메일__edit@gcbook.co.kr

값 28,000원
ISBN 978-89-94626-85-7 04910
ISBN 978-89-94626-92-5 04910(전5권 세트)

홍익인간 7만년 역사

韓 中 日
역사 연대기 중심 총망라

1

조홍근(曺洪根) 편저

한국시대 9족(九族)의 분포지역

글모아출판

天符經

一始無始一析三極無
盡本天一一地一二人
一三一積十鉅無匱化
三天二三地二三人二
三大三合六生七八九
運三四成環五七一妙
衍萬往萬來用變不動
本本心本太陽昂明人
中天地一一終無終一

一始無始一析三極無盡本天一一地一二人一三一積十鉅無匱化三天二三地二

三人二三大三合六生七八九運三四成環五七一妙衍萬往萬來用變不動本心本太陽昂明人中天地一一終無終一

一終無終一地天中人明昂陽太本心本動不變用來往萬衍妙一七五環成四三運九八七生六合三大三二人三

二地三二天參化匱無鉅十積一三一人二一地一一天本盡無極三析一始無始一

우리 역사 속 10대 대발견

❶ 홍익인간(弘益人間) 천부(天符)의 역사는 마고성(麻姑城:파미르고원)의 마고(麻姑)시대인 서기전 70378년 계해년(癸亥年)부터 시작되었음을 최초로 밝혔음.

❷ 역법(曆法)이 시작된 해는 마고성(麻姑城)의 황궁씨(黃穹氏) 시대인 서기전 25858년 계해년(癸亥年)임을 밝혔으며, 서기전 70378년 계해년이 마고(麻姑) 기원(紀元:천부 天符)임을 밝혔음.

❸ 황궁씨를 이은 나반(那般:那般尊者:獨聖者)이 한국(桓國)시대 한인씨(桓因氏) 이전의 임금이던 유인씨(有因氏)이며, 한인씨 7대(代)가 약 1,000년을 다스렸다는 것임을 밝혔음.

❹ 윷놀이판의 모습이 천부경(天符經)의 무극, 삼태극, 운삼사성환오칠의 무한조화순환역(無限造化循環易) 및 음양오행(陰陽五行), 태양태음성력(太陽太陰星曆)이자 단군조선의 정치행정 구조를 나타낸 것임을 밝혔으며, 하도(河圖)와 낙서(洛書)가 배달나라 시대의 음양오행수리역(陰陽五行數理易)이며, 태호복희 8괘역과 윷놀이판의 역(易)이 지구의 자전(自轉)과 공전(公轉)을 기반으로 한 무한순환 역(易)임을 밝혔음.

❺ 천제(天帝), 천황(天皇: 天王), 천군(天君), 천공(天公), 천후(天侯), 천백(天伯), 천자(天子), 천남(天男)의 위계질서를 최초로 밝히고, 천제자(天帝子)와 천자(天子)의 차이점을 최초로 밝혔으며, 태호복희씨(太皞伏羲氏)가 일반 천자(天子)가 아니라 천지인(天地人) 삼신(三神)에게 제(祭)를 올리는 권한을 가진 제사장인 천군(天君)임을 밝혔음.

❻ 아리랑(阿里嶺) 민요의 원천이 되는 최초의 역사적 사실이 서기전 2333년 10월 3일 조선을 건국하기 이전에 있었던 당요(唐堯)의 전란(戰亂)으로 인하여 단군왕검(檀君王儉)께서 동북의 아사달로 이동한 과정임을 밝혔음.

❼ 고대중국의 천자로 불리는 황제헌원(黃帝軒轅) 및 요순우(堯舜禹)와 고대 일본 왜(倭)의 시조 신무왕(神武王)이 배달, 단군조선의 제후인 천자(天子)로서 독립을 시도한, 홍익인간 왕도 정치권에서 이탈한 역천자(逆天者)임을 밝혔음.

❽ 우비(禹碑:우 치수기념 부루공덕비)의 비문을 국내 최초로 역사적 해석을 하였는 바, 우비는 서기전 2267년 이후 우(禹)가 치수에 성공한 후 치수법(治水法)을 전수해 준 단군조선 태자 부루의 공덕을 새겨 남악(南嶽) 형산(衡山)에 세운 것임을 밝혔음.

❾ 일본 국조신(國祖神)인 천조대신(天照大神)의 사당인 이세신궁(伊勢神宮)에 소장된 원시 한글 축문을 국내 최초로 완벽 해독하고, 요하유로 기록된 천조대신이 단군조선 두지주(豆只州) 예읍(濊邑)의 추장(酋長)인 두지도리의 후손임을 밝혔음.

❿ 명도전(明刀錢) 등에 새겨진 문자를 단군조선 문자로서 최초로 해독한 학자 허대동 선생 〈저서 고조선 문자〉의 가림토(加臨土)의 연구에 검증차 참여하여 첨수도(尖首刀), 명도전이 단군조선의 화폐이며 그 위에 새겨진 문자가 단군조선의 상형 및 표음 문자임을 밝혔으며, 배달시대부터 상음문자(象音文字)가 사용되었고 숫자 등 기본 한자(漢字)의 원발음이 단군조선 시대의 가림토식 음독(音讀)임을 밝혔음. 그 외 다수

『홍익인간 7만년 역사』를 쓴 이유

一. 홍익인간 실현의 우리 상고사 상식화

二. 연대기 역사 중심의 신화가 아닌 사실적

   역사 강조

三. 아놀드 토인비의 한국사 지위 설정 오류의

   교정 및 올바른 세계사 정립

서 문

　홍익인간 7만년 역사는 7만년 전부터 우리조상들이 천부(天符)사상에 기초한 정치이념을 지상에 실현하면서 면면히 이어온 유구하고도 장대한 우리역사를 독자들이 역사적 사실로서 파악하기 쉽도록 연대기 중심으로 하여 상세히 풀어 본 수필식이 가미된 역사책이라 하겠다.

　필자는 1980년에 고등학교를 졸업하면서부터 족보연구에 깊은 관심을 두었고, 1985년도 봄에는 남산 국립중앙도서관을 드나들며 각 성씨의 족보책을 샅샅이 뒤지면서 공부를 하던 중, 많은 성씨의 시조 역사가 신화나 설화로 되어 있고 그 신화나 설화중의 사실들이 연대기적으로 명확하지 아니하여 이해하기 어려운 측면이 많았는데, 이에 역사서로서의 사실적 객관성을 유지하기 위해서는 연대기적으로 정리하는 것이 필요하다고 인식하게 되었고, 우연히 진주소씨 족보 서문에서 서기전 57년 신라가 건국되기 이전인 서기전 209년에 진한(辰韓)이 건국되었다는 기록을 발견함으로써 신선한 충격을 받았다. 이리하여 필자는 한국의 족보는 어떠한 외세의 침탈에도 사라지지 않는 역사책이 될 수 있으면서, 이들을 모두 연대기적으로 분석, 종합정리하면 훌륭한 사실적 역사책이 될 수 있을 것이라 확신하였다. 한편으로는 세계적인 역사학자인 아놀드 토인비가 우리 한국의 역사를 중국 역사의 갈래로 분류한 것에 분노를 느껴, 올바른 세계사 정립이 필요함을 절감하면서 특히 우리 상고대사 연구에 몰두하게 되었다.

　이후 1985년에 한단고기(桓檀古記) 〈강수원 역〉의 우리 상고대사에 관한 책을 발견하여 읽고서는 그때까지 해결하지 못하고 있던 신화나 설화로 묘사된 각 성씨의 시조들 역사가 모두 그 근원이 반드시 있음을 확신하게 되어 감탄을 금치 못하였는바, 내심 한단고기의 역사적 기록들이 어느 누가 뭐라 해도 97% 이상 정확하다는 확신을 하게 되었다. 이어 천부경 내용을 역(易)으로써 풀이를 완성하고자 나름 깊이 연구하였고, 또, 아리랑이라는 민요 가사의 근원 역사를 파헤치기도 하였다.

이후 서기 1987년에 김은수 선생께서 역해한 부도지(符都誌)를 접하고서 이 부도지의 기록내용이 한단고기 중 삼성기의 내용을 보완함과 아울러 그 이전의 역사를 기록한 것임을 알게 되었고, 이에 족보와 관련한 역사책을 만드는 일을 잠시 보류하고 우리 상고사를 우선 정립하는 것이 필요하다고 결론을 내리고는 이후 지금까지 우리역사가 7만년 이상의 홍익인간 역사임을 밝히고, 객관적으로 역사 사실적으로 정립하고자 연대기 정리를 염두에 두면서 연구에 몰두하게 되었다.

2000년도에는 일본의 이세신궁(伊勢神宮)에 소장된 원시한글 문헌의 글을 완벽 해석하게 됨으로써, 그 글은 일본 역사가 단군조선의 두지주 예읍의 추장에 뿌리를 둔 것임을 증명하고 있는 것임을 알게 되었다.

그 후 획기적인 일이 발생하였는바, 바로 명도전(明刀錢)과 첨수도(尖首刀) 등이 단군조선의 화폐이며, 그 위에 새겨진 문자가 단군조선 문자임을 확인하게 되었다.

필자는 우리역사를 연구하면서 단군조선의 영역 상으로 보아 명도전이 연(燕)나라 화폐가 아니라 단군조선의 화폐임을 인식하고 있었으나, 이를 명백히 증명하는 데는 한계가 있었는데, 한편으로, 필자는 서기 2000년 이후로 서기전 2181년에 출현한 단군조선의 소리글자 가림토(加臨土)와 관련된 역사적 유물이나 가림토가 새겨진 자료 등을 찾고 있었다.

그런데, 인터넷상에서 엄청난 일이 벌어지고 있던 것을 알게 되었다. 그것은 서기 2009년 필자가 찾고 있던 목적물을 허대동 선생이 이미 2년 전부터 상당한 연구로써 단군조선 문자임을 해독하여 증명하고 있었다. 바로 명도전의 뒷면에 새겨진 문자가 단군조선의 가림토임을 밝히고 있었다.

이에 필자는 허대동 선생과 연락이 닿아 명도전 문자 연구에 동참하게 되었고, 필자는 검증(檢證)하는 역을 맡게 되었는데, 명도전의 문자가 곧 단군조선의 문자임을 명백하게 확인하게 되었다. 이에 허대동 지음으로 한 필자 검증의 책이 2011년 초에 고조선 문자라는 이름으로 발간되었다.

이리하여 필자는 김시습 선생이 징심록추기에서 밝혔듯이 세종대왕의 훈민정음이 징심록에서 그 근본을 취하였다고 한 근거로서 훈민정음과 관련된 기록들에서 단군조선의 소리글자를 증명하는 자료를 찾아 나섰으며, 이에 곧 훈민정음 해례본의 정인지 서문을 해석하면서 결정적으로 단군조선 때 소리글자가 있었음을 증명하는 글귀를 발견하였다.

......古人因聲制字以通萬物之情以載三才之道......

단군조선 시대에 소리글자가 있었음은 명도전이라는 유물과 훈민정음 해례본의 정인지 서문에 있는 문장으로 이미 증명되고도 남는다. 나아가 필자의 결론은 단군조선 시대에 출현한 소리글자인 가림토 38자는 이미 배달나라 초기부터 내려온 수많은 상형문자 중 소위 상음문자(象音文字)에서 표음 부분을 정선(精選)한 것이라는 데 이르렀다. 즉, 상형문자에는 각 소리가 있으며 그 소리는 곧 표음 부분을 읽은 것이고, 이를 도출하여 정형화한 것이 가림토 38자라는 것이다. 다시 말하면 가림토는 원래 상형문자라는 것이다. 그리하여 훈민정음 28자도 원래 상형문자에서 나온 소리글자로서 자연히 꼴, 뜻, 소리를 지닌 상형문자, 표의문자, 표음문자라는 사실이다.

서기 400년경에 신라시대 박제상(朴堤上) 선생이 지었다는 징심록(澄心錄) 15지(誌) 안에는 음신지(音信誌)가 있다. 이 음신지가 단군조선 시대의 소리와 문자에 관한 역사기록이라고 필자는 확신하고 있다.

필자가 역사연구를 하면서 항상 염두에 둔 것이 연대기 정리였다. 뒤죽박죽된 역사기록을 연대기로 정리하면 당시의 시대적 상황과 흐름이 한눈에 들어오게 된다. 그리하여 필자는 사기(史記) 등 고대중국의 역사에 관한 기록을 정리하면서, 역사연구 사상 최초로 요순(堯舜)시대의 역사를 서기전 2383년경부터 서기전 2224년경까지 연대기로 정리한 사실이 있다.

홍익인간 7만년 역사라는 책은 2011년 7월 1일부터 2012년 6월 30일까지 366회에 걸쳐 인터넷 신문인 데일리 전북(http://www.dailyjeonbuk.com)에 연재됐던 "홍익인간 7만년 역사"에 주석을 달며 다시 정리한 것인데, 마고(麻姑) 시대부터 단군조선 시대까지의 역사는 2012년 하반기부터 2013년에 걸쳐 국학원의 코리안스피릿(http://www.ikoreanspirit.com)에도 연재되었으며, 전반적으로 연대기 순서로 엮으면서 단군조선 이전의 역사문화 부분을 분석 종합하여 상세히 기술하고 있어, 우리 상고대사를 연구하는 많은 고귀하신 분들께 연대 구분에 혼동이 없이 참고할 수 있도록 함으로써 조금이라도 도움이 될 것으로 생각한다. 앞으로 더 정확한 기록이 발견되거나 명백한 연구결과가 나오면 정정되거나 수정되어야 할 부분도 많은 것은 물론이며, 또한 그렇게 되어야 역사적 진실을 위하여 당연하다.

내용 중에는 연대기적 순서를 따르지 않고 내용 중심으로 다시 다룸으로써 다소 중복되는 부분이 있으나 다시 앞쪽으로 같은 내용의 글을 찾아보지 않고서 이해하기에 편리하도록 배려한 것이므로 양해 바라며, 특별히 부록에는 우리 역사상 너무나 귀중하다고 생각되는 원문 자료를 별도로 첨부하고, 연대에 해당하는 간지를 쉽게 찾아볼 수 있도록 **간지 연대 대조표, 한·중·일 및 세계의 기원·왕조·연호·간지 연표**, 그리고 **단군조선 제왕 재위연수 비교**

右 丁
명도전에 새겨진 상형문자와
발음기호 가림토

표, 번한 재위연수 비교표, 한국 역대 제왕 역대표(단군조선·고구려 시호·묘호), 주 (周) 춘추전국시대 연표 등을 부록으로 첨부하였는바, 독자님들과 역사 연구자님들께 참고자료로 활용하는 데 조금이라도 도움이 되었으면 한다.

이 책의 내용을 이해하면 그동안 우리역사와 관련한 오기, 왜곡, 날조, 윤색, 잘못된 해석 등의 오류를 파악할 수 있으며, 홍익인간 역사의 맥을 정확하게 짚을 수 있을 것이라 확신하는바 상고대사에 관한 한편의 교과서가 되었으면 한다. 앞으로 우리 상고시대 역사를 확실하게 정립하는 심층 승화된 연구는 우리민족 역사연구에 뜨거운 열정을 가지신 후학님들께 맡겨본다. 한편, 애석하지만 본서에서는 책 분량 문제로 참조할 그림이나 사진은 최소한으로 실었음을 양해 바란다.

본서를 씀에 『단군기행』으로 일본의 신궁에 내재한 우리역사를 증명하신 고 박성수 교수님, 한사상의 대가 김상일 박사님, 한문화 운동가 이승헌 선생께서는 필자에게 천부(天符) 사상 문화 연구에 동기를 주셨으며, 특히 고 박성수 교수님은 2012년경 경복궁 고궁박물관 강연장에서 필자가 발표한 상고시대 수도 고찰이라는 원고를 드렸고 2015년 여름 춘천 맥국 유적 탐방 시 상고사 연구에 칭찬과 격려를 아끼지 않으셨는데 출간을 보여드리지 못하여 무척 애석할 따름이다.

또 강수원 선생님과 임승국 선생님 역의 한단고기, 김은수 선생님 역해 부도지가 필자에게는 귀중한 역사 안내서가 되었는바 세 분께 글로써나마 깊은 감사를 드리며, 특히 올해 7월 7석에 단수학회 주관의 천부경(天符經) 성자(聖者) 박동호(朴東浩) 선생 30주기 추모제 및 국조단군(國祖檀君) 천부경 성전 건립 천제(天祭)를 지낸 뒤 익명의 후원자께서 10년간 빛을 보지 못한 경위를 전해 듣고 전폭지원해 주시니 어찌 천우신조(天佑神助)라 하지 않으리오! 그간 물심양면으로 격려와 지원을 아끼지 않은 윤여진 친구님, 출판업의 어려움에도 불구하고 민족사서 출간에 적극적으로 응해주시는 홍정표 글로벌콘텐츠 대표님, 편집 관계자님들께도 감사드린다.

특히 많은 분량으로 본서를 엮음에 있어 고명한 민족역사학자 제현 님들의 고귀한 정보를 모두 명시하지 못하여 심히 송구스러운바, 혹시 누락된 부분이 있을지라도 이곳을 빌려 우리 민족역사계 선후배 제현 님들께 진심으로 고마움을 표하고 부디 진실한 우리역사를 하루라도 빨리 알리는 데 조금이라도 촉매제 역할을 해 달라는 격려로 삼고자 하오니 용인해 주시기 바라고 또한 그리 하실 것이라 믿는 바이다. 줄이면서 우리역사 연구에 청춘을 바친답시고 가정경제를 제대로 돌보지 못하였는데도 30여 년 동안 변함없이 지켜보면서 함께 해 온 사랑하는 아내 김희란 님에게 이 책 출판의 영광을 돌리고자 한다.

천부(天符) 72390년, 한기(桓紀) 9209년, 개천(開天) 5909년, 단기(檀紀) 4345년 임진년(壬辰年) 음력 3월 15일, 서기(西紀) 2012년 4월 5일 조선(朝鮮) 개국시조 단군왕검(檀君王儉) 천제(天帝) 어천절(御天節)에 바쳐 올리고,

천부(天符) 72396년, 한기(桓紀) 9215년, 개천(開天) 5915년, 단기(檀紀) 4351년 무술년(戊戌年) 음력 10월 3일, 서기(西紀) 2018년 11월 10일에 역대 제왕 연표 등을 추가 첨부하며, 천부(天符) 72399년 신축년(辛丑年) 음력 5월 2일 단군왕검(檀君王儉) 천제(天帝) 탄신절(誕辰節)에 원고를 완료하여, 천우신조(天佑神助)로 개천 5918년 개천절(開天節)에 출간하다.

天符歷史太學院(구 天山歷史研究院)

천산태백(天山太白) 조홍근(曺洪根)

밀양역

윤 여 진

컨테이너 가득 실은
화물 열차가 달려온다

철거덕 쿵쾅
태고의 천둥소리를 내며
우렁차게 지나간다

아, 가슴이 뛰고
뜨거운 기운이 솟아난다

저대로 쉼 없이 달려라
임진강 압록강을 넘어

광개토대왕 호령 소리
울려 퍼지던 광야를 지나

배달 조선의 땅,
구천년 홍산 들판을 달려라

칠만년 역사 품은
한민족의 기상을 울려라

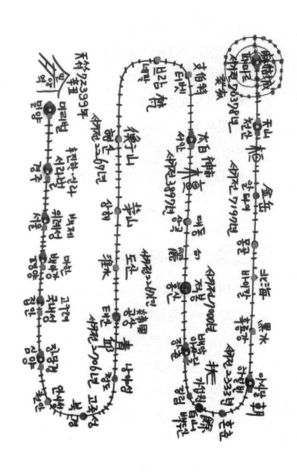

목 차

<table>

제1편 **마고시대(麻姑時代)**

(2권에 계속)

우리 역사 개관

우리 한국의 역사는 반만년이 아니라, 단군 이전에 한웅천왕(桓雄天王)의 배달나라 시대가 1,565년간 있었으며, 그 이전에 한인천제(桓因天帝)의 한국(桓國) 시대가 3,301년간 있었고, 또 그 이전에 한국의 전(前)시대로 63,182년간이 있었다. 그리하여 한국은 서기전 70378년 계해년부터 올해 2021년 신축년까지 72,399년의 역사가 있다.

서기전 70378년 계해년부터 소위 중천(中天)시대인 마고(麻姑) 할미의 천부(天符) 홍익인간(弘益人間) 역사가 시작되었으며, 약 43,200년이 지난 서기전 27178년경부터는 후천(後天)시대로서 마고할미의 장손이 되는 황궁씨(黃穹氏)가 백소씨(白巢氏), 청궁씨(靑穹氏), 흑소씨(黑巢氏) 등에 속한 네 씨족을 화백(和白)으로 다스리던 시대가 되었다.

이때부터는 마고할미를 이미 조상신인 삼신(三神)으로 모신 것이 된다. 황궁씨가 마고할미를 대신하여 다스린 곳도 또한 파미르고원의 마고성(麻姑城)에 있었으므로 마고시대, 마고성 시대가 되는 것이다.

당시 마고성은 수도로서 하늘나라이며, 마고성 밖의 나라는 상대적으로 땅나라가 되는 것이다. 마고성 시대 말기인 서기전 8000년경에 포도로 인한 오미(五味)의 난(亂)과 인구증가로 인한 식량난으로 서기전 7197년경에 사방으로 분거하였으니, 황궁씨족은 동북의 천산주(天山洲)인 천산, 몽골, 시베리아, 만주, 한반도로, 청궁씨족은 동쪽의 운해주(雲海洲)인 황하 이남, 양자강 유역의 남북에 걸쳐 동쪽으로, 백소씨족은 서쪽의 월식주(月息洲)인 수메르, 유럽지역으로, 흑소씨족은 남쪽의 성생주(星生洲)인 인도지역으로 분거하였던 것이 된다.

황궁씨가 서기전 7197년 갑자년에 파미르고원의 바로 동북쪽에 있는 천산(天山)에 수도를 정하고 약 1,100년을 다스리고, 천부삼인(天符三印)을 전수한 유인씨(有因氏)가 다시 동쪽에 있는 금악(金岳) 즉 알타이산으로 비정되는 천산(天山)을 수도로 삼아 약 1,100년을 다스렸으며, 이때 파미르고원의 동쪽 지역에 모두 9족(族)이 이미 형성되어 있었고, 다시 천부삼인을 전수한 한인씨(桓因氏)가 다시 동쪽에 있는 대흥안령산으로 비정되는 천산(天山)을 수도로 삼아 7대를 이어 서기전 3897년까지 약 1,100년을 다스렸던 것이 되며, 이로써 한국시대는 합 3,301년간이 되는 것이다.

한인씨의 한국(桓國)은 9족(族) 및 12 한국의 중심으로서 흑룡강과 백두산 사이의 땅으로 동시베리아, 만주 땅이며, 단군조선의 중심지였던 진한(眞韓) 땅이 된다.

한국 말기에 호족(虎族)과 웅족(熊族)의 전쟁[1]이 황하 중상류 지역에서 발발하니 서자부(庶子部) 대인(大人) 한웅(桓雄)이 지위리(智爲利) 한인(桓因) 천제(天帝)의 명을 받아 천부삼인을 전수하여 삼사오가(三師五加)와 무리 3,000을 이끌고 한인천제의 한국을 떠나 서남쪽 지방으로 즉 삼위산(三危山) 남쪽에 있는 태백산(太

---

1) 전쟁의 역사는 인간문명의 역사와 같이한다고 할 수 있다. 욕심에 의한 전쟁일 수도 있고 보복이나 보호, 수호의 차원에서 소위 필요악으로 일어나는 전쟁일 수도 있는데, 홍익인간 차원의 전쟁은 공동체 보호나 수호를 위한 필요악의 전쟁이 된다. 홍익인간 철학은, 사람은 모두 평등하며 자치(自治)를 한다는 사상이 기반이 된다. 그리하여 한배달조선의 제후국들은 모두 원칙적으로 자치를 하였으며, 단지 반역이나 전쟁이나 혼란이 있을 때는 중앙조정이나 천제천왕의 명령을 받은 제후국이 군사력으로 진압하거나 지원한 것이 된다. 고대중국이 고대한국에서 나누어져 나간 역사는 서기전 2698년경 배달나라 웅족 출신의 유웅국 제후이던 헌원이 실질적인 고대중국의 시조로서 반역을 시도하면서 전쟁을 야기한 데서 시작되며, 왕조가 시작된 서기전 2224년에 우가 독립을 시도한 데서 사실상 결실을 보는 것이 된다. 이는 천성(天性)을 잃어버린 연유에서 생긴 것이다.

白山) 지역으로 내려가 태백산 정상에는 제천단을 쌓고 그 아래에는 신시(神市)를 열어 수도로 삼아서 서기전 3897년 상원갑자년 10월 3일에 나라를 열어 시작하니 배달(檀) 나라이며, 천지인(天地人) 천부(天符)의 도(道)를 실현하고 천웅도(天雄道:한웅도:배달도:박달도:풍류도:풍월도)를 펼치니 개천(開天)인 것이다.

서기전 2706년에 즉위한 치우천왕이 산동지역의 청구(靑邱)로 수도를 옮기고 염제(신농)국, 웅국(熊國, 황제헌원) 등 12 제후국을 평정하여 전쟁을 없애고 약 360여 년의 평화시대를 열어 배달나라 시대 중 청구시대를 시작하였다.

단군조선은 제18대 거불단 한웅의 아들이자 단웅국(檀熊國, 염제신농국 후계국)의 섭정 비왕(裨王: 제6대 聖帝)이던 단군왕검(檀君王儉)께서 역천자 요(堯)를 피하여 서기전 2333년 10월 3일에 동북의 아사달로 이동, 수도로 삼아 9족(九族: 九夷)의 추대로 개국하여 재세이화(在世理化), 홍익인간(弘益人間) 세상을 재현하였으니, 서기전 232년까지 2,102의 역사를 가지는 것이다.

마고성 시대 : 서기전 70378년 계해년~서기전 7197년 갑자년(63,182년)

한국시대 : 서기전 7197년 갑자년~서기전 3897년 갑자년(3,301년)[황궁, 유인, 7대 한인 천제]

배달나라 시대 : 서기전 3897년 상원갑자년~서기전 2333년 무진년(1,565년) [18대 한웅 천왕]
*중국의 실질적인 시조 황제헌원의 나라는 웅국(熊國:有熊國)이며, 헌원은 배달나라 천왕(天王)의 오방 제후 중 중앙지역인 황부(黃部)의 최고 천자(天子)이다.

단군조선 시대 : 서기전 2333년 무진년~서기전 232년 기사년(2,102년) [47대 단군 천왕]
*천하에 해당하는 고대중국의 요순임금은 단군왕검 천제(天帝)의 지방 제후인 천자(天子)이며, 하은주(夏殷周)는 단군조선 지방 제후 천자국(天子國)이다.

북부여 시대 : 서기전 239년 임술년~서기전 37년 갑신년(203년) [8대 단군]

후삼한(남삼한: 진한, 변한, 마한) 시대 : 서기전 209년~서기 42년(251년)

*발해만 유역에 있는 단군조선 번한(번조선)은 단군조선 말기인 서기전 323년에 기자(箕子)의 먼 후손인 기후(箕詡)가 읍차로서 번조선왕이 되었고, 서기전 194년에 위만이 차지하였으며, 서기전 108년에 한(漢)에 망하여 소위 한사군이 되었다 하나, 번조선, 위씨조선, 소위 한사군은 모두 요동반도 서쪽의 발해만 유역에 있었다.

이후 고구려, 신라, 백제, 가야의 사국시대와 대진(발해)-후신라의 제1차 남북국 시대, 다시 고려-요(거란), 금(여진), 원(몽골)의 제2차 남북국 시대를 거쳐, 조선-청(여진, 만주)의 제3차 남북국 시대로 이어지는 것이 된다.

용어 정리

桓(한, 환) : 하늘(天)의 뜻과 밝음(明)의 뜻을 동시에 가지고 있는 글자로서, "온전한 하나(全一)" 즉 우주전체, "하늘에서의 광명" 즉 "태양이 빛나는 환한 하늘"이므로 결국 "밝은 하늘"이라는 글자가 되어 하늘의 어원이 되는 "한"으로 읽는 것임. *한 ➔ 한 (ㅇ.ㄹ) ➔ 한을, 한알 ➔ 하늘, 하날 (님) ➔ 하느님, 하나님. 하늘은 태양이 항상 빛나고 있어 항상 환하게 밝으며, 단지 지구가 자전함으로써 밤과 낮이 생기는 것이다.

천산(天山) : 한국(桓國)의 수도는 하늘산 즉 천산(天山)이며, 파미르고원 ➔ 천산산맥 ➔ 이후 한국(桓國)의 수도를 천산이라 하는 것임.

檀(단, 박달, 배달) : 박달은 밝은 땅이라는 말이며, 배달은 밝달의 소리가 변한 것이 됨. 밝달 ➔ 발달 ➔ 바이달 ➔ 배달

태백산(太白山) : 크게 밝은 산이라는 뜻이며, 배달나라의 수도가 있던 태백산은 황하 중상류 지역에 있는 서안(西安) 남쪽의 태백산이고, 단군조선의 태백산은 지금의 백두산(白頭山 : 희(해)머리산 : 蓋馬山)이다.

신시(神市) : 신(神)의 도시로서 배달나라 수도이며, 서안 남쪽의 태백산 아래에 설치하여 시장(市場)을 열어 교역이 이루어지는 도시(都市)라는 의미이다.

朝鮮(조선, 아침나라) : 朝는 햇살이 비치는 해와 달이 함께 떠 있는 모습으로서 아침을 뜻하여 박달 중에서 동쪽을 의미하고, 鮮은 바다와 육지를 모두 아우르며 새로움을 뜻하는 글자이다.

아사달(阿斯達) : 아침땅이라는 말이며, 단군조선의 첫 수도로서 송화강 유역의 숙신(肅愼) 땅 안에 위치하였다. 구월산(九月山)도 아사달산을 나타낸 말이다. 아사, 아흐, 아스, 아시 ➡ 아차, 아츠, 아치 ➡ 아침

단군왕검(檀君王儉) : 단군은 박달임금 즉 배달나라 작은 임금(君)이라는 말이며, 왕검은 단군조선의 개국시조님의 명호(名號)이면서 또한 임금(壬儉)이라는 말과 통하여 혼용하는 것이 된다. 님금 ➡ 임금

단군 고주몽(高朱蒙) : 북부여의 대통을 이어 (졸본부여) 단군이 되었으며 고구려 개국시조로서 동명성제(東明聖帝)라 한다.

고구려(高句麗) : 하늘님(天帝:하느님)의 큰 해(大日)가 높게(高) 크게(大) 빛나며(光) 비치는(輝) 세계(世界)의 중심(中心) 나라(國)라는 뜻을 가진 말이다. 고씨(高氏)의 구려(句麗)이기도 한데, 원래 구려는 단군왕검의 둘째 아들 부소(扶蘇)가 봉해진 나라이고 북부여 시조 해모수의 고향이 되는 나라이다.

대진(大震) : 큰 진(震)의 나라라는 글자로서 단군조선의 진한(眞韓)의 진(眞)과 통하는 것이 된다. 고대중국의 역으로 보면 태호복희의 나라 이름과 같으며 동방의 황제국(皇帝國)이라는 뜻이 된다. 또한 대씨(大氏)의 진국(震國)이라는 글자도 되며, 대조영(大祚榮)이 고구려를 계승하여 세운 나라로서 발해(渤海)라고 불린다.

고대한국은 역사상 고대중국의 군사부(君師父) 나라라 하면, 고대중국은 고대한국의 신제자(臣弟子)의 나라에 해당한다.

홍익인간(弘益人間) 7만년 역사를 시작하면서

-마고(麻姑)[2] 할미에서 단군(檀君)까지 역사 개관-

우리 한국의 역사는 반만년이 아니라, 단군(檀君)[3] 이전에 한웅천왕의 배달나라 시대가 1,565년간 있었고, 그 이전에 한인천제(桓因天帝)의 한국(桓國) 시대가 3,301년간 있었으며, 또 그 이전에 한국(桓國)의 전(前)시대로서 63,182년간이 있었다. 그리하여 우리역사는 서기전 70378년 계해년부터 올해 서기 2018년 임진년까지 72,396년의 역사를 가지는 것이다.

우리역사에서 처음 등장하는 임금은 마고(麻姑)이다. 마고는 마고할미라고도 불리며, 우리 민속에서는 삼신(三神)할미[4]라고 불리기도 한다. 철학적 종교적으로 삼

---

2) 마고(麻姑)는 글자 그대로 삼할머니이며, 글자 그대로는 삼베옷을 입은 할머니이며, 이 삼은 三과 통하여 곧 사람의 준말이 되어 삶할머니로서 생명을 부여하는 삼신할미의 뜻을 가지기도 한다. 하늘 땅 사람이 곧 일 이 삼이며, 一二三의 三이 바로 사람(人)을 가리킨다. 삼(麻)은 또한 삶아서 실을 뽑는다. 학자에 따라서는 마고를 맥구라는 수메르 말과 관련 있는 것으로 보기도 한다. 맥구는 산과 같이 불쑥 솟아있는 형태를 나타내는 말이라 한다. 파미르고원은 산으로 이루어져 있어 연관성이 있기도 하다.

3) 단군(檀君)이라 불리는 분은 단군조선의 임금들이며, 실제로는 고구려 시대까지 이어진다. 고주몽 동명성제를 단군이라 하고, 제11대 동천제(東川帝:서기 227년~서기 248년)도 단군이라 한다.

4) 할미는 할머니라는 말이며, 할머니는 한어머니(큰 어머니)라는 말에서 유음(활음화)화, 축약화 된 말이 된다.

신(三神)은 천신(天神), 지신(地神), 인신(人神)을 가리키며 원래 하나인 일신(一神)5)이 된다. 그래서 삼신일체(三神一體)라 한다. 인신(人神)은 다시 말하면 조상신(祖上神)이다. 그래서 삼신은 자식 생산에 관여하는 신(神)이 되는 것이다.

마고할미가 우리 조상으로서 백성들을 다스리던 시대는 서기전 70378년 계해년(癸亥年)부터 서기전 7197년 갑자년(甲子年)까지 63,182년간에 해당한다. 물론 마고할미 한 분이 63,182년간을 다스린 것이 아니라, 마고라 불리는 여성 임금이 대를 이어가며 다스린 것이 된다.6) 마고할미가 다스리던 나라가 마고성(麻姑城)이며, 역사적으로 말하면 성곽(城郭)의 나라이며 당시 중앙조정으로서 수도가 된다. 이 마고성은 세계의 지붕이라 불리는 지금의 파미르고원에 있었다.

서기전 27178년경부터는 마고할미의 장손이 되는 황궁씨(黃穹氏)가 마고할미 삼신의 대리로서 백소씨(白巢氏), 청궁씨(靑穹氏), 흑소씨(黑巢氏) 등에 속한 네 씨족을 화백(和白)으로 다스리던 시대가 되었다. 이때부터는 마고할미를 이미 조상신인 삼신(三神)으로 모신 것이 된다. 황궁씨가 마고할미를 대신하여 다스린 곳도 또한 파미르고원의 마고성(麻姑城)에 있었으므로 마고시대, 마고성 시대가 되는 것이다.

황궁씨가 네 씨족의 장(長)이 되어 화백제도7)로서 서기전 7197년 갑자년까지

---

5) 천신, 지신, 인신을 삼신이라 하고 또한 일신이니 대표 격으로 천신이라 하는 것이다.

6) 마고시대를 중천(中天)시대라 하고 그 이전의 시대를 선천시대, 황궁씨 시대를 후천시대라 하는 바, 마고성 시대가 63,182년간이 되며, 마고할미 시대는 서기전 70378년경부터 서기전 27179년경까지 약 43,200년간, 황궁씨의 마고성 시대가 서기전 27178년경부터 서기전 7197년경까지 약 19,982년간이 되는 셈이다. 13만년에 수렴하는 수인 129,600년을 선천, 중천, 후천 시대로 구분한다면, 선천시대는 서기전 113578년경부터 서기전 70379년경까지에 해당하고, 후천시대는 서기전 27178년경부터 서기 16022년경까지 약 43,200년간이 되어 서기 2018년 기준으로 앞으로 약 14,004년 정도 남아 있는 것이 된다.

7) 화백제도는 삼사오가들의 화백제도가 있었던 서기전 3897년 이전의 한국시대에 이미 존재하였던 것이 되는데, 부도지의 기록에 의하면 실제로는 서기전 7197년 이전의 파미르고원에 있었던 마고성 시대에 이미 실행되고 있었던 것이 되는바, 오늘날 민주제의 원형이 되는 화백제도의 역사를 체계적으로 연구함이 필요하다.

다스리기 약 2만년이 흘러, 이후에는 파미르고원의 마고성이 하늘나라가 되고, 파미르고원에서 사방으로 흩어져 사는 곳은 땅나라가 되는 시대가 시작되었다. 이때 땅에 출현하여 정착한 시조가 우리역사에서 인류조상이라 불리는 나반(那般)이다. 나반[8]이라는 말은 우리말로 아버지와 같다.

나반(유인씨)의 형제족(兄弟族)은 모두 12족(族)이다.[9] 파미르고원에서 성씨(姓氏) 또는 씨성(氏姓)[10]의 시조가 되는 네 씨족장[11]을 따라 각 씨족장의 아들이 되는 각각의 3형제족이 동서남북으로 분거하여 약 1,000년에 걸쳐 정착이 이루어졌다. 서기전 7197년 갑자년 분거 시부터 정착이 이루어진 때까지 약 1,000년에 걸쳐 황궁씨가 천산(天山)[12]을 수도[13]로 삼고서, 각 형제 족들을 주도하여 마고할미가 베풀었던 파미르고원의 낙원세상[14]을 회복시키기 위하여 온 힘을 기울였으며, 홍익인간 세상을 실현하기 위하여 천부삼인(天符三印)[15]을 정립하였다.

이후 황궁씨는 천부삼인을 유인씨(有因氏)에게 전수하였다. 이 유인씨가 지상에 나타난 인류의 두조(頭祖)로서 한인씨(桓因氏) 이전의 삼신(三神)으로서의 조상인 나반(那般)이 된다. 나반은 불가(佛家)에서 소위 나반존자라 불리기도 하는 독성자

---

8) 나반은 나바이, 아바이라는 말로 쉽게 변한다.

9) 박제상 저/김은수 역해, 부도지, 가나출판사, 1987, 27쪽 참조

10) 우리 역사상 성씨제도는 마고시대부터 시작되었는바, 우리 한국 성씨의 기원과 족보에 관한 체계적 정립이 필요하다. 또한, 역대 제왕들이나 제후들의 성씨와 정치제도의 관계 및 성씨의 기원을 연구함도 필요하다.

11) 황궁씨, 청궁씨, 백소씨, 흑소씨가 각각 씨(氏)의 시조가 되었다. 이때부터 성씨(姓氏)가 출현한 것이 된다. 씨가 성보다 먼저 출현하였으니 씨성이라 하는 것이 맞을 것이다.

12) 파미르고원의 바로 동북으로 뻗은 천산산맥을 가리키는 것이 된다.

13) 우리 역사상 수도는 마고성으로부터 시작되는바, 역사적으로 역대 수도에 관하여 심도 있게 고찰하는 작업이 필요하다. 마고시대 마고성은 곧 중앙조정이 있는 곳으로 하늘나라가 되고 그 외의 지역은 땅나라가 된다.

14) 천부(天符)가 곧 하늘뜻인 바, 홍익인간(弘益人間) 세상을 의미하는 것이 된다.

15) 천부삼인은 곧 홍익인간 세상을 실현하는 징표가 된다.

(獨聖者)16)이며, 절의 독성각(獨聖閣)에 모셔져 호랑이를 데리고 있는 산신(山神)으로 표현되는 분17)이고, 황궁씨의 뒤를 이어 다스린 임금이다.

나반이 되는 유인씨가 서기전 6100년경부터 서기전 5000년경까지 약 1,100년을 다스렸다. 유인씨 시대는 이미 정착이 이루어진 시대로서 각 지역에 문명18)이 존재하는 것이 되며, 실제로 우리 조상들의 문명이 되는 소위 요하문명(遼河文明)은 정착이 이루어진 황궁씨 시대의 말기로부터 유인씨 시대를 거쳐 이어져 온 것이 된다. 유인씨는 다시 한인씨(桓因氏)에게 천부삼인(天符三印)을 전수하였다. 유인씨, 한인씨 모두 수도는 천산(天山)이었는데 시대적 흐름으로 보아 유인씨의 수도인 천산은 금악(金岳)으로서 지금의 알타이산 부근으로 추정되고, 한인씨의 수도인 천산은 지금의 백두산과 흑룡강 사이에 있는 대흥안령산맥(大興安嶺山脈)에 있었던 것이 된다.

한인씨의 나라가 우리가 통상적으로 부르고 기록되고 있는 한국(桓國)이다. 한인씨가 유인씨의 뒤를 잇고, 유인씨가 황궁씨의 뒤를 이었으므로, 이로써 유인씨와 황궁씨의 나라도 또한 한국(桓國)이 되는 것이다. 한인씨가 서기전 5000년경부터 서기전 3897년 갑자년까지 약 1,100년을 다스려, 황궁씨, 유인씨, 한인씨가 다스린 전체 한국시대는 서기전 7197년 갑자년부터 서기전 3897년 갑자년까지 3,301년간이 된다.

한인씨 한국시대에 한인은 모두 7분으로 기록되고 있다.19) 약 1,100년간이니 한인 한 분이 평균 약 150년간씩 다스린 것이 된다. 한국(桓國) 시대는 한인의 아들 한

---

16) 홀로 도(道)를 깨달은 사람이라는 뜻이다.

17) 최초의 산신은 곧 하늘나라가 되는 마고성에서 땅으로 내려와 정착한 황궁씨의 장자가 되는 유인씨로서 땅에 출현한 인류의 두조이며, 한국본기에서 말하는 인류의 시조 나반에 해당한다.

18) 인간의 문명은 정신문명 외 과학문명으로 대표되는바, 인류문명의 근원이 되는 마고성 시대부터 시작된 과학문명의 역사적 사실적 연구가 필요하다.

19) 임승국 번역 주해, 한단고기 〈삼성기 전 하편〉, 26쪽 및 〈태백일사/한국본기〉, 164쪽, 정신세계사, 1987

웅(桓雄)이 세운 배달나라(박달나라, 檀國)에 비하여 하늘나라로 받들어진다. 그래서 한웅은 천강(天降)의 역사 주인공으로서 하늘에서 땅으로 내려와 나라를 세운 인물로 기록되는 것이다.[20]

한국 말기에 7대 지위리(智爲利) 한인이 한웅에게 호족(虎族)과 웅족(熊族)의 전쟁으로 시끄러워진 세상을 바로잡아 다스리라 하며 천부삼인(天符三印)을 전수하였고, 이에 한웅은 한인천제의 천명(天命)을 받아 천황 자격으로 태백산(太白山) 쪽으로 가서 태백산 아래 신시(神市)를 열고 호족과 웅족의 전쟁을 평정하여 홍익인간 시대를 열었다. 이를 개천(開天)이라 하는데, 개천이란 하늘을 열다라는 의미로서 단순히 하늘을 연 것이 아니라, 하늘나라인 한국(桓國)의 천부(天符)인 홍익인간(弘益人間)의 도(道)를 땅에 실행하였다는 뜻이 되는 것이다. 천부삼인(天符三印)에 담긴 철학이 바로 홍익인간 철학이다.

호족과 웅족의 전쟁이 발발하였던 곳은 삼위산(三危山)[21] 남쪽에 있는 태백산 지역 부근으로서, 이 태백산은 황하(黃河) 중상류에 있는 서안(西安) 남쪽의 태백산이 된다. 한국(桓國) 시대를 기준으로 하면, 황하 북쪽으로 또 천산(天山)의 동북쪽으로 펼쳐진 몽골, 만주 땅이 한국(桓國)의 본토가 되는데, 특히 한인씨의 한국 본토는 단군조선의 진한(眞韓) 땅과 거의 일치하게 되며, 황하 남쪽은 지방으로서 땅나라가 된다. 한웅이 태백산을 수도로 삼아 배달나라[22]를 세우고 제후가 봉해지면서

---

20) 고대중국의 역사로 보면 태호복희는 중앙조정이 있는 배달나라 한웅 천왕의 아들이므로 천강(天降)의 역사 주인공이 된다.

21) 삼위산은 한국(桓國) 구족 중의 견족(畎族)이 자리 잡은 곳으로 서기전 3897년경 반고(盤固)가 가한(可汗)이 되었다. 가한은 한(汗), 간(干)과 같으며 천제(天帝)나 천왕(天王)의 제후가 되는 천자격(天子格)의 왕이 된다. 그리하여 한국 이후 견족은 9족의 하나로서 한웅천황이 배달나라 시대에는 반고 천자가 다스린 것이 된다.

22) 배달이라는 말은 밝달이라는 말인데, 밝은 땅이라는 뜻이 된다. 배달은 백달(白達)을 읽는 소리가 변한 것이기도 하다. 단(檀)은 훈으로 읽어 밝달 즉 박달이라 하는 것이 되고, 밝달은 한편으로 발달이라고도 발음될 수 있는 바, 이 발달이 변음 되어 바이달이 되고 바이달이 모음축약 현상으로 배달로 되어 한자로 배달(倍達)로 적히게 되는 것이다. 한편, 바이달로 읽히게 되는 白達(백

배달나라 자체가 하늘나라가 되며, 지방의 제후는 천하로서 땅나라가 되는 것이다.

배달나라는 서기전 3897년 갑자년 10월 3일에 세워져 서기전 2333년까지 1,565년간의 역사를 가지는 것이 된다. 배달나라를 다스린 임금을 한웅(桓雄)이라 하며 모두 18분이 계셔 한웅 한 분이 평균 약 87년간씩 다스린 것이 된다. 한국의 한인을 천제(天帝)라 함에 비하여 한웅을 천왕(天王)이라 부른다. 천왕이란 천제자(天帝子)이기도 하며 천제(天帝)를 대신하여 나라를 다스리는 임금인 것이다. 제후는 천왕이라 부르지 않는다. 배달나라의 제후를 높여서 천(天)자를 붙여서 천자(天子) 등으로 부르는 것이다. 실제 중국의 역사에서 고대중국의 조상이 되는 소위 삼황오제는 태호복희가 천군(天君)이었고, 그 외는 모두 천자였다고 보면 된다.

한웅의 뒤를 이어 단군(檀君)이 나라를 다스렸다. 우리가 익히 알고 있는 것처럼 단군왕검(檀君王儉)께서 서기전 2333년 무진년(戊辰年) 10월 3일 아사달에서 조선(朝鮮)을 세우신 이후, 서기전 232년에 해모수(解慕漱) 천왕랑(天王郎)의 북부여에 정식 접수되기까지 2,102년간의 역사가 있는 것이다. 이에 해모수가 단군조선의 정통을 이었으므로 또한 단군이라 불린다. 단군은 글자 그대로 박달임금이라는 말이며, 배달나라 작은 임금으로서, 원래는 한웅천왕의 아들인 천군(天君)이기도 하고, 단군조선의 본 임금이 되니 천왕(天王)이라 받들어지며, 후대인들로부터 삼신일체(三神一體) 사상에 의하여 천제(天帝)로 받들어지는 것이다. 특히 단군왕검은 천왕격에 해당하는 진한, 마한, 번한의 삼한을 두어 살아생전에 천제(天帝) 즉 삼신상제(三神上帝)로 받들어지고 이에 태자부루는 천제자(天帝子)로 기록되는 것이다.

서기전 70378년 계해년부터 서기전 232년까지 약 7만년의 끊이지 않은 우리 조상들의 역사가 있었으며, 이후 단군조선을 이은 북부여(北扶餘), 후삼한(後三韓: 南三韓)의 역사가 있었고, 이어서 고구려, 신라, 백제, 가야 그리고 고구려를 이은

달)이 배달과 통하는 글자로 사용된 것이 된다.

대진국(발해)과 고려, 조선의 역사가 있어 지금의 대한민국에 이르러, 서기 2018년 무술년 올해까지 72,396년간의 역사가 있는 것이다.

이제부터 전한국(前桓國) 시대인 마고할미의 마고성(麻姑城) 시대부터 단군조선(檀君朝鮮) 시대까지 연대기를 중심으로 하여 실제적인 정치, 제도, 종교, 철학, 과학, 문화 등 모든 분야의 역사를 고찰하여 정리해 보고, 북부여-후삼한 시대 이후에는 간략하게 연대기를 중심으로 한 역사를 정리해 보기로 한다.

홍익인간
[원中里]
역사 연대기 중심 총망라
7만년 역사

홍익인간

韓 中 日
역사 연대기 중심 총망라

7만년 역사

제1편
마고시대(麻姑時代)

마고성
파미르고원

참환역사신문
Internet Chanhwan History Newspaper
http://ichn.co.kr

카자흐스탄

천산주
황궁씨족

몽골

우즈베키스탄

북보

중국

대한민국

터키
투르크
메니스탄

서보 · 천부단 · 동보

동중국해

시리아

월식주(수메르)
백소씨족

이란

아프가니스탄

남보

네팔

운해주
청궁씨족

파키스탄

성생주(인도)
흑소씨족

미얀마
(버마)

사우디
아라비아

오만

대국

남중국해

예멘

아덴 만

아라비아 해

벵골 만

베트남

필리핀

마고의 출현과
마고성(麻姑城) 역사의 시작

우리 한국의 역사는 마고(麻姑)[23]로부터 시작된다. 즉 우리의 상고대사[24]는 마고시대[25]로부터 시작되는 것이다.

육십갑자(六十甲子)로 칠 때 계해년(癸亥年)에 해당하는 서기전 70378년에 지금의 파미르고원에 자리 잡고 있던 성곽의 도시에 삼베옷(麻衣)을 입은 신선(神仙) 같은 여성이 출현하여 일단의 무리를 다스리기 시작하니, 그 여성의 이름이 역사상 마고(麻姑)라 불린다. 삼(麻)은 삶과 관련된 글자이기도 하고, 삶과 삼(三)은 사람

---

23) 우리역사상 최초의 임금이자, 스승이자, 어머니로서 천부경에서 말하는 앙명인(昻明人), 삼일신고에서 말하는 성통공완자(性通功完者) 즉 철(哲)이다. 부도지(符都誌)에서 마고는 희노(喜怒)의 감정이 없었다고 적은 것은 곧 지감(止感), 조식(調息), 금촉(禁觸)으로 반망즉진(返妄卽眞), 성통공완(性通功完), 반진일신(返眞一神), 신인합일(神人合一)한 것을 뜻하는 것이 된다.

24) 우리에게는 특히 상고대사 및 고대사가 되는 서기전 70378년에 시작된 마고 시대부터 고구려, 신라, 백제, 가야, 대진국 시대에 후백제가 고려에 귀속된 서기 936년에 이르기까지 71,314년간의 역사에 대한 상세하고도 정확한 정립이 필요하다.

25) 마고는 전설상의 신선(神仙)으로 알려져 있는데 이는 곧 소위 신화(神話)에 그치는 것이 아니라 실제적인 역사임을 반증하는 것이 된다. 역사적으로 신화라는 것은 원래는 역사적 사실의 잔영이며 반영이자 투영인바, 역사 사실적으로 해석하는 것이 무엇보다 중요한 것이 된다. 물론 역사를 정확히 알면 신화, 전설, 설화 등은 자연적으로 정확히 역사적 해석을 할 수 있다.

(人)과 관련된 말이기도 하다.26)

마고는 파미르고원의 성곽도시에서 태어나고 살았으나, 그 선조들은 저 멀리 서쪽에서 동쪽으로 이동해 온 사람들이었다. 즉 인간게놈 연구에 따라 결론을 내리면, 약 13만년 전에 출현한 호모사피엔스사피엔스 무리 중 일부가 서기전 8만년경 이전에 지금의 동부아프리카에서 북쪽으로 동쪽으로 차츰 이동하여27) 마침내 살기에 적합한 파미르고원을 찾아 정착하게 되었던 것이 된다.

많은 사람이 각 사방으로 흩어져 살았으나, 파미르고원의 성곽 안에 사는 사람들은 자체적으로 일정한 규율을 만들어 모두가 자유와 평등과 평화를 누리며 행복하게 살고 있었다. 이러한 자유자재(自由自在)의 법을 이어 시행한 사람이 바로 마고(麻姑)였다.

자유자재의 법은 천부(天符)이다. 천부란 하늘의 뜻에 맞는다는 말이다. 천부(天符)에 포함되는 홍익인간(弘益人間)이라는 말은 원래 홍익제물(弘益濟物)의 뜻도 함께 가지는 홍익인세(弘益人世)28)를 의미하는 것이다. 사람들이 사는 공동체이므로 일정한 계율이나 율법(律法)이 있었다. 공동선(共同善)을 위하여 천부(天符)에 따른 자재율(自在律)과 수찰법(守察法)이 있었던 것이 된다.

자재율은 자유자재의 법이며, 수찰법은 이러한 자재율을 지키도록 하는 법이다. 물론 마고 이전에도 천부(天符)는 존재하였다. 즉, 마고시대29) 이전에도 천부가 행해지던 시대가 이미 존재하였다. 마고시대를 현시대인 중천(中天) 시대라 한다면

---

26) 삶은 사람의 준말로서 살, 삼의 어원이고, 한 일, 두 이, 석 삼은 곧 하늘, 땅, 사람을 가리키는 말이다.

27) 서기전 13만년경에 동부아프리카에서 현생인류의 조상이 되는 호모사피엔스사피엔스라고 불리는 인종이 출현하였던 것으로 된다. 물론 그 이전에도 인류의 선대가 되는 사람들이 살았던 것이 되고 유전자 변이(창조적 진화)로 현생인류가 출현한 것이 된다.

28) 원래 홍익인간이라는 말은 홍익하는 인간이 아니라 홍익(弘益)의 인간세상(人間世上)을 뜻한다.

29) 부도지에는 마고시대에 관하여 많은 분량의 기록이 있는데, 역사 사실적 기록으로 보아 마고시대의 법과 제도와 문화를 실체적으로 연구하여 규명할 필요가 있다.

그 이전은 선천(先天) 시대가 되는 것이다.[30]

마고가 파미르고원의 성곽도시를 다스리기 이전에, 이미 성곽은 만들어져 있었던 것이 된다, 즉 마고가 임금이 되기 이전의 약 1만년 사이에 사람들이 스스로 살고 활동할 보호구역을 만든다고 자연지형을 살리면서 성벽을 쌓아 외부와 내부를 구분하고 스스로 보호하였다. 마고가 출현한 이후 성곽도시 내의 사람들은 마고의 보호와 가르침에 따라 피리(音)를 만들어 불며 자연의 소리를 노래하면서 풍류를 즐겼으며, 자연의 변화에 따라 어김이 없이 살았던 것으로 된다.

강화도 고인돌
마고할미 무덤에서 유래?

마고는 삼신(三神)할미라 불리면서 또 신선(神仙) 할미라고도 불린다. 신선이란 도(道)를 닦아, 터득하여 신(神)과 같이 된 존재를 의미한다. 마고는 선악(善惡)의 구분이 없는 원래의 선(善)을 닦아 인간의 참 본성(本性)을 터득한 상철(上哲)로서, 함께 하늘의 참 기운을 호흡하며 참목숨을 알아 그 수명에 한이 없었다.[31]

마고(麻姑)의 뜻을 풀이한다면, 현재의 글자대로 하면 삼(麻) 할머니가 되고, 이의 어원을 따진다면 삶(生) 할머니, 사람(人) 할머니가 된다. 즉, 사람의 조상이면서

---

30) 전게 부도지, 15쪽 및 22쪽 및 25쪽 참조

31) 한인천제는 평균으로 약 150년간씩 다스린 것이 되어 최소한 약 180여 세를 산 것이 되며, 한웅천왕은 90년간씩 다스린 것이 되어 평균 약 120세를 산 것이 된다. 모두 기본적으로 단전호흡으로 수련하셨던 도인(道人)들이었다고 보면 쉽게 이해가 될 것이다. 마고 할미는 황궁씨 등의 후손들이 삼신(三神)으로 받드는 분으로 신선 할머니로서 수명이 정확히 얼마였는지 불명이다. 금관가야의 시조 김수로왕은 서기 23년 3월 3일에 탄생하여 서기 199년에 돌아가시니 177세를 살았다고 기록되고 있다. 허황옥은 157세를 살았다.

삶을 관장하고 삼베옷을 입은 할머니라는 존재로 해석되는 것이다. 사람의 준말은 삶이며, 삶아서 옷감을 만드는 재료가 곧 삼(麻)인데, 여기서 삼(三, 麻), 삶(生, 熟 烝), 사람(人)이라는 용어들이 모두 상통하고 있다. 즉 삶(生)이라는 말이 삼(麻)과 사람(人)을 연결하는 중간단계에 있는 용어가 되는 것이다.

마고는 자연의 소리(音)에 따라 악기를 만들어 소리로써 다스렸다. 이에 따라 성 안의 사람들은 음악의 소리에 따라 조화롭게 자연스럽게 다스려졌다. 즉 율려(律 呂)에 따라 다스려지던 율려시대였던 것이다. 자연의 소리는 곧 자연의 법칙인 것 이다. 마고는 궁희(穹姬)와 소희(巢姬)라는 두 딸을 낳아 각각 오음칠조(五音七調) 의 음절을 맡아 보게 하였다.[32]

마고는 천체의 움직임도 살펴서 천문(天文)을 정리하기 시작하였다. 낮과 하루를 알리는 해의 움직임을 살피고, 밤과 삭망(朔望)을 알리는 달의 움직임을 살피며, 별 들의 움직임과 별자리를 관찰하여 정리하였다.

마고성 안에는 마실 것과 먹을 것이 풍부하여 굳이 다른 생명체를 먹을 필요가 없 었다. 성안에서 부드러운 풀들이 풍부하게 자라고 있었고, 양(羊)들을 잘 돌보며 잘 키워서 이 양들이 내어주는 젖을 받아먹으며 평화롭게 살았던 것이 된다. 과연 저절 로 젖이 샘솟는 젖샘(乳泉)[33]이 있던 것이나 다름없었다.

파미르고원에 있던 성곽을 마고가 살면서 다스렸다 하여 마고성(麻姑城)이라 한 다. 마고성 안의 기후는 온화하여 사람이 살기에 아무 곤란함이 없었다. 그냥 지상 천국, 지상낙원이었던 것이 된다.

이렇게 마고가 파미르고원의 성곽도시를 다스리기 43,200년 남짓 되었다.[34] 물

---

32) 박제상 저 / 김은수 역해, 부도지(符都誌), 가나출판사, 1987, 23쪽 참조, 오음은 도레미솔라와 같이 소위 궁상각치우(宮商角徵羽)라 불리는 5음계가 되고, 칠조는 도레미파솔라시와 같은 음 계로써 조화된 7가지의 단조(短調) 또는 장조(長調)를 가리키는 것이 될 것이다.

33) 마고성에는 젖샘이 있었다고 기록되는데, 생명수가 솟는 샘이 있었을 것은 틀림없으며, 일상생 활에너지로 필요한 양식은 양, 염소, 소, 말 등의 젖이었다고 추정된다.

론 혼자 다스렸던 것이 아니라 마고라고 불리는 여성의 임금이 대를 이어가며 다스렸던 것이 된다. 마고를 보좌(補佐)하는 궁희(穹姬)와 소희(巢姬)도 처음부터 줄곧 죽지 않고 그리하였던 것이 아니라 궁희와 소희라 불리는 여성의 보좌가 대를 이어가며 보조하였던 것이 된다. 즉 마고라는 명칭이 어느 한 사람의 여성을 가리키는 것이 아니며, 궁희와 소희라는 명칭도 특정의 여성을 가리키는 것이 아니라 후에는 이름이 직책으로 사용되었던 것이 된다.35)

궁희와 소희도 각각 2남 2녀의 자식을 두어 모두 4명의 남성과 4명의 여성이 있어, 4명의 남성은 율(律)을, 4명의 여성은 려(呂)를 맡게 하여 율려(律呂)가 바로 다스려지는 세상이 되었다.

서기전 70378년 계해년부터 43,200년이 흐른 서기전 27178년에, 마고가 직접 다스리던 시대에서 마고의 두 딸인 궁희와 소희가 낳은 아들들의 족속이 불어나 그 씨족의 장(長)들이 회의를 열어 서로 의견을 모아 다스리는, 화백(和白)의 시기로 접어들었다. 즉 서기전 27178년부터 마고의 장손족(長孫族)이 화백회의(和白會議)의 최고 어른이 되어 다스리는, 마고성 시대 중의 소위 황궁씨(黃穹氏) 시대가 되었다.

마고가 다스리던 시대를 중천(中天) 시대, 황궁씨가 화백으로 다스리기 시작하는 시기부터 후천(後天)시대, 마고 이전의 시대를 선천(先天) 시대라고, 부도지(符都誌)에서는 기록하고 있다.36)

---

34) 지구의 1년은 태양을 중심으로 도는 주기가 되는 평균 365일이 되고, 태양계가 우리은하계를 중심으로 도는 주기는 약 2억5,000만년이 되는데, 지구의 1년에 해당하는 360일을 년으로 계산하여 그 제곱을 소위 우주 1년이라 하여 129,600년이 되는바, 이를 선천, 중천, 후천으로 3등분 하면 43,200년씩 되고, 봄, 여름, 가을, 겨울의 4계절로 대입하여 4등분 하면 32,400년씩이 된다.

35) 궁희와 소희의 궁(穹)과 소(巢)는 건축물을 가리키는데, 궁은 계단으로 쌓은 피라미드형 집이 되고, 소는 탑 모양의 망루가 된다. 특히 궁(穹)은 이(夷)라는 글자의 원천적인 글자가 되기도 하는데, 夷의 ━는 雙을 뜻하여 雙人雙弓의 뜻이 된다.

36) 전게 부도지, 15쪽 및 25쪽 참조

마고시대 문화제도

서기전 70378년경부터 서기전 7197년경 사이에 존재하였던 마고성(麻姑城) 시대는, 그냥 성곽만으로 된 단순한 생활공간이 아니라, 씨족을 넘어서서 4방의 4씨족 집단으로 이루어진 부족에 해당하는 지역적 행정구조로 되어있었으며, 마고성의 중앙에는 제천단(祭天壇)을 축조하여 제천행사[37]를 벌이는

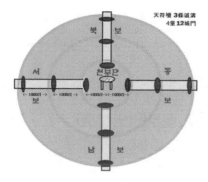

마고성 모형도

등 종교생활을 하였고, 역법(曆法)[38]이 시작되었으며, 장신구로서 오금(烏金)[39]이라는 귀걸이를 하고 다니는 등 정신적 물질적 문화생활을 하고 있었던 것이 된다.

---

37) 이미 사람은 자연의 일부로서 하늘 땅 사람 즉 천지인이 원래 하나였음을 깨달았던 것이 된다.

38) 역법(曆法)은 역(易)을 연역하여 시간적 영속성을 과학적 논리로 체계화하여 만든 소위 달력이 되는데, 이미 북극성을 중심으로 하여 북두칠성이 하루에 한 번씩 도는 것을 관찰하였던 것이 되며, 해와 달의 상호간의 일정한 주기를 관찰하여 하루와 한 달과 계절과 1년 등을 주기적으로 계산하였던 것으로 된다. 즉 하루는 해가 뜨고 지는 주기를, 한 달은 달이 커지고 작아지는 주기를, 1년은 4계절을 지나 시작점의 위치로 되돌아오는 주기를 계산한 것이 된다.

39) 오금은 합금이 분명한바, 경험적 또는 분석적인 과학적 기술이 없으면 제조할 수 없는 것이 된다. 고려시대에 오금장이라는 비녀가 있었다 한다.

1. 율려(律呂) 제도

율려(律呂)는 음(音)이다. 마고(麻姑)는 관(管)으로 악기를 만들어 음(音)을 관장하였다. 두 딸 궁희(穹姬)와 소희(巢姬)로 하여금 오음칠조(五音七調)를 맡아 보게 하였으며, 황궁씨(黃穹氏), 백소씨(白巢氏), 청궁씨(靑穹氏), 흑소씨(黑巢氏)가 출현하자 율려를 맡아보게 하였는데, 율(律)은 황궁씨 등의 남성(男性)이 맡았고 여(呂)는 여성(女性)이 담당하였다. 즉 율(律)은 양(陽)의 소리(音)에 해당하고 여(呂)는 음(陰)의 소리(音)에 해당하는 것이 된다. 단적으로 율려는 천지자연의 소리를 본떠 만든 음악이 되는 것이다. 그 각 소리에 일정한 법칙이 있으니, 율려는 문자가 없던 시절에 또는 문자를 대신하는 법이 되는 것이다. 국가적 행사에 음악(音樂)이 극히 중요한 것을 고려하면 반드시 그 연유가 있음을 알게 되는 것이다.

2. 천부단(天符壇)

마고성의 중앙에는 천부단이 있어 제천(祭天) 행사를 벌였다. 마고할미 시대 이후 황궁씨가 장(長)이 되어 다스리던 화백(和白) 시대에는 이 천부단은 돌아가신 마고할미를 삼신(三神)으로 모시고 제천행사를 벌인 곳이 된다. 중앙의 천부단을 본 따 동서남북의

강원도 태백산 천제단

사방에 작은 제천단을 두었으니 궁(穹)과 소(巢)이다. 후대의 한국시대에는 천산(天山)에 천부단을 둔 것이 되고, 배달나라 시대에는 태백산(太白山) 산정에, 단군조선 시대에는 태백산이 불리는 백두산(白頭山)[40]에 설치한 것이 된다. 또 신라시대 초기에도 박혁거세 거서간이 당시 남태백산(南太白山)이 되는 지금의 강원도 태백산

산정에 천부단을 축조하고 천제를 지냈는데 천제단(天祭壇)이라고도 불린다.

3. 사보(四堡) 제도

마고성의 동서남북의 사방에 보단(堡壇)이 있었다. 북보(北堡)는 황궁씨(黃穹氏)의 씨족이 지키고, 동보(東堡)는 청궁씨(靑穹氏)의 씨족이 지키고, 남보(南堡)는 흑소씨(黑巢氏)의 씨족이 지키고, 서보(西堡)는 백소씨(白巢氏)의 씨족이 지켰다.[41] 보단은 보단의 내부를 외부의 공격으로부터 방어하기 위한 보루(堡壘)이다.

이로 보아, 마고성 시대에 그 안과 밖을 경계를 두었던 것이 되는데, 12 성문이라는 관문(關門)을 두어 출입을 통제한 것이며, 결국 마고성은 당시 하늘나라에 해당하는 중앙으로서 마고성 주변지역을 통합하는 수도(首都) 역할을 하였다고 볼 수 있다.

단군조선 시대의 진한, 마한, 번한이 원래 사보(四堡)에 속하는 것이며, 신라 초기 박혁거세 거서간이 남태백산에 축조한 천부단의 동서남북 사대(四臺)에 보단(堡壇)을 축조하였다고 기록되고 있다.[42]

----

40) 백두산을 백산(白山)이라고 하며, 삼한대백두산이라고 기록되고, 신라 초기에 지금의 강원도 태백산을 남태백산이라고 하여 백두산이 원래 태백산임을 알게 하고, 대진국(발해)은 백두산을 태백산이라고 불렀다. 나중에는 장백산(長白山)이라고도 한다.
41) 땅을 상징하는 숫자인 4를 내포하는 사방(四方)이라는 방위가 이미 마고시대에 정립된 것이 된다. 여기에 중앙의 천부단을 합하면 중앙과 사방으로서 하늘과 땅이 어우러져 다시 하늘을 상징하는 숫자 5가 된다.
42) 전계 부도지, 45쪽 및 83쪽 참조

4. 삼조도구(三條道溝) 제도[43]

각 보단과 보단 사이에는 3겹의 도랑길[44]이 있었다. 또 각 도랑길의 좌우에 성문(城門)을 두었는데, 성문은 관문(關門)으로서 내부인과 외부인의 출입을 통제하는 곳으로서, 마고성은 3개의 도랑길과 3개의 관문을 설치한 것이 된다. 3겹의 도랑길은 외부인의 출입을 통제하기 위한 안전장치로서 성곽의 둘레에 설치한 해자(垓字)에 해당한다.

마고단 상상도 - 성미경 화백 제공

5. 12 성문(城門)

각 도랑길의 좌우에는 성문을 설치하여 모두 12 관문을 두었던 것이 되는데, 황궁씨 등 4씨족이 각 3족씩 불어나 모두 12족이 되어 각각 성문을 맡았다.[45]

동서남북의 사방에 각 3개의 성문이 있어 모두 12족이 나누어 맡은 것이 된다. 이 12족은 서기전 7197년 사방 분거 시에 대체로 마고성에서 살던 지역에 해당하는 방향으로 이동하였던 것이 된다.

---

43) 전게 부도지, 45쪽~46쪽 참조
44) 해자(垓字)의 역할을 하는 것이 된다. 해자는 성곽을 둘러싸고 있는 물길로서 하천이나 강을 가리키며 적을 방어하는 데 유용한 지형지물이 된다.
45) 전게 부도지, 27쪽 참조

6. 2궁 2소(二穹二巢)46)

사방에 2궁과 2소를 두어 오음칠조
의 율려(律呂)를 맡게 하였다. 즉 토(土)
를 맡은 자는 황(黃)이 되고 수(水)를 맡
은 자는 청(靑)이 되어 각 궁(穹)을 만들
어 직책을 수호하였고, 기(氣)를 맡은
자는 백(白)이 되고 화(火)를 맡은 자는
흑(黑)이 되어 각 소(巢)를 만들어 직책
을 수호하였다.47)

지리산 노고단

이리하여 2궁 2소를 맡은 각 황궁씨, 청궁씨, 백소씨, 흑소씨가 각 씨족(氏族)의
시조로서 씨성(氏姓)의 최초가 되었다. 방향으로 보면, 북보(北堡)는 토(土)를 맡은
황궁씨가 관장하고, 동보(東堡)는 수(水)를 맡은 청궁씨가 관장하며, 남보(南堡)는
화(火)를 맡은 흑소씨가 관장하고, 서보(西堡)는 금(金)을 맡은 백소씨가 관장한 것
이다.48)

이와 같은 기화수토와 황청백흑과 북동남서라는 체계는 역(易)과 풍수(風水)와
역법(曆法)과 밀접한 관련이 있는데, 마고시대의 이러한 원리가 단적으로 오늘날의
역, 풍수, 역법의 시원이 되는 것이다.

---

46) 전게 부도지, 25쪽 참조

47) 기화수토(氣火水土)의 역이 이미 나타난 것이 되는데, 기는 하늘(天) 또는 해(태양, 日), 화는
   불, 수는 물, 토는 땅(地) 또는 달(月)을 가리키며 각각 태양, 소양, 소음, 태음으로서 사상(四象)
   이 된다.

48) 북동남서의 순서로 토, 수, 화, 기가 되는데, 사방으로 보면 북은 중(中)의 대리로서 최고의 자리
   이므로 중앙의 토를 북이 겸하는 것이 되기도 하고 북쪽은 태음으로서 지(地)인 토(土)라 하는 것
   이 되어 태호복희8괘역의 북방의 역과 일치하며, 수(水)는 소음으로서 태호복희8괘역의 동방의
   역과 일치하고, 남의 화와 서의 금은 지금의 오방의 오행과 일치하게 되는데, 당시 마고성 시대는
   현재 지구축의 기울기보다 작아 비교적 온화하였던 시대가 아니었던가 생각된다.

궁(竆)과 소(巢)는 층대나 고탑과 같이 하늘에 가까이 오르는 계단이 있는 건축물로서 제천행사를 벌이는 곳으로 신전(神殿)[49]의 역할을 한 것이 된다. 궁(竆)은 피라미드나 수메르의 지구라트 모형이 될 것이며, 소(巢)의 모습은 인도의 탑 모형이 될 것이다. 이리하여 천부단(天符壇)과 궁소(竆巢)는 제천행사를 벌이는 제단이 되는 것이다.

7. 역법(曆法)

마고성 시대의 역법제도는 서기전 27178년경 후천시대가 시작될 때 정립되기 시작하여[50] 서기전 25858년 계해년에 완전히 정립된 것으로 되는데, 역법은 그 이전부터 이미 천문을 관찰하여 축적되어 온 결과로 정리된 것이 된다.

마고성 시대의 기화수토(氣火水土)는 역법을 증명하는 것이며[51], 이는 지금 우리나라 국기인

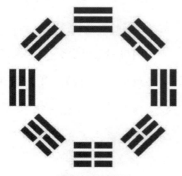

태호복희8괘역도

태극기의 사방에 나타내어진 건곤감리(乾坤坎離)와 방향만 다를 뿐 그 나타내는 성

---

49) 수메르지역의 지구라트는 궁(竆)의 형태가 되며, 인도지역의 탑은 소(巢)에 해당하는 것이 된다. 궁이라는 글자의 모양이 층계 위에 집을 지은 형태이고, 소라는 글자의 모양은 나무 위에 지은 새집 형태가 된다.

50) 전계 부도지, 25쪽 참조

51) 기화수토의 순서를 토수화기로 놓으면 북동남서가 되어 태양이 도는 방향이 된다. 물론 태양이 도는 것이 아니라 지구가 태양의 주위를 도는 데서 생기는 방향이 된다. 즉 북동남서는 상대적인 방향이며 절대적인 방향이 아니다. 태호복희 8괘역의 방향은 지구가 자전하고 태양의 주위를 도는 공전방향으로 된다. 그러나 중국의 역은 태양이 지구를 도는 모양으로 해석하므로 주의를 요한다. 태호복희 8괘역 중의 건리감곤(乾離坎坤)의 괘가 곧 남서동북에 해당하는 괘이며 마고시대의 기화수토(氣火水土)에 해당하는 것이 되므로, 사상(四象)이 되는 것이다.

질은 완전히 일치하는 괘(卦)가 된다. 즉, 기화수토는 바로 건리감곤으로서 하늘, 불, 물, 땅이 되는 것이다. 태극기의 4괘는 기본적으로 태호복희8괘역[52]과 일치하며, 방향도 일치한다.

태극기의 4괘인 건리감곤은 하늘, 불, 물, 땅을 나타내며 차례로 남서동북(南西東北)의 방향을 나타내는 것이 되는데, 마고성 시대의 기화수토 4괘는 서남동북(西南東北)이 되어 서쪽과 남쪽이 서로 바뀌어 있는 모습이 된다. 이는 마고성 시대의 역이 배달나라 시대에 기(氣)와 화(火)의 방향이 서로 바뀌어 서기전 3500년경에 이르러 태호복희에 의하여 태호복희역으로 수정된 것이 된다.

8. 자재율(自在律)[53]

자재율이란 스스로 존재하는 법이라는 의미로서, 금지하지 않고 스스로, 자발적으로 자제(自制)하는 법을 가리킨다. 서기전 10000년경 백소씨족(白巢氏族)의 지소씨(支巢氏)가 포도를 먹음으로써 야기된 오미(五味)의 변란(變亂) 이전까지는 자재율로 마고성의 질서가 유지되었다.

즉, 이때까지는 마고성이 낙원(樂園)시대로서 사람마다 천성(天性)을 그대로 지니고 있어서, 천지자연의 소리를 알았고 스스로 자제(自制)하여 금(禁)할 줄 알았다. 그런데, 이때 이르러 자재율은 오미의 변란으로 수찰금지법(守察禁止法)이 생기고 다른 생명체를 먹으면서 훼손당하게 되었다.

---

52) 서기전 7197년 이전의 마고성 시대에 사상이라는 역이 이미 존재하였던 것이 되는데, 이 마고 시대의 역과 태호복희 8괘역의 기본원리에 관하여 연구함이 필요하다. 기화수토는 곧 소위 인도 철학상의 지수화풍이며 이는 곧 토수화기(흙, 물, 불, 공기)이다.

53) 전게 부도지, 30쪽 참조

9. 공률(公律)

오미의 변란으로 수찰을 하지 않은 사람은 공률을 사사로이 훔쳐보아 모두 눈이 밝아져 올빼미와 같았다고 한다.[54] 즉 공률은 권한을 가진 존재나 허락을 받은 존재만이 보아야 하는데도, 감히 몰래 훔쳐보았다는 말이 된다. 공률이 무엇인지는 자세하게 밝혀져 있지 아니하나, 인간이 본연의 심성을 잃고 오만에 젖어 욕심을 부려 신(神)의 영역을 함부로 흉내 내거나 신성(神性)을 훼손 또는 모독한 것으로 해석된다.

10. 수찰금지법(守察禁止法)

오미의 변란으로 백소씨(白巢氏)[55]의 사람들이 수찰을 금지하게 되었다. 수찰은 지키고 살핀다는 의미인데, 공동체 운영을 위하여 규칙을 만들어 조를 짜서 성안과 성벽을 돌아다니며 혹시라도 율법을 어기는 자가 있는지, 외부의 침범자가 있는지 살핀다는 의미가 된다.

그리하여 수찰을 금지한다는 것은, 자재율로 수찰하던 것을, 오미의 변란을 계기로 혹시라도 포도와 같은 열매 등의 다른 생명체를 함부로 먹게 될까 우려하여 일절 돌아다니지 못하게 원천적으로 금지하였다는 것이 된다. 이 수찰금지법은 자재율

---

54) 전게 부도지, 30쪽 참조

55) 백소씨는 소희(巢姬)의 장자로서 지금의 백인종의 시조가 되는 셈이다. 서기전 7197년경 사방 분거시에 서방으로 이동하였고, 그 일파인 지소씨(支巢氏)는 서기전 8000년경에 먼저 무리를 이끌고 동쪽으로 나가 황하 상중류 지역에 정착하였던 것이 된다. 서기전 7000년경에 형성된 배리강 문화가 지소씨족이 이룬 문화로 추정된다. 지소씨족은 한국(桓國) 시대의 구족 중의 백족(白族)을 이루며, 아시아 백인종의 시조가 되는 셈이다. 백족은 구이(九夷) 중의 백이(白夷)로 기록되며 후대 단군조선 후기가 되는 주나라 시대 즉 서기전 1200년경 이후에는 서이(西夷)로 기록된다. 백족의 일파로 황하중상류 지역에 터 잡고 이주족인 웅족과 전쟁을 한 족속이 역사상 곧 호족(虎族)이 된다.

을 파기한 꼴이 되어 법이 법을 짓밟는 것이 되었고, 이에 포도와 같은 다른 생명체를 함부로 먹음으로써 혈육(血肉)이 술(酒)처럼 탁(濁)하게 되어 결국 천성(天性)을 잃게 되었다 한다.

11. 화백(和白) 제도

마고할미 이후에 사방을 맡은 황궁씨 등 4씨족이 최고 어른인 황궁씨를 중심으로 화백제도를 시작하였던 것으로 되는데, 서기전 10000년경에 이르러 오미의 변란 때문에 마고성이 소위 실낙원(失樂園)이 되자, 장손인 황궁씨가 마고에게 사죄하는 제사의식을 끝낸 후 각 씨족을 모아 회의를 하였고, 모두 분거하기로 결정을 보았다.[56]

마고성 시대의 화백제도로 인하여 한국(桓國)시대의 화백제도가 이미 서기전 7197년경부터 시작된 것이 된다. 즉 화백제도는 정치의사를 결정하는 실질적인 민주주의 방식이라 할 수 있는 제도이며, 만장일치 제도이므로 일부라도 불만이나 반대가 있으면 다시 논의하는 방식이다.

화백제도는 신라시대까지 이어지며, 현시대의 다수결 원칙이 되는 민주주의 의결방식의 원류가 되는 셈이다.

12. 오금(烏金)

마고성 시대에는 오금을 귀에 걸고 다녔다. 이 귀걸이[57]는 하늘의 소리를 듣기

---

56) 전게 부도지, 33쪽~34쪽 참조

57) 여기 마고성 시대의 오금이라는 금속으로 만들어진 귀걸이가 귀걸이(귀고리) 역사의 시초가 되는 셈인데, 귀걸이를 하는 이유가 명백하게 드러나고 있는데, 후대에는 원래의 의미가 퇴색하고

위한 것이라 하는바, 천부삼인의 하나인 방울 모양의 귀걸이[58]로 보인다.

하늘의 소리는 곧 천지자연의 소리로서 율려(律呂)와 직접 관련되며, 하늘의 법칙이 된다. 즉 오금은 하늘의 법을 듣고 그대로 따르기 위한 상징적 장신구가 되는 것이다.

오금은 글자 그대로 검은색을 띠는 합금으로서 금과 구리의 합금이 되는바[59], 오금을 합금하는 데는 고도의 기술이 필요하다고 보인다.

방울은 둥근 공 모양에 가운데 태극[60] 모양을 표시하는 곡선으로 구멍을 낸 것이 되며, 이러한 태극 모양을 나타내는 또 다른 천부삼인의 증거물로 곡옥(曲玉)과 천지자연의 소리를 본뜬 북(鼓)이 있다.

13. 천부(天符)

서기전 10000년경 오미의 변란으로 마고성이 소위 실낙원이 된 이후 원시복본을 맹서하면서 사방분거하기로 결의한 후, 황궁씨는 천부(天符)[61]를 신표(信標)로 나누어 주었다.[62] 나중에 유인씨(有因氏)가 황궁씨(黃穹氏)로부터 천부삼인(天符

사치풍조를 띠게 된 것으로 되는바, 세계 귀걸이의 역사와 우리 한국의 역사상 귀걸이 역사와의 상관관계 등을 연구해 보는 것도 좋을 듯하다.

58) 방울은 중간에 구멍을 뚫어 소리가 울리도록 만든 것인데, 위(하늘) 아래(땅)의 이극(二極) 즉 음양태극 모양이 된다.

59) 구리와 주석을 합금하면 청동이 되고 구리와 아연을 합금하면 황동이 되며, 여기 오금은 검은색을 띠는 합금이 되는데, 오금을 만드는 기술은 고도의 것이 될 것이다.

60) 태극은 무극에서 나온 것인데, 태극의 기본적인 완성은 천지인 세 가지 태극이 정립한 삼태극이다. 즉 삼태극 내에서 만 가지 태극으로 분화하였다가 다시 무극으로 환원하는 것이다. 일극은 상대가 없어 무극이며 이극은 상대가 있어 양극(兩極), 반극(反極)이다. 태극사상의 기원에 관한 심층적인 역사적 연구가 필요하다.

61) 천부(天符)는 글자 그대로 하늘의 뜻을 나타내며, 하늘의 뜻을 땅에 실현한다는 취지이다. 천부는 철학(哲學), 종교(宗敎), 과학(科學), 인륜(人倫)의 시원이다.

三因)을 이어받았다고 하는 기록으로 보아, 이 천부는 곧 천부삼인 모두나 그 일부를 가리키는 것으로 된다.63)

천부삼인 (三物)

천부삼인은 역사상 유물로는 거울, 북 또는 방울 또는 곡옥, 칼로 나타난다. 유물로서 금속제품으로, 거울로는 다뉴세선문경(多紐細線文鏡)64)이 있으며, 방울로는 팔찌 모양이나 팔주령 등이 출토되었고, 칼로는 비파형 동검과 세형 동검이 출토된다.

서기전 7197년경 마고성에서 분거를 시작할 당시에 황궁씨가 나누어준 신표인 천부가 천부삼인이라면, 이미 청동기시대로 접어들었음을 알 수 있는데, 마고성 시대에 오금(烏金)을 귀걸이로 하고 다녔다는 것으로 보아 충분히 가능한 것이 된다. 물론 천부삼인이 아니라도 거울과 방울은 이미 주조하여 천부(天符)로 사용한 것이 틀림없다고 본다.

천부삼인(天符三印)은 천지본음(天地本音)의 상(象)으로서 근본이 하나임을 알게 하는 것이라 하므로, 둥근 모양으로서 무극(無極)65), 무극에서 나온 태극(太極: 反極: 二極)66), 태극의 완성인 삼태극(三太極)67)을 가리키는 것이 된다.

---

62) 전계 부도지, 34쪽 참조

63) 여기서 천부삼인이라 하지 않고 그냥 천부(天符)라고만 적은 것으로 보아 거울과 방울로서의 천부이인(天符二印)이었던 것으로 보이며, 나중에 황궁씨가 나라를 다스리기 위하여 칼(劍)을 추가하여 천부삼인(天符三印)이 된 것으로 된다.

64) 다뉴세선문경의 세선은 가는 선을 표현한 것으로서 태양의 햇살을 나타내어 거울이 하늘의 태양을 상징하는 것이 된다. 거울은 둥근 모양이자 모습을 비추어 주므로 인간의 본성인 천성을 회복하여 태양처럼 변함없이 항상 천성을 지키라는 의미가 있는 것이 된다.

65) 무극은 합일된 형태를 의미하며, 다시 되돌아가는 원래의 모습을 가리키는 것을 의미하는 것이 된다. 천부경의 가르침에서 보듯이 태극은 무극에서 나오며, 만 가지의 태극은 결국 다시 무극으로 돌아가게 된다.

거울은 둥근 모양으로서 하늘 또는 태양을 상징하고, 방울은 천지자연의 소리를 내는 물건으로서 방울 중간에 태극문양을 넣어 소리 나게 하였으며, 칼은 칼몸, 손잡이, 받침의 세 부분으로 되어 삼태극을 나타낸다. 한편 북(鼓)도 양면으로 소리를 내는 물건으로서 양극(兩極), 즉 태극(太極)을 나타내며, 삼지창(三枝槍)은 삼을 상징하는 물건으로서 삼태극(三太極)을 나타내는 물건이 된다.

日 飛 문자가 새겨진 무극 태극 삼태극 날개

천부삼인은 홍익인간 세상을 실현하는 상징적인 증거이며, 하늘과 땅과 사람이 원래 하나임을 나타내는 증거물이기도 하고, 무(巫)의 행사에 쓰이는 필수적인 물건이기도 하다. 무(巫)는 제사장이 하늘과 땅과 사람을 일체화시키는, 하늘에 올리는 제사의식이다.

단군조선 시대 이전에는 하늘에 제사를 올리는 권한은 천상(天上) 즉 하늘나라의 임금인 천군(天君)이 되는 단군(檀君), 천왕(天王), 천제(天帝)의 고유권한이었으며, 천제나 천왕이나 천군이 그 제후에 해당하

흑피옥에 새겨진 문자

는 천하(天下)의 왕인 천자(天子) 등에게 명하여 제(祭)를 올리도록 하기도 하였던 것이 된다.[68] 그래서 지금의 무(巫)는 단군조선 시대 제천의식(祭天儀式)과 연관되

---

66) 태극은 주로 하늘과 땅, 양과 음의 이분법으로 표현되는 음양태극, 양극, 반극이 된다.

67) 삼태극은 하늘, 땅, 사람 또는 음, 양, 중의 삼분법으로 표현된다.

68) 고대 중국의 기록에서는 천자(天子)가 하늘과 땅에 고하는 것을 봉선(封禪)이라 하는데, 봉은 하늘이 제후로 봉한다는 의미이며, 선은 선양을 받아 대를 잇는다는 의미가 된다. 그리하여 원래 고대 중국의 천자나 황제가 행한 봉선의식은, 스스로 천명(天命)을 받은 것으로 생각하고서 선양 (禪讓)을 받음으로써 천하의 왕(王)인 천자(天子)에 올라 나라의 대를 이었으니, 정식으로 천자로 봉해달라고 천제(天帝)나 천왕(天王)에게 고(告)하여 윤허(允許)를 받음으로써 그 정당성, 정

어 내려온 홍익인간(弘益人間), 중생구제(衆生救濟)와 관련되어 종교 형태로 전해온 것이 된다.

이상으로, 마고성 시대는, 서기전 7197년에 시작된 한국(桓國) 시대가 천부삼인(天符三印), 천부경(天符經)[69], 홍익인간(弘益人間) 등 고도의 철학적 종교적 정치적 정신문명을 보유하게 한 근원문명(根源文明) 시대가 되며, 금속주조 문명이 이미 발전되어 있었던 시대임이 틀림없는 것이다.

통성을 인정받는 의식을 치르는 것이 된다. 배달나라 시대에 삼신과 천제를 대신한 한웅은 천왕이며, 그 아래 제후들은 천군이나 천자가 되어 소위 황제헌원은 천자가 되는 것이며, 단군조선 시대에 삼신과 천제를 대신한 소위 단군은 천제, 천왕으로서 요순, 하은주의 천자(天子)를 거느린 천조(天朝), 천국(天國)의 임금이 되는 것이다.

69) 애석하게도 신채호 선생은 1924년부터 1925년까지 동아일보에 연재한 조선사연구초와 1931년부터 103회에 걸쳐 조선일보에 연재한 조선상고사에서 천부경을 후세인의 위작(僞作)이라고 단정하거나 위작이라는 취지로 적고 있다.

황궁씨(黃穹氏)의
마고성 시대와 역법(曆法)

서기전 70378년 계해년에 마고할미의 다스림 이 시작된 이후, 약 43,200년이 흐른 뒤인 서기 전 27178년경에 이르러 마고할미의 장손이 되 는 황궁씨(黃穹氏)가 나머지 청궁씨(靑穹氏), 백 소씨(白巢氏), 흑소씨(黑巢氏)의 각 씨족을 대표 하여 화백(和白)으로 다스리는 시대가 되었는데, 부도지에서는 이때부터 후천(後天) 시대라 적고 있다.[70]

태호복희역을 따른 태극기 사상

이 후천시대에 접어들어 역사상 역법(曆法)이 시작된 것으로 기록되는데, 서기 739년 3월 15일 대진국(大震國, 발해)의 제3대 문황제(文皇帝)가 지은 삼일신고 봉장기(三一神誥奉藏記)[71]에 따르면 서기전 3897년 갑자년 한웅(桓雄)의 개천

---

70) 전게 부도지, 25쪽 참조

71) 謹按 古朝鮮記 曰 三百六十六甲子 帝握 天符三印 將 雲師雨師風伯雷公 降于 太白山檀木 下 開拓山河 生育人物 至 再週甲子之 戊辰歲上月三日 御喆宮誕訓 神誥時 彭虞率 三千團部 衆 俯首受之 高矢採 靑石於東海濱 神誌劃 其石而傳之 後朝鮮記 箕子聘 一士山人 王受兢 以 殷文 書神誥于 檀木板而 讀之然則 神誥原有 石檀二本 而世傳 石本藏於 餘國庫 檀本則爲 衛 氏之有 竝失於兵燹…… 此本乃 高句麗之 所譯傳而 我高考之 讀而贊之者也 小子自 受誥以

(開天) 때로부터 366갑자의 해가 되는 21,960년 이전인 서기전 25857년 갑자년에 역법이 시작된 것으로 역산(逆算)이 되며, 처음에는 계해로 시작되었으니 서기전 25858년 계해년부터 역법이 본격 시작된 것으로 나온다.

마고성 시대에 역법(曆法)을 사용하였다는 증거로는, 기화수토(氣火水土)로 된 4괘(卦)의 역(易)이라 할 수 있는 것이 있고, 배달나라 시대인 서기전 2700년경 자부선인(紫府仙人)에 의하여 만들어진 칠회제신력(七回祭神曆)과도 일맥상통하면서 윷놀이판에 표현된 한역(桓易)[72]이라 불리는 태극 28수(宿) 역(易)이 있다.

기화수토(氣火水土)는 마고성 시대에 마고할미의 손(孫)이 되는 황궁씨, 청궁씨, 백소씨 흑소씨가 각각 맡아 관장한 일인 바, 역괘(易卦)에 맞추어 보면 각 하늘, 불, 물, 땅으로서 건(乾), 리(離), 감(坎), 곤(坤)의 4괘(卦)에 해당한다.

건리감곤은 태호복희8괘역인 건태리진곤 간감손(乾兌離震坤艮坎巽) 중 동서남북(東西南北)의 4방(方)과, 춘하추동(春夏秋冬)의 4계(季)와, 조주석야(朝晝夕夜)의 4시(時)와, 물, 하늘(태양), 불, 땅(달)의 4요소를 상징하는 4괘가 된다.

윷놀이판은 배달나라 시대의 오방(五方)의 오부(五部) 또는 오가(五加)의 오행(五行) 놀

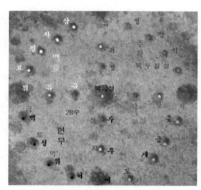

고인돌 덮개에 새겨진 윷놀이판

이인바, 바로 마고시대의 동서남북 사보(四堡)와 12 성문(城門)으로 된 지역행정

來 恒恐失墮 又感石檀 二本之爲 世波所溫 玆奉 靈寶閣 御贊珍本 移藏于 太白山 報本壇 石室中 以爲 不朽之資云爾 大興三年三月十五日 藏

72) 태호복희의 역은 8괘역인데, 태호복희가 천하(황하)에서 얻었다는 하도(河圖)는 태호복희 이전에 존재하였던 한국(桓國)과 배달나라 전기의 음양오행수리역(陰陽五行數理易)이 된다. 윷놀이판에 표현된 한역(桓易)은 4상(象:相)으로 표현되는 4시(時) 4계(季) , 8괘로 표현되는 8시(時) 8절기(節期), 12시월(時月), 28수(宿) 1기(期), 13기(期) 1년(年)으로서 태호복희역을 포함하는 역으로서 역법(曆法)을 내포하고 있는 한역(桓易)이 된다.

구조이자, 배달나라 시대의 황극(皇極)과 풍백(風伯)과 운사(雲師)와 우사(雨師)와 오가(五加)를 나타낸 정치제도이며, 해와 달과 오행성, 태극과 북두칠성, 1주 7일, 1기(期) 4주 28일, 1년 13기(期) 3개월 4계절과 52주 365일, 366일을 나타내는 역법체계이기도 한 것이다.

단군조선의 지역행정 구조는 마고시대를 그대로 본떴다고 하는바[73], 이를 증명하는 증거가 다름 아닌 윷놀이판이다. 단군조선의 지역행정의 기본구조는 동서남북의 사보(四堡)로 나눈 것이 되는데, 동보(東堡)에는 예(濊), 남보(南堡)에는 마한(馬韓), 서보(西堡)에는 번한(番韓), 북보(北堡)에는 진한(眞韓)을 둔 것이 되고, 중앙이 되는 백두산(白頭山)인 태백산(太白山)에는 천부단(天符壇)을 축조하였던 것이 된다.

윷놀이에서 도개글윷모는 각 돼지, 개, 양(염소 또는 닭), 소, 말이 되고 이는 한배달 조선의 오가(五加)인 저가, 구가, 양가, 우가, 마가를 가리키며, 이들 오가가 중서북동남(中西北東南)의 순행방향 즉 오행상생(五行相生)[74] 방향으로 중(中)을 1로 하여 숫자를 더해가며 도는 모습을 나타내고, 윷의 말이 가는 방향은 지금의 태극기의 태극문양과 같이 시계반대 방향으로 회전하는 모습을 띤다. 이는 지구에서 바라본 북두칠성이 하루를 걸려 회전하는 모습이기도 하다. 또 이는 지구가 자전하는 방향을 나타낸 모습이기도 하며, 더욱이 지구가 태양을 주위로 공전하는 모습이기도 하다.

오가(五加) 제도는 서기전 7197년 이후의 한국(桓國) 시대에 정립된 것이 되는데, 윷놀이판에서 중앙의 태극 외의 점은 4방에 각 7개씩으로서 마고성 시대에는 북극을 축으로 하여 시계 반대 방향으로 회전하는 북두칠성의 모습을 나타낸 것이

---

73) 전게 부도지, 45쪽 참조

74) 중서북동남의 순서는 토금수목화로서 오행상생이 되는 방향이고, 윷놀이에서 도는 1점, 개는 2점, 글은 3점, 윷은 4점, 모는 5점이 되는데, 이는 중앙의 저가(豬加)인 도(돝:돼지)를 출발점인 1로 잡으면서, 북, 동, 남의 순으로 각각 구가(개), 양가(글), 우가(윷: 소), 마가(모)가 된다. 이러한 모습은 태호복희역이나 윷놀이판을 기준으로 하면 시계침이 도는 방향의 반대 방향으로 도는 모습이 된다.

된다.

현재 우리가 전통놀이로서 즐기는 윷놀이는, 서기전 2700년경 배달나라 시대의 자부선인이 만든 유희(遊戲)이나, 그 연원은 마고성 시대의 역법(曆法)에서 출발한 것이 되며, 서기전 7197년 이후 한국(桓國) 시대에 삼사오가(三師五加) 제

도가 정립되면서, 윷놀이판은 한국(桓國) 시대의 정치구조이면서 역법의 연원인 한역(桓易)의 평면상 구현이다. 즉, 윷놀이판은 평면상에 나타낸 역법 체계이다. 한편, 후대에 혼천의(渾天儀) 등으로 불리는 단군조선 시대의 선기옥형(璇璣玉衡)[75]은 입체적으로 나타낸 역법체계이다.

서기전 25878년 이전의 마고시대에는 윷놀이판에서 볼 수 있는 역법과 유사하게 정립된 역법이 있었다고 보인다. 역수(曆數)가 본격 시작된 후천시대 초가 되는 서기전 27178년경 이후에 큰 지각변동이 있어 육지와 바다와 산천이 크게 움직여 변화한 것이 부도지(符都誌)에 기록되고 있는데[76], 이때 아마도 지구축이 기울어진 정도가 상대적으로 크게 되어 4계절의 변화가 뚜렷하게 된 역법이 사용된 것으로 보이는 것이다.

후대에 정립된 태호복희8괘역에서는 태양(하늘)에 해당하는 기(氣, 건乾) 괘의 위치가 서방에서 남방으로 이동되고, 화(火)의 위치가 남방에서 서방으로 이동된 모습이 되는데, 이는 마고성 시대를 지난 이후 지축(地軸)의 기울기가 더해진 결과를 반영한 것으로 보인다.

---

75) 고대중국의 기록에서는 선기옥형은 순임금이 제작하였다 하나 원래 배달나라와 단군조선에서 만들어진 것을 서기전 2267년 도산회의를 계기로 단군조선이 율도량형을 맞출 때 순임금이 전수받거나 한 것이 된다.

76) 전게 부도지, 25쪽 참조. 즉 태양이 남방에 치우쳐 여름에 해당하는 계절이 뚜렷한 것이 되어 지축의 기울기가 커진 것을 반영한 것이 될 것이다.

마고성(麻姑城) 시대의
궁소(穹巢) 제천문화

기화수토(氣火水土)는 역(易)으로서 역수(曆數)와 관련되며, 주야조석(晝夜朝夕)의 하루, 춘하추동(春夏秋冬)의 사계절을 나타내는 것이다. 즉 소위 태양, 태음, 소양, 소음의 사상(四象, 四相)이나 건곤감리(乾坤坎離)의 사괘(四卦)에 해당하며, 동서남북(東西南北)의 사방(四方)과도 관련된다.

토(土)를 맡은 자는 황(黃)이 되어 궁(穹)을 만들고, 수(水)를 맡은 자는 청(靑)이 되어 또한 궁(穹)을 만들며, 기(氣)를 맡은 자는 백(白)이 되어 소(巢)를 만들고, 화(火)를 맡은 자는 흑(黑)이 되어 또한 소(巢)를 만들었다고 부도지(符都誌)에서 기록하고 있다.[77]

여기서 궁(穹)과 소(巢)는 파미르고원의 마고성(麻姑城) 시대에 만들었던, 천부단(天符壇) 둘레에 세워진 사방의 제천단(祭天壇)이 된다. 궁은 글자 그대로의 형상처럼 피라미드 모양으로서 높이 쌓은 층대 위에 집 모양의 건축물을 얹은 제천단이며, 소는 나무 위의 새집처럼 층대를 만들어 망루와 같이 만든 탑 모양의 제천단이다.

---

77) 전게 부도지, 25쪽 참조

남아메리카 피라미드

자연산 피라미드 천제단

토(土)를 맡은 자와 수(水)를 맡은 자가 궁(穹)을 만들어 직책을 수행하니 황궁(黃穹), 청궁(靑穹)이며 각 씨(氏)의 시조가 되었다. 인종학적으로 볼 때 황궁씨는 황인종의 시조가 되며, 청궁씨는 청인종 또는 남색종(藍色種)의 시조가 된다. 역사적으로 볼 때, 황궁씨는 한국(桓國) 시대에 형성된 황족(黃族)과 황족의 파생족인 양족(陽族), 우족(于族), 방족(方族), 견족(畎族)의 조상이 되며, 청궁씨는 남족(藍族)과 적족(赤族)의 조상이 된다.

백(白)을 맡은 자와 화(火)를 맡은 자가 소(巢)를 만들어 직책을 수행하니 백소(白巢), 흑소(黑巢)이며, 각 씨의 시조가 되었다. 인종학적 지역적으로 보아 백소씨는 동방에서 서방으로 이동한 아시아 백인종의 시조가 되며, 흑소씨는 파미르고원에서 남방으로 이동한 아시아 흑인종의 시조가 된다.

황궁씨의 후손인 황인종은 주로 파미르고원의 동북으로 흩어져 살았으며 파미르고원의 동쪽에 존재하는 피라미드를 만든 주인공들이라 할 수 있다. 청궁씨족은 파미르고원의 동쪽으로 이동하여 황하 이남으로 양자강 유역에 걸쳐 정착한 족속이 되는데, 대체로 황궁씨족의 제도와 문화를 따랐다.

백소씨의 후손인 백인종은 파미르고원의 서쪽으로 이동한 제1차 아시아 출신 백인종으로서[78] 마고성 시대에 만들었던 소(巢)보다도, 황궁씨족과 청궁씨족이 만들

---

78) 제1차 아시아 백인종은 서기전 7197년경 파미르고원에서 서방으로 분거한 백소씨족이며, 제2차 아시아 백인종은 백소씨의 일파인 지소씨족이 동방으로 이동하여 황하 중상류 지역에 정착하

던 궁(穹)의 모양을 따 피라미드의 원형이 되는 지구
라트를 만든 주인공들이 된다. 흑소씨족은 파미르고
원의 남쪽이 되는 지금의 인도지역으로 이동한 흑인
종 계통으로서 마고성에서 만들었던 소(巢)를 본떠
탑(塔)을 많이 만들었다.[79]

巢에서 유래된 탑

궁(穹)을 만드는 풍습은 동서양에 모두 나타난다.
즉 마고성 시대에 원래 궁(穹)을 담당하였던 황궁씨
족의 후손인 우리들 황인종은 대대로 산을 중시하며
산 정상에 제천단을 만드는 풍습을 가졌고, 급기야는 무덤을 피라미드식으로 만드
는 풍습을 가졌다. 한국(桓國) 시대의 천산(天山)이나 배달나라 시대의 태백산(太
白山) 산정이나, 단군조선의 백두산 제천단이나 강화도 마리산 참성단 등이 모두
자연 피라미드형 제천단이다.

소(巢)를 만드는 풍습은 돌탑에서 많이 나타나는데, 돌을 쌓아 망루 모양으로 만
드는 풍습으로서, 마고성에서 남쪽으로 이동한 흑소씨족들이 그 유습을 이었으며,
또한 동북쪽으로 이동한 황궁씨족들도 소(巢)를 만드는 풍습을 이었으니 궁(穹)과
결합한 형태가 되는 돌탑이다. 소와 궁이 결합한 형태가 되는 돌탑으로는 지리산 노
고단(老姑壇) 정상에 있는 것과 마이산(馬耳山)에 있는 것을 대표적인 예로 들 수

였다가 단군조선 초기인 서기전 2224년경 우(禹)가 단군조선을 반역하여 하왕(夏王)이라 참칭
하면서 폭정을 펼치자, 이때 하나라 지역에서 단군조선 직할 영역으로 망명한 백성들이 있었는
데, 주로 태호복희 후손들이 되며 이들이 서방으로 이동하는 주축세력으로서 아시아 백인종이
되는 지소씨족들을 이끌었던 것이고, 역사상 소위 인도 아리안족이라 불리는 사람들이 된다. 인
도지역에 아리안족이 유입된 시기는 서기전 2000년경이며 백인종인 브라만 족은 곧 천군(天君)
이었던 태호복희의 후손으로서 카스트제도에서 브라만(승려) 계급에 해당하는 것이 된다. 브라
만의 브람(Brahm)은 한자로는 이두식으로 범(梵)이라 하고 원래의 뜻은 바람(風)으로서 소위 풍
씨(風氏)의 시조라는 태호복희의 후손임을 나타내고 있는 것이 된다.

79) 전게 부도지, 73쪽 참조

있겠다.

마고성 시대의 천부단(天符壇)은 중앙에 둔 제천단(祭天壇)으로서 마고할미나 후대에 4씨족의 장(長)이던 황궁씨가 주관하여 제천행사를 치른 곳이 되고, 각 사방에 설치되었던 궁(穹)과 소(巢)는 작은 단위의 제천단으로서 자치적으로 제천행사를 벌인 곳이 된다.

마이산 돌탑

특히 황궁씨와 청궁씨의 이름에 쓰이고 있는 궁(穹)이라는 글자는 夷라는 글자와 직접 연관되고 쌍인쌍궁(雙人雙弓)이라는 글자로 풀이하기도 하는데, 이(夷)의 대표격은 곧 동이(東夷)이며, 그 이전에는 구이(九夷)로서 한배달조선의 구족(九族)을 가리키고, 구이의 이(夷)는 궁(穹)에서 나온 글자가 되는 것이다.[80]

---

80) 실제 穹이라는 글자는 대궁(大弓)과 유사하여 夷라고 겹쳐 쓰면 같은 글자가 되는데, 글자를 분해하면 -人 弓이 되고 -는 쌍(雙)을 나타내는 글자로서 결국 人人弓弓이라고 해석하게 되는 것이다.

율려(律呂) 시대와
오미(五味)의 난(亂)

마고성 시대 63,182년간을 전체적으로 볼 때는 율려(律呂) 시대라 할 수 있다. 마고성에 살던 사람들은 율려 즉 천지자연의 소리에 응하여 어긋남이 없이 자유자재 율(自由自在律)에 따라 살았다.

그러나, 약 6만년이 흐른 뒤 마고성에는 전에 없던 대변혁이 일어났다. 그것은 바로 식생활(食生活)의 변화였다. 즉 이빨을 거의 사용하지 않고 주로 영양분을 젖처럼 마시던 시대에서 이빨을 사용하여 열매 등의 음식물을 씹어서 섭취하는 시대로 이전된 것이 된다.

율려는 자연법칙의 소리이다. 이 자연법칙의 소리를 본 따 만든 악기가 상형문자 인 音(음)과 같은 형상인 피리이다. 자연의 소리는 우리가 들을 수 없는, 우주천체가 운행하면서 생기는 엄청나게 큰 소리와 새소리와 시냇물 소리에 이르기까지 한이 없다. 사람이 들을 수 있는 소리는 물리적으로 한정된 것이다.

이리하여 사람들은 천지자연에서 나는 소리를 전부 듣기 위하여 오금(五金)이라 는 귀걸이를 하고 다녔다. 귀걸이는 방울의 일종이 된다. 방울 자체가 천지자연의 소리를 내는 물건으로서 천지자연의 소리를 본 따 만든 상징물이 되는 것이다.

시간이 흐름에 따라 나타나는 천지자연의 소리는 그 존재의 생장소멸(生長消滅)

에 따르는 순서, 법(法)에 따른 소리이다. 즉 봄에는 얼음이 녹아 흐르는 물이 되어 나는 소리, 나무와 풀에 물이 오르는 소리, 꽃을 피우는 소리, 짐승들이 짝을 짓기 위한 소리 등을 이루고, 여름에는 풀벌레 소리, 온갖 동식물들이 생육하며 번창하는 소리, 천둥소리, 천둥소리 등을 이루며, 가을에는 열매가 익어가는 소리, 단풍이 드는 소리 등을 이루고, 겨울에는 찬바람이 부는 소리, 눈이 내리는 소리 등을 이루게 되는데, 이것들이 모두 천지자연의 조화에서 나오는 질서에 따른 소리이다.

특히, 옛 성인(聖人)들이 혼인법(婚姻法)을 만들어 남녀가 나이가 차면 중매하여 혼인하도록 하고, 이로 인하여 태어난 아기의 울음소리는 곧 율려에 따른 것으로서 자연의 법질서에 부응하는 것이다.

그런데, 이러한 율려시대의 말기인 서기전 10000년경에 이르러 큰 파문을 일으킨 사건이 발생하니 바로 오미(五味)의 난(亂)이다. 오미는 달고, 쓰고, 짜고, 시고, 매운 다섯 가지 맛이다. 이 오미의 난이 일어나게 된 원인은, 마고성에 이미 사람들이 많이 불어난 상태였으며, 마고성에서 나는 양식 즉 소위 유천(乳泉)에서 나오는 젖이 한정되어 있어 모자라게 되었고, 지소씨(支巢氏)라는 사람이 젖을 마시지 못하여 배가 고파 비몽사몽 간에 포도를 따 먹은 데에서 연유한 것이며, 다른 사람들이 또한 지소씨의 행동을 따라 한 데 있었다.

포도를 먹은 것이 당시 마고성에서 생활하던 사람들이 최초로 식물의 열매를 먹은 것이라 할 수 있다. 포도가 사람들의 입맛과 식생활을 바꾼 것이 된다. 포도는 옛날은 물론 지금도 대표적인 술의 원료이기도 한 바, 그 속에 든 단 성분이 빨리 흡수되고 많이 먹으면 취하게 하는 성질을 지니고 있어 피를 탁하게 하는 작용을 한다. 피가 탁해지면 술에 취하듯 정신이 흐려진다.

호기심으로 또 정신이 맑지 못한 데서 생긴 사람들의 행동이 크게 전염됨으로써 급기야는 마고성(麻姑城)이 실낙원(失樂園)을 맞이하게 되었다. 지소씨는 포도를 먹고 취하여 부른 노래에서 그때까지 맛보지 못하였던 것, 그때까지 알지 못하였던 기운을 도(道)라 표현하였다.[81] 호기심에 사람들이 다투어 포도를 따 먹게 되니 이러한 행위가 습성 즉 세태가 되어 버렸다.

이리하여 자재(自在)와 수찰(守察)의 율법은 오미의 난으로 인하여 수찰금지법(守察禁止法)이 생김으로써 파기되어 버렸고, 차차 사람들의 심성(心性)이 혼탁(混濁)하게 되어 목숨의 길이가 줄어들고 태기(胎氣)가 불순하여 짐승 같은 아기를 많이 낳게 되었다.[82]

낙원의 나라였던 마고성이 포도로 인하여 실낙원이 되어버린 것이다. 이후 서기전

오키나와 해저에서 발견된 그림글자 81자

7197년경 마고성에서 사방으로 분거하기 이전까지 사람들은 마고성(麻姑城)을 원래의 모습으로 복원(復元)시키려 노력하였으나, 그 때와 방법을 알지 못함으로써 회복시키지 못하였다. 이에 마고성 시대 중 후천(後天) 시대의 장(長)이던 황궁씨(黃穹氏)는 화백(和白)회의를 열어 의견을 모아 마고성을 더는 파괴하지 않고 원래대로 복원하기 위하여 사방으로 분거하기로 결정하였다.

역사적으로 서기전 7197년 이전에 파미르고원의 마고성에서 동북방, 동방, 남방, 서방으로 각각 남녀 합 18,000명씩 이동하여 새로운 역사를 만들기 시작하였던 것이며, 분거한 이후로 서기전 6200년경까지 약 1,000년에 걸쳐 각 지역에 정착하기에 이르는 것이다.

---

81) 전게 부도지, 29쪽 참조

82) 전게 부도지, 31쪽 참조. 수명은 피가 탁하면 짧아지고 맑으면 길어지는 것은 당연한 것이 되는 바, 음식물 섭취에 따라 수명에 영향을 주는 것이 된다. 피를 맑게 하는 음식물을 섭취하면 자연히 수명이 길어지는 것은 당연하다. 조로(早老) 현상으로 태기가 불순할 가능성은 농후한 것이 된다.

사방분거와
원시복본(原始復本)

서기전 10000년경에 일어난 오미(五味)의 변란(變亂)으로 마고성(麻姑城)이 실낙원(失樂園)으로 변하면서, 처음 포도를 따 먹어 변란의 실마리를 제공한 지소씨(支巢氏) 사람들이 마고성이 파괴되어 가는 것을 한탄하던 다른 사람들의 타박하는 소리를 듣고 부끄러워하여 먼저 동쪽으로 성(城)을 나가 정착하게 되었다.83)

그런데, 먼저 성을 나간 사람들이 복본(復本)을 하고자 다시 마고성으로 되돌아와서는 유천(乳泉)을 찾고자 성벽의 포도 넝쿨을 통째로 뽑아버리곤 하여 이에 성벽이 무너지는 등 마고성은 더는 원래의 모습을 회복하기 불가능한 상태로 변해버렸다.

이에 마고성의 장(長)이던 황궁씨(黃穹氏)는 사방 제족들의 대표들과 화백회의를 열고 의견을 모으니, 마고성을 보존하고 원시(原始)의 상태로 회복(恢復)시키기 위하여 마고성을 떠나 분거(分居)하기로 결정하였다.84)

이리하여 황궁씨는 목욕재계(沐浴齋戒)85)하고 천부단(天符壇)에 모신 마고할미

---

83) 전게 부도지, 32쪽 참조. 역사적으로 지소씨족은 한국시대의 9족 중에서 백족(白族:白夷 백이: 西夷 서이)이 되고 서기전 2200년경에 서방으로 이동한 소위 인도 아리안족의 구성원이 된다.
84) 전게 부도지, 33쪽~34쪽 참조

삼신(三神)[86]께 제(祭)를 올리며 복본(復本)을 맹세하고 분거하기로 하였음을 고(告)하였다. 황궁씨는 마고성 시대의 다스림의 원리이자 징표이던 천부(天符)를 신표(信標)[87]로 나누어 주어 서로가 하나임을 잊지 않도록 하였으며[88], 이에 제족들이 살 곳을 정하여 분거함으로써 약 1,000년에 걸쳐 정착이 이루어졌다.

청궁씨(靑穹氏)는 자신들의 족속들을 거느리고 동쪽 성문을 나가 동진하여 운해주(雲海洲)로 나아가서 정착지를 찾았다. 운해주는 구름의 바다 같은 땅이라는 말이며, 파미르고원의 동쪽에 펼쳐진 땅으로서 곤륜산맥의 동쪽으로 황하 남쪽에서 양자강 유역에 걸치는 땅이 된다.

청궁씨족들은 동쪽 해안과 남쪽 해안까지 이르러 정착하니, 운해주 동쪽이 되는 산동(山東)에서 회수(淮水)를 거쳐 양자강에 이르는 곳에 정착한 족속은 한국(桓國) 시대 9족 중의 남족(藍族)[89]이 되었고, 그 남쪽 해안가까지 걸쳐 살게 된 족속은 적족(赤族)이 되었다.

---

85) 역사상 기록으로서 계불의식의 시작이 된다. 물론 이 이전에 마고성에서 천신(天神)이나 마고삼신(麻姑三神)께 제(祭)를 올릴 때 목욕재계하였던 것이 당연할 것이다.

86) 마고할미는 조상신이 되었는바, 원래 천지인이 하나이므로 조상신인 마고할미는 천지인 삼신이 되신 것이고 삼신은 곧 일신(一神)으로 천신(天神)이 된다. 즉 하늘과 땅과 사람이 하나임이 종교적 철학적으로 논증된다.

87) 믿음의 징표이니 천부(天符)는 곧 천지인이 원래 하나임을 믿는 징표가 된다.

88) 무극이 되는 원 모양은 원래 하나임을 나타내고 태극의 모양이 되는 방울도 원래 하나로 되어있으며, 삼태극을 상징하는 칼이나 창도 원래 하나의 몸체에 연결되어 있다. 천부경에서 가르치는 말씀이 곧 무극, 태극의 원리이다. 〈천부경〉 一始 無始一 析三極 無盡本 天一一 地一二 人一三 一積十鉅 无匱化三 天二三 地二三 人二三 大三合六 生七八九 運三四 成環五七 一妙衍 萬往萬來 用變 不動本 本心 本太陽 昻明 人中天地一 一終 無終一〈81자〉.

89) 남족(藍族)은 은 섬 지역에 사는 족속이 되는데, 황하와 양자강 사이에서 지금의 서해에 산재하였던 섬 지역에 살았던 것이 되는데, 소위 몽고점과 관련이 있는 족속으로 된다. 남족은 원래 청궁씨의 후예가 되며, 청궁씨는 황궁씨와 함께 궁희에게서 태어난 아우가 된다. 그래서 소위 몽고점은 황궁씨와 청궁씨의 후예가 공유하는 것으로 될 것이다. 아니면 황궁씨의 후손들에게 청궁씨와의 형제임을 알게 하는 징표일지도 모르겠다.

백소씨(白巢氏)는 무리를 이끌고 서쪽 성문을 나가 서진하여 월식주(月息洲)로 나아가서 정착하였다. 월식주는 달(月)이 쉬는 땅으로서 달이 지는 곳이라는 말이며, 파미르고원의 서쪽에 펼쳐진 땅으로, 특히 수메르와 그 밖의 유럽지역이 된다. 백소씨족은 백인종의 조상이 된다.

서기전 10000년경의 오미의 난을 일으킨 장본인으로서 먼저 마고성을 나가 동쪽에 정착한 지소씨(支巢氏)는 백소씨의 일파가 된다. 이 지소씨의 무리는 서기전 7197년경 분거시에 황궁씨가 나누어 주었던 천부(天符)와 그 가르침을 받지 못하여, 이후에 그들이 사는 곳으로 이동해오던 사람들을 배척하고 심지어 쫓아가서 죽이는 등 인간의 심성(心性)을 잃어버린 족속이 되어버렸는데[90], 서기전 3897년경 한국(桓國) 말기에 웅족(熊族)과 전쟁을 일으킨 호족(虎族)의 선조가 되는 셈이다.

지소씨의 무리는 한국(桓國) 시대에 형성된 구족(九族) 중 백족(白族)으로서 아시아 토속 백인종이 된다. 주로 파미르고원의 동쪽으로 황하 남단의 중상류 지역에 걸쳐 사막지역에 살던 족속이며, 지금의 만주에 있었던 한국(桓國)의 중심지에서 보면 그 땅은 서쪽에서 서남쪽 지역이다.

흑소씨(黑巢氏)는 무리를 이끌고 파미르고원의 남쪽이 되는 성생주(星生洲)로 이동하였다. 성생주는 별이 생성되는 땅이라는 말로서, 지구가 태양의 주위를 공전하면서 생기는 사계절 중 여름철에 특히 남쪽의 별자리가 나타나는 이유로 생긴 명칭이 된다. 흑소씨는 아시아 흑인종의 조상이 된다.

황궁씨(黃穹氏)는 다른 3씨족들이 각각 동, 서, 남으로 먼저 떠난 후 마지막으로 남은 땅인 파미르고원 동북쪽의 대황원(大荒原)이라 불리는 천산주(天山洲)로 나아갔다.

대황원은 크게 거친 땅이라는 말로서 천산산맥이 동북쪽으로 뻗어 저 멀리 동쪽으로 맥이 이어져 몽골, 만주에 이르는 땅이다. 특히 겨울에는 추워 사람이 살기에

---

90) 전게 부도지, 36쪽 참조

가장 어려운 땅으로서, 황궁씨가 대황원을 택한 이유는 스스로 복본의 책임을 지고 맹서를 지키고 실천하기 위한 결심 때문이었다.[91]

황궁씨족들은 대황원에 흩어져 살면서 황족(黃族)이 되었고, 다시 4족이 파생되어 모두 5족으로 형성되었다. 백두산의 남쪽인 한반도에 살던 황족(黃族)은 양족(陽族)이 되었고, 개마(蓋馬)가 되는 백두산의 동쪽과 연해주에는 살던 황족은 우족(于族)이 되었으며, 속말(粟末)이 되는 송화강과 우수리강 유역에 살던 황족은 방족(方族)이 되었고, 삼위산에서 황하 중상류에 걸쳐 살던 사람들은 견족(畎族)이 되었으며, 나머지 몽골, 만주지역에 살던 사람들은 황족 그대로였다.

한편, 흑소씨의 일파 중에서 황궁씨(黃穹氏)를 따라나섰던 사람들은 저 멀리 흑수(黑水)가 되는 흑룡강 유역으로 이동하여 정착하고서 현족(玄族)이 되었던 것이 된다. 현족은 흑인종의 특징을 지녔다.

이리하여 크게 황족(黃族), 백족(白族), 남족(藍族), 적족(赤族), 현족(玄族)의 5족이 되었고, 황족에서 4족이 파생되어 모두 9족이 되었던 것이며, 백족은 백인종, 남족은 청인종, 적족은 홍인종(紅人種)[92], 현족은 흑인종으로서 5색 족이 모두 형성되었다.

파미르고원의 마고성에서 사방으로 분거 한 이유는 원시복본(原始復本)을 위한 것이다. 즉 낙원이었던 마고성이 오미의 변란으로 실낙원이 되고 다시 성벽이 파손되는 등 회복 불능하게 되자, 마고성을 보존하고 사방으로 떠나 살면서 원래의 모습으로 되찾게 하기 위한 것이었다.

---

91) 전계 부도지, 34쪽 참조

92) 아메리카 원주민이 되는 소위 인디언을 홍인종이라 하는데, 햇빛에 그을려 피부색이 구릿빛을 나타내므로 피부가 붉은 족속이라 불리는 것이 된다.

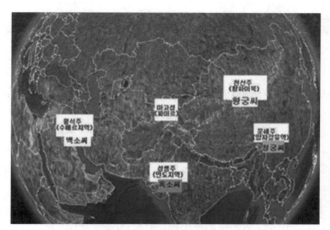

마고성 시대 이후 사방분거 지역

사방분거는 사람이 사람답게 살게 하기 위한 화백(和白)에서의 결정에 따른 것이었으며, 이후 황궁씨는 사자(使者)를 파견하여 사방의 제족(諸族)들을 순행(巡行)하면서 가르침을 전수하였다.

이로써 서기전 7197년경에 시작된 사방분거는 약 1,000년에 걸쳐 정착이 이루어졌는데, 파미르고원의 사방에 일어난 문명지역은 대체로 서기전 6200년경부터 시작된 것으로 된다. 특히 요하문명 지역의 유적이나 유물은 서기전 6200년경부터 본격 시작되고 있음은 이러한 사실을 증명하고도 남는다.93)

---

93) 전게 부도지, 36쪽 참조

파미르고원의 마고(麻姑) 시대 연대기 대강

- 서기전 70378년경 파미르고원의 마고시대 시작 - 전 한국(前桓國) 시대(63,182년간)

- 서기전 27178년경 북보(北堡) 황궁씨 시대 시작. 윷놀이판 모양의 천부단(天符壇), 사보(四堡) 제도. 북극과 북두칠성의 움직임으로 정리한 태극(一) 4방(方) 7성(星) 28수(宿)의 역법(曆法) 시작.

- 서기전 8000년경 백소씨(白巢氏) 일파 지소씨(支巢氏)의 포도의 오미(五味)의 난 발생

- 서기전 7500년경 지소씨가 오미의 난에 대한 죄책감으로 파미르고원의 동쪽으로 성문을 나가서 황하와 양자강 상류 지역에 선착하고, 배리강(裵李崗) 문화 이룬 것으로 추정됨.

- 서기전 7197년경 실락원(失樂園)으로 사방분거 시작으로 마고시대 마감. 천산주(天山洲 : 천산, 몽골, 만주, 한반도 등의 대황원), 월식주(月息洲 : 수메르지역, 카스피해 지역, 유럽지역), 운해주(雲海洲 : 티베트, 양자강 유역), 성생주(星生洲 : 인도지역)

- 서기전 7000년경 한국초기의 요하문명 시작

홍익인간

역사 연대기 중심 총망라

7만년 역사

홍익인간
7만년역사

韓中日
역사 연대기 중심 총망라

제2편
한국시대(桓國時代)

한국(桓國)시대 사보(四堡) 1
황궁, 유인, 한인 한국시대

참좋은역사신문
http://ichn.co.kr

북 보

천부단(천산)

마고성

카자흐스탄

우즈베키스탄

북보

서보 ● 천부단 ● 동보

투르크
메니스탄

아프가니스탄

남보

터키

시리아

이라크
이란

파키스탄

남 보

사우디
아라비아

오만

예멘

남 보

동 보

몽골

중국

대한민국

동 보

미얀마
(버마)

내국

베트남

필리핀

황궁씨(黃穹氏)의 한국(桓國) 시대

　서기전 7197년경에 시작된 사방분거(四方分居)의 역사는 약 1,000년에 걸쳐 이루어지고, 서기전 6200년경에 이르러 정착이 이루어져, 이후 소위 문명(文明) 시대가 시작되었다. 여기 약 1,000년에 걸치는 시대가 파미르고원의 마고성의 장(長)이던 황궁씨가 천산(天山)[94]을 중심으로 다스린 한국(桓國) 시대가 된다.

　서기전 7197년경 이전에 파미르고원의 마고성에서 동북지역인 천산주(天山洲)로 이동하여 천산(天山)을 수도로 삼아 다스린 황궁씨는, 오미(五味)의 난(亂)에 대한 책임을 제족(諸族)의 대표로서 스스로 지고서 복본(復本)[95]을 서약하고, 장자(長子)인 유인씨(有因氏)에게는 정사(政事)를 돌보게 하였으며, 차자(次子)와 삼자(三子)에게는 각 사방을 순행(巡行)하게 함으로써 사방으로 분거한 형제족들과 지속적으로 교류하고 가르침을 전수하였다.[96][97]

　서기전 7197년경부터 서기전 6200년경 사이에 정착이 이루어지는 과정에서,

---

94) 한국의 수도를 포괄적으로 천산이라 하는바, 황궁씨, 유인씨, 한인씨 한국의 시대별로 천산의 위치를 고찰하는 것이 필요하다 할 것이다.

95) 복본이란 원본을 회복한다는 의미로서 천성(天性)에 따라 행복하게 살던 마고성 낙원을 회복한다는 뜻이 된다.

96) 전게 부도지, 37쪽 참조

97) 이러한 순행제도는 한국, 배달, 단군조선을 이어 후세에 신라 시대에 이르기까지 이어지고 있다.

한국시대 사보 1 - 황궁, 유인, 한인 한국시대

파미르고원의 마고성에서 먼저 동쪽으로 출성(出城)하였던 지소씨족(支巢氏族)들이 각지에 흩어져 정착함으로써 세력이 만만치 않았는데, 먼저 마고성을 나가는 바람에 황궁씨로부터 원래 하나였음을 알게 하는 증표인 천부(天符)를 전수하지 못하였고, 또한 천부의 의미에 관한 가르침을 받지 못하였다. 그래서 거의 근본을 잃고 성질이 매우 사나워져 새로이 분거해 온 사람들을 쫓아내고 심지어 추적하여 해(害)하기도 하였다.

분거한 사람들이 서로 멀리 떨어져, 종주(宗主)가 되는 황궁씨의 사자(使者)가 각 제족(諸族)을 순행방문하는 것 외는 서로 간의 왕래가 거의 없었다. 그래서 언어가 지역마다 서서히 그 나름대로 굳어지면서 서로 소통이 잘 안 되는 등 언어분화가 일어나게 되었던 것이 된다.

서기전 7197년경과 서기전 6200년경 사이에 분거가 이루어진 때, 마고할미는 마고성을 대대적으로 보수하고 청소를 하였다고 기록되는데, 이때 청소한 물이 동쪽 지역과 서쪽 지역에 크게 흘러넘쳐 대홍수를 일으켰으며, 이때 서쪽의 월식주(月息洲) 사람들이 많이 죽고, 동쪽 지역의 운해주(雲海宙) 땅을 크게 부수었다.[98] 이 기록은 배달나라 시대인 서기전 3400년경에 일어난 여와(女媧: 여왜: 女希) 대홍수와도 비슷한 양상을 보이기도 한다.

마고성 시대에 이미 나름대로 역(易)과 역법(曆法)이 정립되어 있었는데, 배달나

---

98) 전게 부도지, 36쪽 참조. 이는 당시에 대홍수가 있었음을 나타내 주는 것이 된다.

라 시대의 태호복희역(太皥伏羲易)과 칠회제신력(七回祭神曆)[99]의 원형이라 할 수 있다. 이러한 마고성 시대의 역(易)과 역법(曆法)이 황궁씨가 그대로 이어 사용한 것이 된다.

마고성 시대에 이미 북두칠성이 북극을 중심으로 하루에 한 바퀴씩 도는 이치를 파악하고, 해와 달과 별의 움직임을 관찰하여 1일 4시(四時), 1주(週) 7일(日), 1기(期) 4요(曜) 28일(日), 1년(年) 4계(季) 13기(期) 52주(週) 365일(日)의 역법(曆法)을 사용하였던 것이 된다. 이러한 역법을 한국(桓國), 배달(檀國), 단군조선(檀君朝鮮)이 그대로 답습하여 정치제도 및 종교제도[100]에도 응용하였던 것이 된다.

황궁씨는 분거과정에서 선착한 족속들과 이동하는 족속들 사이에 발발한 불화와 전쟁을 해결할 방도로 천부삼인(天符三印)의 제도를 정립시켰던 것이 된다. 천부삼인은 이미 있던 천부(天符)에 하나를 더하여 천지인 삼인(三印)으로 하여 홍익인간 세상을 만드는 원리로 완성한 것이 된다. 이에 따라 천부삼경(天符三經)[101]의 가르침도 정립한 것으로 된다.

천부(天符)는 마고성 시대에 사람들로 하여금 천성(天性)을 유지하도록 하고 하늘의 질서, 법(法)이 되는 천음(天音)을 모두 듣고 따르도록 하기 위한 상징으로서의 징표인데, 그 증거물로는 거울과 방울이다.

황궁씨는 본성(本性)을 잃고 사악해져 버린 사람들을 가르침을 주어 구제하고,

---

99) 칠회제신력은 7일을 돌아가면서 일월오행(日月五行)인 해, 달, 수, 화, 목, 금, 토의 신(神)에게 제사를 지내는 달력이 된다. 기본적인 1주일 달력이다.

100) 특히 마고시대의 정치제도와 단군조선 시대의 정치제도는 그 지방 행정체제에서 그대로 닮은 점이 있는바, 단군조선의 정치제도 및 문화가 마고시대의 것을 그대로 답습하였던 것인지, 한국, 배달나라 시대를 거치면서 발전되었던 것을 답습한 것인지 밝힐 필요가 있겠다.

101) 천부경(天符經), 삼일신고(三一神誥), 참전계경(參佺戒經)은 서기전 3897년경 배달나라 시조 한웅천왕이 하늘나라, 한국(桓國)에서 한인천제(桓因天帝)로부터 전수한 3대 경전인바 철학, 종교, 과학, 인륜(계율)의 시원 경전으로서 세계종교(유불선, 기독교 등)의 시원적인 가르침이 된다.

한편으로 가르침을 외면하고서 악(惡)을 계속하는 무리를 다스리기 위하여, 그 악을 제거하고 예방하려는 방법으로서 거울과 방울 외에 칼을 추가하여 삼인(三印)[102]을 정립하였다. 즉 칼은 자르는 용도로 사용하는 물건으로서

한국시대 9족 분포지역

천부(天符)로서의 칼은 상징적으로 악(惡)을 제거하기 위한 필요악(必要惡)의 기능을 하는 것에서 출발하는 것이 된다.

서기전 6100년경 황궁씨가 천부삼인을 유인씨(有因氏)에게 전수(傳授)하였다. 유인씨는 황궁씨의 장자로서 황궁씨를 따라 마고성을 떠나 천산주(天山洲)에 자리잡은 땅에 정착한 사람들의 시조가 되는데, 마고성을 하늘이라 하면 마고성의 아래 지역은 땅나라가 되는 셈이다. 그래서 우리가 인류시조라 부르는 나반(那般)은, 한국(桓國)의 임금이던 한인씨(桓因氏) 이전의 삼신(三神)으로 모셔지는 인물로서 유인씨(有因氏)를 가리키는 것이 된다.

천산(天山)의 동쪽에 해당하는 몽골, 만주지역에 이루어진 문명은, 사방분거로 인하여 정착이 이루어진 시대인 황궁씨 한국(桓國) 시대의 말기로부터 유인씨(有因氏) 시대에 걸쳐 발전된 것으로 추정되는데, 특히 요하문명권에 속하는 유적과 유물은 이를 입증하는 것이 된다.

마고성 시대 이후의 인류문명은 제족들의 종주(宗主)이던 황궁씨가 다스리던 한국(桓國) 문명에 속하는 것이 되고, 세계 4대문명은 서기전 7197년경의 사방분거

---

102) 전계 부도지, 37쪽 참조

시로부터 약 1,000년에 지나는 시기로서 서기전 6200년경부터 시작된다고 보아야 한다. 실제로는 서기전 6200년 이전일 가능성도 크다.

이미 세계 4대 문명 지역인 수메르 지역과 이집트 지역의 문명은 서기전 5000년 이전에 시작된 것으로 발굴되고 있으며 그렇게 인식된 지 오래다. 그래서 우리 한국의 역사가 되는 요하문명이 서기전 6200년경에 시작된 것으로 연대가 밝혀지는 것은 그리 이상한 것이 아니다.

서기전 7197년 갑자년에 시작된 황궁씨(黃穹氏)의 한국(桓國) 시대는 약 1,100년이 지나는 서기전 6100년경에 유인씨(有因氏)에게 전해져, 중기 한국(桓國) 시대로 접어든 것이 된다. 한국(桓國) 시대는 황궁씨, 유인씨, 한인씨(桓因氏)의 3시대로 구분할 수 있는데, 모두 마고성(麻姑城) 시대의 낙원세상(樂園世上)을 지상에 실현하는 방도로서의 홍익인간(弘益人間) 세상이었으며, 홍익인간 세상을 위해 공력(功力)을 3,300년간 쏟은 시대이고, 또한 홍익인간이 실현된 시대였던 것이 된다.

이로 인하여 사람들이 다시 온전한 사람의 형상을 되찾게 되고 수명이 다시 회복되기 시작하였던 것이 된다. 이후 7대 한인천제가 약 1,100년을 다스린 것이 되는데, 한 분이 평균 약 160년을 다스려 약 190세 정도 이상 산 것으로 된다. 지금으로 보면 신선의 경지에 있는 것이 되며, 이후 배달나라 시대의 한웅천왕들은 18대 한웅이 1,565년간 다스려 한 분이 평균 86년씩 다스린 것이 되고, 약 120세 정도 산 것으로 된다.

단군조선의 천왕들은 47대 2,096년간 다스려 한 분이 평균 45년씩 다스린 것이 되고 80세 정도 산 것으로 되는데, 결코 이상할 것이 없다. 물론 심신수련법을 모르는 백성들은 수명이 상대적으로 짧았을 것이고 심신수련을 하던 사람들은 100세 이상 살았던 것이 된다. 배달나라 시대에 가장 장수한 천왕은 151세를 사신 제14대 치우천왕이시고, 단군조선 시대에 가장 장수한 천왕은 제2대 부루천왕이 될 것인데, 단군왕검 천제는 130세를 사셨고 부루천왕은 약 167세 정도 산 것으로 추산된다.

또, 배달나라 시대에 태호복희씨(太皡伏羲氏)는 150세를 살았고, 자부선인(紫府仙人)은 더 오래 사셨던 것이 되며, 단군왕검의 스승격인 유호씨(有戶氏)는 약 250세를 산 것으로 추산되고, 유위자(有爲子) 선인(仙人)은 약 220세를 산 것으로 추산된다. 한편, 금관가야 시조인 김수로왕은 177세를 살았다고 기록되고 있다. 모두 심신수련을 하신 도인(道人)들이라 생각하면 쉽게 이해된다.

유인씨(有因氏)의 한국(桓國) 시대

서기전 6100년경 황궁씨(黃穹氏)의 뒤를 이어 장자(長子) 유인씨(有因氏)가 천부삼인(天符三印)을 전수하여 나라를 다스리니 또한 한국(桓國)이다. 황궁씨는 천산(天山)에 모셔졌다. 황궁씨가 천산에 들어가 돌이 되었다고 부도지에 기록되는데103), 이는 황궁씨가 늙어 자리를 유인씨에게 넘겨주고 천산에 들어가 수도를 하다가 돌아가시니, 돌로 만든 묘에 묻힌 것을 의미하는 것이다. 그 묘는 곧 지석묘(支石墓)로서 고인돌104)이나 피라미드 모양인 궁(穹)이나 탑 모양인 소(巢)의 형태 또는 그 혼합된 모양의 돌탑이 될 것이다.105)

천부삼인은 늦어도 황궁씨 시대의 말기인 서기전 6200년경에 정립된 것으로 되는데, 천부삼인의 상징물로 만든 것이 거울, 방울, 칼이다. 거울은 천성(天性)을 상징하고, 방울은 천음(天音)으로서 천법(天法)을 상징하며, 칼은 천권(天權)을 상징한다. 즉, 거울은 사람들이 인간의 본성(本性)인 천성을 되돌아보라는 의미가 되며,

---

103) 전게 부도지, 37쪽 참조

104) 고인돌은 옛날 사람들의 돌이라는 뜻이 아니라 "기둥을 세워서 고인(支) 돌(石)"이라는 의미가 된다.

105) 고인돌은 덮개는 하늘, 기둥은 땅, 그 사이에 사람이 묻히어 천지인이 하나가 되는 형상을 상징적으로 나타낸다. 돌탑은 돌을 쌓아 만든 제단이기도 하고 무덤이기도 한데, 옛날에는 애장이라 하여 어린애가 죽으면 산에 돌멩이를 쌓아 무덤을 만들기도 하였던 것이 된다.

방울은 천지자연의 소리로서 자연의 섭리(攝理) 즉 자연법(自然法)에 따라 살라는 의미가 되고, 칼은 악(惡)을 행하면 하늘로부터 부여받은 권한으로써 처단한다는 의미가 된다.

칼이 천부삼인의 하나가 된 데에는 서기전 7197년경 사방분거시에 먼저 마고성(麻姑城)을 나가 정착한 지소씨(支巢氏)의 무리[106]가, 황궁씨족의 일족이 그들이 살던 터전으로 이동해오자 텃세를 부리며 배척하고 심지어 쫓아가서 죽이는 등 하여 세상이 어지러워지자, 황궁씨가 근본을 잊고 악행을 저지르는 지소씨의 무리를 계도(啓導)하고 처단하기 위하여 정립한 것이 된다. 이로써 천부인(天符印)[107] 삼개(三個)가 완성된 것이다.

부도지에서는 천부삼인(天符三印)을 천지본음(天地本音)의 상(象)으로서 근본이 하나임을 알게 하는 것이라 한다.[108] 즉 천부삼인은 천지자연의 본래의 소리를 나타낸 모양으로서, 천지인(天地人)의 상(象)이 되는 것이다. 천지자연의 소리가 모습을 나타낸 것이 천지자연의 상(象)이다.

이로써 천부삼인은 천지인(天地人) 즉 하늘과 땅과 사람이 원래 하나임을 알게 하고, 나아가 사방으로 분거 한 제족들이 원래 하나임을 알게 하는 상징(象徵)이다. 하늘과 땅과 사람을 삼태극(三太極)이라 한다. 삼태극은 원래 무극(無極)에서 나와 세 가지로 완성된 것으로 원래 하나이다. 세 번째인 사람은 하늘과 땅의 조화(調和)로 생긴 마지막 태극의 존재이다.

유인씨(有因氏)는 황궁씨를 따라 마고성에서 천산주(天山洲)로 와서 터전을 잡은 한인씨(桓因氏) 이전의 임금으로서, 마고성을 하늘나라라 하면, 천산주는 땅나

---

106) 서기전 7000년 이전에 황하 중상류 지역에 선착한 무리가 되는데, 서기전 8000년경에 마고성 시대에 일어난 오미의 난으로 먼저 성을 나갔던 지소씨족의 무리가 배리강(裵李岡) 문화의 주인공으로 보인다.

107) 천부인(天符印)에 관하여 깊이 있는 역사적 철학적 물증적 연구가 필요하다.

108) 전게 부도지, 37쪽 참조

라로서 유인씨는 땅나라 사람들의 시조가 되는 셈이다.109) 그래서 유인씨는 우리역사에서 인류의 시조라고 불리는 나반(那般)의 다른 이름이 되는 것이다.

산신 나반 유인씨

나반은 아버지라는 말이고 한인씨 이전 시대 임금으로서 삼신(三神)으로 받들어지며110), 불가(佛家)에서는 나반존자(那般尊者)111)라고도 하고 독성자(獨聖者)라고도 하는데, 사찰(절)의 독성각(獨聖閣)에 모셔지면 독성자가 되며, 산신각에 모셔지면 산신(山神), 삼신(三神)이 되는 것이다.112) 한편, 삼성각(三聖閣)은 한인(桓因), 한웅(桓雄), 단군(檀君)을 모신 누각이기도 한데, 경우에 따라 한인, 한웅, 단군을 삼신(三神)이라고도 하는 것이다. 이러한 이치는 삼일신(三一神) 즉 삼신(三神) 사상에서 바로 이해될 수 있다.

유인씨는 황궁씨의 장자로서 인간세상의 일을 밝히는 정사(政事)를 담당하였고, 황궁씨의 차자와 삼자는 사자(使者)로서 사방으로 분거 한 제족(諸族)들을 순차적으로 순행하며 가르침을 전수(傳授)하면서 한 핏줄 한 형제라는 결속을 다졌다. 유인씨도 황궁씨의 제도를 그대로 이은 것이 된다. 그래서 파미르고원에서 사방으로

---

109) 전게 부도지, 27쪽 참조

110) 임승국 번역·주해, 한단고기(桓檀古記), 〈태백일사/삼신오제본기〉, 정신세계사, 1987, 156쪽 참조

111) 산신각에 모셔진 소위 나반존자는 석가부처의 제자인 나반이 아니라 홀로 산에서 도(道)를 깨우친 신선(神仙)인 독성자로서 한국(桓國) 중기의 임금이던 유인씨 천제(天帝)이며, 하늘나라인 마고성에서 나와 마고성 시대의 임금이던 황궁씨의 대를 이어 처음으로 실제 땅에 나라를 세워 인류의 조상이라는 의미에서 붙여진 이름이 된다. 황궁씨는 마고성 시대에 마고 삼신을 대신하여 화백으로 나라를 다스린 임금이기도 하고, 마고분거 이후 약 1,000년에 걸쳐 한국의 임금으로서 다스리고, 장자족인 유인씨에게 천부삼인을 전수하였던 것이 된다.

112) 각자(覺者), 부처(佛. 부다)의 역사로 보면 나반존자 즉 유인씨가 최초가 된다. 삼신각, 산신각에 나반존자 뒷머리 부분에 깨달은 자, 각자, 부처의 상징인 원광(圓光)이 그려져 있다.

분거한 제족들이 서로 너무 멀리 떨어져 직접 교류는 거의 없었으나, 황궁씨와 유인씨가 종주(宗主)로서 사자(使者)로 하여금 순행(巡行)하게 함으로써 대대로 연락이 끊이지 않았다.113)

한국시대 사보 2 - 황궁, 유인, 한인 한국시대

유인씨는 나무를 이용하여 불을 일으키는 법을 가르치고 음식물을 익혀 먹는 법을 가르쳤다고 한다. 이는 처음으로 그리 하였다는 것이 아니며, 이전에 행해졌던 비법(秘法)을 다시 정리하여 백성들에게 가르친 것이라고 이해된다.

유인씨는 서기전 5000년경에 천부삼인을 한인씨(桓因氏)에게 전수(傳授)하고 산으로 들어가 목욕재계하며 수도(修道)에 전념함으로써, 이후 약 1,100년간 한인씨(桓因氏)의 한국(桓國) 시대가 된다.

---

113) 전게 부도지, 37쪽 참조

한인씨(桓因氏) 한국(桓國) 시대

　서기전 7197년 갑자년(甲子年)에 천산(天山)을 수도로 삼아 시작된 한국(桓國)
은, 처음 파미르고원에서 동서남북으로 네 씨족이 각각 3파족을 거느리고 분거하여
모두 12씨족이 되었는데, 파미르고원의 동북쪽과 동쪽으로 분거한 황궁씨족(黃穹
氏族), 청궁씨족(靑穹氏族), 백소씨족(白巢氏族)의 일파인 지소씨족(支巢氏族)이
정착하여 파미르고원의 동쪽에서만 모두 9족(族)이 형성되게 되었다.

　황궁씨족은 원래의 황족(黃族)에다 양족(陽族), 우족(于族), 방족(方族), 견족(畎
族)이 더하여 모두 5족이 되었고, 청궁씨족은 남족(藍族)과 적족(赤族)으로 분파되
었으며, 지소씨족은 백족(白族)이 되었고, 흑소씨족(黑巢氏族)의 일파로서 황궁씨
를 따라온 사람들이 현족(玄族)이 되어, 황궁씨를 거쳐 서기전 5000년 이전이 되는
유인씨(有因氏)의 한국(桓國) 시대 말기에 이르러 모두 9족이 완성되었던 것이 된
다.[114]

　한국(桓國)의 구족(九族)을 구한(九桓)이라 하고 배달나라 시대에는 구려(九黎)
라고도 하며 단군조선 시대에도 구한(九桓)이라고 하였는데, 고대중국은 이 구족
을 구이(九夷)라고 불렀다. 그리하여 구이(九夷)는 단군조선은 물론 배달나라의 모

---

114) 전게 부도지 34쪽~38쪽과 을파소 전수 참전계경 총론과 전게서 한단고기 158쪽 참조

든 부족을 가리키는 말이
된다.

이(夷)라는 말은 야만인
또는 오랑캐라는 뜻이 아
니라, 원래는 글자 그대로
풀면 큰 활을 찬 큰 사람으
로서 고대 한국인으로서
어진 사람 즉 대인(大人)
의 뜻이며, 역사적으로는

한국시대 사보 3 - 황궁, 유인, 한인 한국시대

뿌리가 되는 조상이라는 의미가 있다. 실제로 이(夷)는 궁(穹)에서 나와 변화한 글
자로서, 이족(夷族)은 황궁씨와 청궁씨의 후손이며, 궁(穹)이라는 글자가 쌍인쌍궁
(人人弓弓)이라는 글자가 되는데, 穹의 글자 모습이 변하여 一 人 弓의 합자 형태가
되어, 이로써 大弓이라는 글자의 합자가 되는 것이다.

황족(黃族)은 파미르고원의 동북쪽, 북쪽으로 분거한 황궁씨족이 되는데, 천산,
알타이산, 바이칼호 등 시베리아 모든 지역에 걸쳐 정착하였으며, 특히 동쪽으로 멀
리 만주, 한반도, 연해주로 가서 양족(陽族), 우족(于族), 방족(方族)을 이루었고, 삼
위산(三危山) 부근의 서쪽으로는 견족(畎族)을 이루었다.

양족(陽族)은 지금의 백두산의 남쪽에 사는 황족(黃族)의 분파로서 사방분거 이
후 한반도의 토착인이 되는 셈이며, 우족(于族)은 백두산의 동쪽으로 연해주에 걸
쳐 사는 황족의 분파이고, 방족(方族)은 송화강과 우수리강 유역에 걸쳐 사는 황족
의 분파이다. 견족은 천산산맥의 남쪽으로 삼위산을 중심으로 하여 살던 황족의 분
파로서 한국(桓國)의 중심에서 보면 서쪽 지역에 해당한다.[115)]

양족이 사는 지역은 한반도로서 단군조선 시대의 마한(馬韓) 땅이 되고, 우족이

---

115) 을파소 전수, 참전계경 총론 참조

사는 지역은 단군조선의 동쪽 지역이 되는 예국(滅國)의 땅이 된다. 또 방족이 사는 지역은 단군조선의 동쪽, 동북쪽 지역으로서 숙신국(肅愼國) 땅이 된다.

견족이 사는 지역은 배달나라 시대의 초기에 반고(盤固)라는 사람이 10간(干) 12지(支)의 신장(神將)들을 이끌고 가서 가한(可汗)[116]이 되어 다스린 삼위산을 중심으로 한 땅으로서, 배달나라 한웅천왕(桓雄天王)의 제후가 되는 천자(天子)의 나라에 해당한다.

남족(藍族)이 사는 지역은 황하에서 양자강에 걸치는 땅으로서 회대(淮岱) 지역이라고도 하는데, 산동(山東) 지역과 양자강의 북쪽에 흐르는 회수(淮水)에 걸치는 땅이 된다. 남족은 청궁씨(靑穹氏)의 후손으로서 피부색이 남갈색이며 모습은 황족(黃族)과 같다.

적족(赤族)이 사는 지역은 주로 양자강의 남쪽으로 남쪽 바닷가까지 걸친 땅으로서, 대체로 고대중국의 소위 오월초(吳越楚)의 땅이 된다. 적족은 남족과 함께 청궁씨의 후손이 되나 주로 남쪽에 살아 피부색이 구릿빛으로 붉은색을 띠어 홍인종 계통이 되고 모습은 황족과 같다.

백족(白族)이 사는 지역은 주로 사막지대로서 견족의 남쪽에 해당하는 땅이 되며, 지금의 서안(西安) 서쪽의 땅이 된다. 백족은 소위 백인종과 모습이 같은데, 파미르고원에서 서쪽으로 분거한 백소씨(白巢氏)의 일파로서 아시아 토속 백인종에 해당한다.

현족(玄族)이 사는 지역은 방족의 북쪽으로 지금의 흑룡강 유역에 걸친 땅으로서 후대로 보면 흑수말갈족의 무대가 되는 땅이 된다. 현족은 흑인종과 같은 모습이며[117], 파미르고원에서 남쪽으로 분거한 흑소씨의 일파일 것으로 추정된다.

---

116) 원래 한(韓), 가한(可汗), 한(汗), 간(干)은 비왕(裨王) 즉 보조하는 왕이라는 뜻이며, 직위상으로 비왕에는 천제 아래의 천왕, 천왕 아래의 천군 또는 천자 등의 천하왕(일반 왕), 제 아래의 왕, 왕 아래의 제후 또는 간(干) 등이 해당한다.

117) 시간이 흐름에 따라 황족과의 혼혈이 일어나 지금의 흑인종과는 달라진 모습을 가지는 것으로

이렇게 서기전 5000년경 이전인 유인씨(有因氏)의 한국(桓國) 시대에 이미 9족(族)이 형성되어, 한인씨의 한국시대에는 파미르고원 동쪽에 9족의 나라가 정립되었고 3국이 더해져 모두 12 한국이 되었다.

서기전 5000년경에 유인씨의 한국시대가 끝나고 한인씨에게 천부삼인(天符三印)이 전해지니, 이때부터 7대 한인(桓因, 桓仁)의 한국시대가 된다. 서기전 3897년경까지 약 1,100년 동안 7대 한인(桓因)이 다스려 평균 약 160년씩 다스린 것이 된다.

신인한인(神人桓仁)이 9부의 장(長)을 이끌고 흑수백산(黑水白山)의 땅에 자리를 잡았다.118) 흑수는 지금의 흑룡강이며, 백산은 단군조선의 태백산인 백두산(白頭山)이 된다. 이 흑수백산의 땅이 곧 단군조선의 진한(眞韓) 땅이 되는 것이며, 한인씨 한국(桓國)의 중심지가 되는 것이다.

한국(桓國)은 9 부족의 나라로서 모두 12 한국이 있었다. 한인씨(桓因氏)가 다스리는 나라가 중앙(中央)으로서 흑수백산의 땅이며, 그 둘레에 12 한국이 위치하고 있는 것이다. 특히 흑수백산 사이에 땅 가까운 곳인 동북지역에는 수밀이국이 위치하고 북쪽에는 비리국이 있었다. 이는 윷놀이판에서 보듯이, 태극에 해당하는 흑수백산의 땅을 중심으로 사방으로 12개의 나라가 퍼져 있는 형태가 된다.

한국시대의 9 부족은 배달나라와 단군조선의 기본 9족이 되며, 9족이 사는 땅이 배달조선의 제후국이 되기도 하고, 특별히 9족의 땅 중 일부를 나누어 군후(君侯)를 따로 봉하기도 하였던 것이 된다.

9족(族)과 12한국(桓國)은, 윷놀이판에서 사방팔방과 중앙을 합한 9방위와 태극을 중심으로 하여 천지인(天地人)의 방식으로 사방으로 흩어져 있는 12방위에 해당하는 것이 된다. 단군조선의 정치행정 제도는 삼사오가(三師五加)를 봉한 것과

된다.

118) 을파소 전수, 참전계경 총론 참조

같은 원리로 8봉국(封國), 중앙을 더한 9봉국(封國), 9봉국에 다시 삼한(三韓)를 더한 12봉국(封國)을 나타내는 것으로도 해석되기도 한다.

9는 완성된 사람의 숫자로서 양(陽)의 숫자이며 땅 위의 완성된 사람을 나타내고, 12는 완성된 사람의 숫자에 다시 사람의 숫자가 되는 3이 합해진 숫자로서, 하늘의 숫자인 10에 땅, 사람의 순으로 형성된 숫자이며, 양(陽, 하늘) 1과 음(陰, 땅) 2의 조화로 합하면 다시 중(中, 사람) 3이 되는 하늘과 땅을 연결하는 완전한 인간세상을 나타내는 것이 된다.

한인씨(桓因氏)의 한국(桓國)은 9족의 나라로서 9황(皇) 64민(民)의 나라라고도 한다.[119] 종주(宗主)가 되는 황족(黃族)을 중심으로 8족이 있어 9황이 되며, 8족(族)에 각각 8방(方)으로 백성들이 있으니 모두 64민(民)이 되는 것이다.

---

119) 전게 한단고기, 〈태백일사 삼신오제본기〉, 156쪽 참조

한국(桓國)과 12한국(桓國)

서기전 7197년 갑자년에 시작된 한국(桓國)은 약 2,200년이 흐른 서기전 5000년경에 한인(桓仁)이 9부(部)의 조상들을 이끌고 흑수백산(黑水白山)의 땅에 자리잡아 9족의 형제국들을 다스린 나라인데, 모두 12개의 나라를 두었으니 12 한국(桓國)120)이라 한다.121)

한인이 다스린 나라는 하늘뫼, 천산(天山)이라 풀이되는 파나류산(波奈留山) 밑에 있었으며, 북해(北海)라 불리던 지금의 바이칼호가 되는 천해(天海)의 동쪽에 있었다. 여기서 파나류라는 말은 하날, 하늘의 이두식 표기가 되는 셈이다. 다른 곳의 기록에는 한국의 수도가 천산(天山)이라 나오는데, 천산의 아래에 수도를 두었다고 하는 것이 이치에 맞으며, 천산 산정에는 제천단(祭天壇)인 천부단(天符壇)을 둔 것이 되는바, 파나류122)는 곧 하늘(天: 桓)을 의미하는 것이 된다.

---

120) 한국(桓國)은 하늘나라(天國)를 의미하고, 한국(韓國)은 한(韓)의 나라로서 한(韓)은 단군조선 삼한 관경의 한(韓)이 된다. 한(桓)은 하늘에서의 광명 즉 태양이 있는 하늘을 뜻하며, 단(檀)은 박달 즉 밝은 땅으로서 태양이 비치는 밝은 땅을 의미한다. 즉 한(桓)은 환한 하늘, 단(檀)은 밝은 땅이 된다.

121) 전계 참전계경 총론 및 한단고기 〈삼성기〉 및 〈태백일사 한국본기〉 등 참조

122) 파나류는 하늘의 이두식 표기로도 보이고, 밝나라의 이두식 표기로도 보이는데, 하늘이 밝다는 뜻을 나타내는 환하다는 말의 "화"를 나타내는 말로 보인다. 즉, 하늘이 환하다는 화와 땅이 밝

흑수백산의 땅은 곧 천산, 파나류산의 아래가 되며 바이칼호의 동쪽에 위치하는 것이 되어, 대략 지금의 대흥안령산맥의 동쪽 지역에 있는 것이 된다. 실제 대흥안령 동쪽의 땅은 단군조선(檀君朝鮮)의 진한(眞韓) 땅의 중심이기도 하다. 그리하여 흑수백산의 흑수는 지금의 흑룡강이 되고 백산은 백두산이 되는 것이다.[123]

한인(桓仁)의 나라를 파나류(波奈留) 나라라고도 하는데 그 땅이 넓어 남북이 5만 리요 동서가 2만 리로 통틀어 한국(桓國)이며, 나누어 말하면, 비리국(卑離國), 양운국(養雲國), 구막한국(寇莫汗國), 구다천국(句茶川國), 일군국(一群國), 우루국(虞婁國), 객현한국(客賢汗國), 구모액국(句牟額國), 매구여국(賣句餘國), 사납아국(斯納阿國), 선비국(鮮裨國), 수밀이국(須密爾國)으로 합해서 12 한국이며, 7세(世)에 전하여 역년(歷年) 3,301년 혹은 63,182년이라고 한다.[124]

우루국은 필나국(畢那國)이라고도 하며, 매구여국은 직구다국(稷臼多國)이라고도 하고, 선비국은 시위국(豕韋國) 또는 통고사국(通古斯國)[125]이라고도 한다.

남북이 5만 리이면 지금의 거리상으로 지구 둘레의 반이 되는데, 남북으로 남극에서 북극까지 거리가 된다. 그런데, 이때 남북은 동남에서 서북으로 계산을 하여야 한다. 왜냐하면, 그 5만 리라는 수치는 수밀이국을 기준으로 하여 시작하기 때문이며, 말을 타고 가는 방향이 서쪽이나 서북으로 나오기 때문이다.

이렇게 서북쪽으로 계산을 하면 수밀이국[126]에서 5만 리는 북유럽이나 영국까

다는 밝이 분화되기 이전의 말로 생각된다.

123) 흑수와 백산이라고 불리는 강과 산이 많이 있는바, 역사의 흐름에 따라 나타나는 흑수와 백산의 위치에 대하여 살펴보는 것이 필요하다.

124) 전게 한단고기 〈삼성기〉 및 〈태백일사 한국본기〉 참조

125) 통고사는 동호(東胡)를 가리키는 말이다. 즉 東胡는 중국어로 퉁후가 되는데 영어철자로는 Tunghu 또는 복수형태로 Tungus가 될 것인데, Tungus를 퉁구스라 읽게 되고 이를 이두식으로 한자로 적으면 통고사가 되는 것이다.

126) 수밀이국은 속말(粟末) 즉 지금의 송화강이나 송화강이 합류하는 흑룡강 또는 우수리강 유역에 있는 나라가 된다.

지 이르게 된다. 이는 서기전 7197년경 사방분거시에 북쪽으로 이동한 일부의 무리가 알타이산 서쪽으로 우랄산을 넘어서 북유럽지역으로 이동한 것이라는 결론이 된다. 수밀이국은 단군조선의 숙신(肅愼)이 위치하였던 곳의 나라가 된다.

일군국은 수밀이국으로부터 5만 리나 떨어진 나라로서 위치상으로 북유럽이나 영국에 있는 것으로 계산되며, 서기전 2000년 이전에 만들어진 영국의 스톤헨지와 연관성이 있는 것으로 추정되기도 한다. 5만 리이면 하루에 말을 타고 100리를 가는 경우 500일로서 1년 하고도 약 150일이 걸리는 거리가 된다. 일군국은 단군조선을 거쳐 서기전 121년 북부여 시대 말기까지 우리와 교류가 있었던 것으로 기록되고 있다.[127]

구막한국은 일군국으로부터 동쪽이나 동남쪽에 있는 것이 되어 파미르고원의 북쪽이 되는 지금의 알타이산 부근에 있는 것으로 거리상으로 계산된다. 특히 고구려 광개토경평안호태황비의 비문에 구막한국이 기록되고 있는데[128], 이는 광개토황이 바이칼호 서편의 알타이산맥 지역까지 평정한 것이 됨을 보여주는 것으로 된다.

양운국은 구막한국의 동쪽이나 동남쪽에 있는 것이 되어 지금의 바이칼호 서쪽에 있는 것으로 계산된다.

비리국은 양운국의 동쪽이자 수밀이국의 서북에 있는 것으로 되어 바이칼호의 동쪽으로 흑룡강 유역에 있는 것으로 계산된다. 지금의 흑룡강 유역에 러시아의 부랴트공화국이 위치하는데, 부랴트라는 이름이 비리국과 연관성이 있는 것으로 보인다.

수밀이국은 9족 중 황족(黃族)에서 분파한 방족(方族)의 나라가 되는데, 송화강과 우수리강 유역에 있는 나라가 된다. 송화강은 원래 속말(粟末)이라 불리었고 우

---

127) 전계 한단고기 〈단군세기〉, 97쪽 및 〈북부여기〉, 131쪽 참조
128) 단단학회(檀檀學會) 발행본의 광개토황비 비문에 나타나고 있는데, 기존의 해독본에서는 보이지 않는다.

수리(牛首里)강 또한 소머리라는 말의 이두식 표기가 되는데, 성(聖)스러운 물이라는 뜻의 소므르, 스므르, 스믈의 이두식 표기가 되는 우수리강과 우수리강에 합류하는 송화강은 수밀이와 직접 통하는 말이 되는 것이다.

동서 2만 리는 지구 둘레의 1/4이 되는데, 수밀이국을 기준으로 계산을 하면 파미르고원을 넘어서 수메르지역에까지 이르게 된다.

우루국은 서쪽에 위치하는 이름의 나라로서, 메소포타미아 지역이 되는 소위 수메르지역의 우루크(URK)라는 나라로 추정되기도 하는데, 이미 서기전 5000년경부터 역사가 시작되는 나라이기도 하다. 우루크는 피라미드의 원형이 되는 소위 지구라트를 만든 것으로 밝혀지고 있다.

특히 우루국은 서기전 1652년에 단군조선에 20 가(家)가 투항하였다는 기록이 있는데[129], 이때 20가는 약 2,000명이나 되는 단위가 되며, 이는 서기전 2000년경에 역사 속에서 망한 수메르지역의 우루국 사람들이 나라를 잃고 떠돌다가 동쪽으로 와서 정착한 것이 된다. 이때 단군조선은 우루국 사람들을 염수(鹽水) 근처에 정착하도록 하였는데, 염수라는 지명은 황하의 지류로서 흉노족의 근거지가 되는 황하가 북단에서 서쪽에서 동쪽으로 흐르는 곳으로 오르도스 서쪽 지역에도 있었던 것이 되고, 대흥안령 서쪽으로 역사상 거란 땅의 북쪽에 위치하는 시라무렌강 유역으로도 되는데, 아마 후자일 가능성이 농후하며, 이후 그들은 동쪽으로 이동하여 한반도의 평양에까지 이른 것으로 추정된다.

구다국(句茶國)은 독로국(瀆盧國)이라고도 불리며, 북개마대령의 서쪽에 있는 나라로서, 개마국(웅심국)의 남쪽에 있는 것이 된다. 구다국은 냉을 치료하는 쑥과 불에 구워 먹으면 재앙을 다스린다는 마늘을 생산하였다고 기록되고 있다.[130]

매구여국(직구다국)은 옛날 오난하(五難河)에 있었고 독로국(구다국)에 패하여

---

129) 전계, 한단고기 〈단군세기〉, 92쪽 참조
130) 전계, 한단고기 〈태백일사 한국본기〉, 164쪽 참조

금산(金山)으로 옮겼다. 오난하는 다섯 갈래의 물이 어지럽게 흐르는 강이 되는데, 지금의 발해만 서쪽 지역이 되는 고하(沽河) 중류 지역으로 비정하게 된다. 고하는 백하(白河)라고도 불리는데 중류 지역에는 고하(沽河), 조하(潮河), 습수(濕水), 산수(汕水), 열수(列水) 등으로 불리는 강이 나누어져 있으며, 지금의 북경 바로 동쪽에 흐르는 영정하(永定河) 동쪽이자 난하(灤河)의 서쪽이 된다.

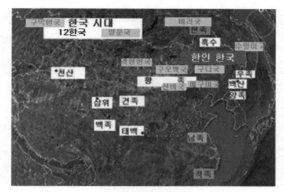

한배달조선 구족 분포도

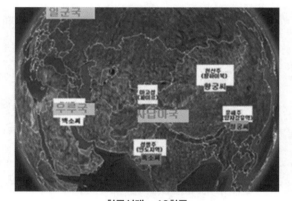

한국시대 – 12한국

선비국은 단군조선 시대에 남선비가 봉해진 곳이기도 한데131), 한국(桓國) 시대부터 단군조선 시대까지 망하지 않고 이어져 온 나라가 된다. 선비국은 흉노의 근거지가 되는 오르도스 지역의 북쪽이자 몽골의 남쪽에 위치하며, 단군조선의 구려국(句麗國)의 서쪽에 위치하였던 나라가 된다. 단군조선의 구려국은 단군조선의 영역으로 볼 때는 동서의 중간지역에 해당하는데, 대략적으로 지금의 대동(大同)에서 요하 상류 지역이자 대릉하 상류 부근이 되는 적봉(赤峰)에 걸치는 나라가 된다.

객현한국, 구막한국, 매구여국, 구다천국, 구모액국132)은 고구려 광개토경평안

---

131) 전게, 한단고기 〈단군세기〉, 92쪽 참조
132) 광개토호태황비 비문에 구모액두(勾牟額頭)라 기록되고 있는데, 한국의 구모액국(句牟額國)

호태황의 비문에도 보이는 나라로서 고구려의 영역 안에 있는 나라가 되어 발해만 북쪽으로 바이칼호와 흑룡강 유역 및 대흥안령산맥에 걸치는 지역에 있는 나라들이 될 것이며, 특히 구막한국은 바이칼호 서편의 알타이산맥 동쪽에 위치하면서 구다천국의 서북 편에 있는 나라가 될 것이다.

사납아국은 지역적으로 그 위치가 불명한데, 12 한국의 담당 영역으로 비추어 볼 때 파미르고원의 남쪽이 되는 인도지역에 있는 나라로 추정된다. 사바세계의 사바라는 용어가 쓰이는 인도지역의 말과도 어느 정도 일맥상통하는 말로 보이기도 하기 때문이다.

위 12 한국 외의 개마국(蓋馬國)은 웅심국(熊心國)이라고도 불리는데[133], 지금의 대흥안령산맥이 되는 북개마대령(北蓋馬大嶺)의 북쪽에 있었고, 구다천국이 되는 구다국(句茶國)으로부터 2백 리 떨어진 곳에 있었다. 웅심(熊心)은 곰 마음(맘)이라는 말이 되어 곰마 즉 고마로서 개마(蓋馬)와 상통하는 소리가 된다. 또 12한국 외의 월지국(月漬國)이 구다국(독로국)의 북쪽으로 500리에 있었는데, 개마국의 서북으로 약 300리 떨어진 곳에 있는 것이 된다.[134]

이리하여 대체로 파미르고원의 동쪽으로 9족의 나라인 9한(桓)의 나라가 있었고, 멀리 떨어진 나라로는 5만 리에 위치하는 일군국(一群國), 메소포타미아 지역에는 우루국(虞婁國), 인도지역에는 사납아국(斯納阿國)이 있었던 것으로 된다.

의 후예가 될 것이다.

133) 전게, 한단고기 〈태백일사 한국본기〉, 164쪽 참조

134) 전게, 한단고기 〈태백일사 한국본기〉, 164쪽 참조

7대 한인(桓因)

한국시대는 7대 한인이 다스렸다. 나누어 부르면 12한국이라 한다. 12 한국(桓國)의 중앙조정(中央朝廷)은 역(易)으로 비유하면 중앙의 무극(無極)에 해당하며 원래부터 있으면서 12 한국을 통할하는 곳으로 별도로 수를 더하여 13 한국[135]이라고 하지 아니하는 것이 된다.

한국의 중앙조정에는 7대 한인(桓因, 桓仁)이 대를 이었는데, 1대 한인, 2대 혁서(赫胥) 한인, 3대 고시리(古是利) 한인, 4대 주우양(朱于襄) 한인, 5대 석제임(釋提壬) 한인, 6대 구을리(邱乙利) 한인, 7대 지위리(智爲利) 한인 또는 단인(檀仁)이다.

한인(桓因, 桓仁)은 한님(天主)을 나타내어 하늘님 즉 하느님이라는 말이 되고, 한인을 안파견(安巴堅)[136]이라고도 하는바, 이는 아버지라는 뜻을 가지는 말이 된

---

135) 13이라는 숫자는 방향으로 치면 12방의 중앙으로서 무극(無極)에 해당하며, 무극은 원래부터 저절로 존재하는 것으로 별도로 칭하지 않는데, 28수의 달력으로 1년은 13기(期)가 되고 음력도 윤달이 있어 13개월로 완성되며, 소위 우주 1년은 129,600년으로서 13의 약 10,000배가 되는바, 13은 역(易)이나 역법(曆法) 상에서 무극의 완전, 완성을 의미하는 수가 된다.

136) 안파견의 받침을 생략하여 읽으면 아파지가 되는데 이는 아버지, 아버지라는 말과 통한다. 견의 구개음화 된 발음은 진에 가까우며 받침을 없애면 지가 된다. 거란족의 요나라 시조가 야율아보기(耶律阿保機)인데 아보기도 아파치라는 말로서 역시 아버지를 나타내는 이두식 표기이다. 또 여진족의 금나라 시조인 아골타(阿骨打) 역시 아뼈치라는 말로서 아버지를 나타내는 이두식 글자가 된다.

다. 또 지위리 한인을 단인(檀仁)이라고도 하는데, 한인은 하늘나라의 임금을, 단인
은 박달나라의 임금을 가리키는 것으로, 한인 또한 실제 하늘에 소재한 나라가 아닌
밝은 땅의 나라로서 세상의 중앙이 되는 나라를 다스린 임금이라는 의미가 된다.

한인을 천제한인(天帝桓因), 한인천제(桓因天帝)라고 하는데, 한국을 계승한 나
라가 박달나라(배달나라)로 그 임금을 한웅 천왕(天王)이라 부르므로, 천왕 이전의
선대 임금을 높여 천제(天帝)라고 부르거나 기록하는 것이 된다. 이러한 이유로 한
웅 천왕의 아들을 천군(天君)137)이라 하는데 단군왕검이 곧 제18대 거불단(居弗
檀) 한웅의 아들이므로 천군(天君)으로서 나중에 조선(朝鮮)을 개국한 국조(國祖)
가 되어 천왕(天王) 나아가 천제(天帝)로 기록되는 것이다.

---

137) 태호복희는 한웅천왕의 아들로서 천지인 삼신(三神)에게 제를 올릴 수 있는 천군(天君)이었다.

한국(桓國) 시대의 문화제도

한기(桓紀) 1년인 서기전 7197년 갑자년(甲子年)부터 천산(天山)을 수도로 하여 시작된 한국(桓國) 시대는, 그 이전의 마고성(麻姑城) 시대의 종교, 정치, 문화, 제도를 그대로 이었던 것으로 된다.

특히, 천부(天符) 사상과 역(易)의 원리와 역법(曆法)을 재정립(再定立)하여 천부삼인(天符三印)의 원리로써, 홍익인간(弘益人間)의 이념을 구체적으로 실현하기 위한 종교적 가르침과 삼사오가(三師五加)의 정치제도를 정립하였으며, 마고성 시대의 종교적 제천(祭天) 의식을 널리 시행하여 소도제천(蘇塗祭天) 문화를 정립한 것으로 된다.

1. 종교 문화

한국(桓國) 시대의 종교(宗敎)는 천지인(天地人) 삼신(三神)에게 제(祭)를 올리고 기도하는 계불의식(禊祓儀式)[138]의 종교이다.[139]

---

138) 목욕재계(沐浴齋戒) 또는 세례(洗禮)

139) 계불의식은 곧 목욕재계 의식이며, 서기 42년 3월 15일은 음력으로 단군왕검께서 승천하신 어천일(御天日)인데, 이때 계불의식을 행하며 하늘에 제사를 올렸던 것이 되고, 김수로왕이 변한

중앙에서는 천부단(天符壇)을 건립하여 임금이 직접 제(祭)를 올리고, 지방에서는 명산(名山)을 골라 소도(蘇塗)를 건립하여 제천행사를 벌이며, 마을 공동체에서는 신전(神殿)을 건립하여 마을 공동생활의 하루하루 일정에 따라 기도하는 등 종교생활이 정착되었던 것으로 보인다.

(1) 천부단(天符壇)

천부단은 제천단(祭天壇)이다. 한국(桓國) 시대에 나라의 수도가 되는 중앙에 해당하는 천산(天山)에 천부단(天符壇)을 건립하여 임금인 황궁씨(黃穹氏), 유인씨(有因氏), 한인씨(桓因氏)가 직접 계불의식(禊祓儀式)을 행하며 천지인(天地人) 삼신(三神)에게 제사를 올렸던 것이 된다.[140]

임금인 황궁씨, 유인씨, 한인씨가 직접 계불의식을 행하며 제천(祭天)한 이유는, 실낙원(失樂園)이 되어 버린 마고성(麻姑城)을 낙원으로 회복시키겠다고 맹세한 바를 지키기 위함이며, 홍익인간(弘益人間) 세상을 실현함으로써 마고성 시대의 낙원시대를 지상에 구현시키고자 하는 차원이었다.

단군조선 시대에 나라의 중심이 되는 백두산에 천부단(天符壇)을 축조하여 제천행사를 벌이고, 동서남북의 예국(濊國), 번한(番韓), 마한(馬韓), 진한(眞韓)에 각 작은 단위의 천부단인 제천단(祭天壇)을 축조하여 자치적으로 제천행사를 벌였던 것은, 마고성(麻姑城) 시대의 유법(遺法)임은 물론 한국(桓國) 시대의 제도를 계승한 것이 된다.

의 구간(九干)들 추대에 응하여 금관가야 왕에 오른 날이 된다. 서기전 2267년에 도산회의가 열리기 전에 순임금의 신하이던 사공 우(禹)도 천사(天使)인 단군조선의 태자 부루를 뵙고 치수에 관한 가르침을 받기 위하여 100일 동안 목욕재계하였다.

140) 전게 부도지, 37쪽 참조

(2) 소도(蘇塗)

한국시대부터 소도문화가 성행했다. 소도는 신성(神聖) 지역이라 하는데, 제천의식(祭天儀式)을 행하는 장소라는 의미가 되며, 특히 지방의 명산(名山)을 택하여 제천단을 둔 심신수련(心身修練) 장소이기도 하다.

소도는 중앙의 천부단보다는 작은 단위의 천부단 즉 제천단으로서 종교적 신성지역으로 불리며, 천왕랑(天王郎)의 무리가 명산을 돌아다니며 심신수련과 제천행사를 벌인 장소가 된다.

마을 단위로는 신전(神殿)이 건립되어 종교생활을 한 것으로 나타나는데, 그 대표적인 역사적 유적유물이 바로 요하문명권 지역에서 발굴된 서기전 6200년경까지 거슬러 올라가는 여신전(女神殿)과 기도상(祈禱像)을 예로 들 수 있다. 이러한 신전은 소도지역 내에 있었던 것으로 된다.

단군조선 시대에는 특히 12명산 등에 국선소도(國仙蘇塗)를 설치하여 천지화랑(天指花郎)들이 순행하며 심신을 단련하고 제천행사를 벌였다고 기록되고 있다.141)

소위 솟대라는 것은 소도(蘇塗)를 나타내는 표식이 되는데, 마고성(麻姑城) 시대에 중앙의 천부단 외 사방에 설치하였던 제천장소인 궁소(穹巢)를 상징하는 것이 된다. 즉 소(巢)라는 것이 글자에서 보듯이 새집처럼 생긴 탑(塔) 모양이 되는데, 솟대 모양으로 나타난 것이 된다.

2. 역법(曆法) 제도

한국시대의 역법은 마고성 시대의 역법체계를 그대로 계승한 것이 된다. 다만, 지

---

141) 전게, 한단고기 〈단군세기〉, 81쪽 참조

구자전축의 기울기가 변하는 등으로 1년의 주기가 달라졌을 수는 있으며, 윷놀이판에서 보듯이 마고성 시대의 역법은 그 기본적 체계는 불변의 진리라 하여도 과언이 아닐 것이다.

(1) 삼신오제(三神五帝) 철학

삼신(三神)은 천지인(天地人)의 삼신을 의미하고, 삼신의 대리자가 천제(天帝)이며, 오제(五帝)는 동서남북중의 오방(五方)을 맡아 천제를 보좌하는 하늘나라의 작은 임금이 된다.

소위 오행(五行)은 목화토금수(木火土金水)가 되는데, 각 동남중서북(東南中西北)의 오방(五方)의 사명(司命)을 태목(太木), 태화(太火), 태토(太土), 태금(太金), 태수(太水)라 하고, 그 오방의 임금(帝)을 청제(靑帝), 적제(赤帝), 황제(黃帝), 백제(白帝), 흑제(黑帝)라 한다.[142] 소위 오행이 되는 목화토금수의 오방사명(五方司命)과 오제(五帝)의 각 맡은 일은 고대중국의 오행사상(五行思想)의 근원이 되며, 상생상극(相生相剋)의 역(易)이 된다.

(2) 한역(桓易)

마고성 시대 역(易)의 기초가 되는 기화수토(氣火水土)는 소위 4상(象)으로서 태호복희8괘역 중 건리감곤(乾離坎坤)의 4괘(卦)에 각 대입되며, 나아가 지금의 태극기에 있는 건리감곤이 4괘와도 일맥상통한다.

윷놀이판은 소위 한역(桓易)을 나타낸 것이 되는데, 기본적으로 마고성 시대의 역(易)이자 역법(曆法)이 되고, 마고성 시대의 4상인 기화수토는 서남동북(西南東北)의 사방에 각 대입되며, 중앙을 중심으로 하여 사방에 표현된 7개의 점은 북극성

---

142) 전게 한단고기 〈태백일사/삼신오제본기〉, 148쪽 참조

희역8괘

을 중심으로 하루에 한 바퀴씩 도는 북두칠성(北斗七星)을 가리키기도 한다.

윷놀이판에 나타난 역법(曆法)은, 여기서 나아가 4방은 4주(週)를 나타내며, 이때 북두칠성 모양의 7개의 점은 7일을 나타내는데, 일월수화목금토(日月水火木金土)의 요일(曜日)이며, 이로써 28수(宿)가 되어 28일(日)을 나타내는 것이 된다.

또, 중앙에서 사방으로 뻗어나간 각 3개의 점은 3기(期)를 의미하고 모두 12개의 점으로서 12기(期)가 되며, 중앙의 무극(無極, 또는 태극)은 원래 있는 1로서 모두 13기가 되어, 1년은 13기 52주 364일이 되며, 이에 중앙의 무극은 원래 있는 1일로서 더하여 결국 1년은 365일이 된다. 즉 윷놀이판에 나타난 역법은 태양이 뜨고 지는 하루를 기준으로 체계화시킨 성력(星曆)이자 태양력(太陽曆)이 된다.

이리하여 배달나라의 역법은 서기전 3897년 갑자년에 환웅천왕이 개천(開天)할 때, 이미 한국(桓國)에서 사용되던 역법을 신지(神誌) 혁덕(赫德)이 다시 정립한 것이 된다.[143]

태호복희역은 한역(桓易)에서 나왔다. 즉 태호복희역은 한역을 음양(陰陽)의 8괘역으로 정리한 것이 된다. 윷놀이판에 나타난 역법의 순환방향과 태호복희8괘역의 회전방향은 완전히 일치하는데, 특히 태호복희8괘역은 음양(陰陽)의 역(易)에서 나아가 1일(日) 4시(時), 1월(月) 4주(週), 1년(年) 4계(季)를 보완하여 각 8등분한 역이 된다. 즉, 1년 24절기를 1/3로 하여 8절기로 나타낸 것이기도 하다.

(3) 10간(干) 12지(支)

한국시대에 이미 10간 12지의 역법(曆法) 제도가 있었던 것이 된다. 10간은 갑

---

143) 전게, 한단고기 〈태백일사 삼한관경본기〉, 198쪽 참조

을병정무기경신임계(甲乙丙丁戊己庚辛壬癸)이고, 12지는 자축인묘진사오미신유술해(子丑寅卯辰巳午未申酉戌亥)[144]이다.

간(干)이라는 말은 왕(王)을 보좌하는 작은 왕(王)의 뜻이며, 그래서 천간(天干)은 하늘나라의 작은 왕을 의미하게 된다. 지(支)라는 말도 보좌하는 우두머리라는 뜻으로서, 지지(地支)는 땅나라의 작은 우두머리를 의미하게 된다.

10천간 12지지는 하늘의 작은 왕인 10간(干), 땅의 작은 우두머리인 12지(支)로서, 10은 무극(無極)으로 되돌아온 1이 되는 숫자로서 하늘의 숫자이며 중앙을 포함하는 하늘나라의 10방(方)을 가리키고, 12는 하늘의 숫자 10에서 다시 사람이 되는 숫자로서 8방에 다시 4방을 더한 땅의 12방(方)을 가리킨다.

역법(曆法)으로 보면, 10간(干)은 해의 움직임을 나타내어 10일(日), 즉 열흘인 순(旬)을 의미하는 것이 되고, 12지(支)는 달의 움직임을 나타내어 12달(月)을 의미하는 것이 되는데, 그리하여 처음에는 하루하루를 10간(干)의 순환으로 표현하고, 1년 12개월은 12지(支)의 순환으로 표현하였던 것이 된다.

이러한 10간 12지로 된 한국시대 역법이 배달나라 시대에는 10간과 12지를 배합하여 계해(癸亥)를 시작으로 한 소위 60갑자(甲子)[145]를 일(日)과 월(月)과 년(年)을 표현하는 방법으로 사용한 것이 된다. 즉 서기전 3898년 계해년을 시작으로 하여 이후 서기전 3528년경 태호복희가 갑자(甲子)를 시작으로 하는 역법(曆法)을 정리하였던 것이 되며, 이로써 연월일을 소위 60갑자로써 나타낸 것이 된다.[146]

이후 단군조선 시대인 서기전 2096년 을축년(乙丑年)에, 서기전 2097년의 갑자

---

144) 이때의 子는 아들 자가 아니라, 쥐 자가 된다.

145) 60갑자는 10간 12지의 조합에 따른 것인데, 60진법에 해당하는 소위 60갑자를 사용하기 시작한 시기가 과연 언제일까? 태호복희가 계해로 시작하던 것을 갑자로 바꾸었다고 하는 것으로 보아, 배달나라 건국시인 서기전 3897년에 이미 계해를 시작으로 하는 60계해를 사용한 것으로 이해되는바, 한국시대가 될 것이다. 연구대상이다.

146) 전게 한단고기 〈태백일사 신시본기〉, 177쪽 참조

년(甲子年)을 기준으로 삼아 처음으로 갑자년을 역법147)의 시작으로 하는 책력을 만들어 사용하였다고 기록되고 있다.148)

3. 삼사오가(三師五加) 제도

한국(桓國) 시대의 삼신오제(三神五帝) 철학이 정치적으로 구현된 것이 삼사오가(三師五加) 제도이다. 삼사오가라는 명칭은 직책이기도 하며 또는 그 직책의 책임자를 가리키기도 한다. 삼사와 오가는 임금을 보좌하는 정치적 직책이다. 삼사는 천지인(天地人) 삼신(三神)에 해당하고 오가는 오제(五帝)에 해당한다. 즉 하늘의 삼신오제가 실제 인간세상의 정치제도에 적용된 것으로 된다.

삼사는 풍백(風伯), 우사(雨師), 운사(雲師)이고, 오가는 양가(羊加), 우가(牛加), 마가(馬加), 저가(豬加), 구가(狗加)이다. 양가는 주선악(主善惡), 우가는 주곡(主穀), 마가는 주명(主命), 저가는 주병(主病), 구가는 주형(主刑)이라 기록된다.

풍백은 입법관(立法官)으로 지금의 국회의장에 해당하고, 우사는 행정관(行政官)으로 국무총리에 해당하며, 운사는 사법관(司法官)으로 대법원장에 해당한다. 이리하여 한국시대에 이미 현대 민주주의 정치의 대원칙이라 할 수 있는 삼권분립(三權分立)149)이 되어 있었다.

삼권분립 정치가 행해진 것을 알 수 있는 증거가 천부삼인(天符三印), 즉 천부인(天符印) 삼개(三個)이다. 천부삼인은 곧 거울, 방울, 칼로서 각 천성(天性), 천음(天音)으로서 천법(天法), 천권(天權)을 상징하며, 천성을 법(法)으로 삼고 천법을 행(行)하고 천권으로 다스리는(政治) 권한을 부여한 증거물이다.150) 특히 천권은 법

---

147) 배달나라 시대의 역법과 단군조선 시대의 역법 관계와 차이점 등을 연구하는 것이 필요하다.
148) 전계 한단고기 〈단군세기〉, 72쪽 및 〈태백일사 신시본기〉, 174쪽 참조
149) 삼권분립과 관련한 역사를 정치사적으로 심도 있게 분석 연구하여 고찰할 필요가 있겠다.

을 지키도록 악행(惡行)을 예방하고 제거하는 기능을 한다.

양가(羊加)는 선악(善惡)을 담당하여 선을 권장하고 악을 예방하거나 제거하는 역할을 하는 직책으로서 교육(教育)과 사법(司法)과 관련되어 지금의 교육부와 법원에 해당하고, 우가는 농사담당이며, 마가는 목숨을 관장하는 직책으로서 명령(命令)이나 국방(國防)과 관련된다.

또, 저가는 질병담당으로서 지금의 보건사회부에 해당하고, 구가는 형벌담당으로서 지금의 형벌집행을 맡은 법무부나 치안을 맡은 내무부에 해당한다.151)

삼사(三師)가 직할로 맡은 각 고유 업무가 있고, 삼사 아래 오가(五加)를 두어 다시 업무를 나누어 관할하게 함으로써, 각 고유의 업무를 침범하게 하지 못하게 하고, 상호 관련된 업무는 협조하도록 하여 보완하도록 제도를 마련하였던 것이 된다.

위와 같이 한국시대에 이미 지금의 민주정치의 대원칙인 권력분립에 해당하는 국가기관이 정비되어 있었던 것이 된다. 이러한 삼사오가가 임금을 보좌하는 기관으로서 그 역할을 다 함으로써 홍익인간의 이념이 실현되었다. 물론 이러한 중앙정치 조직은 지방의 말단 행정조직에 이르기까지 적용된 것으로 되어, 임금은 무극(無極)처럼 없는 듯이, 황극(皇極)의 태극(太極)처럼 있는 듯이 하여 천부(天符)에 따른 정치가 행해진 것이 된다. 이는 단군조선 개국시조 단군왕검의 정치가 무위자연(無爲自然)으로 기록되는 이유가 된다.

4. 화백(和白) 제도

마고성 시대에 이미 화백제도가 정립되어 있었으며152) 이러한 화백제도는 한국

---

150) 정치(政治)란 원래 바르게(正) 다스린다(治), 바로 잡는다는 뜻이다.
151) 전게 한단고기 〈삼성기 하편〉, 33쪽 참조
152) 전게 부도지, 33~34쪽 참조

(桓國) 시대에도 계승되어 시행되었다.

한국시대 초기와 중기가 되는 황궁씨(黃穹氏), 유인씨(有因氏) 시대에는 모두 12 씨족의 나라로서 파미르고원의 서쪽으로 분거한 백소씨족, 남쪽으로 분거한 흑소씨족은 각 자치(自治)한 것이 되며, 파미르고원의 동쪽으로 분거한 황궁씨족과 청궁씨족은 황궁씨, 유인씨의 주도 아래 화백으로 다스린 것이 된다.

한국시대 후기인 한인씨(桓因氏) 시대에는 이미 파미르고원의 동쪽에 9 부족이 형성되어 9족의 나라가 각 자치하고, 그 외 거리상으로 떨어진 백소씨족, 흑소씨족이 각 자치하고, 파미르고원의 북쪽으로 분거한 일부 씨족이 부족이 되어 자치국을 이루어 모두 12 한국이 있었다. 12 한국이 같거나 유사한 정치제도를 시행한 것은 당시의 순행(巡行) 제도[153]로 미루어 알 수 있게 된다.

12 한국의 종주(宗主)가 되는 한인씨(桓因氏)의 나라인 중앙조정(中央朝廷)이 행한 삼사오가 제도는 각 자치국에도 적용되었던 것이 되며, 합하여 13국이라 하지 아니하는 것은 별도의 독립된 나라가 아니라 모두 형제족의 나라에 해당하는 것으로서 연방제도(聯邦制度)에 해당하는 것이기 때문이다.

한인씨(桓因氏)의 나라와 12 연방제도는, 중앙이 무극(無極)이 되고 지상에서의 방향이 완성되는 12방(方)이 태극(太極)이 되는 이치가 된다. 이는 또한 윷놀이판에 나타나는 역(易)의 원리와도 상통한다.

5. 오훈(五訓)

한국(桓國) 시대에 다섯 가지 가르침이 있었다. 이를 오훈(五訓)이라 하는데, 마고성(麻姑城) 시대 자재율(自在律)의 다른 모습으로 나타난 것이 된다.

마고성 시대의 자재율은, 타인의 간섭이나 통제를 받지 아니하고, 자연스럽게 스

---

153) 전계 부도지, 37쪽 참조

스로 존재하면서 지키는 율법인바, 천음(天音) 즉 천지자연의 소리에 따라 자연의 이치대로 살아가는 법(法)이 된다. 천지자연의 소리가 곧 천지자연의 법[154]이기 때문이다. 마고성 시대 사람들이 천음(天音)을 듣기 위하여 오금(烏金)이라는 귀걸이를 하고 다녔다 하는바, 하늘의 법을 잘 따르기 위한 것이었다.

한국시대의 오훈은 성신불위(誠信不僞), 경근불태(敬勤不怠), 효순불위(孝順不違), 염의불음(廉義不淫), 겸화불투(謙和不鬪)이다.[155]

즉, 정성과 믿음으로 거짓되지 아니하며, 공경하고 근면하여 게으르지 아니하고, 효도하고 순종하여 어기지 아니하며, 청렴하고 의로워 음란하지 아니하고, 겸손하고 화목하여 싸우지 아니한다는 도덕률(道德律)이다.

정성을 다하고 믿음을 주어 거짓이 없으며, 서로 공경하며 부지런히 일하고, 부모에게 효도를 다 하며, 검소하고 깨끗하며 의롭고 음란하지 않으며, 겸손하고 사이가 좋아 싸움이 없도록 하는 인간사회의 윤리인 것이다.

한국시대의 오훈(五訓)은 가정과 공동사회에서 지켜야 할 기본 윤리로서, 국가에 대한 충(忠)이 강조되지 아니한 것으로 보아, 한국시대에는 나라 사이에 심각한 전쟁이 없었거나 전쟁의 위험성이 덜 했던 것이 된다.

반면, 배달나라 시대에는 나라에 충(忠)을 강조하는 구서(九誓) 또는 구덕(九德)이라는 도덕률이 있었는바, 국가 사이에 전쟁이 있었음을 엿볼 수 있다. 서기전 2697년경 치우천왕(治尤天王)이 반란자 황제헌원(黃帝軒轅)[156]을 토벌(討伐)할 때 삼륜구서(三倫九誓)를 강조한 바 있다.[157]

한국시대의 오훈은 9,000년 남짓 흐른 현시대에도 적용되는 도덕률이 된다. 도

---

154) 원래 법(法)이라는 글자가 선악을 구별하는 능력을 갖춘 해치(외뿔양)가 물의 흐름에 따라간다는 의미를 지닌 것이 된다.

155) 전게, 한단고기 〈태백일사 한국본기〉, 165쪽 참조

156) 치우천황과 황제헌원 간의 역사적 사실적 관계에 관한 철저한 연구가 필요하다

157) 전게, 한단고기 〈태백일사 삼한관경본기〉, 202쪽 참조

덕은 인간 공동사회를 위한 선의(善意)의 기본법이라 할 수 있다.

특히 한국시대의 오훈은 시대를 초월하여 선의(善意)의 공동체를 지향하는 사회나 국가에 모두 적용되는 진리(眞理)라 할 수 있는 도덕률이라 할 만하다. 즉 공동사회의 법의 기초가 되는 공동선(共同善)을 위한 윤리도덕(倫理道德)이다.

6. 천왕랑(天王郞) 제도

서기전 3897년 배달나라 시조 한웅천왕(桓雄天王)이 신시(神市)를 열어 개천(開天) 하였다 하는데, 이때 한웅천왕은 무리 3,000을 이끌고 나라를 세웠다. 그런데, 당시의 무리 3,000은 그냥 일반백성이 아니라, 웅족(熊族)과 호족(虎族) 사이의 전쟁을 그치게 할 만큼의 무력(武力) 즉 무예병법(武藝兵法)[158]을 겸비한 조직이 틀림없는 것이 된다.

한웅천왕이 한국(桓國)에서 나올 때 한국(桓國)의 제도를 그대로 가져왔던 것이 된다. 천제(天帝)의 아들은 천왕(天王)에 해당한다. 그리하여 한인천제(桓因天帝)가 다스리던 한국(桓國) 시대에 한웅(桓雄)과 같은 한인천제의 아들들은 천왕격(天王格)에 해당하며, 이들이 심신수련 단체를 이끄는 천왕랑(天王郞)이 되는 것이다.

한국시대의 천왕랑(天王郞)은 단군조선 시대에 있었던 국자랑(國子郞)이나 천지화랑(天指花郞)과도 통하고, 북부여 시조 해모수를 천왕랑(天王郞)이라 부르는 것과도 상통하며, 국선(國仙)이 이끄는 고구려의 선인도랑(仙人徒郞)과 신라의 화랑(花郞)과도 일맥상통한다.

천왕랑은 곧 천웅(天雄)이므로 천왕랑이 닦는 도(道)가 천웅도(天雄道)[159]이다.

---

158) 우리 역사상 무예 또는 병법의 역사적 정립이 필요하다.

159) 천부(天符)가 곧 천웅도(天雄道)의 목적이며, 천웅도는 후대에 발현된 문무(文武)의 도(道)의 원류가 된다. 한국(桓國)의 천부(天符)는 곧 배달나라의 천웅도이고, 배달나라의 천웅도는 단군조선 시대 신왕종전(神王倧佺)의 도(道)로 나타난 것이 되며, 천문(天文), 지리(地理), 인사(人

천웅도는 천부경(天符經)160), 삼일신고(三一神誥)161), 참전계경(參佺戒經)162)을 기본 경전으로 하여 심신을 수련(心身修練)하는 도(道)이다. 마음만 수련하는 것이 아니라, 몸도 수련함으로써 무력(武力)을 지니게 되는 것은 당연한 것으로 된다. 한웅천왕이 한국(桓國)의 천웅도를 배달나라를 개국하여 수립하였다.163)

서기전 37년경 고구려 초기에 극재사(克再思)164)가 지어 바친 삼일신고독법(三一神誥讀法)165)에는, 삼일신고를 읽는 횟수에 따라 터득하는 경지(境地)를 실례(實例)로써 들고 있는데, 10만 번을 읽으면 인병가피(刃兵可避)라 하여 삼일신고를 통한 심신수련으로 칼과 병기를 피할 수 있다고 하여, 무(武)와 관련된 내용을 담고 있다.166)

事)를 모두 포함하는바, 제천계불의식(祭天禊祓儀式), 역(易), 역법(曆法), 심기신(心氣身) 수련법 등이 모두 천웅도에 속하는 것이다. 이리하여 후대에 체계를 이루는 소위 국선도(國仙道), 기천문(氣天門), 단학선법(丹學仙法) 등은 모두 천웅도의 한 법문파(法門派)에 해당하는 것이 된다. 고구려 시대의 수박희, 씨름, 수박희에서 나온 고려시대의 택견, 단군조선 시대의 경당(扃堂)에서 닦았던 독서(讀書), 습사(習射), 치마(馳馬), 예절(禮節), 가악(歌樂), 권박(拳搏) 및 일술(釖術:劍術) 등은 모두 심신수련법(心身修練法)에 속하는 것으로서 천웅도(天雄道)에 속하는 방법으로서의 각 법술(法術)이 되는 것이다. 그래서 현재 대한민국의 전통 심신수련법이라 하는 국선도는 국선문(國仙門)이라 할 것이며, 기천문(氣天門), 택견문, 씨름문 등으로 부르는 것이 타당하다 할 것이다,

160) 부록의 천부경 참조

161) 부록의 삼일신고 참조

162) 부록의 참전계경 8강(綱) 참조

163) 전게 부도지, 40쪽 참조

164) 극재사는 삼일신고 독법에서 적은 각 경지를 경험한 인물로 보이는데, 삼일신고 독법의 내용을 완전히 이해하려면 그러한 경지를 경험한 사람만이 가능한 것이 될 것이다.

165) 我言衆 必讀神誥 先擇淨室 壁揭原理圖 盥漱潔身 整衣冠 斷葷穢 燒栴檀香 斂膝跪坐 黙禱于一神 立大信誓 絶諸邪想 持三百六十六顆 大檀珠 一心讀之 正文 三百六十六言之原理 徹上徹下 與珠 合作一貫 至三萬回 災厄漸消 七萬回 疾疫不侵 十萬回 刃兵可避 三十萬回 禽獸馴伏 七十萬回 人鬼敬畏 一百萬回 靈哲指導 三百六十萬回 換 三百六十六骨 湊 三百六十六穴 會 三百六十六度 離苦就樂 其妙 不可殫記 若 口頌心違 起邪見 有褻慢 雖 億萬斯讀 如入海捕虎 了沒成功 反爲 壽祿減削 禍害立至 轉墮 苦暗世界 杳無 出頭之期 可不懼哉 勗之勉之

또, 참전계경(參佺戒經)의 전(佺)이라는 글자가, 사람 人과 온전할 全을 합자한 회의문자로서, 완전한 인간을 의미하는 것인바, 참전계경의 가르침을 따르고 행하는 것이 참전(參佺)이며, 참전계경은 곧 인간을 인간답게 하는 가르침이 된다.

개천(開天)이란 하늘나라의 뜻을 땅에 실현한다는 의미가 되는바, 땅의 나라가 되는 배달나라의 모든 문화제도는 하늘나라가 되는 한국(桓國) 시대의 것을 그대로 계승한 것이 되는 것이다. 결국, 한국(桓國) 시대의 천왕랑(天王郎) 제도가 후대의 배달나라와 단군조선에 그대로 계승된 것이 되는데, 심신수련 단체로서의 천왕랑의 무리가 산천을 순행(巡行)하며 일반 백성들을 인간답게 직접 교화(敎化)하고 구제(救濟)하고 돌보는 역할을 하였던 것이 된다.

7. 천부삼인(天符三印)의 정립

서기전 7197년 갑자년 이후 황궁씨(黃穹氏)의 한국시대 초기에 지소씨(支巢氏)의 선착민(先着民)과 황궁씨족의 일파인 이주민(移住民) 사이에 텃세로 인한 전란(戰亂)이 있었는데, 이로 말미암아 황궁씨가 홍익인간(弘益人間)이라는 공동선(共同善)을 위배하는 무리를 처단하기 위하여 천부삼인을 정립시켰던 것이 된다.

서기전 7197년 이전에 마고성(麻姑城)에서 사방으로 분거할 당시에 황궁씨는 모두가 원래 하나임을 증거가 되는 천부(天符)를 신표(信標)로 나누어 준 바 있었다. 그 후 약 1,000년 사이에 각 사방 각 지역에 정착이 이루어지는 과정에서 선착민과 이주민 사이의 전쟁을 다스리기 위하여 천권(天權)[167]을 행사한 것이 된다.

서기전 6500년경[168] 황궁씨가 정립한 것이 되는 천부삼인(天符三印)은, 천지본

---

166) 극재사, 삼일신고 독법 참조
167) 왕권(王權)은 왕도(王道)로써 천권(天權)을 대행하는 것이 된다.
168) 서기전 7197년경부터 약 1,000년이 흐른 서기전 6200년경 이전이 될 것이다.

음(天地本音)의 상(象)으로서 근본(根本)이 원래 하나임을 알게 하는 것이라 기록되는바, 이 천부삼인이 곧 원래 하나인 무극(無極), 하늘과 땅의 둘을 나타내는 태극(太極), 하늘과 땅과 사람의 셋을 상징하는 삼태극(三太極)의 징표인 도형(圖形) 또는 문양(文樣)이나, 이를 그 위에 새기거나 그 자체로서 무극, 태극, 삼태극을 상징하는 증거물이다.

(1) 천부삼인(天符三印)

천지본음(天地本音)은 천지자연의 원래의 소리이다. 그런데 소리는 그 모습에 따라 자연스럽게 나타난다. 그리하여 천지본음의 상(象)은 천지자연의 그대로의 모습(形)이다.

하늘은 무한히 넓고도 무한히 높으면서 방향도 없으며, 땅에서 하늘을 올려 보면 태양이 둥글며 달이 둥글어, 곧 하늘을 둥근 모습으로 나타내니 ○이다.

땅은 사람이 발을 딛고 서서 보면 전후좌우가 되어 네 방향이 나오며, 해가 떠서 지니 동서남북의 네 방향이 되고, 터를 닦아 집을 지으니 네모지어, 곧 땅을 네모난 모습으로 나타내니 □이다.

사람은 땅 위에 서서 하늘을 향해 있어, 서 있는 모습을 나타내니 △이다. 즉, 원방각(圓方角, ○□△)은 각 하늘, 땅, 사람을 상징하는 도형 즉 표식으로서 이를 원래 하나가 되는 ○안에 나타낸 것이 무극(無極), 태극(太極), 삼태극(三太極)의 각 문양이 되는 것이다.

하늘의 태양이 돌고, 달이 돌고, 북두칠성이 돌고 있으니 하늘의 모습은 둥글게 도는 모습이 되어, 하늘을 상징하는 ○도 회전하는 모습을 지니고 있다.

여기서 ○을 둘로 나누어 돌고 있는 모습을 나타내면 음양의 태극문양과 같이 되는 것이다. 이는 땅이 원래 하늘에서 나왔음을 나타낸다. 하늘과 땅을 상대적으로 보면 양(陽)과 음(陰)의 태극이 되는데, 음양의 조화성(造化性) 즉 창조(創造)의 기능을 지닌다.

또 우주만물 중에서 가장 마지막으로 나타난 존재인 사람을 넣어 돌고 있는 모습으로 나타내면 삼태극 문양이 되는데, 곧 사람은 하늘과 땅의 조화로서 나타난 존재이면서 원래 하늘과 땅과 하나임을 상징하는 증거가 된다.

運三四 成環五七 평면도

천지본음(天地本音)의 상(象)으로서 원래 하나임을 알게 하는 세 가지 신표(信標)인 천부삼인(天符三印)169)은 각 하늘, 땅, 사람을 상징하는 표식으로서 원방각(○□△)이기도 하며, 하늘, 태양의 모습이 되는 원(○)으로 표시되는 무극(無極), 하늘과 땅이 어우러진 모습이 되는 소위 태극(太極, ◖)이라 부르는 이극(二極), 하늘과 땅과 사람이 어우러진 모습이 되는 삼태극(三太極)의 문양 또는 증거물이 된다.

삼태극

삼태극 문양에서 천지자연의 색으로 구분하여 보면, 파란색은 하늘색이며, 노란색은 땅 색, 빨간색은 사람의 심장에 담긴 핏빛을 나타내는 것이 된다. 피는 뜨거움을 상징하는바, 뜨거운 태양에 비유된다.170) 한편, 이들 색을 그 나타내는 성질로서 음양중(陰陽中)으로 나눌 때는, 인식적으로 불을 나타내는 빨간색이 양, 차갑고 어두운 파란색이 음, 온화한 느낌을 주는 노란색이 중으로 이해된다. 그리하여 음양의 태극으로 나타낼 때는 빨간색을 양(陽), 파란색을 음(陰)으로 표현하는 것이 된다.

(2) 천부삼경(天符三經)

천부삼인(天符三印)에 따른 말씀으로 된 가르침이 천부경(天符經), 삼일신고(三

---

169) 전계 부도지, 37쪽 참조
170) 천부경에서도 本心 本太陽이라 가르치고 있다.

一神誥), 참전계경(參佺戒經)의 세 가지 경전(經典)이다.

천부삼인의 문양(文樣)이 되는 ○□△은 한국시대에 사용된 초기의 상형(象形) 문자가 되며, 후대에는 그 모습대로 읽은 소리글자가 된다.[171]

한국시대에 보편적으로 사용된 글자가 있었는지는 현재로서는 불명이나, 그렇지 아니하더라도 말씀으로 하늘과 땅과 사람에 관한 진리(眞理)를 가르쳤던 것이 된다.

1) 천부경(天符經)

천부경은 천지인(天地人)의 창조(創造)적 원리와 진화(進化)의 원리와 반본(返本)의 원리를 가르친 말씀으로서, 역(易)의 진리(眞理)를 81자로 나타낸 말씀이다.

일시 무시일 석삼극 무진본 천일일 지일이 인일삼 일적십거 무궤화삼 천이삼 지이 삼 인이삼 대삼합육 생칠팔구 운삼사 성환오칠 일묘연 만왕만래 용변 부동본 본심 본태양 앙명인중 천지일 일종 무종일

一始 無始一 析三極 無盡本 天一一 地一二 人一三 一積十鉅 無櫃化三 天二 三 地二三 人二三 大三合六 生七八九 運三四 成環五七 一妙衍 萬往萬來 用 變 不動本 本心 本太陽 昂明人中 天地一 一終 無終一 〈81자〉

一은 시(始:시작)와 무시(無始:시작이 없음)의 일이다.

나누면 삼극(三極)인데, 다함이 없는 근본이며, 천일(天一)이 一, 지이(地二)가 二, 인일(人一)이 三으로서 곧 모습이 없는 신(神)으로서의 삼극(三極)이다.

一은 쌓여서 十으로 커지면서, 궤짝처럼 구분됨이 없이 원만하게 三으로 변화하

---

171) ○, □, △는 글자 모양대로 읽어 ㅇ, ㄸ, ㅅ가 되고, 다시 ㅎ, ㄸ, ㅅ가 되며, ㅎ, ㄸ, ㅅ이가 되어 하늘, 땅, 서이(사람)가 되는 것이다. □은 ○을 둘로 나누어 만들어진 형태로서 ㄷ과 ㄷ의 합자가 된다.

니, 천이(天二)가 삼(三), 지이(地二)가 삼(三), 인이(人二)가 삼(三)으로 각각 세 가지로 또한 삼극(三極)이 되니 모습이 있는 삼극(三極)이다.

모습이 있는 큰 삼의 천이(天二), 지이(地二), 인이(人二)는 모습이 있는 이극(二極)으로 모두 합하면 6이 되고, 여기서 또 하나의 一이 생겨 나와 차례로 완성된 천이삼(天二三)이 되는 7, 완성된 지이삼(地二三)이 되는 8, 완성된 인이삼(人二三)이 되는 9가 된다.

대삼(大三)은 운행(運行)하니 천이(天二)와 지이(地二)는 인이(人二)가 있어 방향이 주어져 상중하 방향의 삼(三)과 전후좌우 방향의 사(四)가 돌고 돌면서 원을 이루어 다섯 방향의 오(五)와 구(球)를 이루어 일곱 방향의 칠(七)이라는 고리를 이루어 우주천체는 7방향으로 이루어진다.

一은 신묘하고 넘쳐나서 만 번 가고 만 번 와도 쓰임은 무한히 변하나 근본은 움직이지 않는다.

본래 사람의 마음(心)은 하늘로부터 부여받은 본래의 무한히 밝은 태양이니, 밝음에 오른 사람 안에 하늘과 땅이 하나이다.

一은 종(終:끝)과 무종(無終:끝이 없음)의 一이다.

一에서 시작하여 一로 끝나며 다시 一로 시작되고 무한히 변화하며 무한히 되풀이한다. 그리하여 크게 분류하여 나타낸 세 가지 삼태극이 바로 하늘, 땅, 사람이다.

하늘은 우주전체를 가리키며, 땅은 지구를 가리키고, 사람은 인간을 가리킨다. 우주전체는 우주 속에 있는 모든 존재를 가리킨다. 땅은 지구상의 사람 외의 모든 만물을 가리킨다. 그리고 하늘과 땅과 구별되는 최종적인 존재가 바로 사람인 것이다. 사람은 하늘과 땅의 조화로 만들어진 존재이면서 하늘과 땅의 본성을 모두 지니고 있으며 하늘과 땅과 구분되는 존재이다. 그래서 우주세계에서 세 가지로 크게 나눈 것이 바로 삼태극이며, 이는 사람이 없으면 아무 의미 없는 것이므로 사람을 완성된 존재로 보고, 사람이 사는 곳인 땅을 사람 이전의 완성된 존재로 보며, 땅 이전의 완성된 존재는 바로 하늘 그 자체인 것이다. 그래서 하늘, 땅, 사람이 원래 하나로서 순서대로 하늘, 땅, 사람으로 나타난 것을 삼태극으로 개념화한 것이 된다.

一은 존재이다. 그래서 (有)에 해당한다.

一의 반대에 해당하는 것은 부존재(不存在) 즉 무(無)가 될 것이다. 그러나, 무(無)는 유(有)의 상대적인 개념이며, 유(有)를 유형적으로 볼 때는 상대적인 개념이 된다. 무형(無形)의 상태는 상대적으로 무(無)로 표현될 수 있다. 그리하여 무(無)와 유(有)는 절대적인 개념이 아니라 상대적으로 구별하는 개념으로서 一은 곧 유(有)이면서 무(無)이기도 한 것이다. 즉 一은 무(無)에서 나온 것이 된다. 즉 유(有)는 무(無)에서 나온 것이다. 유(有)가 무(無)로 되돌아가면 이를 무(無)라 하는 것이며, 무(無)에서 유(有)로 변한 것을 유(有)라 하는 것이다. 그리하여 무(無)는 절대적인 무(無)가 아니라 절대적인 유(有)가 된다. 왜냐하면 유(有)의 시작점이 되는 一은 무(無)에서 나온 것이기 때문이다. 무(無)는 절대적으로 없다는 의미가 아니라 상대적으로 없다는 의미로 쓰이며, 유(有)의 상대적인 의미이다.

一은 유(有)의 시작으로서 만물의 원천이며, 곧 우주 만물의 원천인 신(神)이다. 그래서 일신(一神)이라 한다. 일신(一神)은 삼극으로 나누어 천신, 지신, 인신이 되며 이를 삼신(三神)이라 한다. 사람이 우주 세계에 나타나 있는 지극한 만물을 크게 분류하여 세 가지로 나누니 하늘, 땅, 사람인데, 하늘의 별들이 생겼다가 사라지고, 땅의 만물이 생겼다가 다시 땅으로 되돌아가며, 사람이 태어나서 자라고 죽고 하는 무한한 과정에서 모든 것은 원래대로 되돌아가는 것을 알게 된 것이고, 유형(有形)의 원래의 모습은 되돌아간 때의 모습인 무형(無形)이므로 이를 신(神)이라 한 것이 된다. 즉 일신(一神)이 작용하여 삼신(三神)이 되고 삼신이 각각 하늘, 땅, 사람으로 모습을 나타낸 것이 된다. 모습이 없는 하늘, 땅, 사람이 곧 천신, 지신, 인신이며 보이는 하늘, 땅, 사람은 허울에 불과하고 참모습은 보이지 않는 신(神)으로서의 존재이다. 이 보이지 않는 신으로서의 하늘, 땅, 사람이 천일일(天一一), 지일이(地一二), 인일삼(人一三)이다. 天一, 地一, 人一이 곧 천신(天神), 지신(地神), 인신(人神)이며, 이 천신, 지신, 인신의 세 가지를 차례로 나타낸 것이 된다.

一이 계속 모이면 二, 三, 四, 五, 六, 七, 八, 九, 十이 되는데, 十은 다시 시작되는 一이다. 그리하여 일신(一神) 즉 삼신(三神)이 변하여 된 1, 2, 3, 4, 5, 6, 7, 8, 9는 十에 이르러 三으로 변하고, 하늘의 모습 3가지, 땅의 모습 3가지, 사람의 모습 3가지로 나타난다. 이것이 천이삼(天二三), 지이삼(地二三), 인이삼(人二三)이다. 10이라는 숫자를 보면 더 쉽게 나타난다. 1은 유(有)가 되는 만물의 원천으로서의 모습이고, 0은 모습이 없는 원래의 존재인 무(無)로서의 모습을 나타낸 것이 된다. 그래서 10은 무한한 존재인 무(無)에서 다시 시작되는 유(有)로서의 一을 나타내고 있는 것이 된다. 11은 다시 땅의 숫자(2)가 되며, 12는 다시 사람의 숫자(3)가 된다. 13은 다시 땅의 숫자(4)가 되고 15는 다시 사람의 숫자(6)가 되고 16은 다시 하늘의 숫자(7)가 된다. 이런 식으로 一이 계속 쌓여서 하늘, 땅, 사람의 삼태극으로 나타나는 것이다. 하늘의 3가지 모습은 양, 음, 중으로서 해, 달, 별이 되고, 땅의 모습 3가지는 육지, 바다, 생물이 되며, 사람의 모습 3가지는 남자, 여자, 자녀가 된다. 물론 각각의 존재는 그 자체 내에 음양중이 되는 천지인 삼신이 존재하고 있다. 천일일(天一一)은 신(神)으로서의 존재이고, 천이삼(天二三)은 모습이 있는 하늘로서의 존재이다. 지일이(地一二)는 신(神)으로서의 존재이고 지이삼(地二三)은 모습이 있는 땅으로서의 존재이다. 인일삼(人一三)은 신(神)으로서의 존재이고 인이삼(人二三)은 모습이 있는 사람으로서의 존재이다. 물론 모습이 있는 하늘, 땅, 사람의 원래 존재는 곧 천지인 삼신(三神)이며 일신(一神)으로서의 一이고 곧 절대적 존재로서 一의 원래 모습인 무(無)이다.

대삼(大三)은 천이삼(天二三), 지이삼(地二三), 인이삼(人二三)을 가리키며, 천이(天二), 지이(地二), 인이(人二)의 존재는 양음으로 이루어진 유형(有形)의 존재로서 모두 합하면 6이고, 양음에서 파생된 존재를 합하면 차례로 7, 8, 9가 되는 것이고, 7은 완성된 하늘의 숫자이며, 8은 완성된 땅의 숫자이고, 9는 완성된 사람의 숫자이다. 이로써 하늘, 땅, 사람의 존재가 삼태극으로서 완성되었음을 가르치고 있다.

運三四成環五七

하늘(천체)과 땅(지구)의 운행(運行)을 가르친 것이 된다. 즉 완성된 사람이 사는 지구를 기준으로 완성된 우주천체를 숫자로 나타낸 것이다. 사람은 서서 방향을 잡으면 상중하 전후좌우로 7방향이 된다. 이것은 지구도 마찬가지이고 하늘의 천체도 마찬가지이다. 그러나 기준은 사람이 사는 지구를 중심으로 설정하여 이를 우주전체에 대입한 것이 된다. 원래 하늘은 상하사방이 없다. 그런데, 사람이 지구에 살면서 방향을 정하여 상중하 전후좌우라 한 것이다. 이리하여 지구상의 사람을 기준으로 상중하 동서남북이 있는 것이며, 지구는 자전하고 공전하므로 상중하 사방도 일정하게 움직이게 된다. 이를 우주공간에도 상중하 전후좌우라는 방향을 대입하여 7방향을 설정한 것이 된다. 지구를 우주의 중심이라 보면 지구의 자전축을 기준으로 북극이 윗자리인 상이 된다. 북극은 작은곰자리가 있는 북극성이 된다. 그러나, 북극성도 정 북극이 아니며, 북극은 윷놀이판에서 중앙의 태극으로 표시된다. 지구와 천체는 일정하게 운행한다. 그리하여 상중하 전후좌우라는 7방향을 가지고 있다. 즉 지구는 북극을 축으로 하여 자전하므로 북극성을 바로 보는 곳이 북, 지구의 중심이 중, 북의 반대쪽이 남, 태양이 뜨는 방향이 동, 태양이 지는 방향이 서, 태양이 하늘의 중앙에 떴을 때 상, 그 반대쪽이 하, 이렇게 7방향이 된다. 이를 우주천체에도 대입하면 똑같이 7방향이 되는 것이다. 이는 지구와 천체가 둥글어서 7방향이 되는 것이다. 상중하 전후좌우 또는 동서남북의 방향을 평면으로 보면 상중하 남북, 상중하 동서, 동서남북중이라는 5개의 점으로 된 고리로 표현되며, 표면이 둥근 球로 보면 상중하 동서남북으로 7개의 점으로 된 고리가 되는 것이다. 그래서 사람에게도 삼사 오칠이 있고, 지구에도 삼사 오칠이 있으며, 우주천체에도 삼사 오칠이 있는 것이다. 이 원리를 파악하여 선기옥형과 윷놀이판이 만들어진 것이 된다. 三은 상중하 또는 천지인의 삼방(三方), 四는 사방(四方), 오는 오방(五方), 7은 자전하거나 공전하는 구(球)의 7방(七方)을 나타낸다.

一은 무한히 반복하면서 만물로 변하고 다시 원래의 모습으로 되돌아오는 과정을 거치는데 원래의 모습은 변하지 않는 무(無)로서의 절대적인 유(有)로서 근본은 변함이 없는 것이다.

사람의 본래의 마음(心)은 삼신으로부터 부여받은 성(性)을 지니고 있으며, 이는 하늘의 본성이고 하늘의 대표인 태양으로서 무한히 밝은 것이다. 그래서 만물의 원천인 신(神)도 무한히 밝은 존재이다. 그래서 신명(神明)이라 한다. 사람이 밝음에 오른 밝은이(哲人, 性通功完者)가 되면 하늘과 땅과 하나가 된다. 즉 사람이 천지인 삼신을 받들어 수행(修行)으로 그 경지에 오르면 무한히 밝게 되고, 하늘과 땅과 하나로 일치하게 되는 것이다. 바로 천지인 삼신(三神)이 되어 일신(一神)이 되는 것이다. 삼일신고에서 이를 다시 자세하게 가르치고 있는데, 성통공완(性通功完)을 하면 크게 길하고 크게 밝은 천궁(天宮)에 들어가 일신(一神)과 군령제철(群靈諸哲)과 함께 영원한 복락을 누린다고 가르치고 있다. 이는 곧 하늘님(一神)과 함께 함을 일러 주는 것이다.

一로 되돌아가지만 여기서 끝나는 것이 아니라 또다시 시작하게 되어 一은 시작도 끝도 없이 무한히 반복하면서 변하는 것이다. 이렇게 무한히 변하면서 나타난 존재가 바로 삼태극인 천, 지, 인이며, 이 큰 세 가지로 하늘, 땅의 우주만물의 창조와 진화의 원리를 가르친 것이 된다. 무(無)에서 유(有)가 되는 것은 창조적(創造的)이며, 어떤 존재라는 유(有)에서 더 나은 존재로 변화하는 것은 진화(進化)에 해당한다.

2) 삼일신고(三一神誥)

삼일신고는 천지인 삼신(三神)의 밝음(明)의 말씀이다. 즉 삼신일체로서의 일신(一神)의 말씀으로서 광명(光明)으로 인도하는 가르침이다. 여기서 신(神)은 밝음(明)을 의미한다.[172]

삼일신고는 모두 366자로 되어있으며, 하늘(天), 하늘님(神, 一神, 天神), 하늘님

---

172) 대진국 임아상, 삼일신고 주해 참조

이 머무는 하늘나라의 궁전(天宮), 우주와 지구와 생명의 창조에 따른 세계(世界), 하늘로부터 성명정(性命精)의 삼진(三眞)을 부여받은 사람과 만물 즉 인물(人物)에 관하여 가르친 말씀이다.

가) 하늘(天)

삼일신고에서 하늘이란 어떤 존재인지에 관하여 다음과 같이 명쾌히 밝히고 있다.

검푸른 것이 하늘이 아니며, 검노란 것이 하늘이 아니다. 하늘은 모습과 바탕도 없고, 시작과 끝도 없으며, 상하사방도 없다. 텅텅 비고 비었으나 존재하지 아니하는 것이 없으며 담고 있지 아니한 것이 없다.

帝曰 爾五加衆 蒼蒼非天 玄玄非天 天無形質 無端倪 無上下四方 虛虛空空 無不在 無不容

여기서 하늘은 눈에 보이는 것과 보이지 않는 것의, 자연 그자체로서의 우주와 우주만물 전체를 가리키는 것이 된다.

나) 하늘님(一神)

신(神)은 천지인 삼신(三神)이자 일신(一神)으로서 천신(天神)을 가리킨다.

하늘님은, 위가 없는 제일 윗자리에 계시며, 큰 덕과 큰 지혜와 큰 힘으로 하늘을 낳고, 무수한 세계를 다스리며, 만물을 만들되 가는 실과 같은 존재와 티끌까지도 빠짐이 없다. 밝고 밝으며 신령스럽고 신령스러워 감히 이름 붙이고 헤아릴 수 없다. 소리와 기운으로 원하여 간절히 직접 뵙기를 기도하되 본성에서 그 씨를 구하면 머릿골에 이미 내려와 있다.

神在無上一位 有大德大慧大力 生天 主無數世界 造甡甡物 纖塵無漏 昭昭
靈靈 不敢名量 聲氣願禱 絶親見 自性求子 降在爾腦

하늘님은 눈에 직접 보이지 않으나 이미 사람의 본성에 내재하여, 구하고자 하면
언제나 본성에서 구할 수 있는 절대적 존재 그 자체인 것이다.

다) 하늘궁전(天宮)

하늘궁전은 하늘님이 머물면서 온 우주 만물을 다스리는 곳이며, 성통공완(性通
功完)을 한 신선(神仙)들이 모시는 곳이다. 온갖 착함과 온갖 덕으로 이루어진 극락
(極樂)이다.

하늘은, 하늘님의 나라로, 천궁이 있어 섬돌은 만 가지 착한 것으로 되어있고 문은
만 가지 덕으로 되어있으며, 하늘님이 머무시는 곳으로서, 많은 신장(神將)과 신관
(神官)들이 호위하고 모시는, 크게 길하고 상서스러운, 크게 빛나고 밝은 곳이다.
오직 본성(本性)이 통하고 공(功)이 완성된 자만이 천궁에 들어가 영원한 기쁨과
즐거움을 얻을 것이다.

天神國 有天宮 階萬善 門萬德 一神攸居 群靈諸哲 護侍大吉祥 大光明處 惟
性通 功完者 朝永得快樂

천궁에 들어가 하늘님을 호시(護侍)하며 지극한 즐거움을 누리는 영철(靈哲)들
은 생사고락(生死苦樂)을 되풀이하는 중생(衆生)으로 환생(還生)하지 아니하고, 하
늘님과 함께 하다가, 세상이 어지러워지는 등 세상을 구할 필요가 있을 때 모습을
바꾸어 세상에 나타나 세상을 구제(救濟)한다.

라) 세계(世界)

우주에 존재하는 별들과 지구가 지금의 모습을 갖추게 된 데 대하여 가르친 말씀이다.

> 빽빽이 늘어선 별들을 보라. 그 수는 무궁무진하며, 크고 작고 밝고 어두움과 괴로움과 즐거움이 같지 아니하다. 하늘님이 많은 세계를 만드시고, 명령을 내려 태양 세계의 사자(使者)로 하여금 칠백세계를 맡도록 하셨다. 지구가 스스로 크다 하나 한 알맹이의 세계에 불과하다. 속불이 터져 끓어올라 바다가 모습을 바꾸고 육지가 옮겨져 이에 지금의 모습이 되었다. 하늘님이 숨을 불어 넣고 밑을 싸서 햇빛과 햇볕으로 쫴 따뜻하게 하니, 걷고, 날고, 변하고, 헤엄치고, 심어져 자라는 생물들이 번식하게 되었다.

> 爾觀森列星辰 數無盡 大小明暗 苦樂不同 一神造群世界 神勅 日世界使者
> 轄七百世界 爾地自大 一丸世界 中火震湯 海幻陸遷 乃成見象 神呵氣包底
> 煦日色熱 行翥化游栽物 繁殖

별들도 생사고락을 겪는다. 즉 우주에는 변하지 아니하는 존재는 아무것도 없다. 모든 존재가 변하며, 창조와 진화와 반본을 거듭한다. 태양, 별(恒星)들을 중심으로 행성(行星)들이 돌고 있으며, 지구도 또한 태양을 중심으로 그 둘레를 돌고 있다.

우주의 방향은 전후좌우나 동서남북이 없으나, 구(球)와 같은 모양으로 보아 상중하(上中下) 전후좌우(前後左右)의 7방향으로 생각할 수 있다. 7방향으로 온(百) 세계가 늘어서서 일정한 법칙에 따라 움직이고 있으니 7백세계(七百世界)인 것이다.

마) 인물8(人物)

사람과 만물은 하늘로부터 세 가지 참, 삼진(三眞)인 성(性), 명(命), 정(精)을 부여받는다. 즉 인간의 본성(本性)인 천성(天性)과 생명(生命, 목숨)과 정기(精氣)이다.

사람은 위 세 가지 참을 골고루 받으나 다른 만물들은 치우치게 받는다. 즉 사람은 천성과 생명과 정기를 골고루 받아 만물 중의 영장(靈長)이 된다. 사람은 지감(止感), 조식(調息), 금촉(禁觸)을 통하여 삼망(三妄)인 심기신(心氣身)을 삼진(三眞)으로 되돌려 신기(神機)를 펼 수 있는 능력을 지니고 있기 때문이다.

사람과 만물은 함께 삼진(三眞)을 받으니 성명정(性命精)이며, 사람은 온전하게 받고 만물은 치우치게 받는다. 참 본성 즉 진성(眞性)은 선악(善惡)이 없으며, 상철(上哲)이 통(通)하고, 참 목숨 즉 진명(眞命)은 청탁(淸濁)이 없으며 중철(中哲)이 알고, 참 정기(精氣)는 후박(厚薄)이 없으며 하철(下哲)이 보존(保存)한다.

중생은 땅에서 헤매는 고로 삼망(三妄)이 뿌리를 내리니 심기신(心氣身)이다. 마음은 본성에 의거하여 선악이 있어 착하면 복을 받고 악하면 재앙을 받는다. 기운은 목숨에 의거하여 맑고 탁함이 있어 맑으면 오래 살고 탁하면 일찍 죽는다. 몸은 정기에 의거하여 두터움과 얇음이 있어 두터우면 귀하고 얇으면 천하다.

삼진과 삼망이 서로 맞대어 세 가지 길 즉 삼도(三途)를 만드니, 감식촉(感息觸)이다. 굴러서 18 경지를 이루니 느낌에는 기쁨, 두려움, 슬픔, 화냄, 탐함, 싫음이 있다. 숨 쉼에는 향내, 뜬내, 찬 기운, 더운 기운, 마름, 습함이 있다. 닿음에는 소리, 빛깔, 냄새, 맛, 음란, 닿임이 있다.

중생은 선악과 청탁과 후박이 서로 섞이어 18 경지의 길을 따라 내치는 대로 달려가니, 나고, 자라고, 쇠하고, 병들고, 죽고 하는 고통에 떨어진다.

철(哲)은 지감, 조식, 금촉으로 한 뜻으로 행하여 삼망을 삼진으로 되돌려 큰 신기(神機)를 펴니 성통공완이 이것이다.

人物同受 三眞曰 性命精 人全之 物偏之 眞性無善惡 上哲通 眞命無淸濁 中

哲知 眞精無厚薄 下哲保 返眞一神 惟衆迷地 三妄着根 曰心氣身 心依性 有
善惡 善福惡禍 氣依命 有淸濁 淸壽濁夭 身依精 有厚薄 厚貴薄賤 眞妄對作
三途曰 感息觸 轉成十八境 感 喜懼哀怒貪厭 息 芬爛寒熱震濕 觸 聲色臭味
淫抵 衆 善惡淸濁厚薄 相雜從境途任走 墮生長消病歿苦 哲 止感調息禁觸
一意化行 返妄卽眞 發大神機 性通功完 是

여기서 신기(神機)는 신(神)의 틀로서 신이 의도(意圖)한 바이며 신(神)의 기밀(機密) 즉 비밀(秘密)을 의미한다. 신기를 편다는 것은, 신기를 보고, 듣고, 알고, 실행하는 것이다. 신기를 본다는 것은 타인이나 만물의 겉과 속을 모두 훤히 본다는 의미로서 현미경(顯微鏡)과 천리안(千里眼)을 겸하는 것이 된다. 신기를 듣는다는 것은 우주의 모든 소리를 듣는다는 의미로서 불가(佛家)에서의 관세음(觀世音)에 해당한다. 신기를 안다는 것은 만물의 과거와 현재와 미래를 모두 안다는 의미로서 무(巫)의 경지와 관련된다. 신기를 실행한다는 것은 자유자재로 신(神)을 부리며 분신(分身)을 마음대로 하는 경지로서 유체이탈(流體離脫)이나 기문둔갑(奇門遁甲)과도 관련된다.

3) 참전계경(參佺戒經)

참전계경은 모두 366조목으로 이루어져 있어 366사(事)라고도 불린다. 또 8가지 가르침으로 나누었으므로 8리훈(理訓)[173]이라고도 한다.

참전계경은 성신애제화복보응(誠信愛濟禍福報應)에 관한 가르침을 담고 있다. 즉 정성, 믿음, 사랑, 구제, 재앙, 행복, 보답, 응답에 관한 가르침이다. 재세이화(在世理化) 홍익인간(弘益人間)을 실현하는 기본 가르침을 담고 있는 것이 된다.

천부경(天符經)이 천지인(天地人) 삼태극(三太極)의 역철학(易哲學)을, 삼일신

---

173) 부록의 참전계경 8강(綱) 참조

고(三一神誥)는 신인합일(神人合一)의 종교철학을 담고 있다면, 참전계경은 인간 세상의 윤리철학을 담고 있다고 말할 수 있을 것이다. 그래서 천부경을 조화경(造化經), 삼일신고를 교화경(敎化經), 참전계경을 치화경(治化經)이라고도 한다.

① 성(誠)
誠者 衷心之所發 血性之所守 有六體四十七用

성(誠)이라는 것은 가운데 자리한 마음이 일어나는 것이고, 피와 같은 본성이 지키는 것이며, 6체(體) 47용(用)이 있다.

성(誠)은 곧 말한 대로 이룬다는 뜻의 글자로서 정성(精誠)을 의미한다. 지성감천(至誠感天)의 성(誠)이 바로 이것이다. 충심은 마음 한가운데 즉 속마음을 의미한다. 조목을 나누어 6가지 몸체로 나누고 47가지 작용으로 나누며, 모두 54조목이 된다.

② 신(信)
信者 天理之必合 人事之必成 有五圍三十五部

신(信)이라는 것은 하늘의 이치가 반드시 부합하는 것이고, 사람의 일이 반드시 이루어지는 것이며, 5위(圍) 35부(部)가 있다.

신(信)은 사람 사이에 하는 말로서 믿는 것을 의미한다. 믿음은 하늘의 뜻과 하나가 되는 것이며 행하여 반드시 이루는 것이다. 말한 대로 이루지 아니하면 그것은 거짓말에 불과하며 믿음은 물거품과 같이 되어버리는 것이다. 조목을 나누어 5가지 울타리로 나누고 35가지 부분으로 나누며, 모두 41조목이 된다.

③ 애(愛)
愛者 慈心之自然 人性之本質 有六範四十三圍

애(愛)라는 것은 어머니가 자식을 사랑하는 마음으로서 저절로 그러한 것이고, 사람의 본성의 본바탕이며, 6범(範) 43위(圍)가 있다.

애(愛)는 사랑이라는 의미로서 자식을 사랑하는 마음 그 자체이며 인간본성의 바탕이다. 조목을 나누어 6가지 범주로 나누고 43가지 울타리로 나누며, 모두 50조목이 된다.

④ 제(濟)

濟者 德之兼善 道之賴及 有四規三十二模

제(濟)라는 것은 덕(德)이 선(善)을 겸비하는 것이고, 도(道)가 의지하여 미치는 것이며, 4규(規) 32모(模)가 있다.

제(濟)는 구제(求濟)를 의미한다. 덕이 있는 사람이 착한 일을 하는 것이며, 천지인의 도리가 된다. 조목을 나누어 4가지 규범으로 나누고 32가지 본보기로 나누며, 모두 37조목이 된다.

⑤ 화(禍)

禍者 惡之所召 有六條四十二目

화(禍)라는 것은 악(惡)이 부르는 것이며 6조(條) 42목(目)이 있다.

화(禍)는 재앙을 의미한다. 악행을 하면 반드시 화를 당하는 것이다. 조목을 나누어 6가지 조항과 42가지 항목으로 나누며, 모두 49조목이 된다.

⑥ 복(福)

福者 善之餘慶 有六門四十五戶

복(福)이라는 것은 선(善)의 넘쳐나는 즐거움이며, 6문(門) 45호(戶)가 있다.

복(福)은 행복을 의미한다. 착한 일을 하면 반드시 복을 받으며, 그로 인하여 기쁨이 넘쳐나는 것이다. 조목을 나누어 6가지 대문으로 나누고 45가지 집으로 나누며, 모두 52조목이 된다.

⑦ 보(報)

報者 天報惡人以禍 報善人以福 有六階三十及

보(報)라는 것은 하늘이 악한 사람에게는 화(禍)로서 갚고, 착한 사람에게는 복(福)으로 갚는 것이며, 6계(階) 30급(及)이 있다.

보(報)는 대가를 의미한다. 악행을 한 사람에게는 재앙을 주고, 선행을 한 사람에게는 행복을 주는 것이다. 사람이 비록 대가를 주지 아니할지라도 하늘이 언젠가는 반드시 대가를 준다는 것이다. 조목을 나누어 6계단으로 나누고 30급수로 나누며, 모두 37조목이 된다.

⑧ 응(應)

應者 惡受禍報 善受福報 有六果三十九形

응(應)이라는 것은 악(惡)은 화(禍)가 갚는 것을 받음이고, 선(善)은 복(福)이 갚는 것을 받음이며, 6과(果) 39형(形)이 있다.

응(應)이란 응답(應答)을 의미하며 저절로 초래되는 것을 의미한다. 악한 자에게는 화(禍)가 응답하고, 선한 자에게는 복이 응답한다. 조목을 나누어 6가지 결과와 39가지 모습으로 나누며, 모두 46가지 조목이 된다.

이상으로 한배달조선의 3대 경전인 천부경(天符經), 삼일신고(三一神誥), 참전계경(參佺戒經)은, 모든 만물이 원래 하나에서 나와 평등(平等)한 것이며, 사람이 본성(本性)인 천성(天性)을 회복하여 지켜서 재세이화(在世理化)하고 홍익인간(弘

益人間) 함으로써 지상천국(地上天國)을 실현하는 가르침을 담고 있는바, 앞으로 과학시대의 물질문명(物質文明)의 해악(害惡)으로부터 인류를 구할 정신문명(精神文明)의 진정한 근원(根源)이라 할 것이다.

(3) 천부삼물(天符三物)

한국(桓國) 시대에 정립된 홍익인간 (弘益人間) 세상을 위한 다스림의 세 가지 보물은, 거울, 방울, 칼이다. 출토 되는 유물로는 청동경(靑銅鏡), 청동령 (靑銅鈴), 청동검(靑銅劍)이다.

특히 방울로 대표되는 음양의 태극 은 후대에는 태극 반쪽 모양의 곡옥(曲 玉)이나 양면(兩面)을 가진 북(鼓)으로도 나타난다.

천부삼인 (三物)

서기전 10000년경 오미(五味)의 변란(變亂)으로 마고성(麻姑城)이 소위 실낙원 (失樂園)이 된 이후 원시복본(原始復本)을 맹세하면서 사방분거(四方分居) 하기로 결의한 때, 황궁씨는 천부(天符)를 신표(信標)로 나누어 주었는데, 이때의 천부는 천부삼인이 아닌 천지인(天地人) 삼인(三印) 중에서 천지(天地)에 해당하는 천부인 (天符印)이 될 것이다.174) 즉 무극문양(無極文樣)과 태극문양(太極文樣)이 될 것 이며, 그 문양이 새겨지거나 그 자체로서의 증거물로는 거울과 방울이 된다.

천부삼인은 서기전 6200년경 유인씨(有因氏)가 황궁씨(黃穹氏)로부터 전수한 것으로 기록된다.175) 즉 이때 천부삼인은 하늘을 상징하는 무극(無極), 하늘과 땅 이 어우러진 모습을 본뜬 태극(太極), 하늘과 땅과 사람이 어우러진 모습을 본뜬 삼

---

174) 전계 부도지, 34쪽 참조
175) 전계 부도지, 37쪽 참조

태극(三太極)의 문양이 될 것이며, 그 문양이 새겨지거나 그 자체로서의 증거물은 거울, 방울, 칼이 된다.

후대에 유물로 출토되는 금속제품으로서, 거울로는 다뉴세선문경(多紐細線文鏡)이 있고, 방울로는 팔찌 모양이나 팔주령 등 여러 가지가 있으며, 칼로는 비파형동검(琵琶形銅劍)과 세형동검(細形銅劍), 칼의 변형이 되는 도끼 또는 삼지창 등이 있다.

서기전 7197년 이전의 마고성(麻姑城) 시대에 오금(烏金)을 귀걸이로 하고 다녔다[176]고 기록되는 것으로 보아 거울과 방울은 이미 주조하여 천부인(天符印)으로 삼은 것이 틀림없으며, 황궁씨족의 정착이 이루어진 서기전 6500년경[177]에 이르러 칼도 금속제품으로 만들어졌던 것으로 보인다.

천부삼인(天符三印)의 문양은 무극, 태극, 삼태극 또는 원방각(圓方角, ○□△)의 모습일 것이나, 이들 문양이 새겨진 물건 자체가 천부삼인이라 불리기도 한 것이 된다. 서기전 2267년 갑술년에 열렸던 도산회의(塗山會議)에서 단군조선의 태자 부루(扶婁)가 천부왕인(天符王印)을 우(虞) 사공(司空) 우(禹)에게 보여주고 건네주었다는 그 천부왕인은 천권(天權) 즉 왕권(王權)을 상징하는 증거물로서, 근세 조선시대 암행어사의 마패(馬牌)와 같은 기능을 하였던 물건이 된다.

8. 태백환무가(太白環舞歌)

태백환무가라는 글자 자체에서 보더라도 둥글게 돌아가며 춤추는 노래라는 의미가 나타난다.

---

176) 전게 부도지, 27쪽
177) 늦어도 유인씨의 한국시대가 시작되는 시점인 서기전 6200년경에는 칼이 등장한 것이 될 것이다.

한인씨(桓仁氏)가 임금으로 추대될 때, 수만의 무리가 모여들어 둥글게 돌아가며 춤을 추면서 한인을 한화(桓花: 하늘꽃: 무궁화)가 핀 곳의 아래 돌무더기(積石) 위에 앉게 하고는 경배하며 환호성이 넘쳐흘렀다고 기록되고 있는바[178], 이때 무리가 둥글게 돌아가며 부른 노래가 곧 태백환무가이다.

한인씨의 나라인 한국(桓國)의 한(桓)이 하늘에서의 밝음, 즉 하늘의 광명(光明)이라는 말로서, 또한 태백(太白, 한밝)과 상통하는 말이다.

임진왜란 당시 이순신 장군이 창안해 냈다는 강강수월래(←강강술래←강강순라)라는 춤과 노래는, 오랜 옛날부터 끊이지 않고 전해오던 태백환무가라 불리는 민속놀이를, 왜군(倭軍)을 경계하고 견제하는 전략전술의 한 방편으로 응용한 것이 된다.

9. 성스러운 꽃 한화(桓花)

한화(桓花)는 글자 그대로 하늘꽃이다. 아침마다 새로이 피는 꽃으로서 날마다 새로운 마음을 가지게 하는 상징성을 지니는 꽃이다.

한화는 곧 무궁화(無窮花)로서, 꽃이 피고 지는 것이 끝이 없다, 무궁하다는 뜻을 가진다. 날마다 새로운 꽃이 피고 지며[179] 몇 달을 계속한다. 단군조선 시대에는 한화를 머리에 꽂은 심신수련 단체인 국자랑(國子郎)을, 하늘꽃을 꽂은 사나이라는 뜻으로 천지화랑(天指花郎)이라 불렀다.[180] 신라시대에도 왕족이나 귀족 자제들의 심신수련 단체를 화랑(花郎)이라 하였다.

한국시대 한인씨가 임금이 될 때 앉아서 추대되었던 자리가 돌무더기(積石)로 된

---

178) 전게 한단고기 〈태백일사 / 한국본기〉, 163쪽 참조
179) 무궁화는 日日新又日新의 뜻을 나타내는 꽃이라 할 수 있다.
180) 전게 한단고기 〈단군세기〉, 89쪽

의자와 한화가 핀 곳이었다. 한화, 하늘꽃인 무궁화는 서양에서도 제단(祭壇)의 장미(薔薇)로 불리는 만큼 성스러운 꽃이다.

10. 적석(積石) 문화

한인씨(桓仁氏)가 돌로 쌓은 의자에 앉아 임금으로 추대된 것은, 당시 돌무더기는 돌탑과 같이 성스러운 의미를 가지며, 마고성(麻姑城) 시대부터 이어져 온 풍습에 따른 것이 된다.

마고성 시대에 이미 정착된 궁소(穹巢) 문화는 제단이나 탑을 만드는 풍습이 되는데, 특히 돌로 쌓거나 마감한 것이 된다.

한국시대에 수도를 천산(天山)에 두었다고 기록되는 것은 마고성 시대의 천부단(天符壇)이나 궁소(穹巢)와 연관된다. 또 배달나라를 열 때도 태백산(太白山)에 제천단(祭天壇)을 설치한 것이 된다. 제천단의 마감 재료는 돌이다. 고인돌[181]은 지석(支石)이라고도 하는데 묘이기도 하면서 제단이기도 하다.

11. 태양(太陽) 숭배 문화

태양은 밝음으로서 하늘의 대표이자 상징이기도 하다. 또 태양은 하늘님의 화신(化身)이기도 하다. 그래서 옛사람들은 태양을 신(神)으로 받들고 하늘을 조상으로 삼았다. 태양은 광명(光明)으로서 삼신(三神)이 계시는 곳이 된다.[182]

삼족오 太陽神

---

181) 성삼재, 고조선 사라진 역사, 60~75쪽 참조
182) 전계 한단고기 〈태백일사/한국본기〉, 166쪽 참조

천부삼인(天符三印)의 하나인 거울은 하늘이자 태양을 상징한다. 특히 다뉴세선 문경(多紐細線文鏡)에 새겨진 가는 선은 태양의 살, 즉 햇살을 의미한다. 천부삼인의 하나인 거울은 천성(天性)을 의미하며, 천성은 곧 인간본성(人間本性)이고, 거울의 역할을 유추하여 항상 천성(天性)을 비추어 되돌아보라는 의미가 있다.

태양과 같은 밝음이 인간의 본성임을 단적으로 나타내 주는 가르침이 천부경(天符經)의 말씀이다. 본심본태양(本心本太陽) 앙명인중천지일(昻明人中天地一)이라 하여 본래 인간의 마음이 본래의 태양이며[183], 밝음에 오른 사람 안에 천지가 하나임을 가르치고 있다.[184]

해, 태양은 누구에게나 비추어 차별을 두지 아니하며, 만물을 소생(蘇生)하게 하는 신(神)의 작용인 기(氣)의 원천(源泉)이다. 태양은 밝음(明)으로서 어두움(暗)으로 인한 질병과 고통에서 해방해 주는 선(善)을 상징한다.

하루의 단위를 해를 나타내는 일(日)을 사용하고, 한 해의 단위를 해, 태양을 기준으로 하여 세(歲, 살), 년(年)이라 한 것에서도 알 수 있듯이, 태양은 지구상에 존재하는 만물의 생장을 주관하는 에너지(氣)의 원천인 것이다.

---

183) 여기 마음은 추상적인 마음보다 실제 육체의 기관인 심장(心臟)의 작용원리가 무한한 생명 에너지를 제공하는 태양(해)과 같음을 나타내는 것으로 풀이하는 것이 맞을 것이다.

184) 昻을 같은 소리인 우러를 앙(仰)으로 해석할 수도 있겠으나, 仰을 넘어서 올랐다는 오를 앙(昻)으로서 철인(哲人) 또는 성통공완자(性通功完者)를 가리키는 것으로 해석해야 맞을 것이다.

한국(桓國) 시대 말기의 혼란과
한웅(桓雄)의 출현

1. 호족과 웅족의 전쟁

서기전 4000년경에 이르러 홍익인간의 시대가 호족(虎族)과 웅족(熊族)의 전쟁으로 시끄러워지기 시작하였다.

파미르고원이 서기전 10000년경에 오미(五味)의 난(亂)으로 실낙원(失樂園)이 시작되어, 서기전 8000년경에 파미르고원에서 먼저 동쪽으로 나가 정착하였던 지소씨(支巢氏)의 무리는, 서안(西安) 부근을 비롯한 황하(黃河) 중상류 지역을 중심으로 하여 사막지대에 정착하여 살았다.

이들 지소씨족의 무리는 서기전 7197년경에 파미르고원을 떠나 그들의 정착지역으로 이동해오던 황궁씨(黃穹氏)의 일부 무리에게 텃세를 부려 배척하였고 심지어 쫓아가서 죽이기까지 하였다.[185]

그 후 약 3,000년이 더 흘러 한국(桓國) 말기가 되면서 홍익인간 세상이 지소씨 무리의 집단 이기주의로 인하여 혼란기에 접어들었다. 즉 그동안 서로 침범하지 않

---

185) 전게 부도지, 36쪽 참조. 이때 피해를 본 족속은 황족(黃族)의 일파로서 웅족(熊族)의 선대가 될 것이다.

으면서 평화를 유지하던 지소씨의 무리와 황궁씨의 일부 무리가 황하 상류 지역의 땅을 놓고 다투기 시작하였던 것이 된다.

지소씨의 무리는 파미르고원에서 서쪽으로 분거하였던 백소씨(白巢氏)의 일파이며, 파미르고원의 백인종이 되는 백족(白族)으로서 황하 상류지역의 사막지대를 중심으로 정착한 무리이고, 범겨레 즉 호족(虎族)이라 불리는 족속이다.

황궁씨족(黃穹氏族)은 황인종이 되는 황족(黃族)이며, 천산산맥으로 따라 북쪽과 동쪽으로 퍼져 살던 무리로, 그 일파는 황하 상류지역으로 이동하여 정착하여 살면서 곰겨레 즉 웅족(熊族)이라 불리는 족속이 되었다.

호족은 그 생김새가 백인종과 같으며, 눈동자가 푸르거나 노란색의 인종으로, 성질이 난폭하고 이기적이며 전쟁을 즐기는 족속이다. 호족은 한웅(桓雄)의 가르침을 따르지 않아 추방당하였고, 후대에는 황제헌원의 백성이 되어 대대로 호전적인 유전자를 남겼던 족속이 된다.

웅족은 그 생김새가 황인종과 같으며, 눈동자는 검거나 갈색의 인종으로, 성질이 미련하고 고집스러워 물러서지 아니하는 족속이다. 웅족은 한웅(桓雄)의 가르침을 따라 배달나라의 백성이 되어 관직을 갖게 되고 번창하여 배달조선의 지배층이 되었다.

한국말기인 서기전 4000년경에 이르러 웅족이 황하 상류지역으로 팽창하자, 호족이 텃세를 부리면서 전쟁이 발발한 것이다. 이때 한국(桓國)의 중심지는 지금의 만주지역으로서 흑룡강과 백두산 사이의 땅이어서, 황하 상류지역은 서남쪽으로 저 멀리 떨어진 천하(天下) 즉 지방의 땅이었던 것이 된다.

2. 한웅(桓雄)의 출현

저 멀리 떨어진 지방의 세상이 시끄러워지자, 한국(桓國)의 조정(朝廷)에서는 고민이 생겼다. 내란(內亂)이라면 내란인 호족과 웅족의 전쟁을 진압할 주인공이 필요하였다.

서기전 3900년경 당시 지위리 한인 천제(天帝)의 아들 중의 하나였던 한웅(桓雄)은 어릴 때 천왕랑(天王郎)이 되면서부터 큰 뜻을 품게 되었고, 홍익인간 실현을 마음에 두고 있었는데, 웅족과 호족의 전쟁 소식을 듣고서 더욱더 뜻을 펼칠 기회를 기다리던 중이었던 것이 된다.

한웅은 천부경(天符經), 삼일신고(三一神誥), 참전계경(參佺戒經)을 모두 익히고 실천하면서 득도(得道)하여 신(神)을 마음대로 부리는 경지에 이르기까지 하였던 것이 되는데, 실제로 한웅은 삼칠일 즉 21일 만에 도(道)를 얻어 신(神)을 마음대로 부렸다고 기록된다.[186] 한편, 석가모니는 49일 만에 항마(降魔)하였으며, 예수는 40일 만에 항마하였다고 기록되는데, 한웅천왕의 용신(用神) 하기까지 기간이 21일로 상대적으로 짧은 것이 된다.

한국의 7대 지위리(智爲利) 한인(桓仁) 천제(天帝)가 누구를 보낼까 하며 고심하던 끝에, 꿈에 삼신(三神)이 나타나, "삼위태백(三危太白)을 내려다보라, 가히 홍익인간(弘益人間) 할 수 있도다, 아버지는 아들의 뜻을 알고 임금은 백성들의 마음을 살펴서 마땅히 어진 사람을 골라 보내어, 인간 세상을 구하게 하고 다스리게 하라" 하였다.[187]

이에, 지위리 한인은 삼사오가(三師五加)들을 모아 회의를 열고 의견을 물으니, 모두가 "서자부(庶子部) 대인(大人)인 한웅(桓雄)이 있어 용맹과 어진 지혜를 갖추었으며, 일찍이 홍익인간(弘益人間)의 이념으로 세상을 바꿀 큰 뜻을 지녔으니, 그를 태백산(太白山)[188]으로 보내어 다스리게 함이 좋을 것입니다"라고 하며, 한웅

---

186) 전게 한단고기 〈삼성기 전 상편〉, 17쪽 참조

187) 을파소 전수, 참전계경 총론 및 전게 한단고기 〈삼성기 전 하편〉, 30쪽 및 일연, 삼국유사 고조선 편 참조

188) 배달나라 신시시대의 수도인 태백산의 위치에 대하여 설과 주장이 분분한바, 부도지에 지금의 강원도 태백산을 남태백산이라 하여 당시 태백산은 지금의 백두산이 분명하며, 단군조선 시

을 적극적으로 천거(薦擧)하였다.189)

한웅은 지위리 한인 천제(天帝)의 아들로서 어릴 적에는 천왕랑(天王郎)이 되어 천부경, 삼일신고, 참전계경의 도(道)를 닦으며 심신을 수련하였으며, 커서는 서자부(庶子部)라는 땅의 대인(大人)190)으로 봉해져 다스리고 있었다.

대인(大人)은 공후백자남(公侯伯子男) 등 일반의 제후(諸侯)보다는 한 단계 낮은 직책으로서, 주나라 춘추시대에 비견하면 대부(大夫)에 해당하는 것이 된다. 단군조선 시대에 서기전 1622년에 15대 대음(代音) 단군이 아우 대심(代心)을 남선비(南鮮卑)의 대인(大人)으로 봉한 사실이 있기도 하다.

한국시대는 화백제도가 실시되던 나라였던 바, 오가들이 모두 한웅을 천거하였으므로, 한웅이 곧 삼위산과 태백산을 중심으로 한 지역으로 파견되어 그곳을 다스리는 책임자가 되었다.

이리하여, 지위리 한인은 서자부 대인이던 한웅(桓雄)을 불러, "사람과 물건이 모두 갖추어졌도다, 그대는 수고로움을 아끼지 말고 태백(太白)으로 무리 3,000을 이끌고 가서 하늘의 뜻을 열고 가르침을 세우고, 하늘님(天神)께 제사 지내는 것을 주관하며, 세상을 잘 다스려 만세의 자손들에게 큰 모범이 될지어다.라고 하였다.191)

이에, 지위리 한인은 한웅에게 천부인(天符印)이 새겨진 거울, 방울과 북, 칼 등 천부삼인(天符三印)을 전수(傳授)하면서, 하늘에 제사 지내는 권한과 세상을 다스리는 권한을 부여하여, 천하(天下) 세상의 호족과 웅족의 난을 진압하도록 하였다.

대에 아사달 쪽 즉 진한 땅에 위치하는 태백산이 곧 삼한대백두산으로서 지금의 백두산이다.

189) 전계 한단고기 〈삼성기 전 하편〉, 30쪽 참조

190) 대인은 일반 제후(諸侯)의 아래가 되는 대부(大夫)나 어사(御使)에 해당하는 직책이 될 것이다. 한웅천왕이 배달나라를 개국한 때에 27세였으니 군후(君侯)에는 이르지 못한 직위를 수행하였던 것으로 된다.

191) 이에 대인(大人)의 직에서 특별천거를 받아 한인천제의 천명(天命)으로 천왕(天王)의 봉함을 받아 천하 지방의 전란을 진압하고 천제(天帝)의 아들로서 땅나라의 본 임금인 천왕(天王)으로 즉위한 것이 된다.

이로써 한웅은 천왕(天王)이 되었으니, 천왕은 천권(天權) 즉 왕권(王權)을 행사하는 권한을 가진다. 왕권이란 대표적으로 군사(軍師)를 부리는 권한이다.

하늘에 제사 지내는 권한은 하늘나라, 천국(天國) 즉 천상(天上)의 나라의 왕이 되는 천제(天帝), 천왕(天王), 천군(天君)만이 가지며, 천하(天下)의 왕인 천자(天子)[192]는 원칙적으로 하늘에 제사하는 권한을 가지지 못하고 천상의 임금의 명령을 받아 제사를 올릴 수 있을 뿐이다.

여기서 무리 3,000은 그냥 일반 백성이 아니라 천왕랑(天王郞)의 무리로서, 군대(軍隊)로 치면 정예부대(精銳部隊)가 되는 셈이다. 이들은 천부경, 삼일신고, 참전계경을 익히고 심신을 수련하는 무리로서, 특히 전계(佺戒)를 실천함으로써 직접 백성들을 계도(啓導)하고 구제(救濟)하여 홍익인간 세상을 만드는 일선의 실천자들이 된다.

이에, 서기전 3897년 갑자년에 한웅(桓雄)은 지위리(智爲利) 한인(桓因) 천제(天帝)의 명(命)을 받들어 천왕(天王)이 되어 삼사오가(三師五加)와 천왕랑(天王郞)의 무리 3,000을 이끌고, 저 멀리 떨어진 황하 상류지역의 태백산(太白山)으로 향하였다.

이때 반고(盤固)라는 자가 지위리 한인 천제에게 청하여 땅을 나누어 주어 살기를 바라므로 지위리 한인 천제가 허락하니, 반고는 10간(干) 12지(支)[193]의 신장(神將)들과 공공(共工), 유소(有巢), 유묘(有苗), 유수(有燧) 등과 함께 삼위산(三危山)으로 가서 견족(畎族)의 가한(可汗, 汗, 干)[194] 즉 천자(天子)가 되었다. 천자(天子)는 천제(天帝)나 천왕(天王)이 봉(封)하는 자작(子爵)으로서 천국(天國)의 제후

---

192) 천제, 천왕, 천군, 천자 등의 위계질서를 바로잡아 고대중국의 왕인 천자의 정체를 명확하게 규정하는 등 역사적으로 철저한 연구가 필요하다.

193) 서기전 3897년 이전의 한국(桓國)시대에 이미 10간 12지의 천간지지 제도가 있었음을 알 수 있다.

194) 전게 한단고기 〈삼성기 전 하편〉, 31쪽 참조

(諸侯)이다.

이로써 한웅은 천왕(天王)이 되어 한국(桓國)을 계승하여 9족 모두를 다스리는 배달나라 본국을 다스리게 되었고, 반고는 천자(天子)가 되어 배달나라의 9족의 하나인 견족(畎族)의 나라를 맡아 다스리게 되었다.

- 서기전 7197년 황궁씨(黃穹氏)가 천산(天山)을 중심으로 다스림. 한국(桓國) 시대 시작. 황궁씨의 한국시대 약 1,000년간
- 서기전 7000년경 자산(磁山)문화, 大地灣 1기 문화
- 서기전 6200년경 한국중기의 요하(遼河)문명 시작
- 서기전 6100년경 유인씨(有因氏)가 천산(天山)을 중심으로 다스림. 유인씨의 한국시대 약 1,000년간
- 서기전 6000년경 하모도(河姆渡) 문화
- 서기전 5000년경 한인씨(桓因氏)가 천산(天山)을 중심으로 다스림. 한인씨의 한국시대 약 1,000년간. 7대 한인씨가 평균 각각 약 143년씩 다스림.
- 서기전 5000년경 仰韶文化(半坡유형)
- 서기전 3900년경 웅족의 이동으로 호족(虎族)과 웅족(熊族)의 전쟁 발발
- 서기전 3897년 한웅이 지위리 한인의 명을 받아 웅족과 호족의 난을 평정하고, 태백산(太白山) 아래 신시(神市)를 열고 개천(開天) 하여 배달(박달)나라[檀國]를 세움.

홍익인간 ㉡㊥㊐
7만년 역사 역사 연대기 중심 총망라

제3편
박달나라
(檀國:배달나라) 시대

배달나라 태백산시대 사보(四堡)

동보
민주주의
인민공화국

북보

천산

서보

천부단(태백산)

남보

인도

참○○○신문
http://ichn.co.kr

한웅천황(桓雄天皇)의
개천(開天)

-거발한(居發桓) 한웅천황의 배달나라(檀國)와 개천(開天)-

한웅(桓雄)은 서기전 3923년 무술년(戊戌年)에 한국(桓國) 7대 지위리(智爲利) 한인(桓因)의 여러 아들 중 하나로 태어나 어릴 적부터 천왕랑(天王郞)이 되어 천웅도(天雄道)[195]를 닦았다. 한웅은 천왕랑이 되어 심신수련을 하던 중 호족과 웅족의 전쟁에 관한 이야기를 전해 듣고 이들의 전쟁을 진압할 계획을 미리 세워 놓았던 것이 된다.

서기전 3900년경 한웅은 서자부(庶子部)[196] 대인(大人)[197]으로 명을 받고서 직책을 수행하던 중, 서기전 3898년경에 조정(朝廷)에 들라는 지위리 한인의 명을 받고 알현하였다. 이에 지위리 한인은 삼사오가(三師五加)들과 의논한 결과를 알려 주며 태백산(太白山)으로 가서 시끄러운 세상을 바로잡아 홍익인간(弘益人間) 하

---

195) 전게 부도지, 44쪽 참조
196) 서자부(庶子部)는 중앙 부서의 명칭일 수도 있고 동서남북중의 한 지역의 명칭일 수도 있는데, 대인(大人)이 봉함을 받아 다스리는 지역의 명칭일 가능성이 많다.
197) 전게 한단고기 〈태백일사/신시본기〉, 172쪽 참조

라198) 명을 내렸던 것이다.

배달나라 9족과 수도

지위리 한인으로부터 천부삼인(天符三印)을 전수받은 한웅은 서기전 3897년 갑자년에 삼사오가(三師五加)와 천왕랑(天王郎)의 무리 3,000을 이끌고서 한국(桓國)의 서자부(庶子部)를 떠나 약 1만 리 길을 따라 서남쪽으로 향하였다. 이때 한웅은 27세였다.199)

흑수백산(黑水白山)의 땅인 한국(桓國)의 중앙에서 출발하여 서남쪽 지방이 되는 황하 중상류 지역의 태백산(太白山)에 도착한 한웅은, 태백산 산정에 제천단(祭天壇)을 축조하고 태백산 아래 터를 닦아 마을을 만들어 수도로 정하였다. 이 마을을 신시(神市)라 한다.

신시는 신(神)들의 도시라는 뜻으로서 하늘나라에서 내려온 신(神)같은 사람들이 터 잡은 곳이라는 말이 된다. 신시를 검벌이라고도 한다. 신(神)은 검200)이며 시

---

198) 전게 한단고기 〈삼성기 전 하편〉, 30쪽 및 〈태백일사/신시본기〉, 172쪽 참조
199) 전게 한단고기 〈삼성기 전 하편, 신시역대기〉, 44쪽 참조

(市)는 불로도 읽히는 글자로서 벌(판), 부여201)라는 말이 된다.

당시 한웅은 태백산에 다다르면서 사자(使者)를 보내어 호족과 웅족 사이의 전쟁에 관한 이야기를 전부 파악 해 두었던 것이 된다.

서기전 3897년 갑자년 10월(亥月) 3일에 한웅은 천부삼인(天符三印)을 지니고 태백산 제천단에 올라 하늘의 삼신(三神)께 제(祭)를 올리고, 동북쪽의 한국(桓國) 조정(朝廷)을 향하여 명(命)을 성실히 수행할 것임을 고(告)하였다.202)

한웅이 하늘나라인 한국(桓國)의 조정(朝廷)에서 명을 받고 땅나라인 지방으로 내려오니 이를 개천(開天)이라 한다. 개천이란 하늘에서 땅으로 내려옴을 말한다. 즉, 하늘나라의 뜻을 땅나라에 실현하기 위하여 하강(下降)한 것을 이른다.203) 하늘과 땅을 연결한다는 뜻이 된다. 이는 결국 천부삼인(天符三印)을 전수받아 홍익인간(弘益人間) 세상을 연다는 뜻이다.

이로써 한웅(桓雄)은 한인(桓因) 천제(天帝)의 아들로서 명(命)을 받은 천왕(天王)이 되어 태백(太白)의 땅을 홍익인간할 만반의 준비를 끝냈다.

태백은 크게 밝다라는 의미이므로, 태백산을 중심으로 한 나라를 밝달나라, 발달나라라 불렀다. 밝달나라는 단국(檀國)이라고도 하며, 단(檀)이라는 글자가 박달이라는 말이므로 박달나라가 되고, 발달의 "발"은 받침 "ㄹ"이 변음되어 "바이"가 되어 "바이달", "배달"로 불리기도 한다. "밝"을 표기한 백(白)의 소리가 "바이"로서

---

200) 검은 색은 신(神)을 상징하고, 일본어로 가미는 신(神)을 나타낸다. 곰(熊)은 검은 색을 띤다.

201) 벌 또는 불은 받침의 [ㄹ] 발음이 혀 짧은 소리로서 [l] 발음으로 변함으로써, [ㅓ] 모음이 부가되어 [버여] 또는 [부여]로 쉽게 변음될 수 있다.

202) 고대중국에서 말하는 소위 봉선(封禪)의 차원이 아니라 , 이미 한인천제로부터 명을 받아 천왕으로 봉해진 상태에서 천제(天祭)를 지낸 것이 된다.

203) 서복(徐福:: 徐市:: 서시: 서불)은 태호복희가 나라를 세운 것을 하늘에서 땅으로 내려왔다는 천강(天降)의 역사로 기록하기도 한다. 이는 태호복희가 배달나라 우사를 지내고 서기전 3528년에 산동 서부의 진(陳) 땅에 배달나라의 제후국이 되는 진제국(震帝國)을 세운 것과 직접 관련된다. 중앙조정은 하늘이 되고 지방은 땅이 되는 이치와 같다.

"배"로 변음된 것이기도 하다.

이리하여 한웅은 배달나라의 시조가 되었는 바, 한웅천왕(桓雄天王), 한웅천황(桓雄天皇)이라고 하며 "크게 밝은 한(桓)"이라 하여 거발한(居發桓)이라고 한다.204) 한웅(桓雄)이라는 글자는 천웅(天雄)이라는 뜻도 되며 땅에서는 대웅(大雄)이 되고, 하늘나라에서의 천사(天師)는 땅나라에서 대사(大師)가 된다.205)

서기전 3897년 10월 3일 이후 한웅천황은 홍익인간 세상을 실현하기 위하여, 웅족과 호족의 정세를 모두 파악하고 계획을 실행에 옮겼다. 먼저, 웅족과 호족의 무리들에게 진정한 인간으로 되돌아오도록 하기 위하여 기회를 주기로 하였다.

한웅천왕은 천부경(天符經), 삼일신고(三一神誥), 참전계경(參佺戒經)의 가르침 중에서 먼저 참전계경의 가르침을 주어 진정한 인간이 어떠한 존재인지를 깨닫게 하였다.

웅족의 왕과 호족의 왕을 불러 피를 맑게 하고 정신을 맑게 하는 신령스런 쑥 한 다발과 마늘 20개를 나누어 주면서, 백일 동안 햇빛이 있는 밖으로 나오지 말고 인간의 본성을 깨달으라 하며, 우선 삼칠일 즉 21일간 마음을 닦게 하였다.206)

웅족의 왕은 여추장으로 웅녀(熊女)라 불린다. 웅녀는 한웅천왕의 가르침을 따라 굴속에서 21일간을 정성으로 마음을 닦았다. 그러나, 호족의 왕은 마음을 고요히 하며 인간본성을 깨달으라는 가르침을 금방 잊어버리고 참을성이 없어 결국 마음을 잡지 못하여 굴 밖으로 나와 버렸던 것이다.207)

---

204) 전게 한단고기 〈삼성기 전 하편〉 32쪽과 44쪽 및 〈단군세기〉 66쪽과 83쪽 및 〈태백일사/삼신오제본기〉 156쪽 참조

205) 신라 초기 남해 차차웅(次次雄)은 곧 첫 웅으로서 첫째가는 영웅(雄) 또는 스승(師)이라는 의미가 되어 거서간(居西干), 이사금(尼斯今: 임금: 寐錦) 등에 해당하는 왕(王)을 뜻하는 것이 된다.

206) 전게 한단고기 〈삼성기 전 하편〉 33쪽 및 〈태백일사/신시본기〉 171~173쪽 참조

207) 전게 한단고기 〈삼성기 전 하편〉 33쪽 참조

호족(虎族) 웅족(熊族)의 난(亂)의
평정과 홍익인간 세상

1. 호족과 웅족의 평정(平正)

서기전 3897년 갑자년 10월 3일 태백산 아래에 신시(神市)를 수도로 삼고 배달나라를 연 한웅천왕(桓雄天王)은, 호족과 웅족에게 짐승이 아닌 진정한 인간(人間)으로서 살도록 기회를 주었다. 즉 무력(武力)으로 진압하기 이전에 가르침을 내렸던 것이다.

한웅천왕은 호족과 웅족의 추장(酋長)에게 하늘과 땅과 인간만물이 원래 하나에서 나왔음을 알게 하고, 인간존중과 만물평등의 홍익인간(弘益人間) 철학을 담고 있는, 천부경(天符經), 삼일신고(三一神誥), 참전계경(參佺戒經) 등 천부(天符)의 가르침을 주어 따르도록 인도하였다.

그런데, 웅족의 추장 웅녀(熊女)는 한웅천왕의 가르침을 잘 받들어 쑥 한 다발과 마늘 20개[208]를 받아 사악한 마음을 비우고 인간본성(人間本性)을 깨닫기 위하여 정성껏 수도(修道)함으로써 21일 만에 인간으로서의 도리(道理)를 깨달았으나, 호

---

208) 쑥은 피를 맑게 하고 기관지를 맑게 하는 등의 청혈제이며, 마늘은 썩지 않게 하고 벌레를 물리치는 등의 기능을 하는 약재이다. 심신수련하는 데 필요한 약재라 할 수 있다.

족의 추장은 한웅천왕의 가르침을 알려고도 하지 않고 깨닫지도 못하여 결국 외면함으로써 인간본성을 망각한 채 진정한 인간이 되기를 스스로 포기하였던 것이다.

이에 한웅천왕은 웅족을 백성으로 받아들이고 특히 웅녀(熊女)를 배필로 삼았으며, 웅족 출신들에게 관직을 주는 등 함으로써 번성하게 하였으나, 반면에 호족은 배달나라 중심지에서 사방으로 추방당하게 되었다.209) 이후 웅족에서 웅(熊), 고(高), 여(黎), 강(姜), 공손(公孫), 희(姬) 등등의 성씨들이 나와 배달나라와 단군조선시대에 걸쳐 명문족(名門族)이 되었다.

이리하여, 한웅천왕은 호족(虎族)과 웅족(熊族)의 난(亂)을 한편으로는 가르침으로 한편으로는 추방(追放)으로써 다스려 홍익인간 세상을 실현하는 첫걸음을 내딛었다. 이후 호족은 서기전 2698년경 황제헌원(黃帝軒轅)이 출현하기까지 약 1,100년간은 역사상에 악역(惡役)으로 거의 등장하지 않는다.

추방은 형벌의 하나이다. 한웅천왕은 호족이 가르침을 따르지 않고 인간 본성을 지닌 진정한 인간이 되기를 거부하므로, 배달나라 중심지에서 외곽지역으로 추방하였던 것이 된다. 즉 웅족과 전쟁을 벌였던 호족은 형벌로서 집단으로 추방당한 것이 된다.

당시 배달나라 중심지는 황하 중상류지역의 태백산이다. 지금의 서안(西安) 부근의 태백산이 서기전 3897년에 시작된 배달나라의 중심지였던 것이며, 서기전 2706년경에 즉위한 제14대 치우천왕(蚩尤天王)이 서기전 2697년경 산동(山東)지역으로 수도를 옮긴 후에는 그곳의 지명을 따서 청구(靑邱) 시대로 불리는 것이 된다.

한웅천왕이 호족(虎族: 범겨레)을 집단으로 사방으로 추방할 수 있었던 것은 정예부대(精銳部隊)라 할 수 있는 천왕랑(天王郎)의 무리 3,000이 있었기 때문에 가능한 것이다. 1당 100의 무예(武藝)를 지닌 천왕랑이 호족의 무리를 배달나라 중심

---

209) 전게 한단고기 〈삼성기 전 하편〉 33쪽 및 〈태백일사/신시본기〉 171~173쪽 참조

지에서 멀리 추방하여 더 이상 웅족과 싸우지 못하게 하였던 것이며, 배달나라 백성들을 괴롭히지 못하게 차단하였던 것이 된다.

2. 홍익인간(弘益人間) 세상을 위한 제도 실현

한웅천왕은 서기전 3923년 무술년(戊戌年)에 탄생하여 어릴 적엔 하늘나라인 한국(桓國)의 천왕랑(天王郎)으로서 천부경, 삼일신고, 참전계경 등 천부(天符)의 천웅도(天雄道)[210]를 닦았다.

20세경에 이르러 서자부(庶子部)의 대인(大人)으로 봉해졌다가, 호족과 웅족의 난으로 인하여 지위리 한인(桓因)으로부터 홍익인간 세상을 만들도록 명을 받아 천왕(天王)으로 봉해져 천부삼인(天符三印)을 전수받고서, 1만 리 길을 떠나 태백산에 도착함으로써 하늘나라와 땅이 통하게 하는 다스림을 펴 개천(開天)을 하였던 것이다.

이어 호족과 웅족의 난을 진압함으로써 서기전 3897년 27세에 배달나라 시조(始祖) 천왕(天王)으로 즉위하여 홍익인간 세상을 본격적으로 실현하게 되었다.[211]

한웅천왕은 한국시대의 천왕랑(天王郎) 제도와 삼사오가(三師五加)의 제도를 그대로 따랐다. 천왕랑은 핵랑(核郎)이라고도 한다.[212]

---

210) 천웅이 닦는 천웅도는 천지인의 도(道)로서 천부(天符) 즉 신왕종전(神王倧佺)의 도(道)가 된다. 즉 천문(天文), 지리(地理), 인사(人事)를 모두 포함하는 것이 된다. 천웅도를 닦는 천웅(天雄), 천왕랑(天王郎)은 역(易)과 역법(曆法), 제천(祭天), 왕도(王道), 무예(武藝) 등을 모두 배우고 익히는 심신수련단(心身修練團)이 된다.

211) 전게 한단고기 〈삼성기 전 하편〉 44쪽 참조

212) 전게 한단고기 〈태백일사/고구려국 본기〉 287쪽 참조. 핵랑은 나라의 핵심이 되는 사나이들이니 곧 한배달조선의 천웅(天雄), 천왕랑, 천지화랑, 국자랑인 것이다.

배달나라 시대에 문자(文字), 역법(曆法), 의약(醫藥), 천문지리(天文地理) 등의 학문 및 문명생활과 관련된 각종의 제도가 실현되었으며, 율법(律法)이 제정되어 환부(鰥夫) 제도가 실행되었고, 혼례법이 제정되는 등 지상낙원의 홍익인세(弘益人世)가 실현되었던 것이다.213)

즉, 한웅천왕은 하늘에서 땅으로 내려와 다스리는 개천(開天)에서 나아가, 사람들을 진정한 인간으로 가르쳐 홍익인간 세상의 구성원으로 제도하여 인간세상을 구함으로써 개인(開人)하였으며, 땅에 길을 내어 개척하고 산(山)을 다스려 개지(開地)하고 만물을 구제하고 번성케 함으로써 개물(開物)하였는바, 배달나라 시대에 천왕을 비롯한 삼사오가(三師五加)와 참전(參佺)하는 무리들이 지혜와 삶을 함께 닦음으로써 세상의 일들이 능히 개화(開化)되었던 것이다.

---

213) 전계 부도지, 41쪽 참조

배달나라 시대의 제도문화

1. 천왕랑(天王郞)과 천웅도(天雄道)

천왕랑은 천웅도(天雄道)를 닦는 심신수련 단체이다. 천웅도는 천웅(天雄) 즉 하늘나라 스승(師)으로서의 도(道)이다.

천왕랑은 정신적으로는 하늘나라 경전인 천부경(天符經), 삼일신고(三一神誥), 참전계경(參佺戒經)의 가르침을 배우고 깨닫고 실천하며, 육체적으로는 삼일신고와 참전계경의 가르침을 따라 수련함으로써, 무리들을 직접 교화하는 역할을 담당하였던 것이 된다. 즉 천왕랑은 몸과 마음 공부로써 홍익인간 세상을 실현하는 재세이화(在世理化), 접화군생(接化群生)의 일선에 서는 무리이다.

천왕랑(天王郞) 제도는 단군조선 시대에도 천지화랑(天指花郞), 국자랑(國子郞), 천왕랑(天王郞)이라는 이름으로 존재하였으며[214], 고구려의 조의선인(皁衣仙人)의 선인도랑(仙人徒郞) 제도에 연결되고[215], 신라의 화랑제도(花郞制度)와도 통한다.

---

214) 전게 한단고기 〈단군세기〉 81쪽, 89쪽, 121쪽, 125쪽 및 〈태백일사/삼신오제본기〉 160쪽 참조
215) 전게 한단고기 〈고구려국 본기〉 263쪽 참조

2. 삼사오가(三師五加)와 권력분립

삼사오가(三師五加)는 풍백(風伯), 우사(雨師), 운사(雲師)의 삼사(三師)와 저가 (豬加), 구가(狗加), 양가(羊加), 우가(牛加), 마가(馬加)의 오가(五加)를 말한다. 배 달나라의 삼사오가 제도는 한인(桓因) 천제(天帝)의 한국(桓國) 시대의 것을 그대 로 따른 것이 된다.

풍백은 입법관(立法官)이며, 우사는 시정관(施政官), 운사는 사법관(司法官)이 다. 삼권분립이 되어 있었다. 이는 지금의 민주주의 시대의 제도와 일맥상통하는 제 도이다. 배달나라 시대에 이미 삼륜구서(三倫九誓) 또는 삼륜구덕(三倫九德)이라 는 실천덕목이 있었다.[216] 이 삼륜구서의 내용 중에 정사(政事)를 밝게 알아야 한 다는 내용이 있는 바[217], 곧 삼권분립이 지켜져야 한다는 것이 기본내용으로 되어 있다.

현시대에 우리가 민주주의 근간으로 삼는 삼권분립이라는 정치적 제도가 이미 배달나라(檀國, 박달나라) 시대 이전의 한국(桓國) 시대에 이미 정립되어 있었던 것 이다.

3. 천부삼인(天符三印)과 천부삼경(天符三經)의 가르침

천부삼인은 천부(天符) 즉 하늘나라의 뜻을 상징하는 증거이며, 실재적인 증거물 로는 거울, 방울 또는 북, 칼이 된다. 거울은 천성(天性)을 상징하고, 방울 또는 북은 천음(天音)으로서 천법(天法)이 행해지는 것이며, 칼은 악을 처단하는 천권(天權) 을 상징한다.

---

216) 전게 한단고기 〈태백일사/삼한관경본기〉 202쪽 참조
217) 전게 한단고기 〈태백일사/소도경전본훈〉 250~255쪽 참조

천왕랑의 무리가 배우고 깨닫고 실천하는 기본 가르침이 천부삼경이다. 천부삼경은 곧 천부경, 삼일신고, 참전계경이다. 천부경은 조화(造化) 즉 우주만물의 창조(創造)와 진화(進化)의 역(易) 원리를 담고 있다. 또 삼일신고는 교화(敎化) 즉 인간이 천성(天性)과 천명(天命)과 천정(天精)을 회복함으로써 신선(神仙)이 되는 원리를 담고 있다.

또 참전계경은 치화(治化) 즉 모든 백성, 무리들을 완전한 인간이 되도록 함으로써 재세이화(在世理化)하고 실체적으로 홍익인간 세상이 구현되도록 하는 가르침을 담고 있다.

이 천부삼경의 가르침은 천부삼인(天符三印)에 따른 말씀이며, 이미 한국(桓國) 시대 초기에 존재하였던 천부(天符)의 가르침으로서 천부경과 삼일신고가 정립되어 있었던 것인데, 텃세를 부린 지소씨족(支巢氏族)과 이동하여 정착지를 찾던 일부 황궁씨족 사이의 소란(騷亂)이 차츰 진정되는 과정에서, 다스림을 책임지던 황궁씨(黃穹氏)가 필요불가결한 다스림의 권한(權限)인 천권(天權)을 상징하는 칼을 천부삼인의 하나로 정립시킴으로써 참전계경이 가르침으로 완성되었던 것이 된다.

즉 거울, 방울 또는 북, 칼이 천부삼인 또는 천부삼인이 새겨진 상징물이 되며, 천부삼인이 뜻하는 가르침이 곧 천부삼경이 되는 것이다. 배달나라 초기에 신지 혁덕이 천부경을 녹도문으로 남겼다고 전한다. 이후 신라 말의 최치원 선생이 묘향산에 들어가 81자의 신지비문을 보고 번역하여 돌에 새겼고, 서기 1916년에 계연수 선생이 이를 발견하여 탑본(搨本)해서 단군교(檀君敎)에 보냈으며, 단군교의 전병훈(全秉勳) 선생이 이를 보고 해석하여 철학통편에 포함시켰다 한다.

4. 화백(和白) 제도

삼사오가(三師五加)는 천왕(天王)의 보좌로서, 삼사는 입법(立法), 행정(行政), 사법(司法)을 각 분립하여 대행하고, 오가 또한 권력분립에 따른 권한을 행사하였는데, 중대사안의 의사결정은 화백으로 해결하였던 것이 된다.

화백제도는 아무리 늦어도 서기전 27179년경의 황궁씨의 마고성(麻姑城) 시대부터 존재해 온 것으로서218), 단군조선을 거쳐 신라시대까지 이어진 것이 된다.

5. 역법(曆法) 제도

배달나라 시대 역법은 기본적으로 한국(桓國) 시대 역법을 따른 것이 되는데, 1년의 주기가 365일 5시 48분 46초219) 즉 365.24219907일(日)이라고 처음으로 숫자로 기록되고 있다.

한국(桓國) 시대에 1년을 몇일로 하였는지는 정확한 기록이 없으나, 윷놀이판에 나타난 역법의 원리로 보면 365일, 366일로 계산한 것으로 된다.

윷놀이판에 나타나는 역법이 한역(桓易)이며220), 서기전 3500년경 태호복희가 이 한역을 8괘역으로 정리한 것이다. 즉 윷놀이판에 나타나는 사방, 팔방, 십이방의 역을 태호복희는 8방의 역으로 정리한 것이 된다.

한편, 태호복희는 하루를 12시간대로 하는 역(易)을 정립하였는데221), 이것은 지금도 우리가 12지지(地支)를 써서 하루를 표시하는 방법 그대로이다. 이 12시의 역(易) 또한 윷놀이판에 내재되어 있는 역이 된다.

10천간(天干) 12지지(地支)는 이미 서기전 3897년 이전의 한국(桓國) 시대에 정립되어 있었던 것인데, 10천간은 하루하루를 표시하는데 사용되고 12지는 하루의 시간대를 표시한 것이 된다. 단적으로 열흘을 나타내는 순(旬)이라는 글자가 십

---

218) 전게 부도지, 33~34쪽 참조
219) 전게 한단고기 〈태백일사/삼한관경본기〉, 198쪽 참조
220) 전게 한단고기 〈태백일사 삼한관경본기〉 198족 참조
221) 전게 한단고기 〈태백일사/소도경전본훈〉 230쪽 참조

일(十日)을 나타내는 것이며 10천간과 직접 관련된 것이 된다.

10천간과 12지지를 조합한 60가지의 간지는 처음에는 계해(癸亥)를 시작으로 하여 사용하여 오다가 서기전 3500년경 태호복희가 갑자(甲子)을 시작으로 하는 역체계로 바꿨던 것이 된다.[222] 이후 단군조선 초기가 되는 서기전 2906년 을축년(乙丑年)에 서기전 2097년인 갑자년을 시작으로 하는 책력을 만든 것이다.[223]

6. 소도(蘇塗)

소도는 서기전 3897년 이전의 한국(桓國) 시대에 이미 있었으며, 한인(桓因)이 한국의 임금으로 추대된 곳이 소도가 된다.[224] 이는 한인이 한화(桓花, 하늘꽃, 무궁화)가 핀 돌무더기(積石)에 자리를 마련하여 앉고 무리들이 태백환무가(太白環舞歌)로 즉위를 축하하였다고 기록되고 있는 것에서도 알 수 있는 것이다.[225]

한화가 특히 단군조선 시대에 소도(蘇塗)에 많이 심어졌다는 단군세기(檀君世紀)의 기록으로 볼 때, 무궁화가 피어 있는 곳은 주로 신성지역으로서, 한인이 임금으로 즉위한 곳이 소도가 될 것이며, 단군세기에서 상소도(上蘇塗)에서 정사(政事)에 관한 강연을 한 사실[226]이 있는 것으로 볼 때도 상통하는 것이 된다.

단군조선의 제도는 배달나라 시대의 제도를 그대로 계승하고 본뜬 것으로서, 소도(蘇塗) 또한 마찬가지이므로, 배달나라 시대에 소도는 당연히 한국(桓國) 시대의 제도를 계승한 것이 된다.

---

222) 전게 한단고기 〈태백일사/신시본기〉 177쪽 참조
223) 전게 한단고기 〈단군세기〉 72쪽 및 〈태백일사/신시본기〉 174쪽 참조
224) 전게 한단고기 〈삼성기 전 하편〉 35쪽, 〈단군세기〉 89쪽 및 103쪽, 〈태백일사/한국본기〉 163쪽, 〈태백일사/신시본기〉 193쪽 등 참조
225) 전게 한단고기 〈태백일사/삼한관경본기〉 198~199쪽 참조
226) 전게 한단고기 〈단군세기〉 103쪽 참조

7. 삼륜구서(三倫九誓)

배달나라 시대는 한국(桓國) 시대와는 다른 측면이 있었다. 즉 호족과 웅족의 전란 때문에 건국된 역사를 가진다.

한국시대 초기 1,000년 사이에 지소씨(支巢氏)의 무리와 황궁씨(黃穹氏)의 일부 무리 사이에 참변이 있긴 하였으나 12한국 사이에 특별한 전쟁이 없었기 때문에, 성신불위(誠信不僞), 경근불태(敬勤不怠), 효순불위(孝順不違), 염의불음(廉義不淫), 겸화불투(謙和不鬪)라는 오훈(五訓)[227]으로 나라가 다스렸던 것이 되고, 상대적으로 배달나라는 초기부터 호족과 웅족의 전란을 진압하는 것을 시작으로 하는 역사를 가진다.

이에 따라 배달나라 시대에는 한국의 오훈(五訓)과는 다른 삼륜구서(三倫九誓)라는 치도(治道)로서의 인륜(人倫)이 정립되었던 것이다. 삼륜은 소위 삼강오륜의 삼강과 통하는 체계로서, 군사부(君師父)에 관한 인륜이며, 구서는 아홉 가지 맹서(盟誓)로서 삼강오륜의 오륜과 통하는 덕목이 된다.

삼륜구서는 삼륜구덕(三倫九德)[228]이라고도 하며, 배달나라 시대에 정립되어 특히 서기전 2700년경 치우천왕이 제후들의 난을 진압하는 데 군사들에게 독려하였던 덕목이기도 하고[229], 단군조선 말기인 서기전 425년에 구물(丘勿) 단군이 국호를 대부여(大扶餘)로 정한 때 이 삼륜구서를 정치의 기본 덕목으로 삼아, 신하와 제후들의 기강을 바로 잡았던 근거이기도 하다.[230]

구서의 내용은, 부모에게 효도하고, 형제간에 우애 있으며, 스승과 벗과 믿음이 있고, 나라에는 충성하고, 무리들에게는 겸손하며, 정사(政事)에 밝으며, 전쟁터에

---

227) 전계 한단고기 〈태백일사/한국본기〉 165쪽
228) 소위 유교(儒敎)의 삼강오륜(三綱五倫)의 원조가 된다.
229) 전계 한단고기 〈태백일사/삼한관경본기〉 202쪽 참조
230) 전계 한단고기 〈태백일사/소도경전본훈〉 250~255쪽 참조

서는 용감하고, 행동에는 청렴하며, 하는 일에 의로움이 있어야 한다는 것이다.

한국시대와는 달리 배달나라 시대에는 충성을 내세우고 있다. 이는 아마도 각 나라마다 공동체로서 자치독립성이 한국시대보다 강해졌다는 것이 되며, 공동체의 행복을 위하여 상대적인 악(惡)을 배척하는 배타적 성격을 지니게 되었다라고 볼 수 있다.

또한 정사에 밝아야 한다는 덕목은 특히 권력분립을 강조한 것이 되는데, 물론 한국시대에도 삼사오가의 권력이 분립되어 있었으나, 배달나라 시대에 더 한층 권력분립을 강조한 것이 된다. 단군조선 후기의 구물단군이 이 삼륜구서를 내세워 삼사오가나 제후들의 월권(越權) 행사를 예방하는 효과를 얻었던 것이 된다.

8. 언어문자(言語文字)

배달나라 시대에 한웅(桓雄)이 8음(音) 2문(文)을 수학(修學)하였다라고 부도지(符都誌)에서 기록하고 있다.[231]

배달나라는 한국(桓國)에서 파견되어 세워진 나라로서 한국시대가 마감되고 배달나라가 한국을 계승한 것이 된다. 그래서 한국이 9족의 나라이므로 배달나라 또한 9족의 나라가 된다. 다만, 한웅천왕이 황하 중상류지역의 태백산을 수도로 삼아 호족과 웅족의 난을 진압하고 다스린 나라로서 나라의 중심이 옮겨진 것이 된다.

서기전 5000년경에 9족은 씨족(氏族)을 넘어선 광활한 지역에 걸치는 대단위의 부족(部族)으로서 자치성이 정립되어 독자적인 언어문자[232]가 형성되었다고 보인다.

통상적으로 문자보다는 말이 먼저가 될 것이다. 그래서 9부족의 한국시대가 약

---

231) 전게 부도지, 41쪽 참조
232) 우리 역사상 언어문자의 상세한 역사 정립이 필요하다.

범수교 문자

1,000년 이상 흐르면서 9족이 각 독자적인 언어집단이 되었던 것이 된다. 그리하여 9족에는 9가지 말이 있었던 것이 사실이었다고 보이는 것이다.

반면, 문자는 말과 완전히 일치하지 않아도 되는 의사소통 수단이 된다. 즉 뜻을 통하는 수단이므로 언어의 수만큼 문자가 존재할 필요가 없다는 것이다.

한웅(桓雄)은 배달나라 9족 중에서 양족(陽族), 우족(于族), 방족(方族), 견족(畎族)을 포함하는 황족(黃族) 출신이다. 그래서 한웅은 이미 9족 중에서 일 부족의 말을 자연스럽게 쓰고 있었던 것이 된다.

한웅이 8개의 언어를 배웠다는 것은 9족 중 나머지 8개족의 언어를 수학하였다는 것으로 타당성이 있게 된다.

한편, 한웅이 2가지 문자를 수학하였다는 것에서, 배달나라 시대에는 2가지 문자가 사용되고 있었던 것이 되며, 이는 상형문자와 소리글자가 분명해진다.

배달나라 시대 초기에 녹도문(鹿圖文) 즉 녹서(鹿書)가 있었다. 녹도문이란 사슴과 관련되어 생긴 문자여서 생긴 명칭이 된다.[233]

배달나라 시대 명령(命令) 담당이며 재정담당이었던 신지(神誌) 혁덕(赫德)이 사냥을 나갔다가 암사슴을 쫓던 중 암사슴이 남긴 발자국에서 착안하여, 만물의 모양을 관찰하여 문자를 만든 것이다. 신지 혁덕이 만든 문자는 만물의 모양을 관찰하여 만든 문자이니 단적으로 상형문자(象形文字)인 것이다.

배달나라 시대에 상형문자가 되는 것으로 초기에 녹서(鹿書)가 있었고, 서기전 3500년경의 태호복희가 용서(龍書)를 만들었으며, 서기전 2700년경 치우천왕 시대에 화서(花書)가 사용되었고 이때 대학자였던 자부선인(紫府仙人)이 우서(雨書)

---

233) 전게 한단고기 〈태백일사/신시본기〉 169쪽 참조

를 만들었고, 창힐은 조족문(鳥足文)과 과두문(蝌蚪文)을 사용하였다.234) 이들 문자들은 녹서에서 변형발전된 상형문자가 된다.

서기전 3897년경 한웅이 하늘나라 한국에서 지방의 태백산으로 파견될 때, 한웅이 전수받은 천부삼인(天符三印)을 상징하는 도형(圖形)은 원방각 즉 ○□△이다. 이 ○□△은 또한 모양을 본뜬 글자이다. 즉 상형문자인 것이다.

○은 둥근 하늘과 둥근 태양을 나타내는 표시이며, □은 땅에 터를 닦은 모양이며 전후좌우 또는 동서남북을 나타내는 표시이며, △은 서있는 존재인 사람을 표시한다.

창성조적비(창힐 조족문자 비) 글자모양이 범수교 문자와 동일

이 ○□△은 이미 자연에 존재하는 모습으로서 도출되어 그려진 부호(符號)가 된다. 이 부호의 뜻을 말로 표현하였던 것이 분명하며, 그 말은 곧 소리로서 그 부호를 특징짓는 소리가 되는 것이다.

○□△을 읽는 소리는 지금으로는 원방각 또는 동그라미, 네모, 세모가 되며, 철학적 상징부호로 하늘, 땅, 사람이라 읽히게 된다.

그런데, 하늘, 땅, 사람은 어원적으로 볼 때, 바로 이 ○□△을 읽은 소리가 된다. 즉 ○을 읽었던 소리가 시간이 흐름에 따라 변음 되어 [한]이 되고 지금의 [하늘]로 된 것이다. 또 □을 읽었던 소리가 시간이 흐름에 따라 변음되어 [땅]이 된 것이며235), △를 읽었던 소리가 시간이 흐름에 따라 변음 되어 [서이]가 되어, [사람]을

234) 전계 한단고기 〈삼성기 전 하편〉 42쪽, 〈태백일사/신시본기〉 169쪽, 〈태백일사/소도경전본훈〉 232쪽, 234쪽, 246쪽 참조
235) ○을 둘로 나누면 반원이 두 개가 되는데 ㄷ이 두 개인 모양이며 이를 합자하면 ㅁ이 된다. ㄷe은 돋, 뜨 가 며, 이는 곧 달, 들, 둘, 땅이 된다.

뜻하게 된 것이다.

그리하여, 결론적으로 ○□△은 상형문자이면서 소리글자가 된다. 상형문자가
되는 ○□△이 소리글자임을 유추하면 배달나라 초기에 이미 소리글자가 있었던 것
이 되는데, 이 ○□△은 천지자연의 모습을 세 가지 즉 삼태극의 상징으로 타나낸 것
이 된다.

그래서, 이 ○□△에서 천지자연에 존재하는 모양을 도출할 수 있다는 결론을 얻
게 되는데, 배달나라 초기에 ○□△을 분해하고 조합한 모양으로서 ㄱ, ㄴ, ㄷ, ㄹ,
ㅁ, ㅂ, ㅅ, △, ㅇ 등을 표시한 글자가 있었다는 것이 되며, 이들 글자들이 독자적으
로 혹은 상형문자에 내포되어 있었다는 것이 된다.

단군조선 시대 초기인 서기전 2181년에 정립된 가림토38자는 곧 배달나라 시대
부터 있어온 글자를 종합 정리한 것이 된다.[236] 즉 가림토38자를 을보륵(乙普勒)
선인(仙人)이 처음으로 단순히 만든 것이 아니라, 이전부터 사용되어 오던 글자를
모아 같은 모양을 하나로 통일시켜 대표적인 글자를 도출함으로써 정리한 것이 된
다. 그래서 가림토38자를 정선(精選)[237]하였다라고도 하는 것이다.

배달나라 초기인 신시(神市) 시대에 투전목(鬪佃目)[238]이 사용되었고 , 말기인
서기전 2700년경 이후의 청구(靑邱) 시대에 산목(算木)이 있었다.[239] 특히 산목은
수(數)를 나타내는 부호로서 지금의 한자(漢字)와도 다르지 않다.

---

236) 전게 한단고기 〈단군세기〉 67쪽 참조
237) 엄밀(嚴密)하게 가려서 정한다는 선정(選定)한다의 의미가 된다.
238) 골패(骨牌) 또는 마작이나 지금의 화투(花鬪)와 같은 놀이도구가 된다.
239) 전게 한단고기 〈태백일사/소도경전본훈〉, 244쪽 참조. 나무에 선을 그어 숫자를 나타내는 방
　　 법인데, 지금의 한자로 쓰이는 숫자와 같은 것도 있고 일정한 법칙에 따라 조합시키고 있다. 지금
　　 한자로 쓰이는 숫자인 四, 五, 六, 七, 八, 九 ,十를 읽는 소리는 옛 글자의 형태를 모두 가림토식
　　 발음으로 읽은 것이 된다. 一二三도 마찬가지이다. 하나, 둘, 셋이 곧 하늘, 땅, 사람을 가리키는
　　 뜻이자 소리이다.

9. 무여율법(無餘律法) 4조(條)

배달나라 시대에 율법이 있었다. 율법은 백성들을 계도(啓導)하는 법이다. 특히 세상이나 지상에 남김이 없도록 하는 법이 있어 무여율법(無餘律法)이라 한 것이다. 세상이나 지상에 남김이 없도록 함으로써 세상을 깨끗하게 하기 위한 것이었다. 이는 홍익인간(弘益人間) 사상과도 일맥상통한다.

무여율법은 환부(鰥夫)[240]가 조절(調節)하였는데, 환부는 무여율법의 집행을 맡은 그 직책의 명칭이 된다.

부도지(符都誌)에서 기록하는 무여율법은 다음과 같다.[241]

1. 사람의 행적(行蹟)은 수시로 깨끗하게 구제하여 생귀(生鬼)가 모르는 사이에 맺히지 않도록 하며, 번거롭게 머물러서 마귀(魔鬼)가 되지 않도록 하여, 인간세상을 밝게 통하게 하고, 한 가지 장애라도 남지 않도록 하라.

2. 사람의 쌓은 공적은 죽은 뒤에 그 공(功)을 제시하여 생귀의 더러움을 말하지 않게 하며, 함부로 낭비하여 마귀가 되지 않게 하여, 인간세상을 널리 흡족하게 하여 한 가지 유감이라도 남지 않도록 하라.

3. 고집이 세어 집착하고 사악하고 미혹한 자는 텅 빈 광야에 귀양을 보내어 살게 하여 수시로 그 행위를 돌아보게 하고 사악한 기운이 세상에 남지 않도록 하라.

4. 크게 죄와 잘못을 저지른 자는 해가 돋는 섬에 유배를 보내어 살게 하여, 죽은 뒤에 그 시체를 불살라[242] 죄의 덩어리가 지상에 남지 않도록 하라.

---

240) 요임금의 뒤를 이어 고대중국의 천자가 된 순임금은 원래 단군조선의 신하(臣下)인 환부(鰥夫)였다.
241) 전게 부도지. 40쪽 참조

무여율법 4조를 보면, 생귀나 마귀가 없는 세상, 밝고 막힘이 없으며 아무 의혹이 없는 세상을 만들고, 공동체의 선(善)을 위하여 악한 자와 범죄자를 귀양이나 유배를 보내어 추방시킴으로써, 홍익인간 세상을 실현하고자 한 것이 된다.

배달나라 시대에 이미 귀양이나 유배를 보내는 법집행제도가 있었던 것이 되는데, 귀양은 텅텅 빈 사막이나 육지에 보낸 것이 되고, 유배는 고립된 섬으로 보낸 것이 된다.

무여율법을 조절하면서 집행을 한 직책이 환부(鰥夫)[243]인데, 환부라는 글자에서 보듯이 세상의 일을 걱정하는 뜻이 담겨 있으며, 곧 환부는 종교(宗敎)의 직을 수행하는 자로서 교화(敎化)와 치화(治化)를 담당한 것이 된다. 여기서 종교란 지금의 구복신앙을 의미하는 것이 아니라 인간을 인간답게 되도록 하는 으뜸이 되는 가르침이라는 뜻이다.

부도지에 의하면, 서기전 2324년경에 고대중국의 천자(天子)가 된 순(舜)이 원래 단군조선의 신하로서, 단군왕검이 파견한 사자(使者)로서 인솔자였던 아버지 유호씨(有戶氏)를 따라 요임금을 토벌(討伐)하러 갔던, 환부(鰥夫)였다고 기록되고 있다.[244]

환부라는 제도는 후대에 쌍어문(雙魚紋)과 관련되며 목욕재계(沐浴齋戒)나 세례(洗禮)와도 직접 관련된다. 즉 쌍어문과 세례는 환부제도의 유습(遺習)이 되는 것이다.

쌍어문의 문양은 서기전 7~8세기경에 메소포타미아 지역에서 나타나며, 이후

---

242) 불교에서의 화장(火葬)과 일맥상통한다. 삼일신고 인물편에는 감식촉(感息觸)의 삼도(三途)가 18경(境)을 이룬다고 가르치는데, 이 18경은 다시 선악(善惡) 청탁(淸濁) 후박(厚薄)의 6가지와 더불어 108경지를 이루게 되며, 이에 사람은 나고, 자라고, 시들고, 병들고, 죽는 5가지 고통 속에 살아가게 되는 바, 불교에서 말하는 108번뇌의 108과 연관된다.

243) 물고기는 눈을 뜨고 자며 눈을 감지 아니하므로, 세상일을 걱정하며 잠을 자지 아니한다는 의미로서 비유적으로 사용한 용어가 된다.

244) 전게 부도지, 60쪽 참조

인도지역에서도 나타난다. 그런데, 한반도 남쪽의 김해지역에서도 1세기경에 나타나는데, 역사적으로 배달나라 환부제도와 연결되고 있는 것이다.

세례(洗禮)는 배달나라 시대에 행해지던 계불(禊祓)이라는 의식이기도 하며, 목욕재계(沐浴齋戒)라고도 하는 것이 된다. 즉 기독교에서 행해지는 세례가 들어오기 이전에 이미 우리 역사에는 서기전 7000년경의 한국(桓國) 시대부터 계불의식이 행해져 왔으며, 이는 일정한 종교의식으로 이어져 온 것이 된다.245)

10. 제천문화(祭天文化)

배달나라는 서기전 3897년 갑자년 10월 3일에 개천(開天)으로써 시작되었는데, 제천(祭天)246) 즉 하늘에 제사지내는 의식으로 행사를 치른 것이 된다.

배달나라의 수도가 있던 신시(神市)의 중심이 되는 태백산 산정에는 천단(天壇)이 있어, 마고성 시대와 한국 시대의 천부단(天符壇)을 본떠 만든 것이 되며, 산 중턱에는 신단(神壇)을 두었던 것이다.247) 이 신단은 후대에 선왕당(仙王堂) 또는 성황당(城隍堂)248)으로 다시 변음 되어 서낭당이라는 이름으로 내려왔다.

천부단은 하늘님 즉 하늘에 제사지내는 제단이며, 신단은 한웅이 하늘에서 내려왔음을 상징하는 제단이 있는 곳으로서, 신단에는 특히 신단수(神檀樹)라는 신목(神木)이 있으며, 이 신목은 곧 한웅상(桓雄常) 또는 웅상(雄常)이라 불리는 것이다. 웅상이란 한웅천왕이 늘 존재한다는 의미가 된다.249)

---

245) 전게 부도지, 37쪽 참조
246) 제천문화의 기원과 역대 제천행사의 역사를 연구함이 필요하다.
247) 전게 한단고기 〈태백일사/신시본기〉, 193쪽 참조
248) 성황(城隍)은 물로 둘러싸인 성(城)이라는 의미인데, 주로 물가나 바닷가에 만든 제단을 성황당이라 하는 것이 된다.
249) 전게 한단고기 〈단군세기〉, 81쪽 및 〈태백일사/삼신오제본기〉, 158쪽 참조

웅상이라는 신목(神木:신단수)에는 천연색의 옷감이 걸쳐져 있는데, 고대중국의 기록으로 보면, 이들 옷감으로 해 입은 옷이 고대중국의 천자(天子)가 즉위할 때 사용되던 옷이 된다.[250] 즉 배달조선의 천왕(天王)이 제후인 천자(天子)의 즉위를 축하하면서 하사한 것이 된다.

신단에서도 하늘에 제사 지냄은 물론 마을의 입구에 있던 지석단(支石壇)도 제사를 지내는 제단으로서, 특히 마을 수호신을 모시는 제단이기도 하다. 지석단은 지석묘(支石墓)라고도 불리는데, 고인돌이다.[251]

천단, 신단, 지석단이 모두 하늘에 제사 지내는 제단인 것이다. 조상신은 곧 삼신(三神)으로서 천신(天神)과 연결되는 것이다.

소도(蘇塗)에서도 제천행사를 벌였다. 소도는 천단, 신단, 지석단 외에 명산을 택하여 제천단을 축조한 신성한 지역이다. 신단(神壇)과 직결되는 것으로도 보인다. 한국(桓國) 시대의 제도를 이어 배달나라 시대에도 소도제천을 행하였던 것이다. 소도를 순행하면서 수련하던 단체가 선인도랑(仙人徒郞), 화랑도(花郞徒)의 원류가 되는 천왕랑(天王郞), 국자랑(國子郞)이다.

소도(蘇塗) 제도는 역사적으로 볼 때 마고성(麻姑城) 시대의 궁소(穹巢) 제도에서 나온 것이며, 소도임을 나타내는 상징물이 곧 솟대가 된다. 솟대는 솟은 대, 즉 신성지역임을 멀리서도 보이도록 높게 나타낸 대이기도 하다. "소도"와 "솟"은 신성(神聖)을 나타내는 말로서 상통하는 말이 된다. 솟대에 앉아 있는 새는 기러기나 오리의 모습인데, 철에 따라 북쪽을 오가는 새를 조상신이 계신 곳을 오가는 것으로 대입한 것이 된다. 또 새는 하늘을 날므로 하늘과 땅을 연결해 주는 매개체로 생각한 것이 된다.

---

250) 大荒之中 有山 名曰不咸 肅愼氏國 肅愼之國 在白民之國 北有樹 名曰雄常 先八代帝 於此 取之〈山海經 海外西經〉

251) 전게 한단고기〈태백일사/신시본기〉, 193쪽 참조

제천행사를 벌일 때 바치는 노래가 대표적으로 공수(供授)이다. 즉 하늘에 바치고 드리는 노래인 것이다. 그래서 "받드리"라는 의미이며, 이두식으로 두열(頭列: 드리), 조리(朝離: 됴리), 주리(侏離: 듀리), 도리(兜里), 도율(兜率: 도솔? : 드리)이라고도 한다.252)

소위 도솔가(兜率歌)라고도 불리는 공수가(供授歌), 즉 헌가(獻歌)의 대표적인 예로서는, 서기전 1130년에 단군조선 25대 솔나 단군이 번한(番韓) 임나(任那)에게 천단(天壇)을 축조하고 삼신(三神)께 제사지내도록 하니, 이에 무리들이 둥글게 모여 북을 치면서 황운(皇運)과 풍년(豊年)을 노래한 것이 있다.253) 또 서기전 795년 단군조선 34대 오루문 단군 때에 백성들이 풍년을 노래한 도리가(兜里歌)가 있는데, 이때 노래가사 중에 단군조선의 나라이름을 또한 "배달(박달, 檀)"이라 하고 있다.254)

11. 학문의 발전

배달나라 시대에 한웅(桓雄) 천왕이 8음 2문을 수학하였다는 부도지(符都誌)의 기록255)은, 단순한 의사소통을 넘어서서 사해제족(四海諸族)을 순행하며 홍익인간 세상을 실현하기 위한 한 과정으로서 학문을 닦았다라고 하는 것이 된다.

실제로 배달나라 시대는 심신수련(心身修練)의 철학(哲學)과 천문지리(天文地理)와 역법(曆法) 등의 학문이 융성하던 때이다. 학문을 하는 풍조가 생긴 것은 사람

---

252) 전게 한단고기 〈태백일사/소도경전본훈〉, 248쪽 참조
253) 전게 한단고기 〈태백일사/삼한관경본기〉, 223쪽 참조.〈精誠乙奴 天壇築爲古 三神主其 祝壽爲世 皇運乙 祝壽爲未於 萬萬歲魯多 萬民乙 睹羅保美御 豊年乙 叱居越爲度多〉
254) 전게 한단고기 〈단군세기〉, 108~109쪽 참조.〈天有朝暾 明光照耀 國有聖人 德敎廣被 大邑國 我倍達聖朝 多多人 不見苛政 熙皞歌之 長太平〉
255) 전게 부도지, 41쪽 참조

들이 본성을 깨닫지 못하고 혼매하게 되어 배우지 아니하고서는 알지 못하게 되었기 때문이라고 부도지에서는 적고 있다.[256]

서기전 3897년경 한국(桓國)에서 반고(盤固)라는 자는 술법(術法)을 좋아하여 10간(干) 12지(支)[257]의 신장(神將)이 끌고 삼위산(三危山)으로 가서 제견(諸畎)의 가한(可汗)이 되었다라고 하는 반면, 한웅천왕(桓雄天王)은 삼사오가(三師五加)와 무리 3,000을 이끌고 태백산(太白山)으로 가서 개천(開天)하였다 하는 바[258], 개천은 하늘나라와 땅나라를 연결하였다는 뜻으로 하늘의 뜻을 땅에 실현함을 의미한다.

물론 한웅천왕은 한국의 정치종교와 문화제도 등을 정통으로 계승하였던 것이며, 한국시대에 이미 사용되고 있었던 10간 12지의 역법(曆法)을 가지고 왔던 것이 된다.

서기전 3897년경 한웅천왕이 호족과 웅족의 난을 평정하는 과정에서 쑥과 마늘을 나누어 주고 100일 동안 굴속에서 언행을 삼가라 하였다는 것은, 인간의 본성을 깨닫고 완전한 인간이 되도록 가르친 심신수련법(心身修練法)이 된다.

한국시대와 배달나라 시대에 심신수련의 경전(經典)이 곧 천부경(天符經)[259], 삼일신고(三一神誥), 참전계경(參佺戒經)이다. 특히 전(佺)이라는 글자가 완전한 사람이라는 뜻을 가지며, 계율(戒律)로써 진정한 인간이 되도록 하는 가르침이 참

---

256) 전게 부도지, 41쪽 참조

257) 10간 12지의 천간지지는 이미 배달나라 시대 이전부터 나타나는 바, 역사적으로 출현한 배경 등의 심도있는 철학적 연구가 필요하다.

258) 전게 한단고기 〈삼성기 전 하편〉, 30~31쪽 참조

259) 배달나라 초기에 신지혁덕이 천부경을 녹도문으로 남겼으며, 후대에 신라 말의 최치원 선생이 묘향산에 들어가 신지의 천부경 비문을 보고 이를 번역하여 암벽에 새긴 것을 1916년 계연수 선생이 발견하여 탑본해서 단군교로 보냈다. 단군교의 전병훈 선생이 이를 보고 해석하여 한국 철학통편에 넣었다. 고려 말 농은 민안부 선생은 갑골문으로 된 천부경을 남겼다고 한다. 묘향산 석벽본과 농은본에는 태백일사의 천부경과 글자가 몇 개 다르게 되어 있다.

전계경인 것이다.

삼일신고는 완전한 인간을 넘어서서 신(神)과 일체가 되는 종교적 철학적 가르침을 담고 있으며, 소위 신선도(神仙道)260)의 핵심적인 가르침이 된다.

천부경은 천지만물의 창조(創造)와 진화(進化)와 원시반본(元始反本)의 원리가 담긴 역(易) 철학적 가르침이 된다. 따라서 역법(曆法)은 물론 우주만물(宇宙萬物)의 무한순환(無限循環) 상생(相生)의 원리가 여기서 나오며, 과학

묘향산 석벽본 천부경

적 원리는 물론 초과학적 원리를 담고 있다고 하여도 과언이 아니다.

천부경은 무(無)와 유(有)의 관계, 절대적 유(有)와 상대적 유무(有無)를 명백히 밝히고 있는 철학적 가르침이며, 우주만물이 원래 하나(一)라는 변하지 않는 진리(眞理)와 모든 것은 변(變)한다는 진리를 81자 속에서 모두 가르치고 있다.

이러한, 천부삼경(天符三經)의 가르침을 배우고 익히고 따르며 심신수련을 통하여 신선(神仙)의 경지에 이르고, 하늘과 땅과 사람이 원래 하나라는 이치를 깨달아, 재세이화(在世理化), 만물평등(萬物平等), 제족자치(諸族自治), 홍익인간(弘益人間) 등의 철학을 인간세상에 실현하게 되는 것이다.

서기전 3533년 출생하여 서기전 3511년에 천왕(天王)이 된 배달나라 5대 태우의(太虞儀) 한웅(桓雄)은 묵념(黙念)으로 마음을 맑게 하고, 숨을 고르게 하여 정기(精氣)를 보존케 함으로써 오래 살게 하는 방법을 가르쳤다.261) 이러한 묵념법과

---

260) 신선도는 단순이 신선이 되는 길만이 아니라 홍익인간 세상을 만드는 길인 바, 천부삼인 및 홍익인간 철학과 신선도의 원류가 되는 천웅도(天雄道)와의 상관관계를 연구하는 것이 필요하다.

조식법은 삼일신고의 가르침 속에 이미 있는 것이다.

서기전 3528년경 태호복희는 삼신(三神)을 통(通)하고 만 가지 이치를 통하였으며, 삼신산(三神山)에 올라 하늘에 제사지내고 천하(天河)에서 괘도(卦圖)를 얻으니, 이것이 태호복희 8괘역(卦易)이다[262]. 이는 천지인의 삼극의 이치를 포함하여 세 번 끊기고 세 번 이어져 변화무궁한 역으로서, 곧 건태리진곤간감손(乾兌離震坤艮坎巽)의 8괘역인 것이다.[263]

또 태호복희는 신룡(神龍)이 태양(해)을 좇는 것을 살펴서 하루에 열두 번씩 색을 바꾸는 것으로 보고 한역(桓易)을 만들었다 하는 바[264], 이는 하루의 시간대를 자축인묘진사오미신유술해(子丑寅卯辰巳午未申酉戌亥)의 12지지로 나눈 것을 의미하며, 태호복희 8괘역의 연장선에 있다. 즉 윷놀이판의 역(易)은 한역(桓易)이며, 윷놀이판의 4방, 8방, 12방의 역은 곧 4괘역, 8괘역, 12시월역(時月易)이 되는 것이다.

또한 태호복희는 배달나라 초기부터 사용되어온 계해(癸亥)로 시작하는 역법9曆法)을 갑자(甲子)로 시작하는 역법으로 정하였다.[265] 이는 역법의 기준을 계해로 하는 6계(癸), 60계해(癸亥)가 아니라, 갑자로 시작하는 6갑(甲), 60갑자(甲子)로 정하였다는 뜻이 된다.

---

261) 전게 한단고기 〈태백일사/신시본기〉, 176쪽 참조. 중국 도교는 배달나라 신선도의 아류가 된다. 중국 도교의 시조인 황제헌원의 스승이 배달나라 도학의 대가이신 자부선인(紫府仙人, 光明王)이다. 중국 도교의 중시조격은 노자(老子) 이이(李珥).

262) 태호복희는 8괘역(卦易)의 시조이며, 방위수리역(方位數理易)의 시조격이다. 태호복희가 발견한 하도(河圖)에서 낙서(洛書)가 파생된 것이 되고, 태호복희가 한역(桓易)에서 도출한 8괘역에서 연산역(連山易), 귀장역(歸藏易), 주역(周易), 정역(正易)이 시대별로 파생된 것으로 된다. 소위 주역8괘는 방위수리역인 낙서와 8방괘상역인 주문왕8괘도의 조합이다.

263) 전게 한단고기 〈태백일사/신시본기〉, 176쪽 참조

264) 전게 한단고기 〈태백일사/소도경전본훈〉, 230쪽 참조

265) 전게 한단고기 〈태백일사/신시본기〉, 177쪽 참조

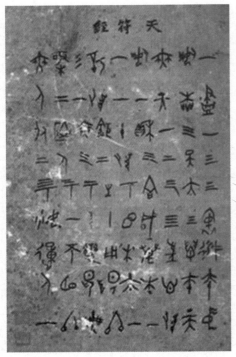

고려말 민농은 선생의 천부경

즉 10천간과 12지지의 순서를 계갑을병정무기경신임(癸甲乙丙丁戊己庚辛壬), 해자축인묘진사오미신유술(亥子丑寅卯辰巳午未申酉戌)의 순으로 하지 않고, 이를 바꾸어 갑을병정무기경신임계, 자축인묘진사오미신유술해의 순으로 하였다는 것이 된다.

태호복희의 여동생인 여와(女媧)는 태호복희의 제도를 계승하였으며, 스스로도 신통하여 진흙으로 사람 모양을 만들어 7일 만에 기(氣)를 불어 넣어 살려서 전쟁에 사용하니 적들이 감히 덤비지 못하였다라고 전해온다.[266] 여와의 역사적 사실은 기독교 구약성경의 창세기 여호와[267]의 업적과 직접 관련되어 있다.

태호복희와 동시대의 인물로 동문수학(同門修學)한 발귀리(發貴理) 선인(仙人)은 배달조선의 4선인 중의 한분으로서, 무극(無極)과 반극(反極)과 태극(太極)의 이치를 노래로써 설파한 글이 소도경전본훈(蘇塗經典本訓)에 실려 있다.[268] 이를 무극 반극 삼태극의 원방각경(圓方角經) 또는 태극경(太極經)이라 할 수 있다.

서기전 3218년경 염제신농(炎帝神農)은 의약(醫藥)을 발전시켰다. 손수 풀을 뜯어 맛을 보면서 약효(藥效)를 연구하였다. 염제신농은 배달나라 유웅국의 시조인

266) 을파소 전수, 참전계경 총론 및 전계 한단고기 〈태백일사/소도경전본훈〉 256~257쪽 참조
267) 창조신(創造神)
268) 전계 한단고기 〈태백일사/소도경전본훈〉, 229~230쪽 참조

소전씨(少典氏)의 아들로서 농사담당인 우가(牛加)를 지낸 인물이며, 뒤에 산동 서쪽 지역의 진(陳) 땅을 중심으로 하였던 태호복희(太暤伏羲)의 나라를 접수하여 염제국(炎帝國)의 시조가 되었다.[269]

배달나라 제후국인 염제국은 배달나라 제도를 본 땄음이 분명한 바, 농사짓는 법, 농기구 제작법, 시장(市場)을 통한 물물교환, 문자, 혼인법 등을 시행하였던 것이 된다.[270]

서기전 2700년경 자부선인(紫府仙人)은 발귀리(發貴理) 선인(仙人)의 후손으로서 도학(道學)의 학문이 높았다. 자부선인의 학문이 배달나라 학문을 대표한다고 하여도 과언이 아닐 것이다. 자부선인은 발귀리선인과 함께 배달조선의 4선인(仙人)의 한분이시다.[271]

자부선인은 배달나라 14대 치우천왕 시대의 인물로서, 그 유명한 삼황내문경(三皇內門經)을 지으신 분이기도 하다. 삼청궁(三淸宮)에서 살았는데, 삼청궁은 청구국(靑邱國)의 대풍산(大風山)의 남쪽에 있었다.[272]

자부선인은 태어나면서부터 신명(神明)하여 도(道)를 얻어 날아다녔다라고 하며, 일찍이 해와 달의 운행을 측정하여 정리하고 오행(五行)의 수리를 따져서 칠성력(七星曆)인 칠정운천도(七政運天圖)를 저작하였다. 즉 음양오행(陰陽五行)의 원리를 밝히고 칠성력이라는 달력을 만든 것이다.[273]

배달나라 초기부터 내려온 칠회제신력(七回祭神曆)이 곧 칠성력(七星曆)이기도

269) 전게 한단고기 〈태백일사/한국본기〉 165쪽 및 〈태백일사/신시본기〉 178쪽, 184쪽 및 〈태백일사/삼한관경본기〉 195~196쪽 및 증선지 저/윤재영 역, 십팔사략 (상), 1987, 20쪽 참조

270) 증선지 저/윤제영 역, 십팔사략 (상), 1987, 20쪽 참조

271) 을파소 전수, 참전계경 총론 참조. 사선인(四仙人)은 발귀리, 자부선인, 대련, 을보륵이다.

272) 전게 한단고기 〈태백일사/소도경전본훈〉, 234쪽 참조

273) 전게 한단고기 〈태백일사/삼한관경본기〉, 198쪽 및 〈태백일사/소도경전본훈〉, 230~231쪽 참조

한데, 자부선인이 다시 천문을 관측하
여 정리한 것이 된다. 칠회제신력이란
일월수화목금토로 이루어진 7일을 주
기로 하여 하늘에 제사를 올리는 달력
을 가리킨다.

칠성력은 일월수화목금토의 7성(星)
을 기준으로 만든 7일을 주기로 하는 달

창락현 고대문자

력이란 뜻이며, 태양이 하루하루 뜨고 지는 주기를 기준으로 하였으므로 태양력(太
陽曆)이기도 하다. 칠정운천도(七政運天圖)는 태양(해), 태음(달, 月), 수성(水星),
화성(火星), 목성(木星), 금성(金星), 토성(土星) 등 7개의 별이 하늘을 운행하는 모
습을 관찰하여 만든 운행도(運行圖)로서 칠성력의 기초가 된다.

해달, 수화목금토의 칠정(七政), 칠성(七星)이 나타내는 기(氣)가 곧 음양오행(陰
陽五行)이 되며, 음양오행은 음양중(陰陽中)의 중(中)을 세분화하여 오행(五行)으
로 펼쳐 만든 역(易)이 된다.

하늘에도 음양중(陰陽中)이 있으니 곧 해달별이며, 별은 중(中)으로서 여기에는
수화목금토(水火木金土)의 별이 해당된다. 중(中)에도 다시 음양중(陰陽中)이 있
으니, 금화(金火)의 본 바탕이 양(陽)이며, 수목(水木)의 본 바탕이 음(陰)이며 토
(土)는 중(中)이 된다.

북극에 있어 하루에 한 바퀴씩 운행하는 모양을 나타내는 북두칠성(北斗七星)이
해달의 음양과 수화목금토의 오행 등 칠성(七星)으로 연역되고 동서남북중의 방향
을 설정하니 칠정(七政)의 역법(曆法)과 음양오행의 역(易)이 상관되는 것이다.

윷놀이판의 그림이 곧 한역(桓易)인 바, 한역을 윷놀이로 만드신 분이 바로 자부
선인이시다. 이 한역은 배달나라 초기 신지(神誌) 혁덕(赫德)이 가르친 것을 자부선
인이 재차 정리한 것이 된다.[274]

오행론은 뒤에 창기소(蒼其蘇)라는 사람이 오행치수(五行治水)의 법을 밝혔는

데, 이것이 황부중경(黃部中經)에 속하는 것이며, 단군조선 태자 부루가 서기전 2267년 갑술년(甲戌年)에 주관한 도산회의(塗山會議)에서 우(虞) 사공(司空) 우(禹)에게 가르친 오행치수법(五行治水法)인 것이다.[275]

자부선인은 배달나라 문자로 내려오던 녹도문(鹿圖文)에서 우서(雨書)를 만들었다. 우서는 빗물이 하늘에서 떨어지는 모습에 착안하여 만든 상형문자가 된다.

자부선인은 서기전 2697년 이후부터 약 10년간에 걸쳐 치우천왕과 탁록전(涿鹿戰)을 벌이는 등 100여회의 난(亂)을 일으킨 황제헌원에게 도(道)를 깨우치게 하였다. 삼황내문경은 곧 자부선인이 황제헌원(黃帝軒轅)에게 준 전쟁을 그치게 한 가르침인 것이다.

삼황내문경은 배달나라 초기 문자인 녹서(鹿書)로 기록된 세 편으로 나눠진 책이다. 후대에 생긴 신선음부설(神仙陰符說)은 이 삼황내문경에서 나온 것이 된다. 즉 황제헌원이 자부선인으로부터 전수받은 삼황내문경은 후대에 고대중국 도교(道教)의 뿌리가 되었던 것이다.[276]

서기전 2698년 계해년에 출현한 황제헌원은 배달나라 웅족 출신으로서 염제신농보다 520년 후의 인물로서 염제신농국의 제8대 유망제(楡罔帝)와 동시대 인물이며, 치우천왕에게 100여회 도전하였다가 결국 자부선인의 가르침으로 도를 깨닫고 신하로 되돌아 왔는바, 유웅국(有熊國) 왕으로서 황제(黃帝)로 인정받아 천자(天子)가 되었던 것이다.[277]

황제헌원은 배달나라의 운사(雲師)라는 명칭에서 벼슬이름에 운(雲)자를 쓰기도

---

274) 전게 한단고기 〈태백일사/삼한관경본기〉, 198쪽 참조

275) 전게 한단고기 〈태백일사/신시본기〉, 192쪽 및 〈태백일사/소도경전본훈〉, 231쪽 참조

276) 전게 한단고기 〈태백일사/소도경전본훈〉, 234쪽 참조

277) 전게 한단고기 〈삼성기 전 하편〉, 41~42쪽 〈태백일사/신시본기〉 178~181쪽 및 〈태백일사/삼한관경본기〉, 198쪽 및 201~202쪽 및 〈태백일사/소도경전본훈〉, 234쪽 및 증선지 저/윤재영 역, 십팔사략 (상), 1987, 20~21쪽 참조

하고, 당시 동방의 청제(青帝)가 되는 창힐(蒼詰) 천자(天子)로부터 문자(文字)를 도입하기도 하였던 것이며, 역법(曆法)과 음악(音樂)을 정리하는 등[278] 배달나라 제도를 그대로 본떠 다스림에 사용하였던 것이 된다.

서기전 2514년경 황제헌원의 뒤를 이어 유웅국의 왕이 된 소호국(少昊國) 백제(白帝)의 후손인 소호금천씨(少昊金天氏)는 벼슬이름을 새들의 이름으로 하고 총리를 봉황(鳳凰)으로 정하였는 바[279], 이 봉황은 후대 소호금천씨의 후손인 김씨족의 나라인 신라와 가야의 문화로 이어져 왕(王)으로 승격되어, 오늘날 대한민국 대통령의 문장(紋章)이 되었다.

12. 기타 문명생활

배달나라 시대에는 문명생활(文明生活)을 영위하였다. 종교, 철학, 천문지리, 역법, 문자, 학문, 농사, 의약 등외에도 경제적, 군사적, 사회적 문명생활을 하였던 것이다. 배달나라는 천왕(天王) 아래 중앙의 삼사오가(三師五加)[280]와 지방의 기본 5부(部)와 9족(族)으로 형성된 나라였으며, 12자치 제후의 천자국(天子國)을 둔, 강력한 군사력, 정치력을 바탕으로 한 나라였다.

천왕이 머무는 곳에 궁실(宮室)을 건축하고, 우사(雨師) 왕금영(王錦營)으로 하여금 사람이 살 곳을 만들어 거주하는 법을 가르치게 하였으며. 또 소, 말, 개, 돼지, 독수리, 호랑이 등을 길들여 목축을 하고 가축으로 기르는 법을 가르치게 하였다.[281] 특히 소, 말, 개, 돼지는 오가(五加) 제도에서 보듯이 이미 가축화 된 역사가

---

278) 증선지 저/윤재영 역, 십팔사략 (상), 1987, 20~22쪽 참조
279) 사마천, 사기 〈오제본기〉 참조 및 증선지 저/윤재영 역, 십팔사략 (상), 1987, 23쪽 및 전게 한단고기 〈태백일사/신시본기〉, 178쪽, 180쪽 참조
280) 삼사오가는 중앙행정기관으로서 임금을 대신하여 실제 나라를 다스리는 역할을 하는 바, 그 역사적 기원과 실제 운영 등에 관련하여 심도 있는 연구가 필요하다.

오래였음을 알 수 있다.

한웅천왕은 배(舟)를 만들고 수레(車)를 만들어 타고 다니며 사해제족(四海諸族)을 방문하였으며[282], 사냥을 하거나 여행하는 법을 가르쳤다. 황제헌원이 배와 수레를 만들었다라고 기록되는 것은, 배달나라에서 시행하던 것을 본 딴 것을 고대중국 자체의 역사적 입장에서 처음으로 시행한 것처럼 적은 것이 된다.

배달나라 초기에 고시씨(高矢氏)는 농사짓는 법과 돌을 부딪쳐 불을 일으키는 법과 음식을 익혀 먹는 법 즉 화식(火食)을 가르쳤다.[283] 이에 따라 후대에 고시씨를 기리어 고시례(高矢禮)[284]가 생겼다. 고시례는 고시씨에게 예(禮)를 올리는 것을 가리키는데, 농사일을 볼 때 음식을 먹기 전에 산천에 음식을 흩뿌리며 "고시례"하며 축원(祝願)하는 것이다.

운사(雲師) 육약비(陸若飛)는 혼인(婚姻)하는 예법(禮法)을 만들어 시행하였으며 폐물로는 짐승가죽으로 하였다.[285] 짐승가죽은 옷감이기도 하고 자릿감이기도 하다. 배달나라 시대에 짐승가죽 외에 옷감을 짜는 법과 그물을 짜서 물고기를 잡는 법이 행해졌다. 태호복희가 시행한 혼인법과 그물을 만들어 새와 물고기를 잡는 법[286]은 곧 배달나라의 것을 그대로 시행한 것이 된다. 또 염제신농이 시행한 농기구 만드는 법과 농사짓는 법과 시장제도[287] 또한 배달나라의 것을 그대로 시행한 것이 된다.

치우(治尤)는 국방과 치안을 담당하였다.[288] 특히 치우천왕(蚩尤天王)은 구야

---

281) 전계 부도지, 40~41쪽 및 전계 한단고기 〈태백일사/신시본기〉, 170쪽 참조

282) 전계 부도지, 40~41쪽 및 전계 한단고기 〈태백일사/신시본기〉, 175쪽 및 증선지 저/윤재영 역, 십팔사략 (상), 1987, 21쪽 참조

283) 전계 한단고기 〈태백일사/신시본기〉, 168~169쪽 참조

284) 고수레라고도 한다.

285) 전계 한단고기 〈삼성기 전 상편〉, 17쪽 및 〈태백일사/신시본기〉, 170쪽 참조

286) 증선지 저/윤재영 역, 십팔사략 (상), 1987, 18쪽 참조

287) 증선지 저/윤재영 역, 십팔사략 (상), 1987, 20쪽 참조

(九冶)를 만들어 구리와 철을 채취하여 제련하고 단련함으로써 활, 칼, 창, 갑옷, 투구 등을 제작하였으며, 돌을 날리는 비석박격기(飛石迫擊機)도 만들어 전쟁에 사용하였다.[289]

치우천왕과 동시대 인물인 유웅국(有熊國)의 왕이던 황제헌원(黃帝軒轅)은 치우천왕과 전쟁하면서 연전연패하자 지남거(指南車)를 만들어[290] 전쟁 중에 방향을 잃지 않고 도망하는 방법을 사용하였는데, 이는 황제헌원이 치우천왕에게 혼쭐난 모습을 떠올리게 한다.

배달나라 수도인 신시(神市)는 신(神)들의 도시로서 종교적 중심지이기도 하며, 사람들이 많이 모이는 도회지(都會地)로서 시장터가 있던 곳이다. 시장에서 물물교환이 이루어지고 대외적으로는 무역(貿易)이 이루어지는 곳인 것이다.

배달나라는 사가동정(四家同井) 즉 4집이 우물 하나를 공용하는 제도가 있었으며 세금을 1/20로 하였다.[291] 사가동정 제도는 단군조선의 사가일구일승(四家一區一乘) 제도와 상통하며, 세율도 그대로 적용된 것이 된다.

배달나라 시대에 이미 편발(編髮)이 시행되었던 것으로 되며, 갓(冠)을 쓰고 칼(鉏)을 차고 다녔다.[292] 편발은 머리카락을 땋는 것을 가리키는데, 단군조선 시대에도 그 초기가 되는 서기전 2238년부터 편발이 시행되었다고 기록되고 있다.[293]

갓으로는 오우관(烏羽冠)이나 조우관(鳥羽冠)을 쓰거나, 머리를 묶어 올려 상투

---

288) 전계 한단고기 〈삼성기 전 상편〉, 21쪽 및 〈단군세기〉, 58쪽 및 〈태백일사/신시본기〉, 170쪽 참조

289) 전계 한단고기 〈삼성기 전 하편〉, 35쪽, 40쪽, 43쪽 및 〈태백일사/신시본기〉, 178쪽, 180쪽, 183쪽 및 〈태백일사/삼한관경본기〉, 201쪽 참조

290) 전계 십팔사략(상), 21쪽 참조

291) 전계 한단고기 〈태백일사/삼한관경본기〉, 199쪽

292) 전계 한단고기 〈단군세기〉 81~82쪽 및 〈북부여기 상〉 125쪽 및 고구려 극제사의 삼일신고 독법 참조

293) 전계 한단고기 〈단군세기〉, 64쪽 참조

를 틀고서 갓을 썼던 것으로 될 것인데, 오우관은 북부여 시대 해모수의 천왕랑 차림과 고구려의 몸맵시에서 알 수 있으며, 머리에 창이 있는 모자처럼 생긴 갓을 썼다는 것은 단군조선의 화폐인 명도전(明刀錢)[294]에 새겨진 문자에서도 충분히 추론할 수 있는 것이 된다.

이상으로 배달나라 시대는 분명한 인간문명 사회였으며, 그 제도문화의 전통은 멀리는 마고성(麻姑城) 시대부터 내려온 것이기도 하고, 이전 시대인 한국(桓國) 시대의 것을 답습한 제도도 있었던 것이며, 특히 농사, 역법(曆法), 의약(醫藥), 혼인법, 군사, 세법 등의 제도는 경제적, 과학적, 군사적으로 한층 발전되거나 획기적인 것이 되고, 문자활용으로 인하여 학문이 융성하였던 시대가 된다.

이로써 한국(桓國) 시대에 구전(口傳)이나 배달나라의 문자와는 다른 방법으로 전해지던 천부경, 삼일신고, 참전계경의 가르침이, 배달나라 시대에 녹서(鹿書) 등의 상형문자로 기록된 이후 지금에 이르기까지, 각 81자, 366자, 366사(事)로 변함없이 전해진 것이 된다.

---

294) 명도전에 관하여 중국의 연구자료는 물론 실물을 최대한 수집하여 문자를 해독함으로써 단군조선 시대의 화폐 주조발행의 역사와 언어문자 및 일반문화 생활에 이르기까지 전반적이면서 실체적으로 심도 있게 연구하는 것이 필요하다. 단정하건대, 첨수도, 명도전만 충분히 확보하면 단군조선 시대의 말, 글, 생활, 문화 등을 명백히 알 수 있다고 확신한다.

배달나라 연대기

1. 신시(神市) 시대

배달나라는 서기전 3897년 갑자년 해월(亥月) 초삼일(10월 3일)에 태백산(太白山) 아래 신시(神市)를 열어 개천(開天)함으로써 시작되었다.

한웅천왕(桓雄天王)이 서기전 3900년경 지위리(智爲利) 한인천제(桓仁天帝)의 홍익인간(弘益人間) 하라는 명을 받고 천부삼인(天符三印)을 전수받아, 한국(桓國) 조정에서 멀리 1만 리나 떨어진 서남쪽 지방으로 태백산(太白山)을 향해 가서, 텃세와 고집으로 인하여 생긴 호족(虎族)과 웅족(熊族)295) 사이의 난을 평정하고, 재세이화(在世理化) 홍익인간(弘益人間) 세상을 열었다.

풍백, 우사, 운사의 삼사(三師)와 저가(豬加), 구가(狗加), 양가(羊加), 우가(牛加), 마가(馬加)의 오가(五加)와 천왕랑(天王郞)의 무리 3,000과 더불어 태백산을 중심으로 한 배달나라가 시작되었던 것이다.

배달나라 개천 때 고시례(高矢禮), 신지(神誌) 혁덕(赫德), 풍백(風伯) 석제라(釋提羅), 우사(雨師) 왕금영(王錦營), 운사(雲師) 육약비(陸若飛), 치우(治尤), 뇌공(雷公) 등이 한웅천왕을 보좌하였다.296)

---

295) 우리 역사상에 나타나는 웅족과 호족의 정체에 관한 철저한 역사적 연구가 필요하다.

한웅천왕은 인간이 돼라는 가르침을 받아들인 웅족을 백성으로 받아들여 웅녀(熊女)를 배필로 삼는 등 하며 관직을 주어 번창하게 하였는데, 고시씨(高矢氏)는 웅족 출신이 된다.[297)

배달나라 태백산시대 사보

고시례는 농사를 담당하고, 신지는 문자와 명령 담당하고, 풍백은 입법관(立法官)으로서 질병을 관장하고, 우사는 시정관(施政官) 즉 행정관으로서 육축(育畜)을 관장하고, 운사는 사법관(司法官)으로서 선악(善惡)을 관장하며 남녀 혼례법을 정하였다. 또 치우는 병마도적(兵馬盜賊)을 관장하여 국방과 치안을 담당하였다.[298)

이에, 고시례는 우가(牛加)의 직을 수행하고, 신지는 마가(馬加)의 직책 중 명령을 수행하고, 치우는 마가 및 구가의 직을 수행한 것이다. 오가 중 저가는 풍백에 속하고, 우가와 마가와 구가는 우사에 속하고, 양가는 운사에 속하여, 권력분립이 되어 있었던 것이 된다.

---

296) 단군조선에도 고시, 신지, 풍백, 우사, 운사, 우(尤), 뇌공 등의 직명이 있었는바, 배달나라의 정치제도를 그대로 이은 것이 된다. 단군세기에는 팽우(彭虞)가 풍백을 지내고, 귀기(貴己), 고글(高契), 발리(發理), 육우(陸右)가 신지를 지낸 것으로 기록되고 있다.

297) 배달나라 시대에 소호씨와 소전씨가 고시씨의 후손이며 웅족출신이 되는데, 소전씨의 후예가 되는 황제헌원도 물론 웅족 출신이 된다. 소호씨의 후손이 되는 소호금천씨는 황제헌원의 뒤를 이어 유웅국을 다스렸고 황제헌원의 손자인 전욱고양에게 천자 자리를 물려주고 서방에 있는 고향의 나라인 백제국(白帝國)으로 돌아간 것으로 기록되고 있다. 사기 삼황오제본기에는 소호금천씨를 황제헌원의 후손으로 적고 있지 않다. 즉, 소호금천씨는 백제(白帝) 소호씨의 후손인 것이다.

298) 전계 한단고기 〈태백일사/신시본기〉, 170쪽 참조

입법관 풍백은 지금의 입법부의 수장에 해당하고, 행정관 우사는 행정부의 수장에 해당하고, 사법관 운사는 사법부의 수장에 해당한다. 이와 같이 입법, 행정, 사법의 삼권이 분립되어 월권을 하지 않고 한웅천왕을 보좌하여 홍익인세를 실현하였던 것이다.

뇌공(雷公)은 풍백, 우사, 운사 중 우사에 속하면서 운사가 관장하는 업무를 수행한 것으로 보인다. 즉 선악을 담당과 교육 담당인 양가는 운사에 속하는 한편, 뇌공은 우사에 속하여 실제 선악을 구분하여 상을 주고 처벌하는 직책으로서, 행정기관으로 볼 때 형벌(刑罰)을 집행하는 지금의 검찰(檢察)에 해당하는 것이 될 것이다.

고시, 신지, 치우를 삼선(三仙)으로, 풍백, 우사, 운사, 뇌공을 사령(四靈)으로 해석하는 경우도 있다. 단군조선은 배달나라의 삼사오가 제도를 그대로 계승하였는바, 삼사 외에 뇌공도 기록되고 있다.

배달나라 개천 후 약 400년이 흐른 뒤에 문자로 인하여 도학(道學)과 역학(易學)등의 학문이 발전하기 시작하였다. 즉 서기전 3500년경 태우의(太虞儀) 한웅(桓雄)의 묵념청심(黙念淸心), 조식보정(調息保精)의 장생법(長生法)이 있고, 태호복희(太皓伏羲)의 천지인 삼태극의 8괘역(卦易)과 하루 12시(時)의 역(易)과 60갑자가 있으며, 발귀리(發貴理) 선인(仙人)의 무극(無極), 반극(反極), 태극(太極)의 삼태극 체용론(三太極體用論)[299]이 있다.

태호복희는 배달나라 한웅천왕의 아들로서 천군(天君)이며, 우사(雨師)를 지내고 서기전 3528년에 산동의 서쪽에 위치한 진(陳) 땅에서 나라를 여니 진제국(震帝國)이라 한다. 즉 고대중국[300]의 역사에서 태호복희의 나라인 진제국은 배달나라

---

299) 전계 한단고기 〈태백일사/소도경전본훈〉, 229~230쪽 참조. 원방각 즉 무극, 태극, 삼태극에 관한 말씀이므로 삼태극경(三太極經), 원방각경(圓方角經)이라고도 할 수 있다. 〈大一其極 是名良氣 無有而混 虛粗而妙 三一其體 一三其用 混妙一環 體用無岐 大虛有光 是神之像 大氣長存 是神之化 眞命所源 萬法是生 日月之子 天神之衷 以照以線 圓覺而能 大降于世 有萬其衆 故 圓者一也 無極 方者二也 反極 角者三也 太極〉

의 군국(君國)의 하나가 되는 것이다.

태호복희가 배달나라의 우사(雨師)를 지낸 역사적 사실에서 고대중국의 기록은 태호복희를 인두사신(人頭巳身) 등으로 표현하여 용(龍)과 관련시키고 있는데, 비(雨)는 또한 용(龍)에 비유되므로 신화화(神話化), 상징화(象徵化)한 것이 된다.301)

태호복희를 보좌하여 진제국을 다스린 여와(女媧)는 태호복희의 여동생이며, 서기전 3400년경에 발생한 대홍수를 다스렸다. 당시 대대적인 홍수로 인하여 부주산(不周山)이 무너지자 여와는 산이 더 이상 무너지지 않도록 기둥을 세워 지탱하도록 하였는데, 홍수가 쏟아지는 하늘의 구멍을 메웠다 하여 여와보천(女媧補天)이라 부른다.302)

또 여와는 신통하여 진흙으로 사람 모양을 빚어 일주일 만에 기(氣)를 불어 넣어 살려서 전쟁에 쓰니 적들이 감히 덤비지 못하였다라고도 전한다.303) 이후 여와는 진흙을 튀기어 황토인(黃土人)을 불어나게 하였다고 기록되는데, 이는 혼인법을 제정한 것과 관련된다. 여와가 불어나게 한 황토인들이 후대의 황제헌원의 나라의 백성들이 되었던 것이 된다.

이러한 여와의 홍수역사와 황토인 창조 관련된 역사는 서방으로 전파되어 소위 구약성경의 창세기에 나오는 여호와의 인간창조와 노아홍수의 역사와 관련되어 지는 것이 된다. 서기전 3400년경에 발생한 동방의 여와 홍수는 땅을 크게 부수는 홍수이며, 서방 수메르지역의 노아홍수는 연대기적으로 서기전 2348년에 발생하여 사람을 많이 죽게 한 홍수였던 것이 된다.

---

300) 중국의 상고대사 기록을 재해석하는 등 우리 역사의 가지에 해당하는 고대중국의 정확하고도 상세한 역사 정립이 필요하다.

301) 우리 한국의 신화설화에 대한 역사적 재해석이 필요하다. 신화나 설화는 단순한 이야기가 아니라 역사의 잔영인 동시에 역사가 반영되거나 투영되어 있기 때문이다.

302) 전계 심팔사략(상), 19쪽 참조

303) 을파소 전수, 참전계경 총론 참조 〈부록 별첨 참조〉

태호복희의 나라는 서기전 3528년부터 염제신농씨(炎帝神農氏)가 나라를 접수한 서기전 3218년까지 16대에 걸쳐 310년간의 역사를 가진다.[304]

2. 신시(神市) 시대에서 청구(靑邱) 시대로

배달나라 7대 거련(居連) 한웅(桓雄) 때인 서기전 3242년 기미년(己未年)에 웅족 출신이자 고시씨(高矢氏)의 후손인 소전씨(少典氏)를 강수(姜水)[305]에 봉하여 감병(監兵)을 관장하게 하였다.[306] 강수는 태백산(太白山) 부근에 흐르는 황하(黃

배달나라 청구시대 사보

河)의 지류가 되며, 소전씨가 봉해진 나라는 이 강수지역으로서 동서남북중 방향으로 볼 때 서방에 해당한다.

서기전 3218년에 소전씨의 아들인 염제신농씨(炎帝神農氏)가 배달나라의 우가(牛加)를 지낸 후, 산동지역의 태호복희의 나라를 접수하여 염제국(炎帝國)을 열었

---

304) 태호복희가 서기전 3528년부터 서기전 3413년까지 115년간 다스린 것으로 되며, 여와가 뒤를 이어 서기전 3283년까지 130년간 다스리고, 다시 14대가 이어 합 65년간 다스린 것으로 되는데, 서기전 3218년에 염제신농씨가 태호복희의 나라를 접수한 것이 되므로, 사실상 2대로 마친 것이 된다. 또는 태호복희가 배달나라의 우사를 지내면서 진(陳) 땅에 봉해져 다스린 것으로 될 수 있는데, 태호복희가 나라를 세우는 역사가 곧 하늘에서 내려오는 천강(天降)의 역사가 된다.

305) 황하 중상류 지역에 흐르면서 황하에 합류하는 지류가 된다.

306) 전게 한단고기 〈태백일사/삼한관경 본기〉 및 전게 부도지, 237쪽 참조

다. 공손씨는 소전씨의 별파(別派)가 된다.307) 염제(炎帝)는 남쪽의 임금이라는 뜻을 내포하고 있고, 진제(震帝)는 하우낙서(夏禹洛書)와 주문왕팔괘도(周文王八卦圖)308)에 의하면 동쪽의 임금을 나타내는 것이 된다.

서기전 3000년경 배달나라 갈고(葛古) 한웅(桓雄)이 염제신농국과 경계를 정하였다.309) 이는 제후국인 염제신농국의 관할 범위를 정한 것으로 자치를 인정해 준 것이다.

소전씨가 봉해진 유웅국(有熊國)은 서기전 2770년경 소전씨의 후손인 공손씨(公孫氏)가 이었으며, 서기전 2698년 계해년에 다시 공손씨의 아들 또는 후손인 황제헌원(黃帝軒轅)이 이었다.

서기전 2706년에 치우천왕이 43세의 나이에 배달나라 14대 한웅으로 즉위하였다. 치우라는 말은 우뢰와 비가 산과 강을 크게 바꾼다는 뜻이며, 지금의 말로 사용되는 "치우다"라는 말의 "치우"가 된다. 즉 천지개벽을 뜻하는 말이다.310)

치우천왕은 호족(虎族)의 무리를 따로 황하 상류지역이 되는 하삭(河朔)에 옮겨 살게 하고, 땅을 개간하였으며, 갈로산(葛盧山)에서 광석을 캐어 구리와 주석과 쇠를 주조하여 도개(刀鎧), 모극(矛戟), 대궁(大弓), 호시(楛矢)를 만들고, 또 오구장(五丘杖), 도극(刀戟), 태노(太弩), 예과(芮戈), 옹호극(甕狐戟), 비석박격기(飛石迫擊機) 등의 병기도 만들고, 군대를 조련하였으며, 산업을 일으켰다.311)

---

307) 전계 한단고기 〈태백일사/삼한관경 본기〉, 196쪽 참조. 별파란 파생(派生) 씨족이라는 의미이다.

308) 태호복희의 하도와 8괘역, 하우의 낙서, 주문왕의 팔괘역의 각 관계와 차이점을 연구하여 밝히는 것이 필요하다. 또한 역의 시초가 되는 마고시대의 기화수토라는 소위 사상역(四象易)과의 관계나 차이점을 연구함도 필요하다. 중국역에 의하면 진(震)은 동방이 되는데, 태호복희8괘역을 정확히 해석하면 진은 서북(西北) 방향에 해당한다.

309) 전계 한단고기 〈삼성기 전 하편〉, 40쪽 참조

310) 전계 한단고기 〈삼성기 전 하편〉, 40쪽, 183쪽 참조

311) 전계 한단고기 〈삼성기 전 하편〉 35쪽, 40쪽, 43쪽 및 〈태백일사/신시본기〉 178쪽, 183쪽

치우천왕은 귀신같은 용맹이 뛰어났으며 동두철액(銅頭鐵額)312)을 하고서 능히 큰 안개를 일으키듯 온 누리를 다스릴 수 있었다.313)

서기전 2700년경 염제신농국이 쇠퇴하자 여러 제후들이 다투어 욕심을 내자 치우천왕은 태백산에 있던 수도를 동쪽으로 옮기어 1년 동안 9제후국을 평정하고 옹호산(雍狐山)에 웅거하여, 회대(淮岱) 사이의 산동지역을 개척하였다.314) 이를 청구(靑邱)315)라 하며 치우천왕의 배달나라 시대를 청구시대라 하는 것이다.

치우천왕은 다른 제후들보다 먼저 군사를 일으켜 양수(洋水)316)를 건너 염제국의 수도인 공상(空桑: 陳留)에 이르러 서기전 2697년 갑자년에 선봉장이던 소호(少昊)를 항복시키고, 염제신농국을 평정하여 5대 유망(楡罔)을 폐하고서 유망의 아들 괴(魁)를 왕으로 봉하였다.317)

이 염제신농의 후예국이 단웅국(檀熊國)이라 불린다. 이 단웅국의 5대 홍제(洪

및 〈태백일사/삼한관경본기〉 201쪽 참조

312) 구리 머리에 철 이마(얼굴)이란 뜻으로, 갑옷과 투구를 입었다는 것을 나타낸다.

313) 전게 한단고기 〈삼성기 전 하편〉, 40쪽

314) 전게 한단고기 〈태백일사/신시본기〉, 178쪽, 183쪽 참조

315) 청구는 동쪽에 있다는 뜻을 가지는 바, 배달나라의 동쪽 지역에 해당하게 되어, 지금의 산동지역이 된다.

316) 양수(洋水)가 대요수(大遼水:지금의 영정하)에 합류하는 대량하(大梁河:대량수)를 가리키는 것인지 불명이다. 만약, 양수가 대량하이면 치우천왕은 동북쪽에서 서남쪽으로 정벌한 것이 되는데, 이러하면 배달나라 시대의 첫 수도인 신시(神市)는 양수의 동쪽이자 청구의 동북쪽에 위치한 것이 되어 낙랑의 북쪽이나 동북쪽인 적봉시 부근일 가능성이 농후하게 된다. 배달나라 신시가 있던 태백산이 황하 중류 지역인 서안의 남쪽에 위치한 것이라면, 양수는 서안과 공상의 사이에 존재하였던 것이 된다. 물론 배달나라 시대에 수도가 대표적으로 태백산의 신시가 되지만 동서남북중으로 보아 5경제도가 있었을 가능성을 배제할 수 없으므로 신시 말기에는 수도를 동쪽에 두었을 수도 있는 문제이며, 치우천왕에 의하여 청구가 다시 동경(東京)이 되는 셈이 된다. 치우천왕 시대에 동서남북중의 5부 중에서 산동지역과 발해만 유역에 걸치는 동부(東部)는 청제(靑帝) 창힐(倉詰), 황토고원 지대인 중부(中部)는 황제(黃帝) 헌원(軒轅)이 다스린 것으로 된다.

317) 전게 한단고기 〈태백일사/신시본기〉, 178쪽 참조. 이 괴가 봉해진 나라가 배달나라와 웅족의 나라인 단웅국(檀熊國)이다. 염제신농씨는 웅족 출신이다.

帝)의 섭정(攝政)이 곧 단군왕검이며 서기전 2357년부터 서기전 2333년까지 단군왕검이 홍제의 외손(外孫)으로서 다스린 것이 된다.[318]

서기전 2698년에 공손씨를 이어 유웅국의 왕이 된 헌원이 욕심이 생겨 염제신농국을 차지한 치우천왕에게 도전하였다. 유웅국은 소전씨로부터 이어져 온 나라인데, 그 백성들은 지소씨족(支巢氏族)과 황토인(黃土人)들로 이루어졌다.

지소씨족은 파미르고원에서 서기전 7197년에 사방분거 하기 이전인 서기전 8000년경에 먼저 동쪽으로 마고성(麻姑城)을 나가 사막지대에 정착한 선주민이다.[319] 또 황토인은 서기전 3400년경 여와(女媧)가 혼인법을 제정하여 불어나게 한 족속으로 중국인들의 조상이 된다.

서기전 2700년경 당시 치우천왕의 군사들은 동철기(銅鐵器)를 사용하고 있었으며, 헌원의 유웅국 군사들은 석기를 사용하고 있었다고 기록된다. 헌원이 군사를 일으켜 치우천왕에게 도전하기를 10년 사이에 73회나 되며 합100여회가 된다. 그러나, 헌원은 연전연패함으로써 급기야는 전쟁중에 방향을 잃지 않고 도주하기 위하여 지남거(指南車)를 만들기도 하였다.

치우천왕은 81개 편대(編隊)를 조직하여 탁록(涿鹿)의 벌판으로 나아가 헌원의 무리를 격파하였다. 먼저, 치우천왕은 군사들에게 삼륜구서(三倫九誓)를 저버린 헌원을 토벌할 것을 공표하고 독려하였다. 치우천왕의 군사들이 지나간 자리에는 100리에 걸쳐 헌원의 군사들이 흘린 피로 물들일 만큼 헌원은 전쟁마다 큰 타격을 받았다.

산해경(山海經)에서 치우가 풍백(風伯)과 우사(雨師)에게 청하여 폭풍우로 헌원

---

318) 단군왕검이 황제헌원의 나라인 유웅국(有熊國)을 섭정하였다고 주장하는 설이 있으나, 염제신농국의 후신인 단웅국(檀熊國:웅씨국의 하나)의 비왕이었던 것이다. 단웅국은 단국(배달나라)과 웅씨국(웅씨족의 나라:곰족의 나라)의 결합체가 되는 국명이 된다. 그리하여 단군왕검은 배달나라는 물론 염제신농국의 정통성을 이어 조선을 개국한 것으로 된다.

319) 전게 부도지, 30쪽 및 56쪽 참조

(軒轅)을 혼줄나게 하였다고 기록하는 것은, 치우가 곧 배달나라의 한웅천왕(桓雄天王)으로서 풍백과 우사의 군사들을 이끌고 헌원을 토벌한 것을 단적으로 나타내는 것이 된다.

아마도 헌원이 풍백과 우사가 아닌 운사(雲師)였다가 반란을 일으켰을 가능성이 많은데, 헌원이 유웅국의 벼슬이름에 운(雲)자를 사용한 것에서도 짐작할 수 있다[320]. 즉 헌원은 유웅국 출신으로서 배달나라의 운사를 지내다가 염제신농국이 쇠퇴하자 욕심이 생겨 운사(雲師) 자리를 내놓고 유웅국으로 돌아가 군사를 모아 난을 일으킨 것으로 보이는 것이다.

3. 청구(青邱) 시대

서기전 2697년경부터 시작된 치우천왕과 헌원의 전쟁은 약 10년 후인 서기전 2688년경에 종료되었는데, 자부선인(紫府仙人)의 가르침을 받은 헌원이 삼황내문경(三皇內門經)을 읽고 도(道)를 깨달아 진정한 신하로 되돌아가 치우천왕에게 굴복하였던 것이다.

이후 치우천왕은 오장군(吳將軍)[321]을 보내어 서쪽 지역의 고신(高辛)[322]을 쳐서 공을 세우게 하였다. 이로써 치우천왕은 12제후국[323]을 모두 평정하고 세상은 다시 평화시대가 되었으며, 이후 서기전 2383년경까지 약 300년간은 거의 전쟁이라고 할 만한 사건이 없게 되었다.[324]

---

320) 전게 십팔사략(상), 21쪽 참조

321) 배달나라 시대에 이미 오(吳)씨나 오(吳)나라가 있었던 것이 될 것이다.

322) 배달나라 시대에 이미 고신(高辛)이라는 지명이나 국명이 있었던 것이 분명한데, 이는 제곡고신씨의 수도가 고신(高辛)인 데서 알 수 있다.

323) 서기전 2697년경 치우천왕에게 복속한 12제후국으로는 소호국, 유웅(공손)국, 염제신농국, 고신, 고양, 대요, 창힐, 공공(共工), 축융(祝融) 등을 들 수 있겠다.

사마천은 사기(史記)에서 치우천왕을 그들 중국의 천자(天子) 사상으로 윤색하여 천자였다는 식으로 묘사하였으나, 실은 제후격인 천자(天子)가 아니라, 천자를 봉(封)하는 본 임금인 천왕(天王)이었던 것이다. 치우천왕은 자오지(慈烏支) 한웅(桓雄)이라고도 하는데, 자오지는 치우와 같은 말로서 다른 표기가 되는 것이다.

치우천왕의 능(陵)은 산동성(山東省) 동평군(東平郡) 수장현(壽張縣) 관향성(關鄉城) 가운데 있다.[325] 높이가 7척으로 진(秦)나라와 한(漢) 나라 때 주민들이 치우천왕을 동황태일(東皇太一)로 모시면서 10월이면 제사를 올렸고, 붉은 기운이 뻗쳐 이를 치우기(蚩尤旗)라 불렀다. 한나라 시조 유방(劉邦)은 장안(長安)에 치우의 사당을 세우기도 하였다.[326]

12제후국은 대표적인 제후국을 가리키는 것이며, 동서남북중 오방(五方)의 큰 제후국과 고양(高陽), 고신(高辛), 염제국(炎帝國) 등 오방에 봉해진 제후국들을 모두 가리키는 것이다.

배달나라 시대에 중앙에는 오가(五加)가 있고 지방에는 오부(五部)가 있으니, 동서남북중의 청부(靑部), 백부(白部), 적부(赤部), 흑부(黑部), 황부(黃部)인데, 치우천왕 시대에 오부의 천자 중 청제(靑帝)는 창힐(蒼詰), 백제(白帝)는 소호(少昊), 흑제(黑帝)는 대요(大撓), 적제(赤帝)는 축융(祝融), 황제(黃帝)는 헌원(軒轅)이다.

흑제 대요의 나라는 탁록의 북쪽에 있었고, 그 동쪽으로 산동지역을 포함한 나라가 청제 창힐의 나라가 되며, 탁을 기준으로 하여 서쪽에 황제헌원의 나라가 있었던

---

324) 전게 한단고기 〈태백일사/신시본기〉, 182쪽 참조. 요임금은 서기전 2282년에 유웅국의 천자이던 제곡고신씨로부터 도(陶)에 봉해진 후 군사를 일으켜 전쟁을 일삼았던 것이며, 서기전 2357년 갑진년에 유웅국의 천자이던 제지(帝摯)를 공격하여 멸망시키고 당(唐)나라를 세웠고, 이후 계속적으로 전란(戰亂)을 일으켰던 것이 된다.

325) 이로써 치우천왕이 수도를 삼은 곳이 산동지역이며, 산동지역에 청구(靑邱)가 있음이 분명하게 된다.

326) 이렇게 유방(劉邦)이 치우천왕을 모신 행위는 서기전 2688년경에 황제헌원이 치우천왕에게 신복한 후 대대로 내려온 소위 화하족(華夏族) 또는 한족(漢族)의 전통문화가 되는 것이다.

것이 되며, 황제헌원의 나라 서쪽에 백제국이 있었던 것이다.

대요는 배달나라의 간지(干支)의 술(術)을 배웠고, 창힐은 배달나라 문자인 부도문(符圖文)을 배웠다. 부도문은 상형문자로서 그림문자를 가리키는데, 배달나라 문자인 녹도문(鹿圖文)을 의미한다.

소호씨(少昊氏)는 소전씨와 함께 고시씨의 후손이다. 즉 소호씨도 웅족(熊族) 출신이다. 소호씨는 배달나라 시대의 서부(西部)의 천자(天子)인 백제(白帝)이며, 소전씨의 후손인 헌원은 중부(中部)의 천자(天子)인 황제(黃帝)가 되었다.

자부선인(紫府仙人)은 서기전 2700년대인 치우천왕 시대에 도학(道學)의 대가로서, 천문지리 및 역학(易學)에 밝아 칠정운천도(七政運天圖)를 만들고 역법(曆法)을 정리하여 칠성력(七星曆)과 윷놀이를 만들었다.

서기전 2697년 이후 10년 이상 헌원이 치우천왕에게 도전하던 것을 자부선인이 가르침을 주어 천지인의 도리를 깨닫게 하여, 치우천왕이 삼신(三神)의 대리자이며 헌원 자신은 삼신을 보좌하는 오제(五帝)의 하나임을 깨닫게 함으로써 신하로 되돌아가게 하였으며, 이에 황제헌원은 자부선인으로부터 전수받은 도를 후대에 남겨 중국도교의 시조가 되었던 것이 된다.

청제(靑帝)였던 창힐(倉詰)은 배달나라 문자의 대가로서 황제헌원에게 문자를 전수하여 주었는데, 창힐의 나라는 산동지역을 포함하는 동쪽의 땅이 되고, 산동지역에서 출발한 나라가 되는 단군조선에서 문자가 한층 더 발전하였으며, 서기전 2181년에 상형문자에서 출발한 소리글자인 가림토38자[327)가 정립된 것은 다 그 연유가 있는 것이 된다.

서기전 2599년에 소호국 출신의 금천씨가 황제헌원의 뒤를 이어 왕이 되었는데, 소호금천씨는 황제헌원의 친자(親子)가 아니라 대를 이은 임금인 것이다. 소호금천씨는 서기전 2514년에 황제헌원의 친손자인 전욱(顓頊)에게 자리를 물려주고 서

---

327) 전게 한단고기 〈단군세기〉, 67쪽 참조

방의 백제국(白帝國)으로 되돌아갔다.

현재 김씨의 시조로 받들어지는 소호금천씨는 서기전 2697년경 당시 백제국의 왕 소호씨(少昊氏)의 아들로서 동방으로 와서 염제신농국의 8대왕 유망(楡罔)에게 협조하고 있었는데, 치우천왕이 염제국을 치자 소호씨가 항복하였고, 치우천왕이 헌원을 칠 때 소호씨를 선봉장으로 삼아 토벌하였던 것이다.

서기전 2688년경 헌원이 치우천왕에게 굴복하여 치우천왕으로부터 중부(中部)의 황제(黃帝)로서 정식 천자(天子)로 인정받은 후, 황제헌원이 죽자 항복한 소호씨의 아들이 되는 소호금천씨가 황제헌원의 뒤를 이어 유웅국(有熊國)의 왕이 되었던 것이다. 이후 소호금천씨는 황제헌원의 손자인 전욱고양씨에게 천자 자리를 물려주고 서방에 있는 고향인 백제국(白帝國)으로 돌아갔다. 그래서 소호금천씨를 천자 위의 천자로서 존칭하여 태상천자(太上天子)[328]라 부르기도 하는 것이다.

---

328) 천자를 높여서 태상천자라 하거나, 천자 자리를 물려주고 물러났을 때 태상천자라 함은 타당하지만, 제후가 되는 천자(天子)를 상국(上國)의 임금이 되는 천왕(天王)이라 함은 망발이 된다. 천자는 천하의 왕이며, 천왕은 천상의 왕으로서 하늘과 땅 차이가 나는 바, 천왕이 붕하면 천제(天帝)라 부르는 것은 타당하나, 천자가 훙하면 천왕이라 부르는 것은 천상과 천하를 동일시한 무례한 처사가 되어 대역죄에 해당한다 할 것이다. 천자가 훙하면 천자의 윗자리가 되는 천공(天公), 천후(天侯), 천백(天伯)으로 부르는 것이 타당하다. 여씨춘추에 나오는 작위천자(爵爲天子)라는 말은 천자는 봉작을 받는 천국(天國)의 제후라는 뜻이 된다. 천제는 천국의 제이고, 천왕은 천국의 왕이며, 천군(天君)은 천국의 군(君)이 된다. 즉 천자(天子)는 천국의 자작(子爵)인 것이다.

배달나라 제후국의 역사

　배달나라 말기인 치우천왕(治尤天王) 시대에 12제후국이 있었다.[329] 치우천왕이 염제신농국(炎帝神農國)을 시작으로 모두 12제후국을 평정하였다. 이들 나라는 대체적으로 내몽골, 대동부(大同府), 산동(山東), 양자강, 서안(西安)에 걸쳐 있던 나라가 된다.

　제후국은 대체적으로 한국(桓國)의 구족(九族)[330]에 속한 나라가 되는데, 배달나라 시대의 제후국은 한국(桓國)의 중심지였던 흑수백산(黑水白山) 이외의 지역이 된다. 즉 배달나라 시대의 정치적 중심지는 태백산(太白山)~청구(靑邱) 지역으로서 소위 중원(中原) 지역과 산동(山東) 지역이 되는 것이다. 소위 중원지역은 황제헌원 이후 고대중국이 자리한 곳이 된다.

　배달나라가 융성하던 때 따로이 봉해진 제후국은 대체적으로 삼사오가(三師五加) 출신의 나라가 되는데, 서기전 3528년경 우사(雨師) 태호복희에 의하여 시작된 진제국(震帝國), 서기전 3242년 강수(姜水)지역에 봉해진 소전씨(少典氏)의 유웅국(有熊國), 서기전 3218년 우가(牛加) 신농(神農)에 의하여 염제국(炎帝國), 서기

---

329) 전게 한단고기 〈태백일사/신시본기〉, 178쪽 참조
330) 한국시대 12한국과 9족의 관계를 혈연적 관계와 지역적 분포를 밝히는 일이 필요하다.

전 2698년에 유웅국의 헌원(軒轅)에 의하여 황제국(黃帝國), 동쪽지역의 창힐의 청제국(靑帝國), 서쪽지역의 소호(少昊)의 백제국(白帝國), 남쪽지역의 축융(祝融)의 적제국(赤帝國), 북쪽지역의 대요(大撓)의 흑제국(黑帝國) 등이 있으며, 고신국(高辛國), 고양국(高陽國) 등도 있었다.331)

1. 진제국(震帝國)

배달나라의 우사를 지낸 한웅의 아들 태호복희가 산동지역의 진(陳) 땅을 중심으로 다스린 나라이다. 태호복희가 한웅 천왕(天王)의 아들이므로 천군332)이 되어 진제국은 천군국(天君國)이 된다.

---

331) 〈侯國〉

　　西土 盤古可汗, 時有神市桓雄之歲有西土之地盤固者欲分道而往請乃許之三危拉木洞而立爲君謂之曰盤古可汗也. 傳工共有巢有苗有燧.

　　中土 震帝國, 自桓雄天王五傳太虞儀桓雄 季者太皡復號伏羲世襲雨師之職遂從于陳並與燧人立號於西土也. 癸酉封西土君主後中土震帝傳妹女媧.

　　中土 有熊國, 熊國之西鄙曰少典安夫連桓雄之末宗室少典封有熊國君主以命監兵于姜水以己未之年也.

　　中土 炎帝國, 炎帝神農氏有熊國君主少典子石年出長於姜水爲姓姜生因神龍爲氏神農伏羲之沒神農氏作繼位以火德王故號炎帝初仍設都於陳徙都山東曲阜在位一百四十年傳子孫帝臨魁在位八十年帝承在位六十年帝明在位四十九年帝直在位四十五年帝釐在位四十八年帝哀在位四十三年帝楡罔在位五十五年傳檀熊國王.

　　檀熊國, 慈烏支桓雄二甲年甲子以命炎帝楡罔子窮桑檀熊國君主都於空桑號曰帝魁在位九十一年傳子孫承繼帝罔在位七十一年帝成在位七十六年泰帝在位六十年洪帝在位四十二年聖帝在位二十四年國人戴承大統檀帝天子位.

　　中土 熊國, 檀國桓儉蚩尤天王起天兵直赴涿鹿之野擒軒轅而臣之後以命軒轅黃帝中土熊國君主在位一百年少昊金天氏八十四年顓頊高陽氏在位七十四年帝嚳高辛氏在位七十年帝摯在位八年唐堯陶唐氏在位一百年喪二年帝舜有虞氏在位四十八年喪二年夏禹以後商殷周漸次離脫別建國號曰中國也.〈이상 金殷洙, 註解 桓檀古記, 가나출판사, 1985. 참조〉〈전게 부도지, 237~238쪽〉

332) 전게 한단고기 〈태백일사/신시본기〉, 176~177쪽, 183쪽 및 전게 십팔사략(상), 18쪽 참조

천군은 일반적인 천하왕(天下王)인 천자(天子)와는 달리, 제사장으로서 하늘에 제를 올리는 권한을 가지는 왕이다. 즉 천부삼인(天符三印)을 전수받아 하늘과 땅을 모두 다스리는 임금이 된다. 반면, 천자는 땅나라 즉 인간세상만을 다스리는 임금이다.

태호복희는 서기전 3528년 계해년부터 서기전 3413년까지 115년간을 다스리고 여와가 대를 이었다.

태호복희를 이은 여와(女媧)는 서기전 3413년 무진년부터 서기전 3283년까지 다스렸으며, 서기전 3400년경에 대홍수가 발생하여 부주산(不周山)이 무너지는 등 산천이 크게 부서졌으며, 여와가 무너진 산을 보수하는 등 홍수를 다스렸다. 당시 여와(女媧)와 공공(共工)과의 관계가 안 좋았던 것이 되는데, 공공은 배달나라 시대에 둔 직책으로서, 홍수(洪水)의 치수(治水) 등 공사를 맡은 직책이 되고, 각 제후국에도 둔 제도가 된다. 치수와 관계되어 공공씨(共工氏)가 후에 홍씨(洪氏)가 되었다고 한다.

여와는 오늘날의 중국인의 조상이 되는 황토인(黃土人)을 혼인법을 제정하여 번창하게 하였다. 여와가 칡넝쿨로 진흙을 튀겨서 황토인을 창조하였다는 식의 기록은 혼인법을 제정하여 인구를 늘렸다는 것을 비유적으로 적은 것이 된다.

여와와 관련한 홍수 역사와 홍토인을 창조하였다는 역사는 후대에 서방으로 전해져 구약의 창세기 기록과 연관되어진 것으로 된다. 배달나라 시대에도 서기전 7197년경 황궁씨(黃穹氏) 시대부터 시작된 순행제도(巡行制度)를 이어 각 사방으로 순행을 하면서 역사, 종교, 역법, 과학[333] 등 문화를 전파하였던 것이 된다.

태호복희의 후손들이 풍산(風山)에 살아 풍씨(風氏)가 되었으며, 후대에는 패(佩), 관(觀), 임(任), 기(己), 포(庖), 이(理), 사(姒), 팽(彭)의 8성(姓)이 되었다. 특히 이들 성씨 중 사(姒)는 하(夏)나라 시조 우(禹)의 성씨이기도 하다. 그리하여 우를 태

---

333) 우리 역사상 과학문화의 상세한 역사 정립이 필요하다.

호복희의 후손이라고도 한다. 즉 하우(夏禹)는 태호복희 후손으로서 모계성(母系姓)을 딴 것이 된다.

태호복희의 능(陵)은 산동성(山東省) 어대현(魚臺縣) 부산(鳧山)의 남쪽에 있다. 태호복희의 진제국은 서기전 3528년 계유년(癸酉年)부터 서기전 3218년 계미년(癸未年)까지 16대 310년간 존속하였다 하는데, 여와 이후 분파되어 존속한 것이 되며, 서기전 3218년에 염제신농에 의하여 염제국으로 이어졌다.

2. 유웅국(有熊國)

서기전 3242년 기미년(己未年)에 배달나라 7대 거련(居連) 한웅(桓雄)이 소전씨(少典氏)를 황하(黃河) 중상류지역인 서안(西安) 부근의 강수(姜水) 지역에 봉하여 감병(監兵)을 관장하게 하였다. 소전씨가 거련한웅의 종실(宗室)이라고도 하는 바, 거련한웅은 웅족 출신으로서 화백회의(和白會議)에서 한웅으로 선출된 것이 된다.

유웅국은 후대에 소전씨의 후손인 공손씨(公孫氏)로 이어지고 황제헌원(黃帝軒轅)에 의하여 황제국(黃帝國)으로 계승되었다. 황제헌원의 나라를 유웅국(有熊國) 또는 웅국(熊國)이라고도 한다.

공손씨의 공손(公孫)이라는 말은 곰(熊)의 손(孫), 즉 웅족의 후손이라는 이두식 표기가 된다. 즉 유웅국은 곰족의 나라 중 하나인 것이다. 염제국(炎帝國)의 시조가 된 신농씨(神農氏)는 소전씨의 아들이 되고, 공손씨(公孫氏)는 소전씨의 별고(別孤)라고 한다.334)

---

334) 전게 한단고기 〈태백일사/삼한관경본기〉, 196쪽 참조. 별고라 함은 적자(嫡子)나 적손(嫡孫) 또는 아버지가 알고서 키운 서자(庶子)나 서손(庶孫)이 아닌, 어머니가 홀로 키운 사생아(私生兒) 등을 가리키는 것이 될 것이다. 혈족의 별파(別派)라고 할 수 있다.

3. 염제국(炎帝國)

소전씨의 아들인 신농(神農)은 배달나라 우가(牛加)를 지낸 후, 열산(列山)에서 염제국을 세우고, 서기전 3218년에 산동지역에 있던 태호복희의 진제국을 접수하여 진(陳) 땅에 수도를 삼았고, 나중에 수도를 곡부(曲阜)로 옮겼다. 염제신농국(炎帝神農國)이라 부른다.

열산은 서안부근의 강수 지역에 있었던 것으로 신농씨의 고향이 되고 나라를 동쪽으로 옮기어 태호복희의 나라를 접수한 것이 된다.

염제국은 서기전 2697년 갑자년에 치우천왕에게 평정될 때까지 8대 522년간 이어졌다. 염제의 염(炎)이 남쪽을 의미하나 동서남북중의 남에 해당하는 적제(赤帝)와는 다르다.

염제신농은 출신지인 강수(姜水) 지역의 열산(列山)에서 시작하여 서기전 3218년 계미년(癸未年)에 진(陳) 땅을 중심으로 염제국(炎帝國)을 열고 나중에 수도를 곡부(曲阜)로 옮겼으며, 서기전 3078년까지 140년간 다스렸다. 염제신농의 성씨는 강씨(姜氏)이다.

제2대 제임(帝臨)은 서기전 3078년 계묘년(癸卯年)부터 서기전 2998년까지 80년간 다스렸다.

제3대 제승(帝承)은 서기전 2998년 계해년(癸亥年)부터 서기전 2938년까지 60년간 다스렸다. 제승이 제2대로 제임을 제3대로 순서를 바꾸어 기록한 데도 있다.

제4대 제명(帝明)은 제직(帝則)이라고도 기록되는데, 서기전 2938년 계해년(癸亥年)부터 서기전 2889년까지 49년간 다스렸다.

제5대 제의(帝宜)는 제직(帝直) 또는 제백(帝百)이라고도 기록되는데, 서기전 2889년 임자년(壬子年)부터 서기전 2844년까지 45년간 다스렸다.

제6대 제래(帝來)는 제리(帝釐)라고도 기록되는데, 서기전 2844년 정유년(丁酉年)부터 서기전 2796년까지 48년간 다스렸다.

제7대 제양(帝襄)은 제애(帝哀)라고도 하는데, 서기전 2796년 을유년(乙酉年)부터 서기전 2753년까지 43년간 다스렸다.

제8대 제유(帝楡)는 유망(楡罔)이며, 서기전 2753년 무진년(戊辰年)부터 서기전 2697년까지 56년간 다스렸고, 수도를 공상(空桑)으로 삼았으며, 서기전 2697년에 폐위되고 서기전 2696년에 사망하였다. 공상은 진류(陳留)라는 땅이다.

치우천왕은 서기전 2697년 갑자년(甲子年)에 염제국을 평정하여 8대 유망(楡罔)을 폐하고 그 아들 괴(魁)를 공상(空桑)에 봉하니, 염제신농국의 후신(後身)으로서 단웅국(檀熊國)이라 불린다. 단웅국은 서기전 2333년까지 5대 365년간 이어진다.

4. 황제헌원국(黃帝軒轅國)

황제국(黃帝國)은 서기전 2698년 계해년(癸亥年)에 유웅국(有熊國)335) 왕이 된 헌원(軒轅)이 치우천왕에게 약 10년간 도전(挑戰)한 후 서기전 2688년경 굴복하여 진정한 신하가 되어 중부(中部)에 해당하는 땅이라 하여 봉해진 나라가 된다.

유웅국은 처음 서안 부근의 강수지역에 있었다가 공손씨의 대에 이르러 감병(監兵)을 게을리 하여 귀양을 간 곳이 공손씨의 유웅국이 되는 땅이다. 공손씨의 유웅국은 강수에서 동쪽이자 탁록의 서쪽이 되는 곳으로서 황하북부의 황토지역이 되며 태원(太原) 남서쪽의 소위 중원 땅이 된다.

서기전 2698년 계해년에 유웅국 왕이 된 헌원이 서기전 2697년경 군사를 일으켜 수도를 탁록(涿鹿)으로 옮기는 등 치우천왕에게 도전하기를 10년간에 73회, 합 100여회였는데, 자부선인(紫府仙人)으로부터 삼황내문경(三皇內門經)을 전수받고 천지인(天地人)의 도리를 깨달아, 배달나라의 진정한 신하가 됨으로써 천자(天

---

335) 유웅국은 원래 공손씨의 나라이며, 헌원이 황제(黃帝)가 되었으므로 황제국(黃帝國)이라 불리는 것이 된다. 후대의 요순 임금과 하은주는 이 황제헌원의 나라를 이은 것으로 된다.

子)로 인정받아 황부(黃部) 지역의 임금인 황제(黃帝)가 되었던 것이다. 헌원이 수도로 삼은 탁록은 지금의 대동부(大同府)로서 태원(太原)의 북쪽이 된다.

황제헌원의 나라를 유웅국(有熊國)이라고도 하고 웅국(熊國)이라고도 한다. 곰족 즉 웅족의 나라임이 바로 나타난다.

황제헌원을 이은 임금이 소호금천씨(少昊金天氏)이다. 소호금천씨는 황제헌원의 아들이 아니면서 대를 이었고 나중에 황제헌원의 손자인 전욱에게 선양(禪讓)하고는 황하 상류 부근이 되는 서방의 백제국(白帝國)인 소호국(少昊國)으로 돌아갔다.

서기전 2697년 치우천왕이 염제국을 칠 때 소호씨(少昊氏)가 염제국의 유망과 더불어 전쟁에 임하였다가 항복을 하였으며, 치우천왕이 황제헌원을 칠 때 소호씨가 치우천왕 군대의 선봉장이 되었다.

황제헌원은 서기전 2698년 계해년(癸亥年)에 왕이 되어 서기전 2599년까지 100년간 다스렸는데, 서기전 2706년부터 서기전 2598년까지 109년간 본국인 배달나라를 다스린 치우천왕보다 1년 일찍 죽었다.

황제헌원은 원래 공손씨(公孫氏)였다가 성씨를 모계성인 희(姬)로 고쳤다.336)

서기전 2598년에 소호금천씨가 황제헌원의 뒤를 이어 유웅국 왕이 되었는데, 소호금천씨는 치우천왕 시절에 활동하였던 소호씨의 아들로 추정된다.

소호금천씨는 서기전 2598년 계묘년(癸卯年)부터 서기전 2514년까지 84년간 다스렸다. 소호금천씨를 황제헌원의 아들인 현효(玄囂) 또는 청양(靑陽)이라고도 하는데, 황제헌원의 친자(親子)가 아니라 백제국(白帝國) 소호씨(少皓氏)의 후손이다. 소호금천씨가 다스린 나라의 수도가 황제헌원이 수도로 삼았던 탁록(涿鹿)이 아니라 금천(金天)이라는 땅이 될 것이다.

---

336) 전계 십팔사략(상), 20쪽. 公孫이라는 글자는 곰손 즉 곰의 후손이라는 말의 이두식 표기가 된다.

소호금천씨가 김씨(金氏)의 실질적인 시조가 된다. 즉 가야김씨, 신라김씨의 공동조상이 소호금천씨인 것이다. 소호는 이미 국명(國名)이 되고 금천(金天, 金泉)은 특정 지명(地名) 또는 인명(人名)이 된다. 소호금천씨의 성씨를 기씨(己氏) 또는 이씨(已氏)라고도 한다.

전욱고양씨(顓頊高陽氏)는 황제헌원의 아들인 창의(昌意)의 아들로서 황제헌원의 손자이며, 서기전 2514년 정묘년(丁卯年)에 소호금천씨의 뒤를 이어 유웅국의 왕이 되었고 서기전 2436년까지 78년간 다스렸다. 전욱은 인명(人名)이며, 고양(高陽)은 지명(地名) 또는 나라의 중심지를 가리킨다. 고양이라는 나라는 배달나라 시대에 있었던 제후국 땅이 된다. 즉 전욱이 수도를 삼은 곳이 고양이라는 땅이 된다.

제곡고신씨(帝嚳高辛氏)는 황제헌원의 아들인 현효 또는 청양의 손자로서 전욱고양씨의 뒤를 이어 서기전 2436년 을유년(乙酉年)에 유웅국 왕이 되었는데, 제지(帝摯)와 제요(帝堯, 요임금)의 아버지이다. 즉 제지와 제요는 이복형제가 된다. 서기전 2366년까지 70년간 다스렸다.

고신(高辛)도 지명(地名)으로서 배달나라 시대에 제후국 땅이 된다. 제곡이 수도를 정한 곳이 고신이라는 땅이 되는 것이다. 제곡고신씨가 수도로 삼은 곳이 박(亳)이라 하는데, 은나라 때의 수도가 되는 곳이기도 하다. 고신(高辛)이라는 땅이 후대에 박(亳)337)이라는 땅이 되는 것이다.

제지(帝摯)는 제곡고신씨의 아들이며, 제곡고신씨를 이어 서기전 2366년 을미년(乙未年)에 유웅국의 왕이 되었다. 이복동생인 요(堯)가 제곡고신씨 시대인 서기전 2383년경에 도(陶)에 봉해진 후, 수시로 군사를 일으켜 전란(戰亂)을 일으켰으며, 서기전 2357년 갑진년에 유웅국의 왕, 천자였던 이복형 제지를 멸하고 스스로 천자(天子)가 되었다. 즉 제지는 9년간 다스린 것이 된다.

---

337) 박(亳)은 밝의 이두식 표기로 보인다. 은나라의 수도가 박(亳)인데, 은나라를 세운 주인공들은 하나라나 주나라로 볼 때는 단군조선이 직접 개입한 세력으로서 소위 동이족(東夷族)이 된다.

요(堯)는 배달나라의 질서를 어지럽히고 스스로 제왕(帝王)이라 참칭하면서 마음대로 구주(九州)를 나누고[338] 이웃 나라를 침략하기를 즐겼다.

유웅국의 왕인 천자(天子) 제요(帝堯)가 서기전 2357년에 유웅국을 차지한 후 전쟁을 일삼았으며, 급기야는 단군왕검(檀君王儉)이 비왕(裨王)으로 섭정을 하고 있던 단웅국(檀熊國)[339]까지 기습침략하기에 이르렀다.

요는 서기전 2401년에 출생하여 서기전 2383년에 도(陶)에 봉해진 후, 전란을 일으켜 서기전 2357년 갑진년(甲辰年)에 당(唐)을 세웠고, 섭정이던 순(舜)이 천자 자리를 찬탈한 서기전 2284년까지 73년간 다스렸으며, 제후로서 다스린 시기를 합하면 합 100년간이 된다. 당나라의 수도는 평양(平陽)이다. 요는 성씨(姓氏)가 이기(伊祈)이며 이름은 방훈(放勳)이다.

5. 단웅국(檀熊國)

단웅국은 염제신농국(炎帝神農國, 炎帝國)이 서기전 2697년 갑자년에 배달나라 제14대 자오지(慈烏支) 한웅(桓雄) 즉 치우천왕(治尤天王)에게 평정당하여, 제유(帝楡, 楡罔)의 아들 괴(魁)가 공상(空桑)에 봉해진 나라이다.

처음 염제국은 서기전 3218년 계미년(癸未年)에 신농씨(神農氏)가 열었고, 말기에 이르러 쇠퇴하므로 다른 제후국들이 병탄하려 욕심을 내던 차에 치우천왕이 질서를 바로 잡기 위하여 서기전 2697년 갑자년에 평정하였던 것이다.

염제신농국은 웅족(熊族)의 나라이다. 배달나라 본국과 제후국인 웅씨족의 나라가 결합된 나라로서 단웅국(檀熊國)이라 불리는 것이 된다.

---

338) 전게 부도지, 56쪽 참조
339) 염제신농국의 후신이 된다. 서기전 2697년에 치우천왕이 염제신농국을 평정하여 유망을 폐하고 그 아들 괴를 세워 공상에 천자(왕)으로 봉하였다.

유망(楡罔)이 염제국의 왕이던 때에 쇠퇴의 길을 걷고 있었는데, 유웅국(有熊國)의 왕이던 헌원(軒轅)이 천하를 욕심을 내어 판천(阪泉)이라는 들에서 유망과 싸워 이기긴 하였으나, 이때 배달나라 치우천왕이 크게 군사를 일으켜 염제국을 공격하여 유망을 항복시키고 먼저 평정(平定)하였던 것이 된다.[340]

치우천왕이 염제국을 치자 유망은 소호(少昊)를 선봉장으로 내세웠으나 곧바로 도주를 하였으며 결국 유망과 소호는 치우천왕에게 항복하였다. 이에 치우천왕이 유망을 폐하고 그 아들 괴를 세워 봉한 것이다.

제1대 제괴(帝魁)는 서기전 2697년 갑자년(甲子年)부터 서기전 2606년까지 91년간 다스렸으며, 수도는 공상(空桑, 陳留)이다.

제괴는 서기전 2691년에 자부선인(紫府仙人) 광성자(廣成子)를 광명왕(光明王)으로 봉하였다.[341]

제2대 제망(帝罔)은 서기전 2606년 을미년(乙未年)부터 서기전 2535년까지 71년간 다스렸다. 서기전 2550년에 자부선인(紫府仙人)의 사당을 세워 양현사(養賢祠)라 하였다.

제3대 제성(帝成)은 서기전 2535년 병오년(丙午年)부터 서기전 2459년까지 76년간 다스렸다. 서기전 2523년에 유웅국의 왕 소호금천씨(少昊金天氏)의 침입을 받았으나 화평을 하였다. 서기전 2476년에 치우천왕을 모신 사당인 치우묘(蚩尤廟)를 건립하였다.[342] 서기전 2472년에 유웅국의 전욱고양씨와 수호하였다.

제4대 태제(泰帝)는 서기전 2459년 임술년(壬戌年)부터 서기전 2399년까지 60년간 다스렸다. 서기전 2414년에 염제신농국의 역사를 지었다. 서기전 2457년 갑자년에 단군왕검이 탄생한 것으로 기록되기도 하는 바, 단군왕검의 조부(祖父)로서

---

340) 전게 한단고기 〈태백일사/신시본기〉, 178쪽 참조
341) 치우천왕이 봉한 것이 될 것이다.
342) 치우천왕 묘는 배달나라 본국에서 건립하였던 것이 될 것이다.

한인(桓因)을 태제로 대입한 것이 된다.343)

제5대 홍제(洪帝)는 서기전 2399년 임술년(壬戌年)부터 서기전 2333년까지 66년간 다스렸다. 서기전 2398년 홍제가 유백녀(楡伯女) 신웅(神熊)을 비로 삼았다. 서기전 2392년에 유웅국의 제곡고신씨가 침입하였으나 물리쳤다.

단군왕검(檀君王儉)께서 아버지는 배달나라 거불단(居弗檀) 한웅(桓雄), 어머니는 홍제(洪帝)의 딸로서 서기전 2370년 5월 2일 인시(寅時)에 탄생하셨다. 그래서 홍제는 단군왕검의 외조부가 된다. 서기전 2360년 유웅국의 제지(帝摯)가 침입하였으나 토벌하였다. 서기전 2357년에 제지(帝摯)와 요(堯)가 전쟁을 하였는데 요가 승리하여 천자자리를 차지하였다.

서기전 2357년 단군왕검이 14세 되던 해에 홍제가 외손자(外孫子)인 단군왕검에게 섭정을 맡겼다. 이에 단군왕검이 비왕(裨王)으로 섭정하기를 서기전 2333년까지 24년간이 된다.344) 비왕(裨王) 시절의 단군왕검은 성제(聖帝)라 불린다.

서기전 2357년에 유웅국의 왕이 된 요(堯)가 서기전 2349년에 침입하므로 격퇴하였으며, 서기전 2335년에 재침하였고, 서기전 2334년에는 기습 침략하였다.345)

---

343) 일부에서 단군왕검의 연수를 217세라 하여 서기전 2457년부터 서기전 2241년까지 사셨다라고 하는데, 이는 한인, 한웅, 단군을 3대로 만들어 대입한 것이 되며, 실제 단군왕검은 서기전 2370년 5월 2일에 탄생하셨다. 대진국 제3대 문황제 때 지은 삼일신고봉장기에 단군왕검이 서기전 2457년에 탄생한 것으로 기록되고 있다. 이는 단군왕검이 비왕(裨王)으로 있던 단웅국(염제신농국)의 왕인 외조부 홍제, 태제를 각 한웅, 한인으로 대입하면서 삼신일체 사상에 의하여 단군왕검 한분으로 융합된 것으로 된다. 특히 대종교측에서 단군왕검의 연수를 217세로 따르고 있는데, 한단고기의 역사기록을 보더라도 하루빨리 역사적 사실에 부합되게 대종교측의 교리를 떠나 객관적 수정이 요구된다.

344) 전게 한단고기 〈단군세기〉, 55쪽 참조

345) 동이한족오천백년왕통사(東夷韓族五千百年王統史), 안동준(安東濬), 백악(白岳)문화사, 1978 참조. 단서대강(檀書大綱)에는 요가 서기전 2357년에 침략하고 , 서기전 2353년에 재침하고, 서기전 2334년에 삼차 침략하였다고 기록하고 있다〈전게 부도지, 208쪽 참조〉.

제3차 기습침입시에 단군왕검은 순방정치를 하던 중이었으며, 요가 단웅국의 왕성을 점령하여 버렸다. 이때 홍제가 전쟁 중에 붕하므로 단군왕검은 돌아갈 왕성을 잃었다. 이에 단군왕검은 안전지대인 동북의 아사달을 택하여 측근의 무리 800을 이끌고 수많은 강과 산 고개를 넘어면서 3,000리길을 이동하였던 것이 된다.

이로써, 염제신농국은 단군왕검이 비왕(裨王)으로 섭정하던 나라이며, 단군조선의 선대 국이면서 배달나라와 함께 단군왕검이 그 역사적 정통성을 이은 나라가 된다.

배달나라 말기에 요(堯)의 작란(作亂)으로 말미암아 세상이 시끄러웠는데, 서기전 2333년에 조선을 건국한 단군왕검이 나라를 정비한 후 10년만에 군사를 일으켜 요를 토벌(討伐)하였던 것이며, 이에 요는 정세를 바로 읽고서 단군조선에 굴복하여 정식 천자(天子)로 승인받았던 것이다.

서기전 2357년 도(陶)라는 땅에서 군사를 일으킨 요(堯)가 이복형 제지(帝摯)를 멸하고 유웅국(有熊國)을 차지하고서 천자가 된 후, 제왕(帝王) 노릇을 하면서 이웃 나라를 병탄하고 마음대로 9주를 설치하였으며, 나아가 태양력(太陽曆)인 배달나라 역법(曆法)을 폐하고 명협(蓂莢)의 풀에 의지한 음력(陰曆)을 전용함으로써 배달나라의 질서를 어지럽혔던 것인데, 서기전 2324년경에 단군왕검이 요를 굴복시키고 다시 질서를 바로 잡아 회복하였던 것이다.

요(堯)의 작란과
단군왕검의 아리랑 여정

1. 요(堯)의 정체

　단군왕검(檀君王儉)과 병립하였다는 소위 요임금346)은 배달나라 시대의 제후국이던 유웅국(有熊國)의 왕이었는데, 서기전 2401년에 출생하여 서기전 2383년경에 유웅국 왕이던 제곡고신씨(帝嚳高辛氏)에 의하여 도(陶)에 봉해졌으며, 서기전 2357년 갑자년에 유웅국 왕이던 제지(帝摯)를 쳐서 멸하고 천자(天子) 자리를 차지하였다. 천자(天子)는 천왕(天王), 천국(天國)의 자작(子爵)이라는 제후이다.

　요(堯)는 제곡고신씨의 아들로서 제지와는 이복형제간이다. 제곡고신씨의 아들로는, 대를 이어 유웅국 왕이 된 제지(帝摯), 요(堯), 설(契), 후직(后稷) 등이 있었다. 설은 은나라 시조인 탕(湯)의 조상이 되고, 후직은 주나라의 시조인 무왕(武王)의 조상이 된다.

　서기전 2436년에 유웅국 왕이 된 제곡고신씨는 서기전 2366년까지 70년간 다스리다 아들 제지(帝摯)가 이어 다스렸는데, 서기전 2357년에 유웅국 자체 내의 소국(小國)인 도(陶)를 다스리던 요(堯)가 군사를 일으켜 제지를 멸하였다.

---

346) 전게 한단고기 〈태백일사/삼한관경본기〉, 214~215쪽 참조

이는 요가 권력에 욕심이 멀어 형을 쳐서 나라를 빼앗고 천자자리를 차지한 것이었다. 이후 요는 배달나라 중원지역을 전쟁의 소용돌이에 몰아넣었다.

2. 작란자(作亂者) 요(堯)

서기전 2357년에 유웅국 왕이 된 요(堯)는 제왕(帝王)을 참칭하면서 함부로 땅을 차지하여 구주(九州)로 나누었다. 수도는 평양(平陽)에 두었는데, 서안의 동쪽으로 태원(太原)의 남쪽이자 황하(黃河) 남류(南流)와 동류(東流) 지역 사이의 땅이 된다. 특히 요는 단군왕검의 나라를 3차례나 침범하였다.

단군왕검은 서기전 2357년에 단웅국(檀熊國) 홍제(洪帝)의 외손(外孫)으로서 14세의 나이로 비왕(裨王)이 되었다. 비왕이라 함은 보조하여 섭정(攝政)을 하는 왕이다. 서기전 2349년에 요가 단웅국(檀熊國)을 침범하였다가 격퇴되었다.

이후 서기전 2335년에도 요(堯)는 단웅국을 침범하였다가 격퇴되었다. 그런데, 서기전 2334년에는 요가 기습침략을 하였다.

서기전 2334년 당시에 단군왕검은 무리 800을 이끌고 왕성을 나가 순방정치를 하고 있었던 것이 되는데, 요(堯)가 이틈을 타서 기습침략을 하여 왕성을 점령해 버렸다. 이때 왕성 안에 있던 단웅국의 임금인 홍제(洪帝)가 전쟁 와중에 붕어하였다.347)

3. 성군(聖君) 단군왕검의 족보(族譜)

단군왕검은 서기전 2370년 신묘년(辛卯年) 5월 2일 인시(寅時)에 탄생하셨다.

아버지는 배달나라 본국의 18대 거불단(居弗檀) 한웅(桓雄)으로 단웅(檀雄)이라

---

347) 전게 부도지, 56쪽 및 전게 한단고기 〈태백일사/삼한관경본기〉, 196쪽 참조

고도 하며, 어머니는 단웅국(檀熊國) 제5대 홍제(洪帝)의 딸이다. 단웅국은 웅씨족(熊氏族)의 나라로서 선대는 염제신농국(炎帝神農國)이다.

서기전 2357년에 14세의 나이로 외조부가 되는 단웅국 홍제(洪帝)의 사랑으로 비왕이 되어 섭정을 시작하였으며, 서기전 2333년 38세까지 24년간 다스렸다. 단군왕검은 순방정치를 하면서 덕치(德治)를 펼쳐 백성들로부터 성군(聖君)으로서 숭앙을 받았다.

단군왕검(檀君王儉)의 단군(檀君)은 박달임금이라는 말로서 배달나라의 작은 임금이라는 뜻이며, 배달나라 본 임금이 천왕(天王)이므로 아들로서 천군(天君)이기도 하다. 천군은 천상, 천국의 작은 임금으로서 하늘에 제사를 올릴 권한을 가진다. 그래서 천군을 제사장이라고도 한다. 왕검(王儉)은 임금이라는 말이며, 관경을 다스리는 감독자이자 책임자이다. 왕검(王儉)은 곧 임검(壬儉)인 것이다.

임금의 순서로 보면, 제(帝), 왕(王), 군(君)이 된다. 하늘나라 즉 천국(天國)이라는 의미의 천(天)자를 붙이면 천제(天帝), 천왕(天王), 천군(天君)이 된다. 자(子)는 제후로서 군(君) 아래가 되며, 천(天)을 붙이면 천자(天子)가 되는데, 이는 하늘나라의 자작(子爵)이라는 것이 된다. 그리하여 단군조선의 나라는 천군(天君) 이상의 나라이며, 고대중국은 그 제후격이 되는 천자(天子)의 나라가 되는 것이다.

4. 단웅국(檀熊國)의 멸망과 단군왕검(檀君王儉)의 동북 피난행

서기전 2334년에 세상을 어지럽힌 반란자 요(堯)가 단웅국(檀熊國)의 왕성을 기습 점령하였고, 이때 단웅국 왕인 홍제(洪帝)가 붕하니, 무리를 이끌고 순방정치를 하던 단군왕검은 비보(悲報)를 접하고, 요의 폭돌한 난을 피하여 측근의 무리 800을 인솔하여 동북의 아사달로 향했다.

단웅국은 산동(山東) 지역에 있었다. 서기전 2697년 갑자년(甲子年)에 치우천왕(治尤天王)이 염제국(炎帝國)을 평정하고 괴(魁)를 공상(空桑)에 봉하여 단웅국 왕으로 삼았는데, 공상은 산동지역의 진류(陳留)라는 땅이다.[348] 그 이전의 염제신농국은 춘추시대의 노(魯)나라 땅이던 곡부(曲阜)를 수도로 하였다. 공상은 곡부의 동쪽 지역이 된다.

단군왕검은 공상의 왕성을 나와 순방(巡訪)을 하던 차에 요의 기습침략으로 나라를 잃었던 것이다. 이에 단군왕검은 세태를 파악하고 중원(中原)의 난을 피하여 동북으로 3,000리 이상 떨어진 아사달(阿斯達)로 측근의 무리 800을 이끌고 이동하였던 것이다.

단군왕검은 서기전 3897년 갑자년에 한웅천왕(桓雄天王)이 하늘나라인 한국(桓國)에서 서남쪽으로 1만리 이상 남하하여 태백산(太白山)에 신시(神市)를 열어 배달나라로 삼았던 땅을 뒤에 남겨두고, 원래의 한국(桓國)의 중심이 되는 땅으로 복귀한 것이 된다.

즉 아사달 지역은 서기전 7197년 천산(天山)을 중심으로 한 한국(桓國)이 시작된 이후, 점차 동쪽으로 이동하여 서기전 5000년경에 시작된 한인(桓因) 천제(天帝)가 다스린 한국(桓國)의 중심지로서 흑수백산(黑水白山)의 사이에 있는 땅이다. 흑수는 흑룡강이며, 백산은 지금의 백두산이다. 아사달은 그 사이에 있는 지금의 하얼빈이다. 하얼빈(哈爾濱)[349]은 하늘물가, 즉 천하(天河)인 하늘물이 있는 물가 지역이라는 말이 된다.

5. 한 맺힌 아리랑(阿里嶺)과 홍익인간 세상 복원을 약속하며

단군왕검은 서기전 2334년에 단웅국(檀熊國)을 반란자 요(堯)에게 기습침략으

---

348) 전게 한단고기 〈태백일사/신시본기〉, 178쪽 참조

349) 하얼빈의 원래 유래된 정확한 발음이나 뜻이 무엇인지 불명이나, 소리와 글자를 보면 하늘(哈爾) 물가(濱)라는 것이 되는데, 이는 천하(天河)라는 뜻을 가진 것이 된다. 즉 하얼빈은 하늘의 강가에 있는 도시로서 단군조선의 수도이던 것이 증명되는 것이다.

로 빼앗기고, 측근의 무리 800을 인솔하여 동북의 아사달을 향하여 이동하였다.

지나는 길에 수많은 백성들이 소식을 듣고 길을 나서며 따라가고자 하였다. 그러나, 단군왕검은 언제 또다시 요가(堯)가 난을 일으킬지 모르는 상황에서 지체할 수 없어 발길을 재촉할 수밖에 없었다. 단군왕검과 무리800이 가는 길에는 수많은 강과 산고개가 있었다. 곳곳에서 백성들이 기다렸다는 듯이 따라 나섰던 것이다.

그러나, 모든 백성들이 함께 가기에는 불가능한 먼 길이었다. 그리하여 단군왕검은 백성들에게 반드시 다시 돌아올 것을 기약하며 눈물로써 달래었다. 이에 단군왕검을 뒤따르다 뒤에 처진 백성들이 단군왕검과 함께 가지 못한 심정을 아래와 같이 불렀으리라.

> 아리랑, 아리랑, 아라리오
> 아리랑 고개를 넘어간다.
> 나를 버리고 가시는 님은
> 십리도 못가서 발병난다.[350]

특히 산고개를 함께 따라 넘지 못하여 단군왕검의 행차를 놓쳐 뒤에 처져 남은 백성들은, 순방(巡訪)을 하면서 덕치(德治)를 베풀던 단군왕검을 기리며 노래로써 한(恨)을 달래었다. 아리랑은 아리령(阿里嶺)이라는 말에서 나왔으며, 아리령은 큰 고개를 의미한다. 강은 배를 만들어 건널 수 있으나, 높은 산고개는 힘이 들어 쉽게 넘지 못하였던 것이다.

지금까지 전해오는 아리랑이라는 노래는 그 연원(沿源)을 정확히 알 수 없는 노

---

350) 아리랑이라고 불리는 민요의 가사에는 거의 100% 아리랑 고개라는 말이 들어 있다. 이는 아리랑의 노래가 실제로 산고개와 관련이 있다는 것을 나타내는 것이며, 결국 넘거나 넘어야 하는 산고개로 인하여 생긴 노래라는 것이 된다. 아리라는 말 외에 쓰리라는 말이 들어가는 아리랑은 아리고 쓰리다라는 의미로 사용되는 것이므로 후대에 파생된 노래가 될 것이다.

래이다. 그러나, 노래 내용을 보면 큰 고개를 넘지 못하고 앞서 간 님을 따라가지 못하여 원망하는 뜻이 담겨져 있다. 앞서간 님이 발병이라도 나서 함께 가고 싶은 심정을 노래하고 있는 것이다.

시대상황으로 보아 아리랑은 서기전 2334년 단군왕검이 요(堯)의 반란으로 인하여 비왕으로 섭정하던 단웅국(檀熊國)이라는 나라를 잃고 수많은 강과 산고개를 넘으며 3,000리 이상 떨어진 동북의 아사달(阿斯達)이라는 안전지대로 이동할 때, 따라가고자 하였으나 길이 멀고 힘이 들어 따라가지 못하였던, 뒤에 남게 된 백성들이 그 한(恨)을 달래며 부르던 노래가 틀림없는 것이다.

이 아리랑이라는 노래는 서기전 238년경 단군조선이 사실상 망하고 삼한(三韓)의 유민(遺民)들이 동(東)으로 이동할 때 노래도 함께 전해진 것이 되는 것이다.

수많은 백성들을 뒤에 남겨두고 발길을 재촉하여 아사달에 도착하여 나라를 세운 단군왕검은, 함께 데려 오지 못한, 뒤에 남은 백성들과 한 약속을 지켰다. 즉, 서기전 2333년 10월 3일에 나라를 세우고 10년이 되는 해인 서기전 2324년에 군사를 파견하여 요(堯)를 토벌함으로써[351] 뒤에 남았던 백성들을 다시 단군왕검의 백성으로 온전히 삼았던 것이다. 특히 산동지역에 남국(藍國)과 청구(靑邱)를 봉하여 그 백성들을 번한(番韓) 관경에 속하게 하였다.

6. 구족(九族)의 추대(推戴)와 조선(朝鮮) 개국(開國)

아사달이라는 아침 해가 제일 먼저 떠오르는 곳에 자리를 잡은 단군왕검은, 1년이 지나는 사이에 사방팔방에서 제후국으로 자치를 행하던 구족(九族)의 수장들이 달려와 임금이 되어주기를 축원하며 추대하자, 서기전 2333년 무진년 해월(亥月,

---

351) 전계 부도지, 60쪽 및 전계 한단고기 〈태백일사/삼한관경본기〉, 215쪽 및 사마천, 사기 〈오제본기〉 참조

10월) 3일에 나라를 열었다.

단군왕검은, 서기전 2333년 배달나라 거불단(居弗檀) 한웅(桓雄)이 돌아가시자 배달나라 한웅의 아들로서 천부삼인(天符三印)을 전수(傳授)받았던 것이 된다. 이리하여 단군왕검은 배달나라의 정통성을 이어 받았으며, 단웅국(檀熊國)의 계승과 함께 홍익인간 세상을 시작하였던 것이다.

옛 한국(桓國)의 중심지가 되는 흑수백산(黑水白山)의 사이에 터를 잡아, 관경을 나누어 진한(眞韓), 마한(馬韓), 번한(番韓)을 두었다. 진한은 북쪽, 마한은 남쪽, 번한은 서쪽에 두었다. 특히 번한 관경에는 단군왕검이 비왕으로 섭정하던 단웅국(檀熊國)이 있던 산동지역을 포함시켰다.

단군조선은 구족(九族)의 나라이다. 이 구족을 고대중국은 구이(九夷)라고 부른다. 원래 한국(桓國)의 구부(九部)의 부족으로서 구한(九桓)이라 한다. 그리하여 한국, 배달, 조선이 모두 구족의 나라인 것이다. 구족은, 황족(黃族), 양족(陽族), 우족(于族), 방족(方族), 견족(畎族), 현족(玄族), 백족(白族), 남족(藍族), 적족(赤族)이며352), 고대중국은 이를 각 황이, 양이, 우이, 방이, 견이, 현이, 백이, 남이, 적이라 불렀다.353)

그런데, 고대중국의 시작이 되는 황제헌원의 나라는, 황족(黃族)에 속하는 웅족(熊族)이 지배층이 되고, 그 백성이 백족(白族)이 되는 나라이며, 후대에는 황족(北夷, 北狄), 남족(藍族, 남이) 또는 풍족(風族, 풍이), 백족(西夷, 西戎), 적족(赤夷, 南蠻)이 혼잡 되는 등 동서남북의 사이(四夷)를 뿌리로 한 나라가 된다. 고대중국은 별개의 나라가 아니라 배달나라 시대에 제후국으로서 출발한 배달겨레의 나라인 것이다.

---

352) 을파소 전수, 참전계경 총론 참조

353) 특히 고대중국은 단군조선의 봉국(封國)인 산동지역의 남국(藍國)을 남이라 하는 등, 산동지역에서 양자강에 걸치는 지역에 존재하였던 단군조선의 제후들의 명칭에 이(夷)를 붙이고 있다.

배달나라 역대기

배달나라는 서기전 3897년 갑자년 10월 3일에 태백산(太白山) 아래 신시(神市)를 열면서 시작되어 18대 한웅이 서기전 2333년까지 1565년간 다스렸다. 한웅천왕은 배(舟)와 차(車, 수레)를 만들어 사해제족(四海諸族)을 방문하여 가지 아니한 곳이 없었다.

배달나라의 수도는 신시와 청구(靑邱)이다. 소위 청구시대는 제14대 치우천왕이 도읍한 곳으로서 산동(山東) 지역에 있었다. 18대 역대 한웅의 탄생연도, 천왕 즉위 연도, 재위기간 등은 아래와 같다.354)

1. 신시(神市) 시대 : 13대 1191년간 (서기전 3897년 갑자년~서기전 2707년 갑인년)

(1) 제1대 거발한(居發桓) 한웅천황

서기전 3923년 무술년에 탄생하여 서기전 3897년 갑자년 27세에 천왕으로 즉위하였으며, 서기전 3804년 정유년에 붕하여, 재위 94년으로, 120세를 사셨다.

거발한 한웅은 한국(桓國)의 천왕랑(天王郞)으로서 천웅도(天雄道)를 닦고 서자부(庶子部) 대인(大人)으로 직을 수행하던 중, 지위리(智爲利) 한인(桓仁) 천제(天

---

354) 전계 한단고기 〈삼성기 전 하편〉 43~44쪽 신시역대기 참조

帝)의 명을 받아 천부삼인(天符三印)을 전수받고, 삼사오가(三師五加)와 천왕랑의 무리 3,000을 인솔하여 황하(黃河) 중상류지역의 태백산(太白山) 지역으로 서남하(西南下) 하여, 배달나라를 건국하고 호족과 웅족의 난을 평정하고서 홍익인간 세상을 실현하였다. 천왕비(天王妃)는 웅족 출신 웅녀(熊女)이다.

(2) 제2대 거불리(居佛理) 한웅(桓雄)

서기전 3819년 임오년에 탄생하여 서기전 3803년 무술년 17세에 천왕으로 즉위하였으며, 서기전 3718년 계해년에 붕하여, 재위 86년으로 102세를 사셨다.

(3) 제3대 우야고(右耶古) 한웅

서기전 3753년 무자년에 탄생하여 서기전 3717년 갑자년 37세에 천왕으로 즉위하였으며, 서기전 3619년 임인년에 붕하여, 재위 99년으로 135세를 사셨다.

(4) 제4대 모사라(慕士羅) 한웅

3640년 신사년에 탄생하여 서기전 3618년 계묘년 23세에 천왕으로 즉위하였으며, 서기전 3512년 기해년에 붕하여, 재위 107년으로 129세를 사셨다.

(5) 제5대 태우의(太虞儀) 한웅

서기전 3533년 무진년에 탄생하여 서기전 3511년 경인년 23세에 천왕으로 즉위하였으며, 서기전 3419년 임술년에 붕하여, 재위 93년으로 115세를 사셨다.

연대기적으로 계산하면 태호복희(太皞伏羲)는 서기전 3528년 출생하여 배달나라 우사(雨師)를 지내고 진제국(震帝國)의 시조로서 천군(天君)이 되었는 바, 태우의 한웅의 아들이 아니라 아우가 된다.

(6) 제6대 다의발(多儀發) 한웅

서기전 3430년 신해년에 탄생하여 서기전 3418년 계해년 13세에 천왕으로 즉위하였으며, 서기전 3321년 경자년에 붕하여, 재위 98년으로 110세를 사셨다.

(7) 제7대 거련(居連) 한웅

서기전 3379년 임인년에 탄생하여 서기전 3320년 신축년 60세에 천왕으로 즉위하였으며, 서기전 3240년 신유년에 붕하여, 재위 81년으로 140세를 사셨다.

(8) 제8대 안부련(安夫連) 한웅

서기전 3260년 신축년에 탄생하여 서기전 3239년 임술년 22세에 천왕으로 즉위하였으며, 서기전 3167년 갑술년에 붕하여, 재위 73년으로 94세를 사셨다.

(9) 제9대 양운(養雲) 한웅

서기전 3209년 임진년에 탄생하여 서기전 3166년 을해년 44세에 천왕으로 즉위하였으며, 서기전 3071년 경술년에 붕하여, 재위 96년으로 139세를 사셨다.

(10) 제10대 갈고(葛古) 한웅

서기전 3095년 병술년에 탄생하여 서기전 3070년 신해년 26세에 천왕으로 즉위하였으며, 서기전 2971년 경인년에 붕하여, 재위 100년으로 125세를 사셨다.

(11) 제11대 거야발(居耶發) 한웅

서기전 3017년 갑진년에 탄생하여 서기전 2970년 신묘년 48세에 천왕으로 즉위하였으며, 서기전 2879년 임술년에 붕하여, 재위 92년으로 149세를 사셨다.

(12) 제12대 주무신(州武愼) 한웅

서기전 2896년 을사년에 탄생하여 서기전 2878년 계해년 19세에 천왕으로 즉위하였으며, 서기전 2772년 기유년에 붕하여, 재위 105년으로 123세를 사셨다.

(13) 제13대 6사와라(斯瓦羅) 한웅

서기전 2806년 을해년에 탄생하여 서기전 2773년 무신년 34세에 천왕으로 즉위하였으며, 서기전 2707년 갑인년에 붕하여, 재위 67년으로 100세를 사셨다.

2. 청구(靑邱) 시대 : 5대 374년간 (서기전 2706년 을묘년~서기전 2333년 무진년)

(14) 제14대 자오지(慈烏支) 한웅

서기전 2748년 계유년에 탄생하여 서기전 2706년 을묘년 43세에 천왕으로 즉위하였으며, 서기전 2598년 계묘년에 붕하여, 재위 109년으로 151세를 사셨다.

(15) 제15대 치액특(蚩額特) 한웅

서기전 2626년 을해년에 탄생하여 서기전 2597년 갑진년 30세에 천왕으로 즉위하였으며, 서기전 2509년 임신년에 붕하여, 재위 89년으로 118세를 사셨다. 치액특 한웅의 후손이 티벳지역[355]으로 가서 왕국을 세움으로 인하여 티벳이라는 명칭이 이어져 온 것으로 추정된다. 단군조선 시대에는 티벳을 지백특(支伯特)이라 기록하고 있다.

(16) 제16대 축다리(祝多利) 한웅

서기전 2551년 경인년에 탄생하여 서기전 2508년 계유년 44세에 천왕으로 즉

---

355) 티벳은 배달나라 및 단군조선과 직접 관련되어 있는 바, 우리 한국의 역사와 관련한 상고대사의 정립이 필요하다.

위하였으며, 서기전 2453년 무진년에 붕하여, 재위 56년으로 99세를 사셨다.

(17) 제17대 혁다세(赫多世) 한웅

서기전 2477년 갑진년에 탄생하여 서기전 2452년 기사년 26세에 천왕으로 즉위하였으며, 서기전 2381년 경진년에 붕하여, 재위 72년으로 97세를 사셨다.

(18) 제18대 거불단(居弗檀) 한웅

서기전 2414년 정미년에 탄생하여 서기전 2380년 신사년 35세에 천왕으로 즉위하였으며, 서기전 2333년 무진년에 붕하여, 재위 48년으로 82세를 사셨다. 거불단 한웅은 단군왕검의 아버지이며, 천왕비(天王妃)는 염제신농국(단웅국)의 왕인 홍제(洪帝)의 딸(왕녀)이다. 단웅국 홍제는 서기전 2334년에 요의 침공으로 전쟁 와중에 붕하였다.

단군왕검은 서기전 2370년 신묘년 5월 2일 탄생하여, 서기전 2357년 14세에 외조부의 나라이자 배달나라 제후국인 단웅국(檀熊國)의 비왕(裨王)으로서 섭정(攝政)을 시작하여 서기전 2333년까지 24년간 다스렸다.

단웅국의 수도는 산동지역의 공상(空桑)이며, 서기전 2334년에 유웅국의 요(堯)가 난을 일으켜 단웅국을 기습침략하여 왕성을 점령하고, 이때 단웅국 왕이던 홍제가 붕하자, 단군왕검은 순방하던 차에 무리 800을 이끌고 동북의 아사달로 향하였던 것이다.

약 1년간 나라를 정비한 후 배달나라의 천왕권(天王權)의 상징인 천부삼인(天符三印)을 전수(傳授)받고 서기전 2333년 무진년(戊辰년) 10월 3일에 구족(九族)의 추대를 받아 임금으로 즉위하여 조선(朝鮮)을 개국하였던 것이며, 이에 단군왕검은 조선(朝鮮) 제1대 천왕(天王)이 된다. 곧이어 단군왕검은 천왕격(天王格)의 진한(眞韓), 마한(馬韓), 번한(番韓)을 비왕(裨王)으로 봉하여 스스로는 천제(天帝)로 받들어졌다. 즉 조선은 하늘나라, 천국(天國)이 되는 것이며, 단군왕검은 처음 천제

(天帝)의 화신(化身)이라 불리다가 실제로 천제로 받들어 진 것이 된다.

단군조선은 배달나라를 정통 계승한 나라이므로 또한 배달나라라 하기도 하다. 즉 조선(朝鮮)의 朝는 아침 해와 달이 비치는 밝은 아침으로서 상형문자이며, 해와 달의 합자가 되어 회의문자가 되는 밝을 명, 明과 통하는 글자이다. 그래서 서기전 1680년 이후에 주조발행된 것이 되는 명(明)이라 새겨진 소위 명도전(明刀錢)은 단군조선의 화폐임을 입증하는 것이 된다.

배달나라 시대 철학사상론

1. 삼신오제론(三神五帝論)

삼신·오제·오령(五靈)·천하대장군(天下大將軍)·지하여장군(地下女將軍)·오가(五加)·오사(五事)

서기전 3897년 갑자년부터 시작된 배달나라(檀國)는 한국(桓國) 시대의 종교철학 사상을 계승하여 홍익인세(弘益人世)를 실현하였다.

한국시대의 종교철학 사상을 담은 가르침으로는 천부사상(天符思想)으로 정립된 천부경(天符經), 삼일신고(三一神誥), 참전계경(參佺戒經)이 있었다.

한국시대는 오훈(五訓)에 따른 도덕적 사회로만 그치는 것이 아니라, 이미 정치적 사회제도가 정립되어 있었으며, 철학적으로 그 이론정립이 되어 있었던 것이다. 즉 삼신오제론(三神五帝論)에 의하여 동서남북중(東西南北中)의 오방(五方)을 담당한 오제(五帝)와 오령(五靈)의 사명(司命)을 두었다.

이러한 삼신오제론(三神五帝論)에 따른 철학사상은 한국시대에 정치적으로 오가오사(五加五事)로 실현되었으며, 배달나라 시대에도 그대로 적용되어 시행되었던 것이다.

오제오령(五帝五靈)의 사명(司命)에 따라 천하(天下)의 오방신(五方神)이 되는 천하대장군(天下大將軍)의 오사(五事)가 배달나라 시대에 정립되었으며, 오가(五

加)의 오사(五事)와 직접 연관된다. 지하를 감독하며 살피는 오방의 담당을 지하여 장군(地下女將軍)이라 한다. 즉 천상(天上)의 오제의 사명을 천하대장군이, 오령의 사명은 지하여장군이 맡는 것이 된다.

오방(五方)의 오제(五帝), 오령(五靈), 오방 천하대장군(五方天下大將軍), 오가 오사(五加五事)는 소위 오행론(五行論)의 기초로서 단군조선(檀君朝鮮)에도 오가 오사(五加五事)의 오행육정(五行六政)356)으로 그대로 적용되어 실현된다.

삼신(三神)은 천지인(天地人)의 신(神)으로서 일신(一神)이며, 삼일신(三一神)이라 한다. 삼신은 오제(五帝)를 관장한다. 이를 정치제도에 대입하면 배달나라의 천왕(天王)은 삼신(三神)에 해당하고 오방(五方)의 천자(天子) 등 제후는 오제(五帝)에 해당하는 것이 된다.

오제(五帝)는 북방(北方)의 흑제(黑帝), 남방(南方)의 적제(赤帝), 동방(東方)의 청제(靑帝), 서방(西方)의 백제(白帝), 중방(中方)의 황제(黃帝)이다.357)

흑제는 숙살(肅殺) 즉 생명의 다함을 주관하고, 적제는 광열(光熱) 즉 빛과 열을 주관하며, 청제는 생양(生養) 즉 낳고 기름을 주관하고, 백제는 성숙(成熟) 즉 이룸과 익음을 주관하며, 황제는 화조(和調) 즉 화합과 고름을 주관한다.

오령(五靈)은 북방의 태수(太水), 남방의 태화(太火), 동방의 태목(太木), 서방의 태금(太金), 중방의 태토(太土)이다. 오령은 오제를 섬기며 각각 사명(司命)을 맡는다.

태수는 영윤(榮潤) 즉 번영과 윤택함을 주관하고, 태화는 용전(鎔煎) 즉 녹임과 달임을 주관하며, 태목은 영축(營築) 즉 지음과 쌓음을 주관하고, 태금은 재단(裁

---

356) 오가는 저가, 구가, 양가, 우가, 마가를 가리키며, 각 주병, 주형(主刑), 주선악, 주곡, 주명(主命)의 오사를 주관하는데, 이들 오가의 오행정부가 담당한 업무는 실제로 6가지로서 주병(主兵) 즉 군사행정이 더해지는 것이다. 군사는 국방에도 필요하고 내치에도 필요하므로 주형과 주명에 군사권(軍事權)이 분담된 것으로 된다.

357) 전게 한단고기 〈태백일사/삼신오제본기〉, 148쪽 참조

斷) 즉 마름질과 자름을 주관하며, 태토는 가종(稼種) 즉 씨뿌림을 주관한다.358)

오방의 천하대장군은 천하(天下)에서 오방(五方)을 감독하고 살피며 오제(五帝)의 사명(司命)을 주관한다. 북방의 용왕현구(龍王玄龜)는 선악(善惡)을 주관하고, 남방의 주작적표(朱雀赤熛)는 명령, 목숨을 주관하며, 동방의 청룡영산(靑龍靈山)은 곡식을 주관하고, 서방의 백호병신(白虎兵神)은 형벌을 주관하며, 중방의 황웅여신(黃熊女神)은 질병을 주관한다.359)

배달나라 시대에 삼일신(三一神)을 대행하는 천왕(天王)이 그 보좌(補佐)로서 천지인(天地人) 삼신(三神)에 해당하는 풍백(風伯), 우사(雨師), 운사(雲師)의 삼사(三師)를 두고, 그 아래 오방(五方)의 오제(五帝)에 해당하는 오가(五加)를 두어 오사(五事)를 맡겼다.

한국과 배달나라의 오가제도(五加制度)는 오방의 천하대장군의 오사(五事)를 그대로 적용한 것이 되는데, 북방의 양가(羊加)는 선악(善惡)을 주관하고, 남방의 마가(馬加)는 명령, 목숨을 주관하며, 동방의 우가(牛加)는 곡식을 주관하고, 서방의 구가(狗加)는 형벌을 주관하며, 중방의 저가(豬加)는 질병을 주관한다.

특히 배달나라의 자부선인에 의하여 정립된 윷놀이(擲柶)는 이러한 오가제도(五加制度)를 역(易)에 적용하여 만든 것이다. 즉 중방의 저가를 1, 서방의 구가를 2, 북방의 양가를 3, 동방의 우가를 4, 남방의 마가를 5로 대입하여, 윷놀이에서 도개글윷모의 순서로 진행하는 점수가 되는데, 이는 토금수목화(土金水木火)의 순서가 되어 오행상생(五行相生)의 방향이 된다.

북방을 현묘진원(玄妙眞元)이라 부르며 소류천(蘇留天)이 있어 대길상처(大吉祥處)라 하며, 동방을 동인호생(同仁好生)이라 부르며 태평천(太平天)이 있어 대광명처(大光明處)라 하고, 남방을 성광보명(盛光普明)이라 부르며 원정천(元精天)이

---

358) 전게 한단고기 〈태백일사/삼신오제본기〉, 148쪽 참조
359) 전게 한단고기 〈태백일사/삼신오제본기〉, 148쪽 참조

있어 대안정처(大安定處)라 하며, 서방을 청정견허(淸淨堅虛)라 부르며 균화천(鈞和天)이 있어 대가리처(大嘉利處)라 하고, 중방을 중상유구(中常悠久)라 부르며 안덕천(安德天)이 있어 대예락처(大豫樂處)라 한다.360)

2. 삼륜구서(三倫九誓)

배달나라 시대에 삼륜구서라는 윤리도덕이 정립되어 있었다. 삼륜구서란 세 가지 인간윤리에 아홉가지 맹서라는 의미이다.

사람은 사회적 정치적 존재이다. 배달나라 이전의 한국시대에는 상대적으로 국가 간의 전쟁이 거의 문제가 되지 아니하였으며 다만 일반 사회적인 윤리로써 충족되던 시대였다. 이에 반하여 배달나라 시대는 제후국들이 경쟁적으로 서로 다투는 시기가 됨으로써 국가에 대한 백성들의 도덕윤리가 요구되었던 것이 된다.

서기전 3897년 이전의 한국(桓國) 시대의 오훈(五訓)은 정성과 믿음(誠信), 공경과 근면(敬勤), 효도와 공순(孝順), 청렴과 의로움(廉義), 겸손과 화목(謙和)의 5가지 덕목이며, 이로써 사회가 충분히 유지될 수 있었던 것이다.

그런데, 배달나라 시대는 한국의 오훈에서 나아가 나라를 지탱하는 기본적인 3가지 윤리에 9가지 덕목이 요구되었다. 3가지 기본윤리는 소위 군사부(君師父)의 도리이다. 즉 임금과 신하, 스승과 제자, 부모와 자식 사이의 윤리가 정립되었던 것이다.

군신(君臣)에게는 의충(義忠)이, 사도(師徒)에게는 교신(敎信)이, 부자(父子)에게는 자효(慈孝)가 3가지 기본 윤리로 요구되었다.361) 군사부(君師父) 삼위일체 사

---

360) 전계 한단고기 〈태백일사/삼신오제본기〉, 154쪽. 특히 안덕천 대예락처의 보좌를 왕검(王儉)이라 하고 있어 이러한 사상은 단군조선 초기를 지난 때에 정립된 것으로 된다.
361) 전계 한단고기 〈단군세기〉, 66쪽 참조

상은 천지인(天地人) 삼신(三神) 사상과도 통한다. 특히 한인(桓因), 한웅(桓雄), 단군(檀君)은 각 부(父), 사(師), 군(君)으로 상징되면서 또한 모두 임금, 스승, 아버지를 겸하였던 점에서, 군사부의 윤리가 삼륜(三倫)으로서 충분히 납득이 가는 것이다.

9가지 맹서(盟誓)는, 효도(孝道), 우애(友愛), 믿음(信), 충성(忠誠), 겸손(謙遜), 명지(明知), 용맹(勇猛), 청렴(淸廉), 의로움(義)이다. 즉 부모에게 효도하고(孝于家), 형제간에 우애 있으며(友于兄弟), 스승과 벗과는 믿음이 있고(信于師友), 나라에 충성하고(忠于國), 무리에게 겸손하며(遜于群), 정사(政事)에 밝게 알고(明知于政事), 전장에서는 용감하며(勇于戰陣), 행동에 청렴하고(廉于身行), 직업에 의로움이 있어야(義于職業) 한다는 것이다.[362]

서기전 2697년경 제14대 치우천왕(治尤天王)은 굴복하지 아니하는 유웅국의 헌원(軒轅)을 토벌하기 전에, 81개 종당(宗黨)의 대인(大人)들을 소집하여, 먼저 치우천왕의 형상(形象)을 그려 나누어 주고 목숨 바칠 맹서를 하도록 하였다. 이는 헌원을 토벌하는 대의명분을 알리고 반드시 토벌하여야 함을 강조한 것이 된다.

치우천왕은 헌원에게 하는 경고(警告)를 다음과 같이 무리들에게 이르되,

너 헌구야! 짐의 말을 분명히 들을 지어다! 해(태양)의 아들이 있음은 오직 짐 한 사람일 뿐이며, 만세를 위하여 공동의 옳음을 위하여 인간의 마음을 씻게 하는 맹서를 짓노라! 너 헌구는 우리 삼신일체의 원리를 모독하고, 삼륜구서를 행함을 게을리 하고 버렸으니, 삼신께서는 오랫동안 그 더러움을 싫어하고 짐 한 사람에게 명하여 삼신의 토벌을 행하도록 하였으니, 너는 일찌감치 마음을 씻고 행동을 고칠 지어다! 본성(本性)에서 씨(子)를 구하면 네 머릿속에 내려와 있느니라! 만약, 명령에 순응하지 않으면 하늘과 사람이 함께 노하여 그 목숨이 그대로 있지 않을 것이니, 너는 가히 두렵지 아니한가!

---

362) 전게 한단고기 〈태백일사/소도경전본훈〉, 250~255쪽 참조

(爾軒丘 明聽 朕誥 日之有子 惟朕一人 爲萬世爲公之義 作人間洗心之誓 爾
軒丘侮我三神一體之原理 怠棄三倫九誓之行 三神久厭其穢 命朕一人行三
神之討 爾早已洗心改行 自性求子降在爾腦 若不順命 天人咸怒 其命之不
常 爾無可懼乎哉)

하였다.363)

　여기서 헌원이 만약 삼륜구서를 성실하게 행하였다면 치우천왕이 헌원을 토벌할
이유가 없었을 것이나, 당시 헌원은 염제신농의 나라를 탐하였고 권력에 눈이 멀어
치우천왕에게 10년간 73회를 도전하고 합 100회를 도전하였던 것인데, 결국 헌원
은 자부선인(紫府仙人)의 가르침을 받고서 진정으로 굴복하여 신하가 됨으로써 목
숨을 부지할 수 있었다.

　삼륜구서와 관련된 단군조선의 기록도 여럿 있다. 서기전 2182년 기해년(己亥
年)에 을보륵(乙普勒) 선인(仙人)은 제3대 가륵(嘉勒) 단군이 신왕종전(神王倧佺)
의 도(道)를 물은 데 대하여, 군사부(君師父)의 도리를 설파하였다.364)

　또 서기전 1891년 경인년(庚寅年) 겨울 10월에 제11대 도해(道奚) 단군이 마한
(馬韓) 아화(阿火)에게 명을 내려 대성산(大聖山)에 대시전(大始殿)을 세우고 삼륜
구서(三倫九誓)의 가르침을 강론하게 하였다. 또 서기전 424년 정사년(丁巳年) 3
월 16일에 제44대 구물(丘勿) 단군이 삼육대례(三六大禮)를 행하고 구서(九誓)의
모임을 가졌는데 구서(九誓)의 글로써 하였다.365)

　구물단군의 구서는 곧 배달나라 치우천왕이 베풀었던 삼륜구서의 구서이다. 천
제(天帝)를 모신 사당(廟)의 뜰에 큰 나무를 세워 북을 매어 달고 3·7일을 기간으로
하여 연령순으로 서로 마시면서 권화(勸化)하고 성책(成冊)하였다. 이 구서의 모임

363) 전게 한단고기 〈태백일사/삼한관경본기〉, 202쪽 참조
364) 전게 한단고기 〈단군세기〉, 66쪽 참조
365) 전게 한단고기 〈태백일사/소도경전본훈〉, 250~255쪽 참조

으로 하여 나라의 질서를 바로 잡고 국력을 결집하는 등 치화(治化)를 이루었던 것이다.

이에 풍속은 순박하고 도타움을 숭상하며, 공동을 위한 전쟁에 용감하고, 공동의 이익에 부지런하며, 공적인 일에 민첩하고, 공덕(公德)에 밝으며, 착한 일은 서로 권하고, 잘못은 바로 잡아, 저절로 예의와 의로움과 자비와 사랑의 풍속이 이루어져 함께 삼신(三神)의 명령에 귀의하는 교화의 세상이 되었다 한다.366)

또, 고구려 동천제(東川帝, 서기 227년~서기 248년) 시절에 매년 한맹(寒盟) 때에는 평양(平壤)367)의 수혈(隧穴)이나 기림굴(箕林窟)에서 삼신(三神)을 제사하여 맞이하였으며, 삼륜구덕(三倫九德)의 노래(歌)가 있어 권장되었다고 기록되고 있는데368), 이때의 구덕이 곧 구서(九誓)인 것이다.

3. 삼육구배(三六九拜) - 삼육(구) 대례(大禮)

배달나라 시대에 삼육구배라는 절(拜)하는 법이 있었다. 삼육대례(三六大禮)라고도 한다. 삼육대례는 삼육구대례(三六九大禮)의 준말이 된다.

삼육구(三六九)라는 숫자의 3, 6, 9는 모두 사람을 상징한다. 삼(三)은 신(神)으로서의 사람이며, 육(六)은 육신(肉身)으로서의 사람이며, 구(九)는 완성된 존재로

---

366) 전게 한단고기 〈태백일사/소도경전본훈〉, 255쪽 참조. 홍익인간 사상은 공동선(共同善)을 지키고 베푸는 사상이다.

367) 평양(平壤)의 법수교에 범자와 유사한 글자가 새겨진 것이 있다고 하는 바, 그 문자는 배달나라 문자인 창힐의 소위 조족문과 연관되는 바, 소위 창성조적비에 새겨 놓은 글자와 이 법수교의 글자를 해석한 것이 있으나 정확한 해석인지는 불명인 바, 충분히 연구대상이라 할 수 있다. 한편으로는 소위 첨수도와 명도전에 새겨진 고조선 문자를 해독한 허대동 선생은 창성조적비에 새겨진 문장을 단군조선의 가림토로 해독하려는 시도를 하였으나 아직 미완성 단계에 머물고 있는 것으로 된다.

368) 전게 한단고기 〈태백일사/고구려국본기〉, 264쪽 참조

서의 사람을 의미한다.

삼(三)은 하늘(一)과 땅(二)의 조화로 생겨난 중(中)이기도 하며, 신(神)으로서의 사람이기도 하고, 양수로서 양(陽)에 해당한다. 신(神)으로서의 사람은 인신(人神)인 조상신(祖上神)이다.

육(六)은 신(神)으로서의 천지인(天地人)과 육신(身)으로서의 천지인(天地人)의 합체인 사람이며 양수와 양수의 합으로서, 또는 천지(天地)와 천지(天地)와 천지(天地)의 합체인 사람이며 음수와 음수와 음수의 합으로서, 음(陰)에 해당한다. 신(神)과 육신(身)의 합체로서의 사람으로 남녀가 되어 음양이 있게 된다. 양이 되는 삼(三)에 비하여 남녀의 둘이 있으니 음이 되는 것이다.

구(九)는 다시 양수로서 양이 되는 삼(三)과 음이 되는 육(六)의 조화로 생겨난 완성된 존재로서의 중(中)에 해당한다. 신(神)으로서의 천지인, 육신(身)으로서의 천지인, 중(中)으로서의 천지인의 합체로서 다시 중(中)에 해당하며, 음수인 육에 비하여 양(陽)이 된다. 구(九)는 최종적으로 완성된 수가 되는데, 이후에는 다시 원래로 되돌아가는 무극(無極)의 원리가 적용된다.

천지인(天地人) 중에서 사람이 완성된 존재로서 천지(天地)를 내포하고 있는 바, 삼육구 대례는 천지를 내포하는 사람이, 사람의 도리를 다하는 예법이 된다.

삼육구배(三六九拜)는 오른손을 위로하여 엄지손가락을 교차시키면 태극모양이 만들어지며, 첫 번째 절에서 머리를 세 번 조아리고, 두 번째 절에서 여섯 번 머리를 조아리며, 세 번째 절에서 아홉 번 머리를 조아리는 예법(禮法)으로서, 사람으로서의 천지인(天地人)의 도리를 정성을 다하여 표하는 인사법(人事法)인 것이다. 절하는 법에는 배수(拜手)와 고두(叩頭)가 있는데, 배수는 머리가 손에 닿는 예법이며, 고두는 머리가 땅에 닿도록 절하는 예법이다.[369]

단군조선 시대에도 서기전 2267년 도산회의(塗山會議) 때 우사공(虞司空) 우

---

369) 전게 한단고기 〈태백일사/소도경전본훈〉, 256쪽 참조

(禹)가 태자 부루(太子扶婁)에게 삼육구배를 행하였는바[370], 단군조선 초기부터 시행되었던 것으로 배달나라 시대에 이미 정착된 예법이 되는 것이다.

4. 배달나라 시대의 역법(曆法)

역법(曆法)은 마고성(麻姑城) 시대부터 이어져 온 것이 되며, 배달나라 시대에 완전히 정립된 것으로 된다. 즉 배달나라 초기에 이미 1년 365.24219907일이라는 역법이 정립되어 있었던 것이다.

4년간 3년은 각 365일이며, 4년간 1년은 366일이 된다. 하루의 계산은 해가 뜨고 지는 주기를 기준으로 하며, 1기(期)는 28수(宿)에 해당하는 달(月)의 차고 기우는 주기가 되는 28일이 되고, 1년은 13기가 된다.

역법과 관련된 역제(曆制)를 간략히 살펴본다.

(1) 10간 12지

10천간(天干) 12지지(地支)는 한국 시대에 이미 정립되어 있었다. 배달나라 시대에 이 10천간 12지지를 조합하여 60계해를 사용하였던 것이다.

10천간은 10일(日)이 되는 순(旬)과 같다. 10천간은 계갑을병정무기경신임(癸甲乙丙丁戊己庚辛壬)이다. 천간(天干)의 간(干)은 방패라는 의미가 아니라 하늘의 작은 왕이라는 뜻으로서 한(汗) 또는 칸과 같으며, 태양의 하루하루를 나타내는 칭호가 된다.

12지지는 12월(月)과 관련되며, 해자축인묘진사오미신유술(亥子丑寅卯辰巳午未申酉戌)이다. 지지(地支)의 지(支)는 단순한 받침이 아니라 땅의 우두머리라는

---

370) 전게 한단고기 〈태백일사/삼한관경본기, 번한세가〉, 218~219쪽 참조

뜻으로서 막리지(莫離支:머리치)의 지와 같으며, 달의 하루하루를 나타내는 칭호가 된다.

(2) 일(日)과 12시(時)와 순(旬)과 12월(月)

일(日)은 해(태양)을 나타내는 상형문자이며, 태양은 하루하루 뜨고 지므로 하루를 계산하는 기본이 된다.

해가 떠서 지고 다시 떠오르는 주기를 12시(時)로 나눈 사람이 서기전 3500년경 8괘역을 만든 태호복희씨(太皓伏羲氏)이다. 태호복희는 태양을 쫓는 신룡(神龍)이 하루에 12번 색을 바꾸는 것을 보고 한역(桓易)을 만들었다 하는 바[371], 한역(桓易)이 되는 윷놀이판이 4방, 8방, 12방으로 표현되어 있으며, 4상(相, 象), 8괘(卦), 12절(節)이 되는 것이다.

4상, 8괘, 12절은 하루를 기준으로 하면 하루를 각 4등분, 8등분, 12등분한 것이 되며, 1년을 기준으로 하면 각 4계절, 8절후, 12절기가 된다.

4상은 태양(太陽), 태음(太陰), 소양(少陽), 소음(少陰)으로서 기토화수(氣土火水)가 되며, 8괘는 건태리진곤간감손(乾兌離震坤艮坎巽)이고, 12시(時)는 자축인묘진사오미신유술해(子丑寅卯辰巳午未申酉戌亥)이다.

순(旬)은 해(日)가 10(十)일간 흐르는 것을 의미하며, 12월(月)은 해자축인묘진사오미신유술(亥子丑寅卯辰巳午未申酉戌)이 된다.

(3) 신시(神市) 시대의 60계해(癸亥)

배달나라 초기에는 한국(桓國) 시대의 역법(曆法)을 계승하여 계해(癸亥)를 시작으로 하는 역법을 가지고 있었다.

---

371) 전계 한단고기 〈태백일사/소도경전본훈〉, 230쪽 참조

즉 10천간(天干)의 처음을 계(癸)로 하고 12지지(地支)의 처음을 해(亥)로 하여 조합한 6계(癸) 곧 60계해를 사용한 것이다. 6계는 10천간을 6번 되풀이 한 수를 의미하여 60이라는 수를 뜻하는 것이 된다. 60계해는 곧 60가지 천간과 지지의 조합을 가리킨다.

계(癸)는 계(啓)로서 소라(蘇羅)라 하여 처음 연다는 의미를 지니고, 갑(甲)은 청차이(淸且伊), 을(乙)은 적강(赤剛), 병(丙)은 중림(仲林), 정(丁)은 해익(海弋), 무(戊)는 중황(中黃), 기(己)는 열호수(烈好遂), 경(庚)은 임수(林樹), 신(辛)은 강진(強振), 임(壬)은 유불지(流不地)라 한다.372)

또, 해(亥)는 핵(核)으로서 지우리(支于離)라 하여 중심을 바꾼다는 의미를 지니며, 자(子)는 효양(曉陽), 축(丑)은 가다(加多), 인(寅)은 만량(萬良), 묘(卯)는 신특백(新特白), 진(辰)은 밀다(密多), 사(巳)는 비돈(飛頓), 오(午)는 융비(隆飛), 미(未)는 순방(順方), 신(申)은 명조(鳴條), 유(酉)는 운두(雲頭), 술(戌)은 개복(皆福)이라 한다.373)

60계해는, 계해를 시작으로 하여, 갑자, 을축, 병인, 정묘, 무진, 기사, 경오, 신미, 임신, 계유, 갑술, 을해, 병자, 정축, 무인, 기묘, 경진, 신사, 임오, 계미, 갑신, 을유, 병술, 무자, 기축, 경인, 신묘, 임진, 계사, 갑오, 을미, 병신, 정유, 무술, 기해, 경자,

---

372) 전게 한단고기 〈태백일사/신시본기〉, 174쪽 참조. 오방오행의 오계(五季)에 대입한 것으로 되는데, 소라는 설과 같은 말로서 처음, 시작, 열다라는 의미가 되고, 청차이는 맑다는 뜻이 되며, 적강은 붉다는 뜻이 되고, 중림은 수풀이 우거진다는 뜻이 되고, 해익은 바다가 험하다는 뜻이 되며, 중황은 가운데라는 뜻이 되고, 열호수는 강하게 따른다는 의미이며, 임수는 수풀이 우거졌다는 의미이고, 강진은 강하게 떨친다는 의미이며, 유불지는 흐른다는 의미가 될 것이다.

373) 전게 한단고기 〈태백일사/신시본기〉, 174쪽 참조. 하루를 12시로 나눈 것으로 볼 때, 효양은 새벽의 시작으로 태양이 시작된다는 의미가 되고, 가다는 더하여 많아진다는 뜻이며, 만량은 충만하다는 뜻이 되고, 신특백은 태양이 새로워 특히 밝고 희다는 뜻이며, 밀다는 꽉 찬다는 의미가 되고, 비돈은 날아 흩어진다는 의미가 되고, 융비는 융성하게 난다는 뜻이며, 순방은 순해진다는 의미가 되고, 명조는 알린다는 뜻이 되며, 운두는 구름이 끼듯 한다는 의미가 되고 개복은 모두 은혜를 받는다는 의미가 될 것이다.

신축, 임인, 계묘, 갑진, 을사, 병오, 정미, 무신, 기유, 경술, 신해, 임자, 계축, 갑인, 을묘, 병진, 정사, 무오, 기미, 경신, 신유, 임술이 된다.

(4) 태호복희의 60갑자(甲子)

배달나라 시대인 서기전 3500년경 태호복희는 이전부터 사용해 오던 60계해를 60갑자로 바꾸었다.

즉, 계갑을병정무기경신임(癸甲乙丙丁戊己庚辛壬)과 해자축인묘진사오미신유술(亥子丑寅卯辰巳午未申酉戌)로 조합한 60계해를, 갑을병정무기경신임계와 자축인묘진사오미신유술해로 조합한 60갑자로 사용한 것이다.[374]

60갑자는, 갑자를 시작으로 하여, 을축, 병인, 정묘, 무진, 기사, 경오, 신미, 임신, 계유, 갑술, 을해, 병자, 정축, 무인, 기묘, 경진, 신사, 임오, 계미, 갑신, 을유, 병술, 무자, 기축, 경인, 신묘, 임진, 계사, 갑오, 을미, 병신, 정유, 무술, 기해, 경자, 신축, 임인, 계묘, 갑진, 을사, 병오, 정미, 무신, 기유, 경술, 신해, 임자, 계축, 갑인, 을묘, 병진, 정사, 무오, 기미, 경신, 신유, 임술, 계해가 된다.

이때부터 갑자를 처음으로 삼아 60갑자를 사용한 것이 된다. 단군조선 시대인 서기전 2096년 을축년(乙丑年)에는 서기전 2097년 갑자년(甲子年)을 시작으로 하여 책력(冊曆)을 만들었다 기록된다.[375]

---

374) 음력으로 1,2,3월은 봄, 4,5,6월은 여름, 7,8,9월은 가을, 10,11,12월은 겨울이 되며, 2월 15일이 춘분, 5월 15일이 하지, 8월 15일이 추분, 11월 15일이 동지에 해당하고, 음력으로 11월은 자월(子月)이 되고, 10월은 해월(亥月)이 되며, 1월 1일이 입춘, 4월 1일이 입하, 7월 1일이 입추, 10월 1일이 입동에 해당되는 바, 10월을 상달이라 하여 추수를 끝낸 후 국중행사로 제천행사를 벌이고 조상의 은덕에 감사하며 제사를 지내는 등 한해를 준비하는 시작의 달로 삼은 것이 된다. 음력으로 3월 15일은 곡우라는 절기에 해당하는데, 서기전 2141년에 단군왕검 천제계서 붕어하신 날이며, 다음날인 3월 16일은 삼신영고제(三神迎鼓祭:삼신맞이굿) 날이 된다.

375) 전게 한단고기 〈단군세기〉, 72쪽 참조

(5) 자부선인의 칠회제신력

칠회제신력(七回祭神曆)과 한역(桓易)은 배달나라 초기부터 있어 왔다.

칠회제신력은, 첫날에 일신(日神)인 천신(天神)에게 제를 지내고, 둘째 날은 월신(月神)에게 제를 지내며, 셋째 날은 수신(水神)에게 제를 지내고, 넷째 날은 화신(火神)에게 제를 지내며, 다섯째 날은 목신(木神)에게 제를 지내고, 여섯째 날은 금신(金神)에게 제를 지내며, 일곱째 날은 토신(土神)에게 제를 지내는 역법이다.376) 이는 일월수화목금토로 이루어진 1주일, 7일을 주기로 하는 역법으로서 달력의 기본이 된다.

서기전 2700년경 자부선인(紫府仙人)이 칠회제신력의 책력(冊曆)을 만들었으며, 윷놀이를 만들어 한역(桓易)을 강연하였다. 윷놀이는 북극과 북두칠성, 음양오행(일월 수화목금토)의 칠정(七政), 28수(宿)의 28일, 12월 13기, 365일, 366일을 나타내는 역법이기도 하다.

(6) 한역(桓易)과 윷놀이와 오가오행론(五加五行論)

윷놀이판에 나타난 역법이 곧 한역(桓易)이다.377)

윷놀이판은, 중앙에 무극(無極)이자 태극(太極)이 있고, 사방으로 천지인(天地人)의 3점이 있어 4시(時) 4계(季), 8시(時) 8절후(節侯), 12시(時) 12절기(12월)가 되며, 각 사방에 태극 외에 7개 점이 되어 북두칠성(北斗七星) 또는 일월수화목금토(日月水火木金土)의 칠정(七政)이 되고, 모두 28개의 점으로서 28수(宿)가 되어 28일을 나타내는 것이 된다.

또, 하루를 기준으로 하면, 4방, 8방, 12방은 각 아침(卯時), 정오(正午), 오후(酉時), 자정(子正)이 되는 4시(時)가 되며, 4시를 2배로 한 8시(時)가 되고, 자축인묘

---

376) 전계 한단고기 〈태백일사/신시본기〉, 174~175쪽 참조
377) 전계 한단고기 〈태백일사/삼한관경본기〉, 198쪽 참조

진사오미신유술해(子丑寅卯辰巳午未申酉戌亥)의 12시(時)가 된다.

윷놀이에서는 4개의 윷가락이 나타내 주는 조합으로서 도, 개, 글, 윷, 모의 5가지가 되는데, 말이 가는 거리를 한 칸, 두 칸, 세 칸, 네 칸, 다섯 칸으로 하는 바, 숫자로는 1, 2, 3, 4, 5가 되는데, 오방(五方)의 오행(五行)과 순행방향이 완전히 일치하게 된다. 즉, 배달나라 시대의 오가(五加)는 저가(豬加), 구가(狗加), 양가(羊加), 우가(牛加), 마가(馬加)가 되며, 이를 한마디로 표현하면 윷놀이에서 각 도, 개, 글, 윷, 모가 된다.

배달나라 시대의 오가가 배치된 방향을 보면, 저가는 중부(中部), 구가는 서부(西部), 양가는 북부(北部), 우가는 동부(東部), 마가는 남부(南部)가 된다. 즉 도, 개, 글, 윷, 모의 순서로 각 중, 서, 북, 동, 남이 된다.

여기서 오방의 오행은 중, 서, 북, 동, 남의 순서로 각 토, 금, 수, 목, 화가 되는데, 오행상생(五行相生)의 방향이 된다.

오부(五部)의 오가(五加)를 오방(五方)의 오행(五行)에 대입하면, 도개글윷모가 토금수목화(土金水木火)가 되어 곧 오행상생(五行相生)의 방향이 되는 것이다.

5. 발귀리(發貴理) 선인의 삼태극경(三太極經:원방각(圓方角)경)

발귀리 선인은, 8괘역을 만든 서기전 3500년경 태호복희와 동문수학(同門受學)한 인물이다.

마고성(麻姑城) 시대의 기화수토(氣火水土 : 태양, 소양, 소음, 태음)로 표현된 사상(四相, 四象)에서 나아가 배달나라 시대 태호복희에 의하여 8괘(卦)로 정립된 역(易)은 원래 천지(天地) 즉 하늘과 땅이 상징하는 음양(陰陽)의 태극(太極)에서 나오는 것이다.

하늘과 땅은 이극(二極), 반극(反極), 양극(兩極)이 되는데, 이 하늘과 땅을 반극이라 표현한 분이 발귀리 선인이다.

마고성 시대에 이미 천부(天符) 철학이 있었다. 천부(天符)란 천지자연에 부합(符合)한다는 의미이며, 이는 곧 하늘과 땅의 이치에 맞아 떨어진다는 뜻이 된다.

역사적 기록을 기준으로 하면, 천부삼인(天符三印)이 정립된 시기는 늦어도 서기전 6200년경이 된다. 즉 마고성에서 사방분거한 이후에 마고할미의 장손족(長孫族)이 되는 황궁씨(黃穹氏)가 서기전 6200년경에 대를 이은 유인씨(有因氏)에게 천부삼인을 전수하였다.

서기전 7197년 파미르고원의 마고성(麻姑城)에서 사방분거할 때 황궁씨는 천부(天符)를 각 씨족에게 신표(信標)로 나누어 주었다. 신표란 증표(證標)이다. 이는 천부가 곧 천지자연과 사람이 원래 하나임을 상징하는 표식(標式)인데, 사방분거 당시에 나누어 준 천부는 천지가 원래 하나인 것처럼 분거제족(分居諸族)이 원래 하나에서 나왔음을 증명하는 표식이 되는 것이다.

천부삼인(天符三印)은 천지본음(天地本音)의 상(象)으로서 천지의 모든 소리(音)나 상(象)이 원래 하나임을 증명하는 부인(符印)인 바, 하늘, 땅, 사람을 상징하는 원방각(圓方角)이 원래 하나에서 나왔다는 뜻이다. 즉 하늘에서 땅이 나오고 사람이 하늘과 땅의 조화로 나왔음을 상징적으로 나타내는 것이다.

서기전 3500년경 발귀리 선인은 아사달(阿斯達)에서 제천(祭天) 행사가 끝날 때 노래를 지었는데, 이 노래를 원방각경(圓方角經)이라 부르기도 한다. 배달나라 시대에 이미 아사달이라 불리는 지역이 있었던 것이 되는데, 후대의 단군조선 땅이 된다.

大一其極 是名良氣 無有而混 虛粗而妙
(대일기극 시명양기 무유이혼 허조이묘)

三一其體 一三其用 混妙一環 體用無岐
(삼일기체 일삼기용 혼묘일환 체용무기)

大虛有光 是神之像 大氣長存 是神之化

(대허유광 시신지상 대기장존 시신지화)

眞命所源 萬法是生 日月之子 天神之衷

(진명소원 만법시생 일월지자 천신지충)

以照以線 圓覺而能 大降于世 有萬其衆

(이조이선 원각이능 대강우세 유만기중)

姑 圓者 一也 無極 方者 二也 反極 角者 三也 太極[378]

(고 원자일야 무극 방자이야 반극 각자삼야 태극)

대일(大一)이라는 극(極)은 양기(良氣)이다.

무(無)와 유(有)가 혼(混)하고, 허(虛)와 조(粗)가 묘(妙)하도다.

삼일(三一)은 체(體)이며 일삼(一三)은 용(用)이다.

혼(混)과 묘(妙)가 하나된 고리(環)이며, 체(體)와 용(用)이 갈라짐(岐)이 없다.

큰 허공(大虛)에 빛(光)이 있음은 신(神)의 모습이며(像), 큰 기운(大氣)이 늘 있음은 신(神)의 조화(造化)로우심이로다.

해달(日月)의 아들(子)은 하늘님(天神)이 충만하여,

비추고 선을 그어 원각(圓覺)으로 능히

크게 세상에 내려와 무리를 수만으로 불어나게 하였도다.

고로, 둥근 것(圓)은 일(一)로서 무극(無極)이며, 네모난 것(方)은 이(二)로서 반극(反極)이며, 세모난 것(角)은 삼(三)으로서 태극(太極)이로다!

---

378) 전게 한단고기 〈태백일사/소도경전본훈〉, 229~230쪽 참조

위 노래는 발귀리 선인이, 서기전 3897년 갑자년에 하늘나라인 한국(桓國)에서 한인(桓因) 천제(天帝)의 아들인 한웅(桓雄) 천황(天皇)이 원각(圓覺)을 얻어 태백산(太白山)으로 하강하여 광명(光明)으로써 홍익인간(弘益人間)한 것을 노래한 것이다.

한웅천황은 원각(圓覺)을 이루신 분으로, 한웅상(桓雄像)의 머리 뒷면에는 항상 빛나는 큰 원이 그려지는 바, 이를 대원일(大圓一)이라 한다. 한웅천황은 크게 밝고 환한 분이라 하여 거발한(居發桓)이라 기록된다.

위 원방각의 노래를 다시 쉽게 풀어보고자 한다.

대일(大一)은 무극(無極)이자 유극(有極)이다. 대일은 원래부터 존재하는 절대적 존재로서의 무(無)나 창조의 시작이 되는 원천으로서 유(有)인 것이다. 즉 일(一)은 극이 하나라서 원래는 무극(無極)이나 유극(有極)의 시작으로서 유극(有極)인 것이다. 대일(大一)은 신(神)으로서 곧 만물의 원천(源泉)이 되는 기(氣)이기도 하다.

대일(大一)은 무극이자 유극으로서 무(無)와 유(有)가 섞여 있으며, 텅텅빈 모습과 거친 모습이 신묘(神妙)하다. 즉 빈 것 같으면서도 여기저기 만물이 흩어져 존재하고 있으니 묘한 것이다.

천지인(天地人) 삼신(三神)은 원래 하나로서 몸(體)이며, 원래 하나인 일신(一神)이 나뉘어져 천지인(天地人)의 삼신(三神)으로 되니 쓰임(用)이다.

무(無)와 유(有)의 섞임과 빔(虛)과 거침(粗)의 묘(妙)함이 하나로 연결되는 고리이며, 천지인(天地人) 삼신(三神)이 원래 하나인 일신(一神)이라는 몸(體)과, 일신(一神)이 천지인(天地人) 삼신(三神)이 되는 쓰임(用)은, 나뉘어져 있는 것이 아니라 같은 것이다.

텅텅 빈 하늘에 태양(太陽)과 같은 빛(光)이 있음은, 이는 신(神), 천지인 삼신의 모습(像)이며, 큰 기운(大氣)이 항상 존재하는 것은, 이는 만물을 창조하는 천지인 삼신의 조화(造化)이다.

참 목숨은 그 원천이 있으며, 수만 가지의 법이 이 원천이 되는 대일(大一)에서 나

온다. 해와 달, 광명(光明)의 아들인 한
웅천황(桓雄天皇)은 천신(天神)이 내려
충만하여, 해와 달과 같이 밝음과 빛살
로서 밝게 빛내며, 원각(圓覺)을 얻어
크게 인간세상에 내려와 홍익인간을 실
현하여 무리(衆)들을 번성케 하셨도다.

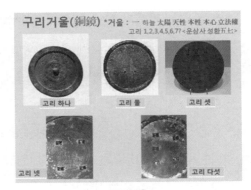

구리거울

그러므로, 천지인(天地人)이 원래 하
나인 천(天)으로 되어 있는 둥근 원(圓)
은 하나(一)로 되어 있으니 무극(無極)
이고, 천지(天地)로 나뉘어져 둘로 되어
전후좌우(前後左右) 또는 동서남북(東
西南北)의 방향이 잡혀지는 네모난 방
(方)은 동과 서 또는 남과 북으로 둘(二)
로 나뉘어져 상반(相反)된 것이므로 반
극(反極)이며, 천지인(天地人)으로 나
뉘어져 셋으로 되어 있는 세모난 각(角)
은 셋(三)으로 나뉘어져 삼태극(三太
極)으로서 태극(太極)이다.

구리방울

우리는 일반적으로 음양을 태극(太
極)이라 이해하고 있으나, 배달나라 시
대에 이미 태극은 천지인(天地人)의 삼
태극(三太極)을 의미하는 것이 된다. 천

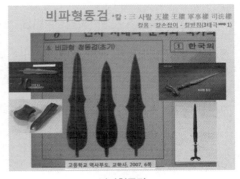

비파형동검

지, 하늘과 땅을 태극이라 부르는 것은 반극(反極)을 대칭(代稱)하는 한 방편일 뿐
인 것이다.

천부삼인(天符三印)은 천부를 나타낸 세 가지 증표이다. 도형으로는 원방각 즉 ○

□△이며, 상징물(象徵物)로는 둥근 거울(鏡), 양쪽으로 나눠진 것이 되는 방울(鈴) 또는 양면이 있는 북(鼓), 몸과 목과 손잡이의 세부분으로 나눠지는 칼(劍)이다.

또, 천부삼인과 관련된 가르침, 말씀으로는 천지인(天地人) 만물(萬物)이 원래 하나이며, 천지인 삼신(三神)이 원래 하나이며, 천지인의 도리에 부합하는 삶을 살도록 가르치는, 천부경(天符經), 삼일신고(三一神誥), 참전계경(參佺戒經)이다.

서기전 3897년 한웅천황은 한국에서 지위리(智爲利) 한인천제(桓因天帝)로부터 천부인(天符印) 삼개 즉 거울, 북(방울), 칼의 천부삼물(天符三物)과 천부경, 삼일신고, 참전계경의 천부삼경(天符三經)을 전수받아, 태백산으로 내려와 성통광명(性通光明), 재세이화(在世理化), 홍익인간(弘益人間)의 세상을 실현하였던 것이다.

중국어 분화(分化)와
상음(象音)문자

1. 중국어(中國語) 분화론(分化論)

중국어는 언제부터 시작되었을까? 역사적 추론에 의한 견해를 밝히고자 한다.

중국의 실질적인 역사는 서기전 2698년 계해년에 황제헌원(黃帝軒轅)에 의하여 시작된다. 그 이유는 황제헌원이 배달나라의 질서에 도전(挑戰)하였기 때문이다. 그러나 황제헌원은 배달나라 질서에 귀복(歸復)하였다. 그래서 황제헌원은 배달나라의 정식 제후인 천자(天子)것이다.

중국의 역사기록으로 보면, 중국의 역사는 서기전 3528년경 태호복희에서 시작된다. 태호복희는 배달나라 한웅(桓雄)의 아들로서 중국의 입장에서는 천강(天降)의 역사이다. 그래서 서기전 220년경 진시황(秦始皇) 시대 인물인 서복(徐福)은 태호복희의 역사를 하늘나라에서 내려와 세워진 천강(天降)의 역사로 기록한다. 즉 중국의 역사는 배달겨레의 역사인 것이다.

황제헌원은 배달나라 제후국인 유웅국(有熊國)의 왕으로서 중부(中部)의 천자(天子)인 황제(黃帝)라 불리는 인물인데, 당시 창힐(蒼詰)로부터 문자를 도입하였다. 창힐은 당시 황제(黃帝)와 동격에 해당하는 청제(靑帝)였다. 즉 창힐은 배달나라의 오방(五方) 중 동방(東方)의 천자(天子)로서 오제(五帝)의 하나였다.

창힐은 배달나라 문자인 상형문자[379]를 황제헌원에게 전수(傳授)하여 주었던 것이 되는데, 직접 가르쳐 주었다기보다 문자담당을 황제헌원에게 보내 주어 가르치게 하였던 것으로 이해된다. 이리하여 유웅국도 문자 전문가를 두어 나라를 다스렸던 것이 된다. 창힐은 과두문(蝌蚪文:올챙이 글자), 조족문(鳥足文 : 새발자욱 글자)을 만들었다라고 전하기도 한다.

배달나라 시대에 상형문자는 이미 6서법(書法)이 정립되어 있었다. 즉 지사(指事), 상형(象形), 회의(會意), 형성(形聲), 가차(假借), 전주(轉注)라는 6가지 서법이 있었던 것이다. 즉 의사를 전달하는 데 필요한 문자표기법(文字表記法), 문장작법(文章作法)이 완성되어 있었던 것이다.

배달나라 시대에 한웅(桓雄)은 8음2문(八音二文)을 수학하였다 한다. 즉 8가지 소리에 2가지 문자를 익혔다는 것이다. 여기서 2가지 문자는 역사적으로 볼 때 상형문자(象形文字)와 표음문자(表音文字)가 된다. 상형문자는 녹도문(鹿圖文) 또는 녹서(鹿書)가 되고, 표음문자는 ○(원), □(방), △(각)으로 대표되는 소위 간소화 된 상형문자를 간략화, 상징화 한 문자가 된다.

역사적 흐름으로 볼 때, 황제헌원은 상형문자를 도입하여 백성들에게 사용하게 함으로써, 지금의 중국어라는 특수한 언어를 형성케 한 인물이 된다. 즉 황제헌원이 치우천왕에게 100여회를 도전하다 자부선인(紫府仙人)의 가르침으로 도(道)를 깨달아 굴복하여 신하가 된 후, 배달나라의 문자를 정식으로 도입하여 유웅국 백성들에게 전용(專用)하도록 하였던 것으로 된다.

그리하여 유웅국의 백성들은 배달나라 상형문자를 이용한 문장을 상용화(常用化)함으로써 문장언어(文章言語)로 의사소통을 하게 되고, 이것이 그들의 언어로 고착

---

379) 소위 창성조적비에 있는 글자는 조족문자가 되는데, 문장을 해석하여 놓았으나 역사적 보강 자료가 없어 완전한 해석인지 아직 불명인데, 연구대상으로 충분하다. 한편, 대동강 평양의 법수교에 새겨진 문자는 이 창성조적비의 문장에서 일부가 새겨진 것으로 되는데, 완전한 해석은 불능이며 북한 학자들이 해석하긴 하였으나 단지 추정하는 데 그치고 있는 상태이다.

화 된 것이 된다. 즉 황제헌원 시대에 고대중국어가 형성되기 시작하였던 것이다.

배달나라의 자치제후국(自治諸侯國)이던 유웅국이 교착어가 되는 배달나라 말을 사용하는 대신 문장 언어를 의사소통 수단으로 사용함으로써 고립어식(孤立語式)의 특수한 언어가 생긴 것이 된다. 이후 약 1,500년이 흐르면서 주(周) 나라 시대에는 이미 단군조선의 언어와 확연히 구분되는 구조체계를 가진 언어를 사용한 것이 되며, 이는 소위 한자문장식(漢字文章式) 언어가 되는 것이다.

중국어는 단적으로 자연발생적으로 생긴 자연언어가 아닌 인위적으로 만들어진 인공언어(人工言語)가 된다. 즉 한국어처럼 단어의 순서가 다르더라도 의사소통에 문제가 거의 없는 언어형태가 아니라, 단어의 순서를 바꾸면 정확한 뜻을 알기 어려운 특수한 형태로 만들어진 언어인 것이다.[380]

일반적으로 문법(文法), 어법(語法)이 다른 외국어는 그 문장을 구성하는 단어의 자리를 바꾸지 못한다. 만약 단어의 위치를 바꾸면 뜻이 통하지 않게 된다. 이처럼 중국어는 소위 한문식(漢文式) 언어로서 배달나라의 문장언어(文章言語)에서 출발한 언어가 되는 바, 각 단어들의 위치를 임의로 바꾸지 못하게 되는 것이다. 그리하여 외국어에 해당하는 배달나라의 상형문자로 구성된 문장이 그들의 언어로서 고착화 된 것이다.

중국어는 단적으로 말이 먼저 생기고 그 후에 문자가 생긴 언어가 아니라, 먼저 문자가 있은 후에 그 문자가 이루는 문장에 따른 언어가 된다. 이는 고립어(孤立語)의 특성상 충분히 알 수 있는 부분이다.

---

380) 언어학 등에서 말하는 자연언어는 사람이 태어나서 저절로 배우게 되는, 일상적으로 쓰는 언어로서의 일상언어를 가리키고, 인공언어는 인위적으로 만들어 사용하는 기호화된 언어로서의 형식언어를 말한다. 필자가 말하는 자연언어와 인공언어는 역사적으로 볼 때 자연발생적으로 말로 하는 언어에 해당하는 것을 자연언어라 하고, 이와는 달리 글자를 만들어 사용하면서부터 분명한 의사전달을 위하여 일정한 작법을 통하여 만든 문장형식을 의사소통 방식으로 사용함으로써 하나의 언어로 정착된 것을 인공언어라 함에 유의.

이상으로, 중국어는 서기전 2698년경 유웅국의 황제헌원이 배달나라에서 도입한 상형문자로 된 문장의 작법(作法)을 활용하여, 그에 따른 문장이 의사표시 수단으로 상용화됨으로써 습관화, 고착화 되어 시간이 흐름에 따라 특수하게 형성된 언어가 되는 것이다. 특히, 현재 한자(漢字)에 대한 중국어 발음은 많은 부분이 대체적으로 단군조선 시대 상형문자를 읽던 음독(音讀)의 변형된 소리로 추정된다.

2. 상음문자론(象音文字論)381)

배달나라 시대에 이미 상형문자가 있었다. 또한 소리글자도 있었다. 그런데, 이 소리글자는 원천적으로 상형문자가 된다.

천부삼인(天符三印)의 도형이 되는 ○, □, △ 자체가 상형문자이며 소리글자가 된다. 물론 ○, □, △은 천지자연에 나타난 모든 물상(物像)을 세 가지로 상징화한 것이 된다. ○, □, △에서 도출되는 기호, 부호는 수 없이 많다. 즉 ㄱ, ㄴ, ㄷ, ㄹ, ㅁ, ㅂ, ㅅ, ㅇ, ㅈ 등을 모두 도출할 수 있는 것이다.

결론적으로 배달나라 시대에 존재하였던 상형문자이자 소리글자가 되는 상음(象音)문자가 서기전 2181년에 정선(精選)된 가림토(加臨土)382) 38자가 되는 것이다. 이 가림토 글자는 물론 세종대왕의 훈민정음(訓民正音) 28자로 이어진 것이 된다.

단군조선 시대 초기인 서기전 2181년에 정립된 가림토 38자를 포함한 소리글자

---

381) 상형문자가 곧 표음문자라는 의미이며, 상형문자를 읽는 소리가 그 상형문자에 내포된 표음문자를 읽는 것이 된다. 그래서 가림토나 훈민정음은 표음문자이나 원래 그 자음과 모음이 상형문자에서 나온 것이기도 하므로 상음문자가 되는 것이다. 즉 상형문자 -> 상음문자 -> 표음문자로의 발전단계를 거치게 된다.

382) 가림토 문자와 배달나라 문자 및 근세 조선시대의 훈민정음 그리고 세계 각지에 사용되고 있는 문자들의 역사를 연구하여 계통을 정립하는 것이 반드시 필요하다.

남해 낭하리 석각

는 곧 배달나라 시대의 소리글자로서 단군조선 이전이나 이후에 다른 문명문화권에 전파되었을 글자이기도 하다. 가림토383)와 친연성이 있는 문자로는 인도의 브라미(Brahmi : 梵) 문자가 있고, 소아시아에서 나왔다는 알파벳(Alphabet)도 물론 가림토와 친연성을 지니고 있다. 이는 민족의 이동과 문자의 역사에 관한 연구로 충분히 밝혀질 것이다.

---

383) 단군조선의 가림토 글자의 연혁과 그 친연성이 있는 문자들의 기원과 발전 등 역사적 연구가 필요하다.

- 서기전 3897년 배달나라 건국. 상형문자로서 녹도문(鹿圖文. 鹿書) 사용.
- 서기전 3528년 우사(雨師) 출신 태호복희가 산동지역의 진(陳) 땅에 진제국(震帝國) 세움. 상형표의문자 용서(龍書)
- 서기전 3500년경 大汶口문화
- 서기전 3252년경 소전씨(少典氏)가 강수(姜水) 지역의 유웅국(有熊國)에 봉해짐.
- 서기전 3218년 우가(牛加) 출신 신농(神農)이 태호복희의 나라를 이어 염제국(炎帝國)을 세움.
- 서기전 2706년 치우천왕 즉위. 상형표의문자 화서(花書)
- 서기전 2700년경 자부선인(紫府仙人)의 칠회제신력(七回祭神曆). 상형표의문자 우서(雨書)
- 서기전 2698년 헌원이 유웅국의 왕이 됨.
- 서기전 2697년 치우천왕이 염제국의 8대왕 유망을 폐하고 괴를 봉하여 단웅국(檀熊國)으로 삼음.
- 서기전 2697경부터 치우천왕과 황제헌원이 10년 이상 탁록지전 등을 벌임.
- 서기전 2685년경 헌원이 자부선인의 가르침으로 도를 얻고 치우천왕의 신하가 되어 진정한 천자가 되었으며, 이후 약 300년간 특이한 전쟁이 없음. 창힐의 상형표의문자인 과두문, 조족문(鳥足文) 도입.
- 서기전 2500년경 龍山문화
- 서기전 2401년 요(堯)가 출생함.
- 서기전 2383년경 제곡고신씨가 아들 요(堯)를 도(陶)에 봉함.
- 서기전 2370년 5월 2일 단군왕검이 배달나라 18대 거불단한웅과 단웅국 5대 홍제(洪帝)의 딸로 탄생함.

- 서기전 2357년 요가 형 제지(帝摯)를 멸하고 천자자리를 찬탈하여, 당(唐)을 세우고, 9주를 나누고, 역법을 폐하고, 제왕을 참칭함.
- 서기전 2357년 단군왕검이 단웅국의 섭정이 됨.
- 서기전 2343년 순(舜)이 유호씨(有戶氏)의 장자로 출생함.
- 서기전 2334년 단군왕검이 왕성을 나가 순방하는 사이에 요(堯)가 단웅국을 기습하여 점령하고 단웅국왕(洪帝)가 붕어함.
- 서기전 2334년~서기전 2333년 단군왕검이 무리 800을 이끌고 동북의 아사달로 이동하여 나라를 정비함.
- 서기전 2333년 10월 3일 단군왕검이 구족(九族, 九夷)의 추대에 응하여 임금이 되어 아사달에서 조선을 개국함.

홍익인간 7만년 역사

韓中日
역사 연대기 중심 총망라

홍익인간 ^韓^中^日
역사 연대기 중심 총망라

제4편
단군조선(檀君朝鮮)
시대

단군조선 삼한(三韓)관경 영역
단군조선-고구려 봉후국 및 강역

단군왕검(檀君王儉)의
홍익인간(弘益人間) 부활(復活)

1. 아리랑 여정의 마무리

개천(開天)1528년인 서기전 2370년 신묘년(辛卯年) 5월 2일 인시(寅時)에 배달나라 18대 거불단(居弗檀) 한웅(桓雄)과 단웅국(檀熊國, 웅씨국, 염제신농국 후계)의 홍제녀(洪帝女) 사이에서 탄생하신 단군왕검께서, 서기전 2357년 갑진년(甲辰年) 14세에 단웅국의 홍제의 신임으로 섭정(攝政)을 하게 되었다가, 서기전 2334년까지 3차례에 걸쳐 서기전 2357년에 유웅국(有熊國, 황제헌원국, 웅씨국)의 왕위를 찬탈한 요(堯)의 기습침략으로 결국 왕성(王城)을 잃고서, 측근의 무리 800을 이끌고 동북(東北)의 아사달(阿斯達)로 이동한지 약 1년이 지나게 되었다.384)

아사달지역은 흑수백산(黑水白山)385)의 사이에 위치하고 있었다. 단군왕검께서는 서기전 2357년부터 24년간 섭정(攝政)의 자리에 있으면서 온 산천을 두루 다니

---

384) 단군왕검이 아사달에 도읍을 정한 것은 역사상 요(堯)의 전란(戰亂)으로 피난한 데 연유가 있다.
385) 한인천제(桓因天帝) 한국(桓國)의 중심지이다.

면서 순방정치(巡訪政治)로 덕치(德治)을 펼치셨는데, 흑수백산(黑水白山) 사이의 땅도 섭정하던 때 역사탐방 겸 순방을 하였던 지역 중 하나였다.

공상(空桑)386)을 수도로 하여 태산(泰山) 부근의 산동지역에 있던 단웅국(檀熊國)에서 동북으로 3,000리 넘게 떨어진 흑수백산(黑水白山)의 아사달(阿斯達)로 이동하는 과정에서 수많은 백성들이 함께 따르고자 하였으나, 수많은 물길과 산고개가 막혀 흑수백산의 땅으로 따라가지 못한 백성들이 뒤에 남아 불렀던 노래가 아리랑(阿里嶺)이 분명한 것이다.

개천1565년인 서기전 2333년 10월 3일에 이르러 백성들을 안정시키고 나라의 제도를 정비한 단군왕검께서는, 요(堯)가 일으킨 전란으로 한국(桓國)의 시조 황궁씨(黃穹氏)가 서기전 6200년경 이전에 이미 정립시켰던 천부삼인(天符三印)을 계승하였다. 즉 서기전 70378년경 파미르고원의 마고성(麻姑城) 시대부터 전수(傳授)되어온 천부(天符)의 역사를 계승하여 황궁씨가 정립한 천지인(天地人)이라는 천부인(天符印) 3개를 전수받아 유인씨(有因氏), 한인씨(桓因氏), 한웅씨(桓雄氏)의 뒤를 이어 홍익인간 세상을 다시 펼치게 된 것이다.

2. 구족(九族)의 추대

배달나라는 모두 구족의 나라이다. 한국(桓國)의 9부족인 구한(九桓)이 곧 배달나라 구족이다. 구족을 고대중국에서는 그들의 조상의 나라로서 구이(九夷)라고 부르는 것이다.

배달나라 동서남북중의 8방과 9방에 9족이 살았으며, 그 중에서 황족(黃族)이 종주(宗主)가 되어 한국(桓國), 배달나라(檀國)를 다스렸다. 황제헌원이 시작한 천자국(天子國)인 유웅국(有熊國) 또한 황족(黃族)의 일파인 웅족(熊族)의 나라였다. 같

---

386) 진류(陳留)라고 한다.

은 웅족의 나라였던 염제신농국의 후계국인 단웅국(檀熊國)의 섭정을 맡았던 단군왕검은 거불단(居弗檀) 한웅(桓雄)의 아들 즉 단웅(檀雄) 천왕(天王)의 아들인 천군(天君)으로서 천부삼인(天符三印)을 계승하는 데 이미 정통성 자격을 지니고 있었다.

배달나라 말기인 서기전 2357년 갑진년(甲辰年)에 유웅국(有熊國) 왕이 된 요(堯)가 일으킨 소란으로 세상이 시끄러워지자, 각 지역의 제후들과 유력한 세력자들 모두가 요(堯)를 외면하고 단군왕검을 향하여 기대를 걸고 있었다.

특히, 허유(許由)와 소부(蘇夫)는 요가 주창한 오행망설(五行妄說)과 제왕(帝王)의 도(道)를 신랄하게 비판하고 외면하였다.[387] 배달나라의 동서남북의 제족들이 모두 덕치를 펼치던 단군왕검이 임금이 되어주기를 축원하고 추대하였던 것이다.

단군왕검이 요(堯)의 전란(戰亂)을 피하여 아사달로 간 후 약 1년 남짓한 때, 한배달 구족(九族)들이 모두 단군왕검을 천제(天帝)의 화신(化身)이라 받들고 천왕(天王)으로 추대하였다.[388] 이는 마고성 시대 이후부터 이어져 온 화백(和白)에 의한 임금 선출과 다름없었다.

3. 천부삼인(天符三印)과 배달나라 정통계승

천부삼인은 홍익인간 세상을 실현하는 권한(權限)의 징표(徵標)이다. 즉 천부삼인은 하늘로부터 부여받은 권한으로 인간세상을 다스리는 권한을 나타내는 징표이자, 한배달 구족(九族)이 원래 하나임을 증명하는 신표(信標)이기도 하다. 하늘로부터 부여 받았다 함은 천지인(天地人) 삼신(三神)의 대리자(代理者)임을 의미한다.

---

387) 전게 부도지, 56쪽 참조. 서기전 268년경 위(魏)나라 공빈(孔斌)이 지은 홍사(鴻史) 서문에서는 단군신인(檀君神人)이 구이(九夷)의 추대에 응하여 임금이 되었다라고 적고 있다.

388) 전게 한단고기 〈삼성기 전 상편〉, 20쪽 및 〈단군세기〉, 55쪽 및 주(周) 나라 전국시대(戰國時代) 위(魏)나라 공빈(孔斌:孔子順)이 지은 홍사(鴻史)의 서문(序文) 참조

단군왕검(檀君王儉)은 배달나라 한웅 천왕의 아들인 천군(天君)으로서 이미 천부삼인(天符三印)을 부여받아 단웅국(웅씨국)의 비왕(裨王)으로서 서기전 2357년부터 서기전 2333년까지 24년간 홍익인간 이념을 실현한 경험이 있었다. 즉 천군은 하늘과 땅을 모두 맡은 임금으로서, 천부삼인의 증거물인 거울(鏡), 북(鼓) 또는 방울(鈴), 칼(劍)을 모두 전수받은, 배달나라의 천왕(天王) 아래 작은 임금으로서, 천자(天子) 등의 천하(天下)의 제후들과는 격이 달랐다. 천자는 천부삼인 중 인간세상만을 다스리는 권한을 상징하는 칼(劍)만 전수받는 것이 된다. 이는 왕이 군사(軍師)에게 칼을 전수하며 군사권(軍事權)을 위임하는 것과 같은 이치이다.

마고성(파미르고원)

단군왕검은 요(堯)의 전란을 피하여 배달나라 중심지를 떠나 옛 한국(桓國)의 중심지가 되는 아사달에 수도를 정하고, 제천단(祭天壇)인 천부단(天符壇)을 흑수백산(黑水白山)이라 할 때의 백산(白山)에 두었다. 백산은 일명 단군조선의 태백산(太白山)이며, 지금의 백두산(白頭山)이다. 고구려와 대진국(발해) 시대에 백두산을 태백산이라고 하였으며, 신라 초기에도 백두산을 태백산이라 하였던 것이며, 강원도 태백산을 남태백산(南太白山)이라 불렀다.389)

신정일치(神政一致)390) 시대의 수도는 정치중심지보다도 종교중심지를 더 중요시 하였던 것이 된다. 그리하여 단군조선의 중심지는 본 제천단을 둔 태백산 즉 백두산이며, 사보(四堡)가 되는 동서남북의 지역에 다시 작은 제천단을 두고 비왕(裨王)으로 하여금 다스리게 하였던 것이다. 이리하여 백두산을 기점으로 사방 반지름 3,000리가 되는 지역이 단군조선의 직할영역인 삼한(三韓) 관경(管境)이 되며391), 그 외 지역이 천하(天下)가 되는 것이다. 한국시대의 천산(天山)과 배달나라 시대의 태백산(太白山)은 종교적 중심지인 천부단(天符壇)이 있는 곳이기도 하고 정치적 중심지인 수도(首都)이기도 한 것이다.

단군왕검은 약 1년간에 걸쳐 나라의 제도를 정비하고서, 서기전 2333년 무진년(戊辰年) 10월 3일 구족(九族)의 정식 추대에 응하여 천왕(天王)으로 즉위함으로써, 천부삼인을 전수받아 재세이화(在世理化), 홍익익간(弘益人間)을 실현하는 지상 최고최상 즉 중앙의 나라로 불리는 하늘나라(天國, 上國)의 본 임금으로서, 배달나라의 정통성을 계승하였던 것이다.

4. 아침땅(아사달)과 아침나라(조선)

단군왕검은 나라이름을 조선(朝鮮)이라 하였다. 이는 "아침 새 나라"라는 의미이다. 배달나라는 해와 달이 떠서 밝히는 밝은 땅, 밝달, 박달(檀, 明地)이며, 아사달은 아침 해와 아침달이 비치는 밝은 땅이다. 즉 아사달은 밝달 중 아침땅(朝)인 것이다.

---

389) 전계 부도지, 83쪽 참조

390) 천하 지상의 인간세계의 왕인 천자로 봉해진 천자국(天子國)으로서 원래 하늘에 제를 올릴 권한(祭天權)이 없었던 황제헌원 이하의 고대중국에서는, 하늘에 제사를 지내는 원리를 알지 못하여, 한배달조선의 후예들이 제천(祭天)하는 풍속을 두고 귀신에게 시시때대로 제사를 지낸다는 식으로 무지몽매하게 기록하기도 한다.

391) 전계 부도지, 45쪽 참조

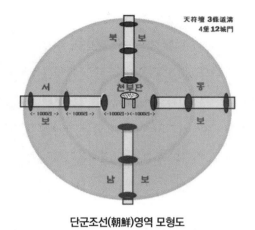

단군조선(朝鮮)영역 모형도

그리하여 조선(朝鮮)은 아침 땅을 포함하는 아침나라이다. 선(鮮)이라는 글자는 물고기(魚)와 땅에 사는 양(羊)을 나타낸 글자로서 바다와 육지를 상징하는 회의문자이다.392) 바다와 육지를 연결하는 곳이 나루(津)인데, 나라(國)와 나루(津)는 원래 같은 어원이 되는 나루에서 나온 말이 된다. 선(鮮)이라는 글자가 날(生)의 뜻이 있어 나라의 준말이 되기도 한다. 즉 단군조선의 조선은 바다와 육지를 포괄하는 아침의 밝은, 새로운 나라라는 의미가 된다.

아침 조(朝)라는 글자는 "아사달", "해달(日月)"로 읽혀지기도 하는데, 아사달의 아사가 원래 아ᄉ라는 말에서 나온 것이다. 아ᄉ가 아시 또는 유성음화 되어 아ᄌ, 아죠가 되고, 아시는 다시 아치로 변음된 것으로 되며, 한편 아죠라는 말에서 앞의 아가 생략되면서 "죠"라는 말이 되어 훈독과 음독이 지금의 "아침 조"가 된 것으로 강력히 추정된다. 즉 "아침 조"라는 훈독과 음독이 모두 단군조선 시대에 朝라는 글자를 읽는 소리에서 파생된 소리로 원래 어원이 같다는 것이 된다.

明(밝, 명)이라는 글자는 해와 달의 합자된 회의문자로서 밝다는 뜻을 가졌는데, 朝(아침, 조)라는 글자와 직접적으로 상관된다. 즉 明(명)이라는 글자는 朝(조)라는 상형문자에서 후대에 응용된 회의문자가 되는 것이다. 아침에는 해와 달이 함께 떠 있을 수 있으므로 朝라는 글자는 상형문자가 된다. 그런데, 해와 달이 함께 떠 있는 경우는 아침이나 저녁 외에는 달이 해의 밝음에 가려져 동시에 떠 있는 것으로 표현하는 것은 무의미하므로 明이라는 글자는 결국 밝은 해와 달이 함께 있으니 밝다라

---

392) 전게 한단고기 〈단군세기〉, 74쪽 신지(神誌) 발리(發理)의 서효사(誓效詞) 참조

는 회의문자(會意文字)가 되는 것이다.

이로써 明(명)이라는 글자는 朝(조)라는 글자에서 파생된 회의문자로 볼 수 있는 것이다. 단적으로 단군조선은 또한 박달나라이다. 그래서 明이라는 글자를 단군조선의 대명사로 썼던 것이다. 이를 입증해 주는 예가 바로 명도전(明刀錢)393)이다. 명도전의 앞면에 새겨진 明이라는 글자는 단순한 글자가 아니라 단군조선을 의미하는 밝달, 박달의 "밝"을 뜻하는 나타낸 글자로서 단군조선의 대명사(代名詞)가 되는 것이다.394)

5. 1천부단(天符壇) 4보(堡)의 나라

단군조선395)의 정치적 수도는 아사달396)이며, 종교적 수도는 천부단(天符壇)이 있는 태백산(太白山)이다. 단군조선 시대의 태백산은 지금의 백두산(白頭山)이다. 백산(白山), 삼한(三韓) 대백두산(大白頭山)으로 불린다. 삼한 대백두산이란 진한,

---

393) 명도전을 비롯한 단군조선의 화폐에 관한 상세한 역사와 화폐에 새겨진 단군조선 문자의 해독 등 연구를 통한 문자의 역사 정립이 필요하다.

394) 한국(桓國:한나라: 하늘나라)은 태양이 있는 환한 하늘나라, 박달나라(檀國)는 태양이 비치는 밝은 땅나라, 조선(朝鮮)은 박달나라 중에서 아침의 해와 달이 함께 비치는, 동쪽에 위치한 아침 나라가 된다. 실제 하늘은 인간세상이 아니므로 인간세상으로서의 하늘나라는 천산(天山)을 중심으로 한 나라이며, 후에 한 지방이 되는 박달(배달: 밝은 땅)에 나라를 세운 한웅천왕이 탄생한 나라가 되는 것이다. 원래 한국과 단국에 붙은 국이라는 글자는 성곽이나 경계가 있는 나라라는 의미의 글자인데 여기서는 일반적으로 붙인 용어에 불과하며, 실제로 한, 단이라는 국호가 되어 하늘, 박달(밝 땅)이라는 나라 자체가 되며, 바깥 경계가 없는 나라가 되는 것이다. 단군조선의 조선도 바깥 경계가 없는 나라이므로 조선국이라 하지 않고 그냥 조선이라 한다. 그리하여 한 배달 조선이 된다.

395) 단군조선의 역년(歷年)에 관한 기록이 난무한데, 한단고기 단군세기의 기록이 가장 정확한 것으로 판단되는 바, 여타 역사기록의 정확성과 문제점 등을 통합적으로 고찰하여 명확하게 정리하는 것이 필요하다.

396) 아사는 아침, 달은 땅이라는 말이다. 일본어에 아사가 우리말의 아침이다. 양달, 음달이 달이 땅이라는 말이 된다.

마한, 번한 땅을 아우르는 단군조선의 대백두산이라는 뜻이다.397)

천부단(天符壇)은 천지인(天地人)의 상징인 원방각(圓方角, ○□△)으로 이루어진 제천단(祭天壇)이다. 단군왕검은 조선을 개국하면서 백두산인 태백산을 삼신(三神)을 모시고 제(祭)를 올리는 천부단의 자리로 모셨던 것이다. 특히 단군왕검은 마고성(麻姑城) 시대의 제도를 본떠 중앙에 천부단(天符壇)을 축조하고 사방에 사보(四堡)398)를 두었는데, 즉 중앙의 태백산 제천단과 동서남북의 예(濊), 번한(番韓), 마한(馬韓), 진한(眞韓)이다.

중앙의 천부단을 중심으로 하여 각 3,000리에 달하는 지역이 단군조선의 직할영역이 된다. 여기서 진한, 마한, 번한은 삼한(三韓)으로서 비왕(裨王)의 뜻도 있으며 관경(管境)의 뜻도 있는 말이 된다. 물론 사보(四堡)에 해당하는 진한, 마한, 번한은 관경의 뜻이 된다.

오방위 중에서 중앙이 가장 높은 자리이며, 그 다음이 북쪽399)이 된다. 즉 북쪽은 중앙을 대리하는 자리이기도 하다. 그리하여, 중앙에 천부단을 모시고, 사방에 각 제천단을 두었던 것이며, 이는 북쪽 진한(眞韓) 땅에는 상춘(常春) 구월산(九月山) 제천단, 남쪽 마한(馬韓) 땅에는 혈구(穴口)의 마리산(摩離山) 참성단(塹城壇), 서쪽 번한(番韓)의 5군데 수도였던 오덕지(五德地)에 있던 제천단 또는 산동지역 태산(泰山)의 제천단 등이 이를 입증해 준다. 구월산(九月山, 아흐 달 산)400)은 아사달산이라는 말의 이두식 표기가 된다.

태백산인 백두산이 단군조선의 중앙으로서 최고 자리인 삼신(三神)의 자리이며,

---

397) 전게 한단고기 〈태백일사/삼한관경본기〉, 210쪽 참조

398) 동서남북에 각 보(堡)를 두어 동보, 서보, 남보, 북보가 된다.

399) 제사를 지낼 대 신주나 지방을 붙이는 방위가 북쪽이 된다.

400) 구월(九月:아흡달) : 아흐달 -〉 아스달, 아사달. 상춘이 백악산아사달이고 이곳에 아사달산 즉 구월산이 있는 것이다. 즉 상춘은 백악산이 있는 아사달이며, 아사달산(구월산)이 별도로 있는 것이 된다.

북쪽 진한 땅이 북보(北堡)로서 진한(眞韓)이 삼신을 대리하여 삼한(三韓)을 통할하는 것이 된다.401) 마한(馬韓)이란 남쪽의 한(韓)이라는 말이며, 번한(番韓)은 번(番, 차례)을 서는 한(韓)이라는 말이다. 즉 남쪽에서 보좌하며 지키는 남보(南堡)의 땅이 마한(馬韓)이며, 서쪽에서 지키며 보좌하는 서보(西堡)의 땅이 번한이다. 한편, 동쪽에는 바다가 있어 상대적으로 비중이 덜하여 백두산의 동쪽에 위치한 예국(濊國)으로 하여금 관할하게 한 것이 된다.402)

단군왕검은 처음 구족의 추대에 응하여 천왕(天王)이 되었으며, 이후 비왕으로서 천왕격(天王格)의 진한(眞韓), 마한(馬韓), 번한(番韓)을 두어 스스로는 삼신(三神)의 인격신인 천제(天帝)로 받들어졌다. 즉 태자 부루가 진한(眞韓)으로 봉해져 섭정을 할 때부터 단군왕검은 천제(天帝)가 되는 것이며, 이에 따라 태자 부루는 천제자(天帝子)가 되는 것이다.403) 천제자는 천제의 아들로서 천왕(天王)이 되는 것이며, 진한, 마한, 번한이 곧 천왕격의 비왕(裨王)인 것이다.

이에 따라 나라의 중앙인 태백산 천부단에 천신(天神)인 삼신(三神)이 모셔지고, 단군왕검은 삼신의 대리자이자 천신(天神)의 인격신인 천제(天帝)가 되며, 섭정(攝政) 비왕(裨王)인 삼한(三韓)은 천제 아래의 천왕(天王)이 되는 것이다. 천왕 아래 천군(天君)이 있으며, 천군 아래 일반 하늘나라 제후인 천자(天子) 등이 있는 것이다.

6. 삼사오가(三師五加)와 삼한(三韓) 8군후국(君侯國)

단군왕검은 풍백(風伯), 우사(雨師), 운사(雲師)의 삼사와 저가(豬加), 구가(狗

---

401) 마고성 시대에 마고할미의 장손이던 황궁씨가 북보를 맡아 동서남북의 네씨족을 통할한 것이 된다.

402) 예국은 단군조선의 제후국으로서 구가(狗加) 여수기(余守己)가 백두산의 동쪽으로 동해안 지역에 봉해진 나라이다. 예(濊)는 깊은 물을 가리키는 글자로서 바다를 끼고 있는 지역이 된다.

403) 전게 한단고기 〈태백일사/삼한관경본기〉, 218쪽 참조

加), 양가(羊加), 우가(牛加), 마가(馬加)의 오가의 보좌로 국가 정치를 이끌었다.

풍백은 입법(立法), 우사는 행정(行政), 운사는 사법(司法)을 관장하고, 이들 삼사에 오가(五加)가 소속되어 권력분립(權力分立)을 원칙으로 하여 상호간 권력을 침범하지 않고 공정(公正)한 정치가 이루어졌다.

저가는 질병(疾病)을 주관하며 보건(保健) 담당이고, 구가는 형벌(刑罰)을 주관하며, 양가는 선악(善惡)을 주관하며 교육(敎育) 담당이고, 우가는 곡식(穀食)을 주관하여 농사(農事) 담당이며, 마가는 목숨과 명령을 주관하여 기밀(機密)과 군사(軍事) 담당이다.

한국(桓國) 시대와 배달나라 시대에는 오가(五加)가 오정(五政)을 담당하였으나, 단군조선 시대에는 오가가 육정(六政)을 담당하였다.404) 주병(主病), 주형(主刑), 주선악(主善惡), 주곡(主穀), 주명(主命) 외에 주병(主兵)을 마가(馬加)와 구가(狗加)가 담당하였던 것이 된다. 마가는 국방을, 구가는 치안(治安)을 담당한 것이 된다.405)

삼사(三師) 제도는 천지인(天地人) 삼신(三神) 사상에서 도출된 국가정치 제도가 된다. 즉 풍백, 우사, 운사가 차례로 천(天), 지(地), 인(人)에 해당하며, 각 거울, 북, 칼로 상징되는 역할을 담당하는 것이다. 거울은 천성(天性)으로서 하늘의 법(法)을 정립(定立)함을 의미하고, 북은 천음(天音)으로서 하늘의 법을 시행(施行)함을 의미하며, 칼은 천권(天權)으로서 하늘의 법으로 처단함을 의미한다.406)

오가(五加)는 동서남북중의 오부(五部)의 장(長)으로 하여금 맡게 한 중앙관직이

---

404) 전게 한단고기 〈태백일사/고구려국본기〉, 263쪽 참조

405) 군사력은 외치와 내치에 모두 필요하다. 현시대의 내치는 경찰이 치안을 담당하지만 옛날에는 군대가 담당한 것이 된다.

406) 왕(王)이라는 글자는 우리말로 "왕"이라고 읽히는 표음문자이자 상형문자가 되는데, 원래 왕이라는 글자는 왕관의 모습을 나타내는 글자로도 보이나, 고대중국의 금문(金文) 등에서는 도끼모양을 나타낸 글자로도 표현하고 있는 바, 도끼는 칼의 일종으로 처벌권 즉 왕권을 나타내는 것이 된다.

되는데, 오부(五部)에 군후국(君侯國)들이 봉해져 8군후국, 9군후국으로 모두 28국이 봉해져 세습자치가 행해졌다. 방향으로 보면, 저가는 중부, 구가는 서부, 양가는 북부, 우가는 동부, 마가는 남부에 해당한다.

그리하여 오행(五行)으로 볼 때, 도개글윷모가 되는 저가, 구가, 양가, 우가, 마가의 순서는 토금수목화(土金水木火)의 상생(相生)의 순이 된다. 이러한 상생의 원리는 한역(桓易)인 윷놀이판에서 바로 입증되는 것이다.[407]

삼사(三師)가 중앙관직이라면 삼한(三韓)은 관경을 다스리는 임금이다. 즉 삼한은 단군 천왕(天王)의 섭정(攝政)이다. 삼한에 삼사 출신이 봉해지기도 하였다.

단군왕검은 삼한(三韓)과 8군후국을 봉하였다. 태자 부루(太子扶婁)는 진한(眞韓)에 봉하여 진한(眞韓) 관경을 섭정케 하고, 웅백다(熊伯多)는 마한(馬韓)에 봉하여 마한 관경을 섭정케 하고, 치두남(蚩頭男)은 번한(番韓)에 봉하여 번한 관경을 섭정케 하였다. 또, 둘째아들 부소(扶蘇)는 구려(句麗)[408]에 봉하고, 셋째아들 부우(扶虞)는 진번(眞番)에 봉하고, 넷째아들 부여(扶餘)는 부여(扶餘)[409]에 봉하고, 고시씨(高矢氏) 후손을 청구(靑邱)에 봉하고, 치우천왕의 후손을 남국(藍國)에 봉하고, 신지씨(神誌氏)를 숙신(肅愼)[410]에 봉하고, 여수기(余守己)를 예국(濊國)에 봉하고, 주인씨(朱因氏)를 개마(蓋馬)에 봉하였다.

---

407) 윷놀이에서는 말이 도개글윷모가 가지는 점수에 따라 시계침이 도는 방향의 반대방향으로 진행을 하는데, 윷놀이판의 방향은 태호복희8괘역의 방향과 일치하여 북동남서의 방향으로 진행된다. 오가의 방향을 오방에 대입하면 북동남중서의 방향에 각 양가(글: 양), 우가(윷:소), 마가(모: 말), 저가(도:돌:돼지), 구가(개)가 해당되며, 수목화토금이 되어 오행상생 방향이 되는 것이다.

408) 구려라는 국명은 서기전 37년에 고씨의 구려인 고구려로 계승된다. 서쪽으로는 대동에서 동쪽으로는 적봉시를 포함하여 대릉하 상류에 이르는 광대한 지역이 된다. 북쪽에는 몽고리, 동쪽에는 진번, 남쪽에는 번한과 낙랑과 고죽국, 서쪽에는 선비와 흉노가 위치한다. 소위 한사군에 속하는 현도군은 구려국 땅 중에서 중남부 지역에 해당하는 군 단위 크기의 일부가 된다.

409) 부여라는 국명은 서기전 239년에 구려국(고리국) 출신인 해모수의 북부여, 서기전 86년에 고두막한의 북부여, 해부루의 동부여, 고구려 연나부 낙씨의 부여로 계승된다.

410) 숙신은 단군조선의 제후국으로서 후대에는 읍루, 물길, 말갈, 여진, 만주로 이어진다.

삼사오가(三師五加) 제도는 중앙조정의 정치제도이며, 삼한(三韓) 8군후국(八君侯國) 제도는 지방관경의 정치제도이다. 8군후국은 8가(加)의 나라라고도 한다. 대체적으로 삼사오가 출신이 자치제후국[411]으로 봉해짐으로써 8가로 불리는 것이 된다.

7. 천부삼경(天符三經)과 천범(天範) 8조(條)

단군왕검은 한국, 배달나라의 종교사상을 그대로 계승하였는바, 천부경(天符經), 삼일신고(三一神誥), 참전계경(參佺戒經)을 백성들에게 가르쳐 재세이화(在世理化), 홍익인간(弘益人間) 세상을 실현하였다.

특히 단군왕검은 서기전 2333년 무진년 10월 3일, 조선(朝鮮)이라는 나라를 열고, 조서를 내려 백성들에게 8가지 규범을 가르치셨다. 지금도 우리가 사용하고 있는, 하늘이 무너져도 솟아날 구멍이 있다, 짚신도 짝이 있다, 열손가락 깨물어 안 아픈 손가락 없다는 등의 속담은 천범 8조에서 유래한다고 하여도 과언이 아니다.

천범 8조의 내용에서 단군조선 초기에 이미 경천(敬天), 충효(忠孝) 사상이 존재하였으며, 벼농사가 행해지고 있었다는 것을 단적으로 알 수 있게 한다.

천범 8조는 다음과 같다.

-천범(天範) 8조(條)-

1. 하늘의 법[천범]은 오직 하나이며 그 문은 둘이 아니니, 너희들이 오직 순수하게 정성을 하나로 하면, 너희 마음이 하늘을 뵐 것이다.[412]

---

411) 단군조선 시대의 9족과 12제후국들의 혈연적 관계와 지역적 분포 즉 강역을 연구함이 필요하다.

412) 정성을 강조하고 있다. 지성감천이라는 말이 정성이 중요함을 나타낸다. 참전계경에도 정성에 관한 강령(綱領)이 있다.

2. 하늘의 법은 늘 하나이고 사람의 마음은 오로지 같으며, 스스로를 미루어 마음을 잡아 다른 사람의 마음에 이르면, 다른 사람의 마음도 변화하여 역시 하늘의 법에 맞아지니, 이에 만방에 적용하여 다스릴 수 있을 것이다.413)

3. 너희들은 부모에게서 났고, 부모는 하늘로부터 내려왔으니, 오로지 부모를 공경하고 이에 하늘을 지극히 공경할 것이며, 이를 나라에 이르게 하면 이것이 곧 충효이고, 너희들이 이러한 이치를 정성으로 실천하면 하늘이 무너져도 반드시 먼저 벗어날 것이다.414)

4. 짐승도 짝이 있고 헤진 신발도 짝이 있나니, 너희 남녀는 화목하여 원망하지 말고 질투하지 말고 음란하지 말 것이다.415)

5. 너희가 열손가락을 깨물면 그 아픔에 크고 작음이 없으니, 너희들이 서로 사랑하고 헐뜯지 말며 서로 돕고 헤치지 아니하면 집안과 나라가 흥할 것이다.416)

6. 너희들은 소와 말을 보아라, 오히려 그 풀을 나누어 먹지 않느냐. 너희들이 서로 양보하고 빼앗지 않고 함께 일하고 훔치지 아니하면, 나라가 융성할 것이다.417)

7. 너희들은 범을 보아라, 사나움이 한이 없고 신령스럽지 못하여 이에 비천하게 되었나니, 너희들은 오만하게 굶으로써 본성을 잃지 말고 사람을 상하게 하지 말며, 늘 하늘의 법을 지키고 지극히 사물을 사랑할 것이며, 너희들이 돕더라도 약한 자를 능

---

413) 힘으로 하는 것이 아니라 마음으로 하는 교화(教化)에 해당한다.
414) 효도와 충성이 원래 하나임을 강조하고 있다. 나라에 충성한 사람은 나라에서 그 집안을 책임지는 것을 나타낸다.
415) 짝을 찾지 못하는 남녀를 위하여 중매제도가 단군조선 시대에 이미 시행된 것으로 된다.
416) 가화만사성(家和萬事成)이라는 말이 대변한다.
417) 공동체 윤리의 중요성을 나타내고 있다.

멸하지 말고, 구제 구휼하더라도 비천한 자를 모욕하지 말 것이니, 너희들이 만약 이러한 법칙을 어긴다면, 영원히 신(神)의 도움을 얻지 못할 것이며 몸과 집안이 사라질 것이다.[418]

8. 너희들이 만약 벼밭에 불을 놓아 벼가 모두 사라진다면 신인(神人)이 진노할 것이고, 너희들이 비록 두껍게 감싼다 하여도 그 냄새가 반드시 샐 것이니, 너희들은 본성을 공경스럽게 지녀서 사악함을 품지 말고 악함을 숨기지 말고 재앙을 감추지 말 것이며, 마음으로 지극히 하늘을 공경하고 백성들을 가까이 하면[419], 이에 복록이 무궁할 것이니, 너희 오가들은 따를 지어다.

天範惟一 弗二厥門 爾惟純誠一 爾心乃朝天 天範恒一 人心惟同 推己秉心 以及人心 人心惟化 亦合天範 乃用御于萬邦 爾生由親 親降自天 惟敬爾親 乃克敬天 以及于邦國 是乃忠孝 爾克體是道 天有崩 必先脫免 禽獸有雙 弊履有對 爾男女以和 無怨無妬無淫 爾嚼十指 痛無大小 爾相愛無胥讒 互佑 無相殘 家國以興 爾觀牛馬 猶分厥芻 爾互讓 無胥奪 共作無相盜 國家以殷 爾觀于虎 强暴不靈 乃作孼 爾無桀驁以 戕性無傷人 恒遵天範 克愛勿 爾扶 傾無陵弱 濟恤無侮卑 爾有越厥則 永不得神佑 身家以殄 爾如有衝 火于禾 田 禾稼將殄滅 神人以怒 爾雖厚包 厥香必漏 爾敬持彝性 無懷慝 無隱惡 無 藏禍 心克敬于天 親于民 爾乃福祿 無窮 爾五加衆 其欽哉[420]

---

418) 남을 해치지 말고 어려운 사람을 도우라는 가르침으로써, 죄를 지으면 그에 응당한 벌을 받고 추방당하게 된다. 서기전 3897년경 인간이 되라는 한웅천왕의 가르침을 외면한 호족(虎族)은 끝내 추방당하였다.

419) 마음속에 악함을 품지 말고 인간본성을 지키라는 가르침이다. 악함을 품으면 아무리 숨기려고 하여도 자신의 마음은 이미 알고 있으므로 자연히 하늘님도 알게 되니, 인과응보에 따라 벌을 받게 되니 경계하라는 것이다.

420) 전계 한단고기 〈단군세기〉, 57~58쪽

단군조선(檀君朝鮮) 연대기

단군조선의 뿌리는 배달나라(檀國)와 단웅국(檀熊國)이다. 배달나라는 단군왕검 (檀君王儉)에게 천부삼인(天符三印)으로써 정통성을 부여한 나라이며, 단웅국은 단군왕검으로 하여금 조선을 개국하기 이전에 백성들에게 덕치(德治)를 실현할 수 있게 한 나라이다.

서기전 2370년 신묘년 5월 2일에 단군왕검은 배달나라 18대 거불단 한웅의 아들로 탄생하여 서기전 2357년 갑진년에 14세의 나이로 외가(外家)의 나라[421]인 단웅국의 섭정(攝政)으로 홍익인간 정치를 실체적으로 실현하였던 것이다.

재세이화(在世理化) 홍익인간(弘益人間)은 강요한다고 하여 실현되는 것이 아니다. 무위자연(無爲自然)이란 말처럼 하지 않는 듯하면서 지구가 자전하고 공전하며 우주천체가 운행하는 것처럼 엄청난 일이 행해지는 덕치(德治)로써 지상낙원이 실현되는 것이다. 이는 무극(無極)이 삼태극(三太極)이 되고 삼태극이 우주만물의 근원이 되는 것과 같은 이치가 적용되는 것이다.

하늘님은 큰 덕(德)과 큰 지혜(慧)와 큰 힘(力)이 있어 하늘과 우주천체를 낳고 다스리고 우주만물을 만들며 무한순환하게 한다. 단군왕검은 우주만물을 낳고 다스

---

421) 단군왕검의 어머니는 웅씨국인 단웅국 홍제(洪帝)의 딸이니 외조부의 나라가 된다.

리듯 백성들을 덕치(德治)로서 돌보고 다스렸다.

개국시조 단군왕검으로부터 시작된 단군조선의 역사는 서기전 2333년부터 해모수(解慕漱) 단군의 북부여(北扶餘)로 승계된 서기전 232년까지 2,102년간 오로지 백성들을 돌보며 다스리는 홍익인간의 시대였다.

아래에서는 단군조선의 역사적 계보에서 시작하여 2,102년간의 홍익인간의 역사를 연대기를 중심으로 하여 살펴본다.

-배달나라(檀國)와 단웅국(檀熊國)-

서기전 3897년 갑자년(甲子年) 상월(上月, 10월) 3일에 시작된 배달나라는 18대 한웅(桓雄)을 거쳐 서기전 2333년 상월 3일[422] 거불단(居弗檀) 한웅의 아들 단군왕검이 조선(朝鮮)을 개국함으로써 천부삼인(天符三印) 홍익인간(弘益人間)의 정통성이 계승되었다.

단웅국(檀熊國)은 배달나라와 연계된 웅씨족국(熊氏族國)이 되는데, 서기전 2697년 갑자년에 배달나라 14대 치우천왕이 염제신농국(炎帝神農國)을 평정하고 다시 천자국(天子國)으로 봉한 나라이다. 제괴(帝魁)로부터 5대를 거쳐 홍제(洪帝)에 이르러 서기전 2357년에 홍제의 외손자인 단군왕검이 섭정을 맡게 되었다.

일부의 기록에는 서기전 2457년 갑자년을 단군왕검의 탄생일로 적어 서기전 2241년까지 217세를 사셨다고 적거나, 한인(桓因), 한웅(桓雄), 단군(檀君)을 부자손(父子孫)의 역사로 봄으로 인하여 한인 시대로 보기도 한다.

그러나, 한인의 한국(桓國) 시대와 한웅의 배달나라 시대가 역사적으로 존재한 것이 명백한 바, 단군왕검의 탄생일은 서기전 2370년 신묘년(辛卯年) 5월 2일이며, 대진국(大震國) 시대에 작성된 삼일신고봉장기(三一神誥奉藏記) 등 일부 기록을 기준으로 하여 서기전 3897년 갑자년(甲子年)을 개천(開天)한 해로 하지 않고

---

422) 음력으로 10월은 12지지 중 처음이 되는 해월(亥月)이므로 상달이라 하는 것이다.

서기전 2333년 무진년(戊辰年)의 이전에 2주갑(周甲)으로서 갑자년이 되는 서기전 2457년 갑자년을 개천한 해로 계산하고서 단군왕검의 탄생일로 대입한 것으로 이해하면 될 것이다.[423]

배달나라 말기에 황제헌원의 나라가 되는 유웅국(有熊國)의 천자(天子)가 된 요(堯)라는 호전적(好戰的)인 인물이 출현하여 세상을 어지럽혔는데, 이를 진압하고 홍익인간 세상을 실현한 나라가 곧 단군조선인 것이다.

서기전 2357년 갑진년에 단군왕검은 단웅국의 비왕(裨王)이 되어 서기전 2333년까지 24년간 덕치(德治)를 펼쳤으며, 서기전 2357년에 유웅국의 천자가 된 요(堯)임금과 병립(竝立)하였던 것이다. 그런데, 이후에도 요임금은 욕심을 통제하지 못하고 서기전 2334년까지 3차례나 단웅국을 침범하였으며 결국 서기전 2334년에는 단웅국을 기습침략하여 왕성(王城)을 점령해 버렸던 것이다.

이에, 당시에 단웅국의 왕성을 떠나 배달나라 영역을 방방곡곡 순방하며 정치를 펼치던 단군왕검은 단웅국의 왕성을 뒤로 하고 동북의 아사달로 향하여 측근을 이끌고 가서 나라를 정비하였던 것이며, 서기전 2333년 10월 3일 조선을 개국한 후 10년 사이에 국력을 키워 요(堯)를 토벌하게 되었다.[424]

단군조선은 단군왕검의 역사로 볼 때 배달나라의 정통성을 계승하였으며 또한 염제신농국의 역사도 계승한 것이 된다. 염제신농국과 그 후계국인 단웅국의 역사는 황제헌원의 나라가 되는 유웅국의 역사와 구분된다.

요임금은 서기전 2401년 출생으로 단군왕검보다 31세 위이나[425], 덕치를 펼치

---

423) 한웅천왕이 실제 개천한 해는 서기전 3897년 갑자년 10월 3일이다. 서기전 2457년 갑자년은 염제신농국의 후신인 단웅국(檀熊國) 제4대 태제(泰帝) 3년이 되는 해이다.

424) 전계 부도지, 60쪽 및 전계 한단고기 〈태백일사/삼한관경본기〉, 215쪽 및 사마천, 사기 〈오제본기〉 참조. 요(堯)를 토벌하러 보내진 토벌대의 인솔자가 순(舜)의 아버지 유호씨(有戶氏:有扈氏:고수)이다.

425) 요(堯)는 서기전 2382년경에 도(陶)에 봉해지고, 서기전 2357년에 유웅국의 제지를 쳐서 멸하고 당(唐)을 세웠는바, 단군왕검이 조선을 건국한 서기전 2333년 무진년은 당요즉위 50년 또

지 아니하고 전란(戰亂)을 일으킨 인물로서, 중국의 역사에서는 춘추필법으로 인하여 성군(聖君)으로 높이지만, 한국의 역사에서는 결코 성군(聖君)이 될 수 없다. 요임금이 성군이 될 수 있는 근거는 곧 단군조선에 굴복한 제후인 천자(天子)로서 단군왕검이 실현한 태평시대로 인한 것이 된다.

단군왕검은 한웅의 아들로서 배달나라의 작은 임금이므로 단군(檀君)이며, 한웅천왕(天王)의 아들로서 천상의 임금으로서의 천군(天君)이기도 한 바, 하늘에 제사를 지낼 권한을 가진 임금이므로, 하늘에 제사를 지낼 권한을 가지지 못하는 천하(天下)의 왕인 천자(天子)와는 격이 다른 것이다.

즉 천하(天下)는 인간세상이며, 천상(天上)은 하늘님 나라인 바, 천군은 하늘에 제사 지내고 땅의 백성들을 모두 다스리는 권한을 가진 임금인 것이다. 천군은 천왕으로부터 천부삼인 즉 거울(鏡), 북(鼓) 또는 방울(鈴), 칼(劍)을 전수받는다. 그러나, 천자는 제천권(祭天權)이 없으므로 천하의 왕권(王權)을 상징하는 칼만 전수받아 인간세상인 땅의 나라만을 다스리는 것이다.

배달나라의 정통성을 계승한 단군조선은 천부삼인을 전수받아 하늘과 땅을 모두 맡은 천제(天帝), 천왕(天王), 천군(天君)의 나라이며, 일반 제후국은 그냥 천자(天子)의 나라인 점에서 천군(天君)과도 엄격히 구분되는 것이다.

1. 제1대 단군왕검(檀君王儉:聖帝:開天弘聖帝) 천제(天帝)의 역사

서기전 2334년에 당요(唐堯)[426]의 기습침략으로, 배달나라 말기의 중심지였던 청구(靑邱) 지역에 있던 단웅국(檀熊國)의 왕성(王城)을 잃고서, 한인씨(桓因氏) 한국(桓國)의 중심지였던 동북의 송화강 아사달[427]로 이동하여, 1년여 후인 38세 되

는 25년이 되는 것이다

426) 조선을 개국한 단군왕검과 당나라를 세운 요의 상관관계에 관한 정확한 역사 정립이 필요하다.

던 해인 서기전 2333년 10월 3일 조선(朝鮮)을 개국한 단군왕검은, 한국(桓國) 시대부터 전수되어 온 천부삼인(天符三印)을 전수(傳授)받아 재세이화(在世理化)로써 홍익인간(弘益人間) 세상을 부활시켰다.

인간성(人間性)을 황폐화시키는 전란(戰亂)이나 반역(反逆)을 없애고 인간의 존중과 자유와 평등과 평화와 행복을 지향하는 홍익인간 사상은 배달나라의 정통성을 계승한 단군조선의 정치이념이며, 홍익인간 그 자체가 공동선(共同善)인 것이다.

단군왕검은 젊어서 천웅도(天雄道)를 닦아 계불의식(禊祓儀式)을 행하며428) 천지인(天地人) 삼신(三神)의 가르침을 받들고 홍익인간 세상을 구현하였으며, 이제 배달나라의 정통성을 이어 새로운 나라를 열고 나라의 제도를 정비함으로써 백성들을 위한 지상낙원을 실현시키기 위하여 온 힘을 기울였다.

팽우(彭虞)429)에게 땅을 개척하도록 하여 백성들이 마을을 이루어 살도록 하게하고, 성조(成造)는 궁실(宮室)과 집 짓는 일을 맡게 하고430), 고시(高矢)는 농사를 맡게 하고, 신지(臣智:神誌)는 글(書契)을 담당하게 하고, 기성(奇省)은 의약(醫藥)을 맡게 하고, 나을(那乙)은 호적(戶籍)을 담당하게 하고431), 희(羲)432)는 점(占)치는 일을 맡게 하고, 우(尤)433)는 군사(軍事)를 담당하게 하고, 비서갑 하백의 딸434)을 황후로 삼아 누에치기(治蠶)를 맡게 하였다.435)

---

427) 송화강 아사달은 흑수백산(黑水白山)의 땅으로 그 중심지에 해당한다.

428) 전게 부도지, 44쪽 참조

429) 풍백(風伯)을 지낸 인물이다.

430) 성조굿은 이 성조에서 유래하는 것이 된다.

431) 나을은 낳다, 을나(알라: 아기)라는 말과 상통한다.

432) 배달나라 시대인 서기전 3500년경의 인물인 태호복희(太皥伏羲)가 역(易)을 만든 것과 상통한다.

433) 치우(治尤:蚩尤)가 무기(武器)와 군사를 담당한 직책이 된다.

434) 홍사한은(鴻史桓殷)에서는 단군왕검의 배필 비서갑 하백녀를 태원(太原)이라고 밝히고 있다.

435) 전게 한단고기 〈삼성기 전 상편〉, 21쪽 및 〈단군세기〉, 58쪽 참조. 신라시대 왕후가 누에치기, 베짜기를 담당한 것과 일맥상통한다.

그 외에도 칡436)을 먹는 방법과 그릇을 굽는 법을 가르치게 하였다. 또 시장을 열어 교역하게 하고 혼인법을 만들어437) 나이 찬 남녀가 외롭지 않게 하며 백성들이 번성하게 하였다.

이와 더불어 단군조선의 관경(管境)을 나누어 진한(眞韓), 마한(馬韓), 번한(番韓)의 삼한(三韓)을 두어, 진한에는 태자 부루를, 마한에는 웅백다(熊伯多)를, 번한에는 치두남(蚩頭男)을 각각 봉하여 비왕(裨王)으로서 섭정케 하였다.

단군왕검은 서기전 2357년부터 임금자리에 있으면서 100년 사이에 가지 아니한 곳이 없었다.438) 사해(四海) 방방곡곡을 널리 돌아다니며 제족을 차례로 모두 순방(巡訪)하였다. 이렇게 함으로써 진정으로 백성을 위한 정치가 실현되었던 것이다.

삼사오가(三師五加)의 무리들에게 직접 천부경(天符經)과 삼일신고(三一神誥)를 강연하는 등 천부(天符)의 이치를 가르쳤다. 이에 삼사오가는 그 가르침에 따라 모든 백성들에게 미치게 하였다. 재세이화(在世理化) 함으로써 홍익인간(弘益人間)을 실현하였던 것이다.

중앙조정(中央朝廷)에 삼사오가가 있듯이 각 지방분조(地方分朝)에도 삼사오가에 해당하는 제도가 있었으며, 심지어 마을단위에까지 삼사오가 제도가 적용되었다. 마을단위에서 의사결정을 자문하던 삼로(三老)가 바로 삼사에 해당하는 것이다. 이로써 무극(無極)이자 황극(皇極)439)에 해당하는 자리인 천왕(天王)의 주위에 삼태극에(太極)에 해당하는 자리인 삼사(三師)가 있고 다시 오행(五行)에 해당하는 자리에 오가(五加)가 있어 온 나라가 차축(車軸)440)이 회전하는 것처럼 일사불란

---

436) 칡은 피를 맑게 하는 기능을 한다.

437) 전게 부도지, 44쪽 참조

438) 전게 부도지, 44쪽 참조

439) 동서남북중(東西南北中)에서 중(中)의 자리가 임금 자리로서 황극(皇極)이다.

440) 태양계의 행성이 태양을 중심으로 공전하는 것처럼 모든 천체는 그가 속한 중심을 기준으로 회전하고 있어 수레의 바퀴가 축을 중심으로 회전하는 모습이 된다.

하게 다스려졌던 것이다.

즉, 은하계의 중심은 무극의 자리이며, 점차 밖으로 나갈수록 별들의 천체가 엄청난 속도와 힘으로 회전하고 있는 원리와 같은 것이다. 이러한 원리로 인하여 단군조선은 삼한(三韓)과 수많은 군후국(君侯國)을 두어 자치(自治)를 하게 하면서 홍익인간 세상이 실현되었던 것이다.

단군왕검은 수도를 아사달(阿斯達)로 삼았다. 아사달은 단군조선의 태백산(太白山)이 되는 백두산의 북쪽에 위치한다. 이는 서기전 70378년부터 서기전 7197년경까지 존속하였던 파미르고원의 마고성(麻姑城) 시대의 제도를 그대로 본뜬 것이다.

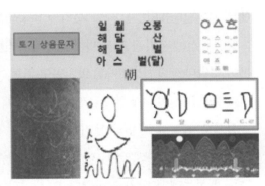

아사달 문양과 일월오봉도(일월오역도)

즉, 배달나라의 중심지였던 태백산을 본떠 나라의 중앙이 되는 백두산을 태백산으로 삼아 천부단(天符壇)을 두어 삼신(三神)의 자리로 모셨으며, 단군왕검은 삼신(三神)을 대리한 인격신인 제왕(帝王)으로서 중앙의 자리를 대신하는 북쪽 지역에 자리하여 삼한관경을 다스린 것이다.

삼한(三韓)은 원칙적으로 마고성 시대에 시행되었던 마고본성(麻姑本城)의 사보(四堡) 제도의 변형이다.441) 즉, 태백산인 백두산을 중심으로 하여 동서남북에 사보(四堡)를 두었으니, 동보(東堡)는 상대적으로 군사적, 정치적 의미가 적은 관계로 제후국(諸侯國)으로서 천자국(天子國)이 되는 예국(濊國)이 맡도록 하였던 것이며, 남보(南堡)는 마한(馬韓)이, 서보(西堡)는 번한(番韓)이, 북보(北堡)는 진한(眞韓)이 각각 비왕(裨王)인 천왕격으로서 맡게 한 것이다.

---

441) 전게 부도지, 45쪽 참조

태백산(太白山)인 백두산은 산동지역에서 보면 동북(東北)의 자방(磁方)이며, 수리적으로 2와 6이 교감(交感)하는 핵심지역이고, 4와 8이 상생(相生)하는 결과의 땅이며, 9와 1의 끝과 시작이 다하지 아니하는 터전이며, 1과 3과 5와 7의 자삭(磁朔)의 정(精)이 모여 만물을 만드는 복된 땅이다.442)

천종 산삼

태백산인 백두산을 기점으로 하여 밝은 산과 맑은 물이 만 리에 뻗어 있고 바다와 육지가 서로 통하여 십방(十方)으로 통한다. 백두산을 중심으로 하여 인삼(人蔘)과 잣(柏)과 옥(玉)이 풍부하여 단군조선의 3대 특산물이 된다.443)

인삼은 삼근영초(三根靈草)444), 삼영근(三靈根), 방삭초(方朔草) 또는 영주해삼

---

442) 전계 부도지, 45쪽 참조

443) 전계 부도지, 45~55쪽 참조

444) 뿌리가 사람 모습이라 하여 붙여진 이름이 되는데, 蔘(삼)이라는 글자가 인삼을 가리키는 參(삼)이라는 상형문자에 艹(풀 초)를 더한 회의문자가 된다. 위는 뇌두(腦頭)를 가리키고 人은 뿌리몸체이며 彡은 잔뿌리를 가리키는 것이 된다. 산삼은 첫 줄기에서 첫 잎을 낼 때 3개를 내며, 이때 나이로는 약 3년이 된다. 다음해에 4잎이 되고, 다음해 5년이 되는 해에 5잎을 낸다. 산삼은 자연의 섭리에 따라 몇 년을 잠을 잘 수도 있고 싹을 낼 수도 있는데, 싹을 내는 경우에는 싹을 내는 햇수에 따라 한 줄기에 보통 5잎까지 내는 방식으로 자란다.

산삼 잎

이리하여 6년 이상이 되는 해에는 가지를 두 개로 내어 한 가지에서는 5잎을 내고 한 가지에서는 3잎을 내어 8잎이 된다. 또, 그 다음해에는 두 개의 가지에 5잎, 4잎을 각각 내어 9잎이 되어 9년 정도임을 알 수 있으며, 이러한 방식으로 약 10년 이상이 되는 해에 두 개의 가지에 10잎을 내는 것이 된다. 이렇게 한 가지에 5잎까지 내고 두개의 가지에 5잎씩 10잎까지 내며, 3개의 가지에 15잎까지 내고 4개의 가지에 30잎까지 내며, 5개의 가지에 25잎까지 내고 6개의 가지에 30잎까지 내어 약 30년 이상이 되는데 30잎을 낸 산삼을 소위 육구만달(六九滿月)이라고 부른다. 잎의 수는 그 산삼의 나이를 최소한으로 계산할 수 있는 표시가 된다. 산삼의 머리가 되는 뇌두 또는 노두도 최소한의 나이를 계산하는 방법이 되기는 하지만 절대로 정확하지 않다고 한다.〈심마니 山源 박영호 선생의 설명임. http://www.sinsanmaeul. com 한국신산마을산삼협회 참

(瀛州海蔘)445)이라고도 하며, 잣은 오엽서실(五葉瑞實)446) 또는 봉래해송(蓬萊海松)이라고도 하고, 옥은 칠색보옥(七色寶玉)447)이라 하여 천부를 새겨 방장해인

조). 5잎의 산삼은 나이가 5년 이상이고, 두 개의 가지가 난 때에는 최소한 소위 6년근에 해당하는 것이 되는데, 이미 약효가 충분히 있는 것이 된다. 천종 산삼은 약 300종류 이상의 사포닌 성분이 들어 있어 과연 최고의 영약(靈藥)이라 불려 마땅하다. 잎이 15개인 산삼은 약 15년 이상이 되는데 뿌리의 길이는 2~3센티미터 정도이고 굵기는 연필 또는 볼펜 정도가 된다. 필자는 서기 2012년 5월 23일에 15년~25년 된 산삼을 귀인으로부터 선물 받아 3뿌리를 줄기 잎사귀까지 모두 씹어 먹은 사실이 있으며 당시 건강했던 편이었는지 명현반응이 거의 나타나지 않았는데, 나중에 건강이 안 좋을 때 효과를 보거나 병치레를 하지 않을 수 있다고 한다. 당시 필자의 처는 갑상선 등으로 건강이 안 좋았든지 2 뿌리를 먹고서 약 7일 이상을 저녁부터 아침까지 심하게 골골거리며 감기몸살 증세를 앓았다. 체질에 따라 다른데, 어떤 사람은 실제로 이틀, 사흘을 쉬지 않고 잠자는 경우도 있으며 자고 일어나면 건강을 정상적으로 회복한다고 하며, 실제로 산삼을 먹고 건강을 회복하였다고 필자는 많이 들은 사실이 있다.

445) 인삼(人蔘)은 사람 모습을 지닌 신령스런 약(藥)으로 알려져 있는데, 소위 지금의 인삼으로 재배되기 이전에는 모두 산삼(山蔘)이 되는 것이며, 사람이 직접 재배하면서 6년 근이 약효가 거의 완비되는 것으로 되는 바, 이는 보통 첫 열매를 맺는 기간이기도 하다. 부도지(符都誌)의 기록에 의하면, 인삼은 40일을 1기(期) 주기로 하여 쉬며 잠을 자고, 13기를 1삭(朔)으로 하며 정기를 축적하며, 4삭을 지나 열매를 맺는다고 한다. 여기서 4삭은 합 2,080일로서 5년 하고도 255일 정도가 되는데 약 6년으로서 소위 6년 근이 되는 것이다. 인삼은 처음 잎이 나올 때 3잎이 나오므로 삼(3)을 상징하고 뿌리의 모습이 또한 자라면서 남자의 몸 모습이 되므로 3(삼)을 상징하는 것이 된다. 3(삼)은 천지인의 삼태극을 상징하는 숫자이다. 현재 재배하는 인삼은 속성재배에 해당하는 것이 되며 6년근이 기본이 되고, 산삼에 비하여 사포닌의 종류가 적어 약 1/10이 된다고 한다. 이 기록은 단군조선 시대에 6년 근의 인삼을 기록한 것이 분명한데, 이미 인삼을 재배하거나 산삼의 생태를 관찰하였던 것이 된다. 단군조선 당시에는 백두산을 중심으로 하여 불함삼역(不咸三域)이 천혜(天惠)의 땅으로서 특히 한반도 전체가 산삼(인삼) 밭이었다고 보면 되겠다.

446) 잣나무는 잎이 5개이다. 잣나무는 소나무의 일종으로서 소나무는 2잎, 3잎, 5잎으로 종류가 있는데, 2잎은 적송(황솔·금강송 등), 해송(곰솔,흑송,반송) 계통이며, 3잎은 백송(白松) 계통이고, 5잎은 오엽송(섬잣나무)와 잣나무 계통이 된다. 5(오)는 오방(五方)의 하늘을 상징하는 숫자로서 오행(五行)을 상징하는 숫자이다. 특히 잣나무는 학명이 영어로 한국의 소나무(Korean Pinetree)이다.

447) 옥은 색깔이 보는 방향에 따라 달라질 수 있는 바, 빛이 산란되어 나타나는 7색으로 표현한 것이며, 7은 음양오행의 하늘을 상징하는 숫자로서 일월 수화목금토 또는 북두칠성을 상징하는 숫자이기도 하다. 옥(玉)은 강도에 따라 연옥(軟玉)과 경옥(硬玉)으로 구분된다. 특히 연옥은 태크비즈 윤여진 대표에 의하면 구성 성분이 칼슘, 마그네슘이 많아 옥정수(玉井水), 가축과 물고기

(方丈海印)이라고 하였다.

삼신산(三神山)이 곧 태백산인 백두산으로서 여기서 뻗어나간 단군조선의 땅은 곧 영주이며, 봉래이며, 방장인 것이다. 특히 방장(方丈)은 소도(蘇塗)를 가리키며 삼신(三神)을 모시는 원방각(圓方角)의 제단(祭壇)이 있는 곳으로서 천부인(天符印)과 직접 연관된다.

단군조선의 직할영역은 백두산을 기점으로 기본적으로 사방 각 3,000리가 된다. 즉 북쪽으로 흑수(黑水)인 흑룡강까지 3,000리이며, 남쪽으로 구주(九州)까지 3,000리이며, 서쪽으로 산동까지 3,000리이며, 동쪽으로는 동해를 포함한다.

단군조선의 직할영역인 삼한관경(三韓管境)에서 벗어나는 지역은 천하(天下)로서 또한 자치를 행하게 한 곳이다. 대표적으로 요순, 하은주의 나라는 천하왕이 자치로 다스리는 천자국(天子國)이다.

단군왕검은 마고할미 후손들의 족보를 만들어 모든 족속이 원래 하나에서 나왔음을 밝히고, 배달나라의 신시제도를 본받아 매 10월마다 신시(神市)를 열어 제족이 서로 오고가며 교류하게 함으로써 천하를 하나로 만들어 홍익인간 세상을 실현하였다. 이리하여 말과 글을 통일시키고 역법(曆法)을 통일시키고 율도량형(律度量衡)을 통일시켰다.

북두칠성(北斗七星)과 일월(日月) 오행성(五行星)의 위치를 정하여 천문(天文), 역법(曆法)을 정리하고, 희생제(犧牲祭)나 제천행사(祭天行事)를 벌이며 천웅(天雄)의 음악을 연주하였다.448)

진(津)과 포(浦)를 두어 물과 땅이 연결되게 하여 오고가며 교역하게 하고, 진과 포 사이에 백성들이 모여 사는 마을(部)을 두었다.

의 사료 첨가제로 사용되며, 현재 백두대간 청옥산(靑玉山) 자락인 경북 봉화군 소천면 고선리 산7번지에서 보경연옥이라는 이름으로 개발되고 있다.

448) 이상 전게 부도지, 49쪽 참조

또, 예(澧)와 양(陽)이 교차하는 중심지에 조시(朝市)를 설치하고 팔택(八澤)에 해시(海市)를 열어 매년 10월에 조선제(朝鮮祭)를 행하니, 산악의 제족들은 사슴과 양(羊)을 바치고, 해양의 제족들은 물고기(魚)와 조개를 바치는 등 사해의 제족들이 모두 지방 토산물을 바쳤다.[449] 이로써 조선(朝鮮)의 선(鮮)이라는 글자가 바다와 육지를 포괄하는 나라임을 알 수 있게 한다.

조시(朝市)와 해시(海市)는 신라(新羅) 시대에도 구현되었는바, 신라는 단군조선의 제도(制度)를 계승한 나라였음을 알 수 있게 한다.

조선제(朝鮮祭)는 희생제(犧牲祭)로서 인간으로 하여금 반성하고 공(功)에 보답하게 하는 것이며, 육신고충(肉身苦衷)의 고백(告白)의 의미가 있는 것이다. 즉 희생제는 동물을 그냥 희생(犧牲)시켜 제사를 지낸다는 차원이 아니라, 사람이 물고기와 육 고기를 많이 먹게 되니 인간이 생명(生命)을 희생시킨 데 대하여 반성하고 희생되는 생명의 은덕(恩德)과 삼신(三神)이 기른 공(功)에 보답한다는 차원의 의미가 있는 것이다.[450]

바닷가에는 성황(城隍)[451]을 지어 제(祭)를 올리고 백성들로 하여금 집을 지어 살게 하여 성황이 전역에 널리 퍼졌다.[452] 바닷가에는 성황이 있고 산에는 신단(神壇)인 선황당(仙皇堂)이 있어 백성들이 천부(天符)의 가르침에 따라 살게 됨으로써 단군조선 시대는 법이 따로 필요 없던 재세이화(在世理化) 그 자체였던 것이다.

제족들이 방장산(方丈山)의 방호(方壺)의 굴(窟)에서 칠보(七寶)의 옥(玉)을 캐어 천부(天符)를 새겨 방장해인(方丈海印)이라 하여 칠란(七難)을 없애고 돌아가

---

449) 전게 부도지, 52~53쪽 참조

450) 전게 부도지, 53쪽 참조

451) 육지인 산의 중턱이나 마을 가까운 곳에 소위 서낭당은 선왕당(仙王堂)이 변음된 말이 되는데, 신단(神壇)이 된다. 산의 정상에 있는 제단은 천단(天壇)이 되고, 마을 입구에 있는 고인돌은 소위 지석묘(支石墓)로서 마을 공동무덤이기도 하고 마을 공동제단이기도 하여 지석단(支石壇)이라고도 부른다.

452) 전게 부도지, 49쪽 참조

고, 봉래산(蓬萊山)의 원교봉(圓嶠峯)에서 오서(五瑞)의 열매를 얻어 봉래해송(蓬萊海松)이라 하여 오행(五幸)을 얻고 돌아가며, 영주(瀛州)의 대여산(岱興山) 계곡에서 삼령근(三靈根)인 인삼(人蔘)을 얻어 영주해삼(瀛州海蔘)이라 하며 삼덕(三德)을 보전하고 돌아갔다.[453]

이와 같이 단군조선의 태백산인 백두산은 1과 3과 5와 7의 자삭(磁朔)의 정(精)이 모여 만물(萬物)을 이루는 순리를 따르는 길(吉)한 땅인 것이다. 봉래산 원교봉은 원(圓)으로서 5를, 방장산은 방(方)으로서 4를, 칠보는 칠색보옥(七色寶玉)으로서 7을, 영주 대여산과 삼령근은 각(角)으로서 3을 상징한다. 삼신산의 천지인 1과 삼령근(三靈根)의 3과 오엽서실의 5와 칠색보옥의 7은 각 삼신일체, 삼태극, 오행, 음양오행 즉 칠요(七曜)를 나타내는 것이 된다. 삼태극(三太極)은 음양의 역(易)으로 음양중(陰陽中)이며, 중(中)에서 오행(五行)이 나오며, 음양오행은 곧 일월수화목금토(日月水火木金土)로 정립되는 것이다.

인삼(人蔘)은 특히 자삭방(磁朔方)에서 나는 것은 반드시 장생하니 40세(歲)를 1기(期)로 휴면하고, 13기를 1삭(朔)으로 축정(蓄精)하고, 4삭을 경과하여 씨(子)를 맺어 화하니[454], 6년근이 여기서 나오는 것이다. 즉, 인삼은 2,080일을 주기로 씨를 맺으니, 약 5년 8개월이 되는바 약 6년이 되어 6년근을 이야기 하는 것이 된다.[455] 자삭방에서 나는 인삼을 방삭초(方朔草)라 하니 세상에서 불사약(不死藥)이라 한다.

특히 인삼은 혹 작은 뿌리라도 약효가 신령하였으며, 인삼과 잣과 옥은 불함삼역(不咸三域) 즉 단군조선의 특산물로서 사해제족(四海諸族)의 천혜(天惠)였다.

잣나무는 그 학명이 한국의 소나무(Korean Pine Tree)인 사실에서, 잣나무 씨

---

453) 전게 부도지, 53~55쪽 참조
454) 전게 부도지, 55쪽 참조
455) 산중에서 나는 인삼(산삼)은 한 줄기에서 5잎이 나며 이때 최소한 5년이 넘는 6년근이 되는 것이다.

앗인 잣은 오엽서실(五葉瑞實)로서 그 의미를 더한다. 불함삼역은 박달(不咸)의 세 지역으로서 진한, 마한, 번한을 의미한다. 단군조선은 곧 박달, 배달 나라인 것이며, 조선(朝鮮)의 조(朝)는 명(明)과 상통하는 글자이다.

단군왕검은 백성들에게 인륜(人倫)의 기본인 천범(天範)을 가르쳤다.[456] 모두 8조로 되어 있으며, 정성(精誠), 인간본성(人間本性), 효친경천(孝親敬天), 남녀화목(男女和睦), 상애상조(相愛相助), 호양공작(互讓共作), 애물제휼(愛物濟恤), 경천친민(敬天親民)을 강조하고 있다. 천범8조는 인내천(人乃天), 인간존중, 만물평등, 사랑, 평화, 구휼구제 등의 실천적인 가르침이며, 이로써 하늘의 이치에 따르는 재세이화, 홍익인간의 세상이 실현되었던 것이다.

천범8조는 천부경, 삼일신고, 참전계경의 가르침을 8가지로 함축하여 가르친 것이다. 특히 부모를 공경하여 효도를 다하는 것이 나라에 충성하는 것이며, 하늘이 무너져도 솟아날 구멍이 있다는 속담의 원류가 되는 내용을 담고 있다. 또, 남녀가 화목하도록 혼인제도를 마련하였으며, 짚신도 짝이 있다는 속담의 원류가 되는 내용을 담고 있기도 하다. 서로 사랑하라는 가르침을 열손가락 깨물어 안 아픈 손가락이 없다는 속담의 원류가 되는 내용으로 가르치고 있다.

농사와 관련하여서는 천범8조에 이미 벼(禾)를 바로 언급하고 있는 바, 이때 이미 벼농사가 보편적으로 행해졌던 것이며, 이로써 두뇌에 영양공급이 쉽게 되어 정신적인 활동이 왕성하였던 시대였음을 알 수 있게 된다.

나라의 제도를 완비한 단군조선은 10년 사이에 국력이 크게 신장되었다. 이에 따라 단군왕검은 홍익인간의 세상을 어지럽히는 전쟁의 불씨를 끄기 위하여 배달나라 말기에 전란(戰亂)을 일으켜 언제든지 재앙(災殃)의 불씨가 될 당요(唐堯)를 토벌(討伐)할 계획을 진행시켰다.

서기전 2324년경에 단군왕검은 전격적으로 요(堯)를 토벌하기 위하여 유호씨

---

456) 전게 한단고기 〈단군세기〉, 57~58쪽 참조

(有戶氏)를 사자(使者)로 삼아 환부, 권사 등 100인의 간부와 군사를 준비하도록 하였다. 이에 유호씨는 장자(長子)인 순(舜)[457]을 환부(鰥夫)로 삼고 차자(次子)인 유상(有象)을 권사(權士)로 삼아 100명의 간부를 선임하고 수천의 군사를 조련시켜 준비하였다.[458]

당요(唐堯)는 배달나라 제후국이던 유웅국(有熊國)의 왕인 제곡고신씨(帝嚳高辛氏)의 아들로 서기전 2401년 출생하여 서기전 2383년에 도(陶)에 봉해졌으며, 서기전 2357년에 유웅국의 왕이던 이복형인 제지(帝摯)를 쳐서 멸하고 천자자리를 찬탈하여 당(唐)이라 하였다. 도(陶)에 봉해진 요(堯)를 도요(陶堯)라고 하고 당을 세웠으므로 당요(唐堯)라 하는 것이 된다.

서기전 2697년에 배달나라 14대 치우천왕이 천하를 평정한 후 전쟁이 거의 없던 평화시대가 300년 이상 지속되다가, 서기전 2383년경에 출현한 요(堯)로 인하여 다시 전란기에 접어들었던 것이다.

서기전 2357년에 평양(平陽)[459]을 수도로 하여 당(唐)을 세운 요(堯)는, 마고성(麻姑城) 시대에 포도로 인한 오미(五味)의 난(亂)으로 실낙원(失樂園)을 야기하였다가 서기전 8000년경 이전에 먼저 동쪽으로 출성한 지소씨족(支巢氏族)의 후예로서, 일찍이 제시(祭市) 즉 신시제천(神市祭天)의 모임에 왕래하고 배달나라 서보(西堡)의 간(干)에게서 도(道)를 배운 인물이다. 그러나 수(數)에 밝지 못하여 오행망설(五行妄說)을 만들어 제왕(帝王)의 도를 함부로 주창하였다.

요(堯)는 스스로 9수(數) 5중(中)의 이치를 잘 알지 못하고, 오행(五行)의 법을 제 맘대로 만들었던 것이다. 즉 요는 스스로 5중(中)의 왕(王)이라 하여[460], 배달나라 천지인 삼신 사상에서 삼신(三神)의 자리인 중앙의 신성(神聖)을 모독하였던 것이

---

457) 단군조선의 신하이던 순(舜)의 가정사와 정치사에 관한 철저한 연구가 필요하다.
458) 전게 부도지, 60~63쪽 참조
459) 황하중류 지역에 황하 북쪽이자 태원의 남쪽에 위치하며, 분수(汾水) 부근이 된다.
460) 스스로 황극(皇極) 즉 제왕(帝王)이라고 참칭한 것이다.

다. 461)

　마고시대부터 배달나라 시대를 거쳐 내려온 천부(天符), 삼신(三神) 사상에서는 중앙을 신(神)을 모시는 자리로 하고, 북쪽을 신(神)을 대리(代理)하는 최고자리로 삼았다. 그리하여 마고성에도 중앙에는 삼신의 자리인 천부단(天符壇)을 두었고 사방에 사보(四堡)를 두어, 북보(北堡)의 책임자였던 황궁씨(黃穹氏)가 제족(諸族) 중에서 장손(長孫)이자 대표로서 천부단을 맡아 제천권(祭天權)을 행사하였던 것이다.

　서기전 7197년 사방분거 이후에 한국시대에는 황궁씨(黃穹氏), 유인씨(有因氏), 한인씨(桓因氏)가 천부(天符)를 전수(傳授)받고, 배달나라 시대에는 한웅씨(桓雄氏)가 천부삼인을 전수받아, 종주(宗主)로서 삼신(三神)의 대리가 되어 제천권을 행사하였던 것인데, 이러한 삼신(三神)의 자리를 천하의 한 왕(王), 천국(天國)의 한 제후(諸侯)인 천자(天子)에 지나지 않는 요(堯)가 스스로 중앙의 자리를 차지하여 참람되게 제왕(帝王)을 칭함으로서 삼신(三神)을 모독하였던 것이다.

　중앙은 무극(無極)으로서 황극(皇極)462)인 바, 마땅히 삼신(三神)의 대리자가 황극의 자리에 있어야 함에도, 요(堯)는 천부(天符)의 이치를 거역하고 삼신의 대리자인 배달나라 천왕(天王)의 자리를 오행망설(五行妄說)로 함부로 자칭한 것으로 되는 것이다. 그래서 요(堯)가 주창한 오행(五行)의 법은 망설(妄說)이며, 배달나라 정통 오행(五行)의 법을 함부로 고쳐서 자의적으로 갖다 붙인 것이 된다.

　단군왕검은 나라의 중앙인 백두산(태백산)을 삼신(三神)의 자리로 모셨으며, 스스로 북보(北堡)인 진한(眞韓) 땅에 머물며 삼신의 대리자로서 천하백성들을 다스렸던 것이다. 스스로 천신(天神) 즉 삼신(三神)의 대리자로서 성인(聖人)이자 신선(神仙)으로서 백성들을 다스린 것이다. 이러할진대 백성들을 못살게 하는 정치가

---

461) 전게 부도지, 64~66쪽 참조
462) 주서(周書) 홍범구주(洪範九疇) 또는 송미자세가(宋微子世家)의 홍범구등(洪範九等) 참조

나올 수가 없는 것이다.

태자 부루가 진한(眞韓)에 봉해짐으로서 단군왕검은 천신(天神) 곧 삼신(三神)의 인격신인 천제(天帝)로 받들어진다. 그래서 단군왕검을 천제(天帝)의 화신(化身)이라고도 하는 것이다. 단군왕검 천제(天帝) 아래 진한, 마한, 번한이라는 천왕격(天王格)의 삼한(三韓)이 있었으며, 삼한관경 내에 천군(天君)의 나라와 일반 천자(天子) 등의 나라가 있었고, 삼한관경 밖은 그냥 천하(天下)로서 천자(天子) 등의 나라가 있었던 것이다.

요(堯)는 당(唐)을 세운 후 마음대로 9주(州)를 나누고 선량한 백성들을 쫓아냈으며, 임의로 오행(五行)의 법을 주창하여 망설(妄說)을 시행하였고, 명협(蓂莢)463)이라는 풀에 의지하여 배달나라 역법(曆法)을 버리고 순수한 태음력(太陰曆)만을 사용하여464) 세상이 어지러워졌다. 이렇게 역법을 바꾼 것이 마고성 시대의 오미의 난(亂)에 이은 두 번째 큰 변란(變亂)이었다.

단군왕검은 요(堯)로 하여금 그가 저지른 잘못을 깨우치고 천부(天符)의 도(道)에 돌아오도록 하기 위하여, 유호씨를 파견하여 가르치게 하였던 것이다. 이에 요는 단군조선의 가르침을 따라 정식 천자(天子)로 인정되게 되었고, 칠성력(七星曆)이자 태양태음력(太陽太陰曆)인 배달나라 역법으로 되돌리게 되었다.

천사(天使) 유호씨(有戶氏)는 단군왕검보다 100여세가 더 많았으며, 눈에서는 불빛이 번쩍였다. 유호씨는 한국시대 임금이었던 유인씨(有因氏)의 후예였다.465) 중국의 기록에서는 유호씨를 눈먼 늙은이인 고수(瞽瞍)로 묘사하지만, 우리기록에

---

463) 명협이라는 풀은 29일 또는 30일을 주기로 잎이 자라고 지는데, 29일째는 시들어 떨어졌다고 한다. 음력은 평균29.5일을 주기로 하므로 29일과 30일을 한 달로 삼는다. 음력만 삼으면 계절의 변화를 알 수 없다. 반면, 음력은 어민에게는 밀물과 썰물의 주기를 알게 하므로 어업활동에 중요하고, 여성의 월경주기와도 직접 상관된다.

464) 전계 부도지, 64~70쪽 참조

465) 전계 부도지, 60쪽 참조

서는 정반대로 단군조선의 중신(重臣)으로서 단군왕검이 조선을 개국하는 데 결정적인 역할을 한 인물이기도 하고 당요(唐堯)를 굴복시킨 중심인물이기도 하다.

(1) 삼사오가의 무리들에게 삼일신고(三一神誥)를 가르치시다

서기전 2333년 무진년(戊辰年) 10월 3일에 조선(朝鮮)을 개국하신 단군왕검께서 삼사오가(三師五加)의 무리들에게 삼일신고(三一神誥)를 가르치셨다. 이때 고시(高矢)가 동해(東海)[466] 바닷가에서 청석(靑石)을 캐오고, 신지(神誌)는 이 청석에 삼일신고를 새겼는데, 역사적으로 삼일신고 청석본(靑石本)이라 기록되고 있다.[467]

단군왕검(檀君王儉)은 배달나라 천왕(天王)인 거불단(居弗檀) 한웅(桓雄)의 아들로서 작은 임금인 단군(檀君)이면서 천군(天君)인 바, 단군(檀君)은 박달나라 작은 임금이며, 천군은 하늘에 제사를 올릴 권한을 가진 임금 즉 소위 신정일치제(神政一致制)의 제사장을 의미한다.

단군왕검은 천웅도(天雄道)를 닦아 성통공완을 이룬 신인(神人)으로서 종(倧)이며 종은 곧 선인(仙人)으로서 사(師:스승)이고, 나라를 경영하니 왕(王:임금)이며, 혼인하여 가정을 이루니 부(父:아버지)인 바, 마고(麻姑), 황궁(黃穹), 유인(有因), 한인(桓因), 한웅(桓雄)을 이어 소위 군사부(君師父) 일체의 상징이 되시는 분이 된다. 천왕(天王), 천제(天帝)가 되신 후 하늘로 돌아가시니, 삼일신(三一神) 사상에 의하여 삼신(三神)의 대리자이자 화신(化身)이었던 역대(歷代) 마고, 황궁, 유인, 한

---

466) 단군조선 시대의 동해(東海)는 지금의 동해이며, 연해주에서 한반도 동쪽에 위치한 바다가 된다. 즉 동해는 단군조선의 동해가 되고, 흑룡강과 백두산 사이의 땅이 중심이던, 서기전 5000년 경부터 서기전 3897년 이전의 한인씨(桓因氏) 한국(桓國)시대의 동해가 된다. 서기전 2333년 경에 고시씨가 청석을 캔 동해라는 지역은 지금의 연해주에서 한반도 동쪽으로 연해주에 가까운 어느 곳이 될 것이다.

467) 대진국 제3대 문황제의 삼일신고봉장기 참조

인, 한웅과 더불어 천신(天神) 즉 삼신(三神)468)으로 받들어진다.

(2) 마한산(馬韓山) 제천(祭天)

서기전 2333년 10월 3일에 조선을 개국한 후, 단군왕검은 삼한(三韓)으로 관경(管境)을 나누었으며, 마한(馬韓)에 웅백다(熊伯多)를 봉하여 달지국(達支國)에 도읍하게 하고 마한산(馬韓山)에 올라 하늘에 제(祭)를 올리게 하였다.469)

웅백다(熊伯多)는 다(多)라는 이름을 가진 웅백(熊伯)이라는 말이 되는 바, 웅씨(熊氏)인 백작(伯爵)으로서 이름이 다(多)가 되어, 단군왕검에 의하여 백작이 비왕(裨王)인 마한(馬韓)으로 승격된 것으로 된다.

달지국(達支國)은 백아강(白牙岡)이라고도 불리는데, 지금의 한반도 평양(平壤) 자리이다. 마한산(馬韓山)은 백아강에 있던 산으로서 서기전 2283년에 혈구(穴口, 강화도)의 마리산(摩離山) 참성단(塹城壇)이 축성되기 이전에 하늘에 제(祭)를 올리던 제천단(祭天壇)이 있던 곳이 된다.

단군왕검이 웅백다로 하여금 마한산에 올라 제천(祭天)하게 하고 조서(詔書)를 내렸으니,

> "사람이 거울을 보면 곱고 더러운 것이 저절로 나타나고, 백성들이 임금을 보면 다스림과 어지러움이 정치에 나타나느니, 거울을 보면 모름지기 먼저 모습을 보고, 임금을 보면 모름지기 먼저 정치를 보느니라"

---

468) 삼신(三神)은 천지인(天地人) 삼신을 가리키며, 삼신은 삼일신(三一神)으로서 곧 천신(天神)이다. 천신(하늘님)이 우주만물을 창조하는 원천인 자연신(自然神)이라면, 천제(天帝)는 우주만물을 다스리는 임금으로서 인격신이 된다. 즉 천제(天帝)는 천신(天神)의 화신(化身)이 되는 것이다.

469) 전게 한단고기 〈태백일사/삼한관경본기〉, 204쪽 참조

하셨다. 이에 마한 웅백다는,

"거룩하신 말씀이시어! 성스런 임금은 능히 무리들의 뜻을 따르는 까닭으로 도(道)
가 크며, 어리석은 임금은 독선(獨善)을 잘 쓰는 까닭으로 도(道)가 작사오니, 반드
시 안으로 살펴서 게으르지 않겠나이다."

하였다.470)

(3) 천사(天使) 유호씨(有戶氏)의 당요(唐堯) 토벌(討伐)과 요의 항복

조선(朝鮮) 개국이후 약 10년이 흐르는 사이에 단군왕검은 내실(內實)을 다지고
바야흐로 전란(戰亂)의 과오(過誤)를 저지른 당요(唐堯)를 토벌하는 것을 실행에
옮겼다. 즉 단군왕검은 유호씨(有戶氏)를 사자(使者)로 삼아 요(堯)에게 배달나라
의 질서를 어기고 천리(天理)를 거역한 잘못을 깨우치게 하고 따르지 아니하면 군
사를 움직여 정벌토록 하였던 것이다.

서기전 2324년에 순(舜)의 나이는 20세였다. 순은 서기전 2343년 출생이다. 순
은 어려서 포의자(浦衣子)라는 스승으로부터 가르침을 받았다. 순이 20세 되던 해
에 아버지 유호씨(有戶氏)를 따라 환부(鰥夫)471)가 되어 요(堯)를 치러가게 되었
다. 이때 유호씨는 약 147세였으며, 요임금은 78세였고, 단군왕검은 47세였다.

환부(鰥夫)는 배달나라 시대부터 이어져 온 무여율법(無餘律法) 4조(條)를 조절

---

470) 전게 한단고기 〈태백일사/삼한관경본기〉, 204쪽 참조
471) 물고기와 관련된 직책으로서, 몸을 깨끗이 씻는 물과 눈을 감지 않는 물고기의 상징성으로써
    직책을 삼은 것이 된다. 후대 각 종교의 세례의식은 마고시대부터 유래된 계불의식 즉 목욕재계
    의 변형인 것이며, 환부는 율법을 조절(調節)하는 직책의 수행자가 되는 것이다. 환부는 요순 9
    년 대홍수시대에 해당하는 고대중국의 신화 속에 나타나는 백안어신(白顔魚身)의 신선(神仙) 즉
    인어(人魚)와도 상관성이 있는 것이 되는데, 이때의 인어는 당시 사공 우(禹)에게 치수법을 가르
    치고 신서(神書)를 전수한 단군조선의 태자 부루가 된다.

(調節)하는 직책이다. 무여율법은 저지른 잘못이나 지은 죄를 씻어 세상을 깨끗하게 하여 홍익인간 세상을 구현하는 데 필요한 율법(律法)이다. 순은 서기전 2324년에 환부가 되어 아버지 유호씨를 보좌하였던 것이다. 이때 순(舜)은 아버지를 잘 따랐으므로 효자였다고 기록된다.

유호씨는 큰아들 순(舜)을 환부(鰥夫)로 삼고 작은아들 상(象)을 권사(權士)로 삼는 등 간부 100여명과 군사 수천을 인솔하여 요(堯)가 왕노릇하는 곳으로 향하였다.

소위 요임금이 왕노릇하는 나라의 수도는 평양(平陽)이다. 이 평양(平陽)은 황하 중류 지역의 남류(南流) 동쪽이자 동류(東流) 북쪽에 위치한 곳으로서 태원(太原)의 남쪽에 있었다. 유호씨가 무리를 이끌고 감(甘)472) 땅에 도달하니, 요(堯)는 얼른 정세를 알아차리고 망설임 없이 유호씨를 하빈(河濱)에서 영접하였다. 이에 유호씨는 감(甘)에 자리를 잡고 요로 하여금 항복절차를 밟게 하였다.

요(堯)가 항복한 것은 필시 다른 이유가 있었다. 그것은 자신의 나라를 보존하기 위한 방편이었던 것이다. 만약 유호씨에게 대적하였더라면, 이때 당(唐)이라는 나라는 없어졌을 것이다. 당요는 유호씨가 어떤 인물인지 이미 알고 있었기 때문이었다. 유호씨는 이러한 요의 악행을 징벌하기 위하여 지금까지 벼루어 왔던 인물이었던 것이다. 후대에 유호씨는 장자 순(舜)이 천자가 된 후 단군조선을 반역하자 차자 유상(有象)과 우(禹)에게 명을 내려 친아들 순을 제거토록 한 인물이다.

요(堯)의 즉각적인 항복을 받은 유호씨는 계획에 차질이 생겼다. 단단히 타이르고 따르지 아니하면 정벌할 계획이었던 것이다. 그러나 눈치가 빨랐던 요가 토벌을 당하지 않기 위하여 먼저 선수를 쳐서 항복하였던 것이며, 이리하여 나라를 온전히 보존할 수 있었던 것이다. 이때부터 유호씨는 요(堯)의 행동을 감독(監督)하게 되었다.

---

472) 감(甘)이라는 땅은 황하의 남쪽 물가에 위치하고 요임금의 나라 당요의 수도인 평양(平陽)에 가까운 곳이 된다.

시간이 흐름에 따라 요(堯)의 속셈이 드러났다. 그것은 요(堯)가 유호씨의 아들 순(舜)을 자기 사람으로 만들기 위하여 손을 쓰기 시작한 것이다. 요임금은 순을 자기 사람으로 만들면 유호씨가 어쩌지 못할 것이라 계산하였던 것이 된다. 유호씨는 이러한 요의 속셈을 알아차리고 순을 타일러 요에게 협조하는 것을 말렸다. 그러나 순(舜)은 자신대로 야망이 있었던 것이다.

순(舜)은 아버지 유호씨의 타이름을 겉으로만 예, 예 하면서 속으로는 듣지 않고 요(堯)에게 동조(同助)하였다. 서기전 2324년부터 10년이 흐르는 사이에 순(舜)은 요(堯)의 사람이 되어 버렸다. 이리하여 순(舜)은 아버지를 거역하였으므로 불효자로 기록된다.[473]

(4) 요(堯)임금의 30세 순(舜) 등용

서기전 2314년 순(舜)이 30세 되던 해에 요임금은 순을 등용하였다. 이로써 순은 아버지를 떠나 요임금의 사람이 됨으로써 완전한 불효자가 되었다. 이후 순은 자신의 야망을 키워갔다. 요임금은 순의 야망을 아는지 모르는지 오로지 자신의 나라를 보존하기 위하여 순(舜)을 중히 여겼던 것이다. 요임금은 순을 자기 사람으로 만들기 위하여 순(舜)에게 자신의 두 딸까지 주면서 사위로 삼기도 하였다.

유호씨는 큰아들 순(舜)이 환부(鰥夫)의 직책을 수행하지 아니하고 요(堯)에게 협조하여 등용됨으로써 근심이 더해졌다. 그래서 천사(天使)[474] 유호씨(有戶氏)는 단군왕검 천왕(天王)에게 요(堯)의 소행(所行)과 순(舜)의 불효불충(不孝不忠)을 소상히 보고하였던 것이 된다.

---

473) 사마천, 사기 〈오제본기〉 참조
474) 천국의 사자가 천사이다. 단군조선은 당요(唐堯)의 중앙조정이 있는 나라로서 상국(上國) 즉 천국(天國)에 해당한다.

(5) 천자(天子) 요(堯)와 장당경(藏唐京)

서기전 2324년에 요(堯)의 굴복(屈服)을 받은 천사(天使) 유호씨(有戶氏)는 단군왕검 천왕(天王)께 그동안의 경과를 보고하면서, 요(堯)를 진정으로 믿지 못하니 대책을 강구하여야 한다는 내용의 상소(上疏)도 함께 올렸던 것이 된다.

유호씨가 서기전 2324년에 요의 항복을 받고서 단군왕검 천왕께 보고함으로써, 요는 정식으로 천자(天子)로 인정받게 되었다. 천자(天子)는 천왕(天王)으로부터 봉함을 받아 세습하여 천하를 다스리는 천하왕(天下王)이다. 즉, 요임금의 당(唐)나라는 단군조선 천국(天國)의 삼한관경 밖에 있는 천하왕국(天下王國)으로서 천자국(天子國)인 것이다.

이에, 단군왕검 천왕은 장당(藏唐)이라는 곳을 설치하도록 하여 주기적으로 천자 요(堯)로 하여금 국정(國政)을 보고하고 조공(朝貢)하도록 조치하였다.[475] 그 장당(藏唐)이라는 곳이 곧 당요(唐堯)를 안치(安置)한 곳이며, 개원(開原) 또는 개사원(蓋斯原)이라고도 불리는 땅이고 지금의 심양(審陽)이라는 땅이며, 단군조선의 마지막 수도이던 장당경(藏唐京)인 것이다.

장당경은 서기전 1285년에 후기 단군조선의 단군이 된 색불루 단군이 조부(祖父)인 우현왕(右賢王) 고등(高登)의 사당(廟)을 모신 곳이기도 하다.[476] 즉 원래는 개사원(蓋斯原)이라는 곳에 장당(藏唐)을 설치하면서부터 단군조선의 별궁(別宮) 또는 이궁(離宮)이 있던 곳으로서 장당경(藏唐京)이라 불린 것이 된다.

(6) 요중(遼中) 12성(城) 축조와 가한성(可汗城) 개축

또한, 유호씨는 서기전 2314년에 순(舜)이 요(堯)에게 협조하여 등용되기 이전인 서기전 2320년경에 요(堯)와 순(舜)의 소행(所行)을 단군왕검 천왕(天王)께 보

---

475) 당요(唐堯)가 단군조선에 굴복하였으니 당연한 조치가 된다.

476) 전게 한단고기 〈단군세기〉, 99쪽 참조

고하면서 미리 대책을 강구하여야 한다고 고(告)하였다.

이에 따라, 단군왕검 천왕은 번한(番韓) 땅의 요중(遼中)에 12성(城)를 축조하도록 조치하였다.[477) 요중(遼中)이라는 지역은 요동(遼東)과 요서(遼西)를 포함하는 지역으로서, 당시 요수(遼水)가 되는 지금의 영정하(永定河)를 기준으로 동서 지역에 12성을 축성케 하였던 것이다. 당시 요동지역은 지금의 영정하에서 난하(灤河)에 걸치는 지역이다.

이후 서기전 2314년에 순(舜)이 요(堯)에게 등용되어 요임금의 사람이 되자, 유호씨는 또다시 단군왕검 천왕(天王)께 이 사실을 보고하고 대책이 시급하다고 고(告)하였으며, 이에 단군왕검 천왕은 산동반도 남쪽에 위치한 낭야성(琅耶城)을 개축하도록 하고 가한성(可汗城)이라 부르도록 하였다.

서기전 2311년 경인년(庚寅年)에 번한 치두남이 훙(薨)하고 낭야(琅耶)가 2대 번한(番韓)이 되었다. 이해에 가한성(可汗城)의 개축(改築)이 완료되었다.[478)

서기전 2320년경 치두남(蚩頭男) 번한(番韓) 시절부터 시작된 요중(遼中) 12성(城)도 축조가 2대 낭야 번한 11년인 서기전 2301년 경자년(庚子年)에 모두 완료되었다. 이로써 당요(唐堯)의 정세(政勢)를 완전히 통제할 수 있게 되었다.

요중 12성은, 험독(險瀆), 영지(永支), 탕지(湯池), 통도(桶道), 거용(渠鄘), 한성(汗城), 개평(蓋平), 대방(帶方), 백제(百濟), 장령(長嶺), 갈산(碣山), 여성(黎城)이다.[479)

(7) 순(舜)의 섭정과 요순시대 9년 대홍수

서기전 2314년에 요임금에게 등용된 순(舜)은 20년이 지난 서기전 2294년 50

---

477) 전게 한단고기 〈태백일사/삼한관경본기〉, 217쪽 참조
478) 전게 한단고기 〈태백일사/삼한관경본기〉, 217쪽 참조
479) 전게 한단고기 〈태백일사/삼한관경본기〉, 217쪽 참조

세이던 해에 섭정(攝政)이 되었다. 즉 요임금이 순을 신임(信任)하여 모든 정사(政事)를 맡겼던 것이다. 이에 따라 순은 권력행사에 그칠 것이 없게 되었다.

그런데, 서기전 2288년에 대홍수가 발생하였다. 이 대홍수는 소위 요순시대 9년 대홍수라 불린다. 황하 이남으로 양자강에 걸치는 대홍수였다. 섭정을 하던 순(舜)은 곤(鯀)에게 치수를 맡겼다.

치수를 맡은 곤(鯀)은 여러모로 궁리를 하며 치수에 힘썼으나 물에 잠긴 땅은 여전하여 백성들의 삶은 궁핍하기 그지없었다. 곤은 결국 시행착오를 겪으면서 치수에 성공치 못하고 9년이나 끌게 되었다.

(8) 단군조선의 대홍수와 치수법(治水法)

서기전 2284년 정사년(丁巳年)에 단군조선의 우수주(牛首州) 지역에도 대홍수가 발생하였다. 이때 단군왕검 천제(天帝)은 풍백(風伯) 팽우(彭虞)에게 치수를 맡겼으며, 이에 팽우는 큰 피해 없이 치수에 성공하여 백성들을 편안하게 하였고, 우수주에 치수기념비를 세웠다.[480] 단군조선에는 치수의 비결을 알고 있었으며 유효적절하게 활용하였던 것이다.

그 치수법(治水法)이란 신시(神市) 황부(黃部)의 중경(中經)에 실린 비결(秘訣)로서, 서기전 2700년경 배달나라의 자부선인(紫府仙人)이 해와 달과 오행(五行)의 수리(數理)를 따져서 칠정운천도(七政運天圖)인 칠성력(七星曆)을 만들었고, 뒤에 창기소(蒼其蘇)라는 사람이 오행(五行)의 법(法)을 부연하여 오행치수법(五行治水法)을 밝혔던 그 치수법이다. 소위 오행(五行)은 수목화토금(水木火土金)이며, 상생(相生)과 상극(相克)의 이치로 물을 다스리는 법칙을 만드니 곧 오행치수법인 것이다.

요순시대 9년 대홍수와 단군조선의 대홍수에 관한 역사가 경기도와 강원도 경계

---

480) 전게 한단고기 〈단군세기〉, 58~59쪽 참조

에 있는 화악산 설화에 전한다.481) 이 설화에는 고대중국의 천자(天子)인 순(舜)임금과 단군(檀君)의 사자(使者)로서 단군(檀君)으로 상징화되어 묘사되는 순의 동생 유상(有象)과의 대적(對敵) 관계 및 치수기념비가 돌로 된 배(舟)로 변형 묘사되어 전해지고 있다.

(9) 순(舜)의 천자(天子) 자리 찬탈(簒奪)

서기전 2284년 정사년(丁巳年)에 단군조선 땅에도 대홍수가 우수주(牛首州)를 중심으로 발생하여 치수(治水)에 여념이 없던 틈에, 천자(天子) 요(堯)의 섭정(攝政)이던 순(舜)이 자신이 계획해 왔던 일을 실행하기 위하여 이 기회를 놓치지 않았다.

순(舜)은 서기전 2284년에 118세이던 요(堯)임금을 유폐(幽閉)시키고 드디어 천자(天子) 자리를 빼앗았다.482) 이때 순은 60세였다. 고대중국의 기록에서는 요순의 교체를 요순(堯舜)의 선양(禪讓)으로 언급하고 있으나 실상은 순이 요임금의 천자 자리를 찬탈하였던 것이다.483)

서기전 2324년에 유호씨(有戶氏)가 요임금을 토벌하러 갔을 때, 요임금은 곧바로 천사(天使) 유호씨에게 굴복하여 정식 천자(天子)로 인정받았던 것이나, 순(舜)은 허락이나 윤허를 받지 않은 찬탈자(簒奪者)로서 자칭 천자였지 인정받은 천자가 아니었던 것이다.

---

481) …….단군에게는 중국의 천자로 있는 친형과 용녀, 옹녀라는 두 부인이 있었다…….천지가 수려하고 풍성한 우리 땅을 넘보자 용녀가 홍수로 혼을 내어 다시는 이 땅을 넘보지 못하도록 하였다. 그런데 그 홍수 때문에 단군과 용녀도 돌로 만든 배를 타고 평양(平壤)을 떠나 춘천으로 피난을 왔다…….다시 피난을 온 곳이 승안리 용추계곡 미륵바위인데 단군이 묻히신 이 곳이 바로 한반도의 가장 중심인 곳이라고 한다...이하생략.[조선일보 연재, 〈다시보는 풍수〉 단군이 묻힌 국토의 정중앙 화악산, 최창조, 전 서울대 교수, 1997.10.17.]

482) 전게 부도지, 62쪽 및 전게 한단고기 〈태백일사/삼한관경본기〉, 215쪽 참조

483) 섭정 순이 요임금을 강제로 유폐시키고 강압적으로 선양을 받아 천자자리를 찬탈한 것이 된다.

당시 천사(天使) 유호씨(有戶氏)는 이러한 날이 올 줄 미리 예견하고 있었다. 그 동안 순의 소행으로 보아 충분히 이러한 결과가 있을 것을 알았고, 이에 대한 대비책을 단군왕검 천왕(天王)께 미리 강구(講究)토록 고(告)하였던 것인 바, 서기전 2311년에 가한성(可汗城)을 개축하고, 10년 후인 서기전 2301년에 요중(遼中) 12성(城)을 완전히 축조(築造)하여 놓아, 만반의 대비를 해 두었던 것이다.

서기전 2284년에 순(舜)이 요임금으로부터 강압적인 선양을 받아 천자(天子)로 스스로 즉위하던 날, 유호씨는 순(舜)의 초청을 받아 참석을 하면서 순의 소행을 관찰하였다. 유호씨가 자칭천자가 된 순(舜)의 앞에 등장하자 순(舜)은 천사(天使)이자 아버지인 유호씨의 얼굴을 제대로 쳐다보지 못하였다. 그냥 의례적인 인사로만 대신하였던 것이다. 그것은 자신의 행동이 떳떳하지 못한 것임을 내심 알고 있었던 것이 된다.

만약 요임금이 도(道)에 어긋나는 행위를 하였다면 순(舜)의 찬탈행위가 정당화 되었을지 몰라도, 이미 순이 섭정(攝政)으로 정치를 대신하고 있었던 상황에서는 순(舜)의 일방적인 권력욕(權力慾)에 의하여 벌어진 일이었다. 즉 순의 행위는 결코 정당화 될 수 없는 상황이었던 것이다.

유호씨는 순(舜)의 이러한 불충(不忠)한 소행(所行)을 단군왕검 천제(天帝)께 모두 보고하였다. 이에 대하여 단군왕검 천제는 "사람은 누구나 일시적인 욕심에 가려서 도(道)를 어길 수 있는 바, 반성하고 스스로 고치는 기회를 주는 것 또한 홍익인간의 실현에 해당하는 것일 것이니, 그대의 아들인 순(舜)이 정치를 어떻게 하는지 좀 더 지켜보시라"고 조서를 내렸던 것으로 되며, 이에 유호씨는 순(舜)을 감시하는 선에서 그칠 수 밖에 없었던 것이 된다.

이리하여 유호씨는 단군조선의 천사(天使)로서 단군왕검 천제의 명을 받아 순(舜)의 소행을 지켜보기로 하였는바, 이에 따라 순(舜)은 상국(上國)인 단군조선의 입장에서는 명백한 반역자도 아니고 정식 천자로서 공개적으로 인정받지 못한 채 묵시적 천자로서의 모호한 상태에 있게 되었다.

(10) 순(舜)의 3주(州) 추가 설치

서기전 2284년에 스스로의 결단 하에 찬탈하여 천자(天子)가 된 순(舜)은 이전에 요임금이 설치하였던 9주(州)에 다시 욕심이 더하여 3주(州)를 추가로 설치하였다. 병주(幷州)와 유주(幽州)와 영주(營州)였다.

병주는 요임금이 설치하였던 태원(太原) 북쪽의 기주(冀州)의 동쪽이며, 유주는 병주의 동쪽으로서 지금의 북경(北京)과 천진(天津)을 포함한 일대의 지역으로서 발해만 서쪽 지역이다. 영주는 산동지역에 있던 단군조선 번한관경 내 남국(藍國)의 서편에 위치한 땅으로서 유주의 동남쪽에 해당하고 산동지역의 서쪽에 위치하였다.

순(舜)의 이러한 무례(無禮)한 소행에 대하여 유호씨는 더욱 긴장하며 대책을 강구하였다. 여차하면 순을 토벌할 기세였다. 그러나 단군왕검 천제께서 이미 순을 지켜보라는 명을 받은 터라 감시만 할 수 밖에 없었던 것이 된다.

(11) 삼랑성과 마리산 참성단

서기전 2283년 무오년(戊午年)에 단군왕검 천왕(天王)[484]께서 운사(雲師) 소속 배달신(倍達臣)에게 명하여 혈구(穴口)[485]에 삼랑성(三郎城)을 설치하고 마리산

---

484) 단군왕검은 처음 배달나라 천왕의 아들로서 작은 임금인 단군(檀君)으로서 천군(天君)이었다가, 서기전 2333년에 조선을 건국하여 본 임금인 천왕(天王)이 되었던 것이며, 천왕격의 진한, 마한, 번한을 봉함으로써 천제(天帝)로 받들어지는 것이고, 이에 따라 태자 부루는 천제자(天帝子)로서 천왕격(天王格)의 임금이 되고 섭정(攝政) 비왕(裨王)으로 진한(眞韓)이 되는 것이다. 마한과 번한은 단군조선 건국시인 서기전 2333년경에 봉해진 것이 되고, 진한은 이때 또는 이후 서기전 2267년에 개최된 도산회의 이전 사이에 봉해진 것이 된다.

485) 지금의 강화도를 혈구(穴口)라 하였다. 강화도는 기(氣)가 센 섬으로 알려져 있는데, 실제로 과학적으로 측정한 결과가 있기도 하다. 마리산 참성단으로 오르는 등산로에 측정한 결과를 게시하여 놓고 있는데, 산 정상의 참성단은 엘로드(L-Rod)법으로 65회전으로 전국의 산 중에서 가장 기가 센 곳이 된다.

(摩璃山)에 제천단(祭天壇)을 쌓게 하였다.

이에 제1대 마한(馬韓) 웅백다(熊伯多)가 단군왕검 천왕의 명을 받아 마한 땅의 장정 8,000명을 선발하여 삼랑성과 참성단을 축조하였다.[486]

혈구[487]는 지금의 강화도(江華島)이다. 삼랑성은 정족산(鼎足山)에 축성되었으며 정족산성(鼎足山城)이라고도 한다. 마리산 정상에 산머리를 깎고 쌓은 제천단이 참성단(塹城壇)[488]이다. 참성단은 글자 그대로 산머리를 잘라 구덩이를 파서 쌓은 제단이라는 말이다. 참성단은 천원지방(天圓地方)의 모양을 본떠 원방각(圓方角, ○□△)으로 이루어져 있다.

삼랑성(三郞城)의 역할은 삼신(三神)을 모시는 제천단인 마리산 참성단을 수호하는 것이다. 삼랑(三郞)이란 배달신(倍達臣)으로서 삼신(三神)을 수호하는 직을 세습하는 벼슬의 명칭이다. 즉 삼랑은 운사(雲師)에 소속된 벼슬이 된다. 삼신(三神)을 지키고 사람의 목숨을 이치대로 하는 자를 삼시랑(三侍郞)이라 하며 원래 삼신시종지랑(三神侍從之郞) 즉 삼신시종랑(三神侍從郞)의 준말이다.[489] 그래서 삼랑(三郞)은 삼신시종랑(三神侍從郞)의 준말이 되며, 삼랑성은 삼랑시종랑의 성(城)으로서 삼신(三神)을 모시고 지키는 역할을 하는 산성(山城)이 되는 것이다.

일설에는 삼랑성을 단군의 세 아들이 쌓았다 하나, 이는 삼랑(三郞)이라는 말이 잘못 해석되어 와전되어 전한 것이 된다. 삼랑성은 삼신시종랑성(三神侍從郞城)으

---

486) 전게 한단고기 〈단군세기〉, 59쪽 및 〈태백일사/삼한관경본기〉, 204~205쪽 참조

487) 강화도에 실제로 혈구산이 있어 강화도 섬의 중앙에 자리하고 있다. 강화도에는 해발 468미터 또는 472.1미터인 마리산(摩璃山), 정족산(鼎足山), 466미터인 혈구산(穴口山), 436.3미터인 고려산(高麗山) 등이 있다. 고려산은 고구려의 오련산(五蓮山)이었으며 이곳에는 고구려 연개소문이 말을 타고 훈련한 곳인데 산 정상에는 우물이 있어 말에게 먹였다고 전한다. 고려산은 고려가 몽고의 침략을 피하여 서기 1232년 7월경 강화도에 천도한 이후에 생긴 이름이 된다.

488) 목은 이색 선생이 참성단에 관한 시를 썼으며, 조선시대 태종 이방원도 참성단 기도와 관련하여 쓴 시가 있다.

489) 전게 한단고기 〈태백일사/신시본기〉, 193쪽 참조

로서 삼신을 지키고 모시는 벼슬로서의 산성(山城)인 것이며, 이에 따라 삼신(三神)이 계신 마리산 참성단(塹城壇)을 수호(守護)하는 성(城)이 되는 것이다.

마한(馬韓) 웅백다가 참성단(塹城壇)을 완성한 후 3년이 지난 서기전 2280년 신유년(辛酉年) 3월에 단군왕검 천왕(天王)께서 친히 마리산 참성단에 올라 하늘에 제(祭)를 올렸다. 3월에는 삼신영고제(三神迎鼓祭 : 삼신맞이굿 제사)를 지냈던 것이다. 역사적으로 3월 16일에 삼신영고제를 지냈던 것이 된다. 이를 대영절(大迎節:큰맞이날)이라고도 한다.

(12) 곤(鯤)의 처형과 곤의 아들 사공(司空) 우(禹)

서기전 2288년에 황하 이남으로 양자강 유역을 중심으로 하여 발생한 소위 요순시대 9년 대홍수의 치수를 곤(鯤)이 맡고 있었다. 당시 요임금의 섭정이던 순(舜)이 곤에게 맡겼던 것이다.

곤(鯤)은 치수에 온 힘을 기울였으나, 오행(五行)의 원리에 따른 치수법을 알지 못하였음은 물론 치수법을 전수(傳授)받지 못하여 치수에 성공치 못하였다. 이렇게 시간이 흐르기를 9년이나 되었다.

요순시대 9년 대홍수는 서기전 3400년경 배달나라 시대에 여와(女媧)의 대홍수 이후에 일어난 홍수 중에서 가장 큰 홍수였다. 여와시대 홍수는 부주산(不周山)이 무너지는 등 땅이 크게 부서진 홍수였으며, 요순시대 홍수는 땅의 대부분이 물에 잠겨 물이 빠지지 않는 홍수였다.

서기전 2284년에 순(舜)이 천자(天子) 자리를 차지한 후 서기전 2280년에 이르렀으나, 곤은 치수에 전혀 성공하지 못하였는데, 만약 요임금과 순임금이 치수법(治水法)을 알고 있었더라면, 분명히 우에게 치수법을 전수하여 주었을 것이다. 그러나, 9년동안 곤이 치수법을 몰라 헤맸다는 것은 당시 요순의 나라에는 제대로 된 치수법이 없었다는 결론이 된다.

송미자세가(宋微子世家) 내 홍범구주(洪範九疇)에 관한 내용이나 주서(周書) 홍범구주 편에 곤의 치수에 관한 내용이 있다. 여기서는 곤이 치수를 한답시고 제멋대로 하다가 성공치 못하여 결국 순임금이 처형하는 것으로 되어 있다.

서기전 2280년에 순임금은 우산(羽山)[490]에서 곤(鯤)에게 치수에 실패한 죄를 물어 처형하였다. 이에 순임금은 곤의 아들 우(禹)에게 치수를 맡겼다. 이 우(禹)가 사공(司空)의 벼슬을 맡아 치수를 담당한 것이다. 사공(司空)은 당시 건설담당으로서 치수를 겸하였던 것이 된다. 그래서 우(禹)를 우(虞) 사공(司空) 우(禹)라 한다. 우(虞)는 순임금의 나라이름이다. 이리하여 이후 사공(司空) 우(禹)의 13년간의 치수의 역사가 시작되었다.

(13) 사공(司空) 우(禹)의 치수

서기전 2280년에 아버지 곤(鯤)의 뒤를 이어 요순시대 9년 대홍수의 치수를 맡게 된 우(禹)는 아버지의 전철을 밟지 않기 위하여 온힘을 기울였다. 직접 홍수로 잠긴 땅에 들어가 배를 타고 돌아다니며 살피고, 나무신을 신고 산에 올라 홍수가 난 땅을 내려다보며 골몰히 생각하여 치수방법을 찾았다. 평지를 갈 때는 수레를 타고, 진흙탕길에는 썰매를 타고 다니며 일을 보고, 산기슭에서 잠을 자는 등 13년간이나 집을 떠나 있었고, 심지어 짚 앞을 지나가는 일이 있어도 집에 들어가지 않고서 치수에 매달렸던 것이다.[491]

우(禹)는 자기 나름대로 최선을 다하여 때로는 둑을 쌓고 때로는 둑을 부수고 하면서 물길을 막거나 터고 하였다. 그러나 막은 둑은 곧 터지고 터진 물길은 곧 막히는 등 하면서 물길은 흐트려졌다. 노력은 노력대로 다 하였어도 홍수는 홍수대로 그대로였다. 22년간 물에 잠긴 땅은 좀처럼 햇빛에 드러나지 않았다.

백성들로서는 농사지을 땅과 집이 물에 잠겨 먹고 자는 문제가 컸으며, 더하여 전

---

490) 산동성 지역에 있는 산이라 한다.
491) 전게 십팔사략(상), 29쪽 참조

염병이 창궐하였다. 높은 언덕이나 산기슭으로 피하여 마을을 이루면 거기로 뱀과 쥐들이 우글거렸다. 밭과 집을 물에 내어 주고 피해살기를 22년간이나 하면서 백성들은 배가 고팠고 입을 옷이 없었으며 백성들의 원망이 쌓인 지 너무나 오래되었던 것이다.

우(禹)는 처음 치수를 시작할 때는 의욕이 넘쳐 몇 년이 안가 치수가 완성될 줄 알았다. 그러나 해가 가면 갈수록 자신의 능력 밖에 있음을 점점 알기 시작하였다. 그러나, 우는 포기하지 않고 정성을 다하여 자신이 할 수 있는 일을 다 하였다.

이러한 우(禹)의 치수에 대한 노력이 사기(史記) 등 중국기록에 구구절절이 기록되어 있다. 그러나 그 치수의 성공에 관한 역사는 신화식[492]으로 비밀스럽게 기록되어 있기도 하며, 심지어는 실제의 역사를 숨기고 전적으로 우(禹)의 공로(功勞)로 만들어 놓고 있기도 하다.

역사적으로 볼 때, 우(虞) 사공(司空) 우(禹)의 치수(治水)의 역사는 실제로는 단군조선(檀君朝鮮)의 치수(治水)의 역사이기도 하다. 그것은 천하왕국(天下王國)인 천자국(天子國)의 천자(天子) 순(舜)의 요청으로 상국(上國)인 단군조선이 주관(主管)하여[493] 치수법(治水法)을 우(禹)에게 전수(傳授)함으로써, 치수가 성공적으로 마무리 되었던 것이기 때문이다.

서기전 2280년부터 치수에 전념하던 우(禹)는 서기전 2267년까지 13년이나 지나도록 치수를 완성치 못하였는데, 서기전 2288년 대홍수가 발생한 때부터 벌써 22년이나 되었다. 우는 그동안 자신이 노력한 대가가 없음을 반성하고 노심초사 끝에 진정한 치수법(治水法)을 찾아나섰던 것이다.

---

492) 역대 고대중국의 역사기록에는 신화식으로 적어 놓은 것이 많은데, 이들 신화식 기록을 완전하게 역사 사실적으로 풀이하려면 우리의 배달나라와 단군조선의 역사를 알면 쉽게 이해되는 부분이 많은데, 그 역사적 정체를 연구하여 정리할 필요가 있다.

493) 전게 한단고기 〈태백일사/삼한관경본기〉, 218쪽 참조

(14) 사공(司空) 우(禹), 자허선인(紫虛仙人)께 가르침을 구하다

서기전 2280년경 순임금으로부터 치수담당으로 명(命)을 받은 사공(司空) 우(禹)는 서기전 2267년까지 13년간 쌓고 고치고 부수고, 다시 쌓고 고치고 부수고 하면서 온갖 고생을 다 하였어도 치수를 완성하지 못하였다.

우(禹)는 처음 가졌던 자신감이 13년을 지나는 사이에 서서히 퇴색하게 되었고, 이제는 자신의 힘으로는 도저히 치수를 마무리하지 못할 것임을 깨닫게 되었다. 자신이 생각한 대로 손을 보면 볼수록 물길은 흩트려져 갔고 자신이 설치한 둑과 설치물(設置物)들은 점점 무용지물이 되어 가는 것을 눈뜨고 지켜볼 수 밖에 없었기 때문이었다.

우는 어디서부터 다시 시작해야 할지 도저히 판단이 서지 않았다. 자신이 신하로서 업무를 보고 있는 우(虞)나라의 땅 안에서는 해결책이 나오지 않았던 것이다.

이리하여 우(禹)는 치수를 마무리할 방법을 우(虞)나라 밖에서 찾기로 하였다. 이에 우(禹)는 단군조선 번한관경의 최남단 지역인 모산(茅山, 會稽山)에 올라 태호복희씨(太皞伏羲氏)의 유적지를 찾아 참배하고 치수를 위한 간절한 기도를 올렸다. 이때 우(禹)의 머릿속에 번쩍 하고 지나가는 뭔가가 있었던 것이 된다. 바로 자허선인(紫虛仙人)이었던 것이다.[494]

태호복희씨는 서기전 3528년에 산동지역의 서편의 진(陳) 땅에 나라를 세우니 진(震)이라 불린다. 고대중국에서 볼 때는 태호복희씨의 나라는 그들 나라의 동쪽에 위치하므로 주문왕팔괘도(周文王八卦圖)에서처럼 진(震)을 동(東)으로 대입하고 있다.

우(禹)를 태호복희씨의 후손인 풍이(風夷) 출신이라고도 하고[495], 남이(藍夷) 출

---

494) 전게 한단고기 〈태백일사/소도경전본훈〉, 231쪽 참조

495) 요임금을 풍이 출신이라고 하는데, 풍이 또는 남이 출신이라는 우를 요의 무리라고 하는 것이 된다.

신이라고도 한다. 우(禹)의 성씨가 되는 사(姒)는 태호복희씨의 후손들이 삼은 성씨이기도 하다. 남이(藍夷)는 치우천왕의 백성들로서 치우천왕의 후손이라 불린다. 즉, 우(禹)는 동쪽이 되는 산동지역이나 그 부근 출신이라는 말이 된다. 실제로 우(禹)는 도산(塗山) 출신의 부인(夫人)을 두었다. 그래서 우(禹)도 결국은 동이(東夷) 출신이 되는 셈이다.

우(禹)는 요(堯)임금의 무리라고 기록된다. 요임금의 무리라 함은 순(舜)임금이 동이(東夷) 출신으로서 요(堯)임금을 유폐시키고 천자자리를 찬탈한 데 대한 반감을 우(禹)가 가지고 있었던 것이며, 더욱이 아버지 곤을 처형한 순임금에 대한 복수심을 지니고 있었다는 것에서 연유한 것이 된다.

우와 자허선인 사이에 있었던 일은 아래와 같았을 것이다.

태호복희씨에게 제(祭)를 올린 우(禹)는 지체 없이 자허선인(紫虛仙人)을 찾아뵈었다. 예의를 갖춘 후 우(禹)는 공손히 자허선인에게 자신이 원하는 바를 아뢰었다. 이때 자허선인은 우(禹)의 마음속을 꿰뚫어 보고 있었다.

자허선인은 우(禹)의 진정성을 읽고서, 머뭇거림 없이 방법을 일러 주었다. 즉, 22년간 이어진 대홍수가 비록 우(虞)나라 땅 안에서 처음 발생하였으나, 상국(上國)인 단군조선의 번한관경 내 산동지역에서 양자강 하류에 걸치는 광범위한 지역에 물이 빠지지 아니한 채 넘쳐 있으므로, 이곳들을 손보지 않고서는 절대로 해결되지 않을 것임을 일려 주었다.

이에 우(禹)는 그 해결책을 여쭈었다. 이에 대하여 자허선인은 그동안 순임금의 효불효(孝不孝)와 충불충(忠不忠)에 관한 역사를 집어주며, 그대가 할 일은 순임금을 설득하여 효충(孝忠)으로 되돌아가도록 간청을 올려 설득시키는 것이라 하였다. 만약 순임금을 설득한다면 상국(上國)의 천제(天帝)께서 반드시 천사(天使)를 보내시어 구원(救援)하실 것이라 장담하였다.

우(禹)는 자허선인의 허심탄회한 말씀을 수십 번도 더 되뇌였다. 문제는 순임금이 푸는 것이었다. 순임금이 풀지 못한다면, 대홍수의 치수는 아마도 영원히 불가능한 것이 아닌가 하는 느낌이 다가왔다.

자허선인에게 절을 올리고 물러나온 우(禹)는 순임금을 설득시키는 방법을 여러 모로 모색하였다. 자칫 잘못하면 자신이 아버지 곤의 전철을 밟게 될까 심히 우려되었다. 이리하여 우(禹)는 결심을 하였다. 즉, 순임금을 알현하고 우(虞)나라 백성만이 아니라 상국(上國)의 백성들도 구한다는 명분을 살리라 간청하기로 하였던 것이다.

(15) 우(禹)의 상소(上疏)

우와 순임금 사이에 있었던 일은 아래와 같았을 것이다.[496]

우(禹)는 앞뒤 가리지 않고 무조건 순임금을 알현하였다. 한시가 급한 일이었기 때문이다. 아니면 자신이 책임을 지고 물러나고 처형당하는 어리석음을 범할 수 있는 일이었던 것이다.

사공 우는 순임금에게 상소를 올렸다. 순임금이, 부친(父親)을 따라 상국(上國)의 환부(鯀夫)로서의 직(職)을 성실히 수행하다가, 오로지 백성들을 위하여 불효불충(不孝不忠)을 범하면서 요(堯)임금의 정치를 도와 바로 잡기 위한 목적으로 협조하였던 것이며, 더 나아가 군신(君臣)의 도리를 어겨 요임금으로부터 천자 자리를 힘으로 찬탈한 행위는 진정으로 권력욕 때문에 백성들을 더 잘 다스리기 위한 욕심이 앞서서 범한 불충(不忠)한 것이었음을 실토함으로써, 단군왕검 천제(天帝)의 노여움을 풀고 용서를 구하라 간청하였다. 그러하면, 천사(天使) 유호씨도 마음을 풀 것이라 아뢰었던 것이다.

(16) 순(舜)임금의 상소(上疏)와 효충(孝忠) 회복의 기회

우의 간청을 들은 순임금의 생각과 상국인 단군조선에 대한 행위는 아래와 같았

---

496) 순임금의 신하 우가 그 절차를 무시하고 독단적으로 단군조선의 태자 부루에게 치수법 전수를 요청하였을 리가 없다.

을 것이다.

우(禹)가 치수에 관하여 상국(上國)인 단군조선에 구원을 요청하자는 취지로 고하는 내용을 순순히 듣고 있던 순임금은 내심 불편하였으나, 무턱대고 화낼 일이 아님을 알고 있었다. 한편으로 아버지 유호씨(有戶氏)와의 앙금을 풀고 단군조선에도 충성심(忠誠心)을 보일 수 있는 좋은 기회라고 생각되었다.

즉, 순임금은 불효(不孝)로 인한 아버지와의 관계도 호전(好轉)시키고, 백성들의 원망 소리도 잠재우며, 단군왕검 천제(天帝)로부터 불충에 대한 용서(容恕)를 받을 수 있는 일석삼조(一石三鳥)의 호기(好期)로 생각되었던 것이다.[497]

이리하여, 순임금은 서기전 2267년 연초에 단군왕검 천제(天帝)께 상소문(上疏文)을 올렸다. 당시 단군왕검과 순임금의 관계는 처음에는 임금과 신하로서, 순이 율법(律法)의 조절(調節)을 맡았던 환부(鰥夫)의 직을 수행하였던 것이나, 서기전 2284년 정사년(丁巳年)에 순(舜)이 천자(天子) 요(堯)를 유폐(幽閉)시키고 강압적으로 선양(禪讓)받아 스스로 천자(天子)가 됨으로써, 본국(本國)과 제후국(諸侯國)으로서 천제(天帝)와 천자(天子)라는 관계에 있었던 것이다.

(17) 단군왕검 천제(天帝)께서 구원(救援)을 명하시다

번한세가에 기록된 내용을 추리하면 순임금이 상국인 단군조선에 상소문을 올린 이후의 일은 아래와 같았을 것이다.

서기전 2267년 연초에 천자(天子) 순(舜)의 구구절절한 상소문이 상국(上國)인 단군조선 조정(朝廷)에 도착하였다.

천자(天子) 순(舜)이 올린 상소문을 읽으신 단군왕검 천제께서는, 물에 빠진 천제

---

497) 순임금은 원래 단군조선의 환부(鰥夫)로서 사자(使者)인 그 아버지 유호씨(有戶氏)를 따라 요(堯)임금을 토벌하여 율법(律法)에 따라 조절하도록 즉 죄(罪)의 경중에 따라 처벌하도록 파견된 감찰관(監察官)이나 판관(判官)에 해당하는 직을 수행하였던 인물이 된다. 유호씨는 어사(御使)로서 인솔자(引率者)가 된다.

폐하의 백성들을 하루빨리 구해 달라 간청하는 글들로 진정으로 백성을 사랑하는 마음을 표현하고 있었으므로, 망설임 없이 조정(朝廷)의 신하였다가 도(道)를 어기고 허락이나 윤허없이 스스로 천하(天下)의 천자(天子)가 된 불충(不忠)하였던 순(舜)의 죄과(罪過)를 한꺼번에 모두 용서하셨다.

그리고 곧바로 진한(眞韓)으로서 섭정(攝政)을 맡고 있던 태자 부루(太子扶婁)에게 명하여, 순(舜)의 구원요청에서 나아가 직접 가서 도산회의(塗山會議)를 주관(主管)하여 치수법(治水法)을 전수(傳授)하여 주고, 또한 나라를 다스리는 비법(秘法)을 가르쳐 주라 하셨다.[498]

이에, 태자 부루는 400여 년 전인 서기전 2700년경 배달나라 시대 자부선인(紫符仙人)이 정리한 역(易)에 따라 창기소(蒼其蘇)라는 분이 오행(五行)의 원리를 적용하여 정리한 치수법(治水法)을 황부중경(黃部中經)이라는 책에서 발췌하여 준비하였다. 또, 치세(治世)의 법(法)을 정리하여 모두 9개 항목으로 나누어 책을 만들었다. 이것이 고대중국의 기록에서 소위 홍범구주(洪範九疇)라 불리는 책이다.

태자 부루는 천부왕인(天符王印)이라는 왕권(王權)을 증명하는 증표와 신침(神針)이라 불리는 자(尺)와 황구종(皇矩倧)이라는 보물을 준비하였다.

천부왕인은 천부왕(天符王) 즉 하늘의 뜻에 따르는 임금으로서의 증표인 바, 단군조선 천제(天帝)가 천하의 왕에게 부여하는 왕권의 증거물인 것이다. 근세 조선시대 임금이 암행어사에게 내리는 마패와 유사한 증표라 보면 된다.

신침(神針)은 자(尺)의 일종으로서 높이와 넓이 등을 재는 도구이다. 둑을 쌓고 물길을 트는 데 중요한 측정기구인 것이다.

황구종(皇矩倧)은 임금이 가르치는 홍범(洪範)으로서, 천지자연의 원리인 오행의 원리와 나라와 백성을 다스리는 법이나 철학 등을 담은 가르침인 것이다. 즉 소위 홍범구주(洪範九疇)인 것이다.

---

498) 전게 한단고기 〈태백일사/삼한관경본기〉, 218~219쪽 참조

(18) 진한(眞韓) 태자 부루의 치수법(治水法) 전수(傳授)를 위한 도산행(塗山行)

서기전 2267년 갑술년(甲戌年)에 단군왕검의 명을 받아 준비를 끝낸 천사(天使) 태자 부루는 측근을 데리고 아사달을 떠나 서남쪽으로 3,000리 이상 행차하여 번한의 수도 험독(險瀆)에 들러 번한 낭야의 영접을 받았다. 그리고 다시 번한 낭야의 보좌를 받으며 서쪽으로 남쪽으로 행차하면서 산동지역의 가한성(可汗城)에 도착하였다.[499]

가한성은 일명 낭야성(琅耶城)으로서 서기전 2311년에 개축되었으며, 번한(番韓)의 5덕지(德地) 중의 하나로서 남경(南京)에 해당하는 곳이었다. 태자 부루는 이 곳에서 반달 간을 머물면서 민정(民情)을 청문(聽聞)하였다.

이때 순임금은 천국(天國)의 진한(眞韓) 태자 부루가 사자(使者)로서 파견되어 오셨다는 보고를 접하자마자 곧바로 태자 부루를 알현(謁見)하였던 것이 된다. 이리하여 태자 부루는 순(舜)임금의 예방(禮訪)을 받고서 홍수에 관한 상황을 보고 받았으며, 시월(時月)을 협의(協議)하여 정하고 율도량형(律度量衡)을 맞추었던 것이다. 이때 선기옥형의 원리와 제작법을 순임금에게 전수한 것이 된다.

태자 부루는 단군왕검 천제(天帝)의 아들인 천제자(天帝子)이며 진한(眞韓)으로서 섭정(攝政)인 바, 천상(天上)의 나라 즉 천국(天國)의 본 임금인 천제(天帝) 아래의 비왕(裨王)인 천왕격(天王格)이다. 한편, 순(舜)임금은 천하의 나라 즉 지방의 왕인 천자(天子)로서 천국(天國)의 자작(子爵)인 제후격이다.

순임금이 단군조선의 사자인 태자 부루를 찾아뵈었다라는 역사적 사실을 중국기록에서는 사근동후(肆覲東后)라고 적고 있는데, 여기서 동후(東后)는 진한(眞韓) 태자 부루를 가리키는 것이 된다. 즉, 지방의 제후인 천자(天子)가, 천제(天帝)의 사자(使者)로 오신 중앙조정의 비왕(裨王)인 천제자(天帝子) 즉 천왕(天王)을 알현하였다는 것이 된다. 고대중국의 사서 등에서는 사근동후를 순임금이 동쪽의 제후를

---

499) 전게 한단고기 〈태백일사/삼한관경본기〉, 218쪽 참조

찾아 순행한 것으로 적고 있다.500)

(19) 진한(眞韓) 태자 부루, 산동지역에서 경당(扃堂)을 일으키고 태산에서 천제(天祭)를 지내게 하시다

진한 태자 부루는 낭야성(琅耶城)에 반달간 머무는 사이에 번한(番韓) 낭야(琅耶)에게 명하여 경당(扃堂)을 크게 일으키게 하고, 산동(山東)이라 불리는 지역의 기준이 되는 태산(泰山)에서 삼신천제(三神天祭)를 올리도록 하였으며501), 이에 번한 낭야는 태자 부루의 명을 받들어 사람을 시켜 태산에서 천제(天祭)를 올리게 하니, 이때부터 회대(淮岱地域) 즉 산동지역과 회수(淮水)에 걸치는 지역에서 제천행사가 유행하게 되었다.

경당(扃堂)은 미혼의 자제(子弟)들을 위한 교육기관이자 문무(文武) 즉 심신(心身) 수련기관이다. 경당은 소도(蘇塗) 옆에 설치하여 육예(六藝)를 닦던 곳으로서, 독서(讀書), 습사(習射), 치마(馳馬), 예절(禮節), 가악(歌樂), 권박일술(拳搏釼術)을 닦게 하였다.502) 즉 학문을 닦고, 활을 쏘고, 말을 타고, 예절을 익히고, 노래를 배우고, 격투기와 일술(釼術)을 익혔던 것이다. 특히 일술(釼術)은 실제 검을 쓰는 검술이 아니라 수련을 위한 목적으로 사용하는 무딘 칼을 사용하는 검술(劍術)이 된다.

단군조선의 경당제도가 후대에도 그대로 이어져 고구려 때에도 경당(扃堂)이 있어 미혼의 자제들이 심신수련을 하였는바, 곧 선인도랑(仙人徒郎)이 그들이며, 신라에도 있었으니 곧 화랑도(花郎徒)이다. 신라의 화랑제도가 산동지역에 있었던 주

---

500) 이재훈 역해, 서경, 고려원, 1999, 34쪽 참조. 천자인 순임금이 음력 2, 5, 8, 11월의 사계절에 따라 동남서북을 차례로 순시한 것으로 기록하고 있는데, 이는 천제, 천왕의 순수제도를 본뜬 것이 된다.

501) 전게 한단고기 〈태백일사/삼한관경본기〉, 218쪽 참조

502) 독서, 예절, 가악은 문(文)에 속하고 습사, 치마, 권박일술은 무(武)에 속한다.

(周) 나라의 제후국이던 노(魯)나라 등지의 제도에서 연유하였다 하는 등의 기록은 모두 그 근거가 있는 것이 된다. 즉 단군조선 초기에 행해졌던 경당제도가 주나라 춘추전국시대에 이르기까지 동이족의 무대이던 산동지역에서 제천행사(祭天行事)와 함께 대대로 이어져 시행되었던 것이 된다.

태자 부루는 산동반도의 남쪽에 위치한 가한성(可汗城, 낭야성)에서의 일을 마치고 번한 낭야를 대동하고서 도산(塗山)을 향하여 남쪽으로 행차하였다. 도산(塗山)은 회수(淮水) 하류의 북쪽에 위치하고 있었는데, 회수 남쪽은 양자강의 하류에 해당한다. 가한성은 특히 요순의 나라의 정세를 파악하고 통제하기 위한 목적으로 서기전 2311년에 개축되었던, 번한의 수도인 오덕지(五德地) 중의 하나로서 남경(南京)에 해당한다.

홍수의 범람은 양자강을 중심으로 동서남북의 사악에 걸쳐 있었던 것이 되는데, 우(禹)가 치수기념비(治水記念碑)를 세운 곳이 양자강 남쪽에 위치한 남악(南岳) 형산(衡山) 구루봉인 것을 보면 양자강을 중심으로 한 남쪽지역이 홍수가 가장 심하였던 것을 알 수 있다.

(20) 사공(司空) 우(禹)의 백마제(白馬祭)와 백일기도

단군조선에서 치수법 전수를 위한 사자대(使者隊)가 올 때까지 우(禹)는 아래와 같이 정성을 다하면서 기다렸던 것이 된다.

서기전 2280년부터 서기전 2267년 갑술년까지 13년이 지나도록 치수(治水)에 성공치 못하여, 모산(茅山, 회계산)에 올라 중원 땅을 개화(開化)하신 천군(天君) 태호복희씨를 참배하였다가, 자허선인(紫虛仙人)의 가르침을 받아 순임금에게 간(諫)하여 상국(上國)인 단군조선의 조정에 치수(治水)의 구원(救援)을 요청하게 하였던 사공(司空) 우(禹)는, 그 이후로 택일을 하여 목욕재계하면서 천사(天使)를 영접(迎接)할 준비를 하고 있었다.

자허선인(紫虛仙人)의 가르침을 받기 이전에, 치수에 진척이 없던 우(禹)는 동서남북의 사악(四嶽)에 올라 아무리 궁리를 하여도 방책을 찾지 못하였다. 그리하던 차에 자허선인으로부터 태자 부루를 반드시 뵙게 되어 치수법(治水法)을 구할 수 있을 것이라 장담하던 말씀을 들었던 것이며, 이때 우(禹)는 그렇게 될 것이라 확신에 찼고, 이후 한 치도 의심함이 없이 매일매일 목욕재계로써 정성(精誠)을 다하면서 기다렸던 것이다.

몇 달이 지나지 않아, 단군조선 조정에서 파견할 천사(天使)로서 진한(眞韓) 태자 부루가 단군왕검 천제(天帝)의 명을 받아 친히 행차하실 것이라는 소식을 미리 접한 우(禹)는 그날로부터 백일기도에 들어갔다.[503]

우(禹)는 택일하여 회계산에 올라 백마(白馬)를 잡아 하늘에 제(祭)를 올리고 백일동안 목욕재계하였다. 매일매일 삼신(三神)께 제사를 지냈다. 그러던 중 우(禹)는 천사(天使)의 임무를 띠고 오시는 태자 부루를 꿈에서 수차례 뵙기도 하였다. 오월춘추(吳越春秋) 무여외전(無餘外傳)에는 우(禹)가 꿈에 붉게 수(繡)를 놓은 옷을 입은 현이(玄夷)의 창수사자(蒼水使者)를 뵈었다고 기록하고 있다. 여기 창수사자가 곧 태자 부루인 것이다.

현이(玄夷)는 방향으로 보면 북쪽에 위치한 이(夷)인데, 순임금의 나라에서 보면 단군조선의 수도인 아사달(阿斯達)은 저 멀리 5,000리 이상 떨어진 동북쪽에 위치한다. 한편, 한배달조선의 구족 중에 현족(玄族)이 있어 지금의 흑룡강 유역에 걸쳐 살고 있었다. 이로써 현이(玄夷)는 북쪽에 위치하였던 단군조선 본국 조정(朝廷)을 가리키는 것이 된다.

창수(蒼水)는 그냥 푸른 물로서 동쪽의 물이 아니라 동북쪽에 있는 검푸른 물이다. 다른 말로 북극수(北極水)인 것이다. 그리하여 창수사자는 북극수의 사자이며, 북극수는 곧 천제(天帝)가 머무는 곳인 바, 고로 창수사자(使者)는 천제의 사자인 천사(天使)인 것이다. 태자 부루가 곧 천사이다. 그래서 현이(玄夷)의 창수사자(蒼

---

503) 오월춘추(吳越春秋) 무여외전(無餘外傳) 참조

水使者)는 곧 순임금의 상국(上國) 즉 천국(天國)인 단군조선의 사자(使者), 진한 (眞韓) 태자 부루로서 천사(天使)인 것이다. 고로 태자 부루(太子扶婁)는 천제자(天 帝子)로서 북극수(北極水)의 정자(精子)인 것이다.[504]

(21) 진한 태자 부루의 도산회의(塗山會議)[505] 주관

단군왕검 천제(天帝)의 사자(使者)인 천제자(天帝子) 태자 부루는 비왕(裨王)인 진한(眞韓)으로서 천제(天帝)를 대신하여 섭정을 하던 천왕격(天王格)의 임금이다.

서기전 2267년 갑술년(甲戌年)에 단군왕검 천제의 명을 받은 태자 부루는 우순 (虞舜)의 대홍수를 다스리기 위하여 천사(天使)로서 치수에 필요한 3가지 보물을 지니고, 번한(番韓) 낭야(琅耶)를 대동하고서, 가한성(加汗城, 낭야성)을 거쳐 드디 어 도산(塗山)에 도착하였다. 그 세 가지 보물은 천부왕인(天符王印), 신침(神針), 황구종(皇矩倧)이었다.

천사 태자 부루는 가한성에서 반달간 머물며 민정(民情)을 청문(聽聞)하는 사이 에, 이미 우(虞) 천자(天子) 순(舜)의 예방을 받고서 대홍수와 치수와 관련한 제반 경과보고를 받은 터였다. 이때 태자 부루는 순임금과 시월(時月)과 율도량형(率度 量衡)을 맞추었다. 그리고 태자 부루는 순임금에게 도산회의 때 사공(司空) 우(禹) 에게 치수법(治水法)을 직접 전수할 것이며, 그때 천제(天帝)께서 명(命)한 바를 함 께 전달할 것이라 일러 주었다. 이때 순임금은 자신의 과욕(過慾)으로 인하여 초 래된 불충(不忠)을 잘 알고 있었으므로 천제폐하의 명령이 무엇인지 짐작하고 있 었다.

서기전 2357년 이복형인 제지(帝摯)를 쳐서 유웅국(有熊國)의 천자(天子) 자리

---

504) 전게 한단고기 〈태백일사/삼한관경본기〉, 218~219쪽 참조
505) 도산회의는 단군조선 천제국(天帝國)이 주관하여 우순(虞舜)의 천자국(天子國)에게 치수법 을 전수하고 일정한 이행할 명령을 내린 것이므로, 평등한 국제회의가 아니라 중앙정부가 지방 정부를 행정지도한 것에 해당된다.

를 차지하였던 요(堯)가 당(唐)을 세우고, 마음대로 구주(九州)를 나누며 제왕(帝王)을 참칭(僭稱)하면서, 배달나라의 태양태음력(太陽太陰曆)을 폐하고 명협(蓂莢)이라는 풀에 의지하여 태음력(太陰曆)을 전용하였다가, 순(舜)이 천자(天子)로 윤허(允許)되는 과정에서 이때에 이르러 단군조선과 역법(曆法)을 협의하여 맞추고, 측정단위를 맞추었던 것이다.

홍범구주(洪範九疇)에 협용오기(協用五紀)라 하여 세(歲), 월(月), 일(日), 성신(星辰), 역수(曆數)를 협의하여 사용하라 적고 있는 바, 역법(曆法)은 경도(經度)와 위도(緯度)에 따라 다르므로 일률적으로 적용될 수 없는 것이어서, 협의하여 조정해서 사용하여야 한다는 것이다. 세(歲)는 연단위로서 60갑자(甲子)를 사용하여 태세(太歲)로 셈하며, 월(月)은 달의 주기를 기준으로 하여 60갑자(甲子)로 셈하며, 일(日)은 해가 뜨고 지는 것을 기준으로 60갑자(甲子)로 셈한다.

성신(星辰)은 북극성, 북두칠성, 수화목금토(水火木金土)의 오행성(五行星)과 28수(宿) 등을 가리키며, 해와 달과 함께 역법(曆法)의 기초가 된다. 우리 한배달조선의 역법은 그냥 해를 기준으로 한 태양력(太陽曆)만도 아니며, 달을 기준으로 한 태음력(太陰曆)만도 아니며, 별의 운행을 관측하여 적극 활용한 성력(星曆)을 곁들인 태양태음성력(太陽太陰星曆)인 것이다. 윷놀이판에 나타나는 역법(曆法)은 곧 일월수화목금토(日月水火木金土)의 칠회력(七回曆)을 기본으로 한 태양성력(太陽星曆)이다.

태자 부루께서 천사로서 치수(治水)를 위하여 행차하신다는 소식을 들은 순(舜) 임금은 제후격인 사방(四方)의 신하인 사악(四嶽)을 모두 거느리고, 산동반도 남쪽에 위치한 지금의 청도(靑島) 지역인 가한성(可汗城)으로 와서 천국(天國)의 사자(使者)인 천제자(天帝子) 진한(眞韓) 태자 부루를 알현하였던 것이다.[506] 이때 순

---

506) 이때는 일반적인 동쪽 순시가 아니라, 상국의 사자를 알현하는 의식을 행하는 것인 바, 태자 부루는 단군조선 단군왕검 천제(天帝)의 태자인 천제자(天帝子)이자 단군왕검 천제의 섭정인 진

임금은 76세였고, 태자 부루는 순임금보다 몇 살 아래였다. 그러나 태자 부루는 천제자로서 천왕격의 임금이며, 순임금은 천왕 아래 지방의 제후격인 천자(天子)였다. 천왕은 하늘나라의 임금이며, 천자는 땅나라의 임금으로서 그 격에서는 하늘과 땅 차이가 난다.

천제(天帝), 천왕(天王), 천군(天君)은 하늘에 직접 제사를 지낼 권한을 가지나, 천자(天子)는 천상의 임금이 아니라 인간세상인 천하(天下)를 다스리는 천하왕(天下王)으로서 하늘에 제사를 지낼 권한이 없으며, 단지 천제, 천왕의 명을 받아 지낼 수 있을 뿐이고, 천자가 하늘에 고(告)하는 의식은 천제(天祭)가 아니라 봉선(封禪)인 것이다. 즉 봉선은 스스로 천자가 되었음을 천제, 천왕에게 보고하는 의식인 것이다.

도산회의의 준비 및 진행 과정은 아래와 같았을 것이다.

도산(塗山)에서 태자 부루는 번한(番韓) 낭야(琅耶)를 통하여 회의준비를 완비하도록 명하였다. 이에 번한이 감독하여 모든 상황을 끝냈다. 즉 도산회의는 단군조선이 주관한 회의로서, 천사인 태자 부루가 우순(虞舜)이 파견한 사공 우(禹)에게 단군왕검 천제(天帝)의 명(命)을 전하고 치수법(治水法)을 전수(傳授)하는 회의였던 것이다.

드디어 치수담당 사공(司空) 우(禹)가 백마제(白馬祭)를 지내면서 석달 열흘 즉 백일기도(百日祈禱)를 하며[507] 기다리던 그 날이 왔다. 우(禹)는 정성을 다하여 목욕재계(沐浴齋戒)하고 단정히 하여 회의석상에 미리 와 앉아서 기다렸다.

천사 태자 부루가 번한을 대동하고 회의석상에 나타나 자리를 잡자, 미리 와서 기다리던 치수관계자들이 일제히 기립하여 삼육대례(三六大禮)를 올리고 착석하였

한(眞韓)으로서 결국 천왕(天王)에 해당하는 바, 천국(天國)의 자작(子爵)으로서 천하(天下)의 왕인 천자(天子)는 천상(天上)의 왕인 천제, 천왕, 천군(天君)의 아래인 신하가 되며, 천상왕과 천하왕은 하늘과 땅의 차이가 나는 것이 된다.

507) 오월춘추(吳越春秋) 무여외전(無餘外傳) 참조

으며, 곧 이어 회의가 시작되었다.

이에 번한(番韓) 낭야(琅耶)가 사회(司會)를 보면서 진한(眞韓) 태자 부루께서 친히 왕림(往臨)하신 이유를 설명하고 태자 부루께 자리를 내어 드렸다. 태자 부루께서 자리에 나서자 우순(虞舜)이 보낸 사공(司空) 우(禹)는 천사(天使) 태자 부루께 삼육대례(三六大禮)를 올린 후 무릎을 꿇고 경청할 자세를 취하였다.

(22) 천사(天使) 태자 부루의 오행치수법(五行治水法) 전수(傳授)[508]

번한(番韓) 낭야(琅耶)가 천사(天使) 태자 부루를 받들어 사공(司空) 우(禹)에게 대신 이르기를,

> "나는 북극수(北極水) 정자(精子)이니라. 너의 임금(后) 순(舜)이 나에게 청하여 물을 다스리고 흙을 건짐으로써 백성을 구제(救濟)하기를 바라므로, 삼신상제(三神上帝) 단군왕검 천제(天帝)께서 기꺼이 나를 보내시어 돕게 하시니 이렇게 내가 왔느니라."

하였다. 곧이어, 단군조선의 글자인 전문(篆文)으로 된 천부왕인(天符王印)을 내어 보이며,

> "이를 패용하면, 능히 위험이 닥쳐도 위태롭지 아니하며, 흉한 것을 만나도 해(害)를 입지 아니하느니라."

하고, 이어서,

---

508) 전계 한단고기 〈태백일사/삼한관경본기〉, 218~219쪽 참조

"또, 여기에 신침(神針) 하나가 있어 능히 물이 깊은지 얕은지 측정할 수 있으며 그 쓰임이 무궁하니라."

하였다. 계속하여,

"또 여기에 황구종(皇矩倧)이라는 보물이 있으니, 무릇 위험한 물을 진압시켜 영원 토록 평안하게 하느니라. 내가 이 세 가지 보물을 너에게 주노니, 나 천제자의 큰 가 르침을 거스르지 아니하면 가히 큰 공을 이룰 것이니라."

하였다.

태자 부루는 천부왕인, 신침, 황구종의 세 가지 보물을 무릎을 꿇고 경청하고 있 던 우에게 건네주게 하시었다. 이에 사공(司空) 우(禹)는 다시 삼육대례(三六大禮) 즉 삼육구배(三六九拜)를 행한 후, 일어서서 나아가,

"부지런히 천제자의 명(命)을 받들어 행하여, 우리 순임금의 크게 여는 정치를 도움 으로써, 삼신(三神)께서 지극히 기뻐하시도록 보답하겠나이다."

라고 아뢰고 난 후, 천사 태자 부루로부터 세 가지 보물을 정성을 다하여 받들어 받았다.

이어서, 태자 부루께서 사공(司空) 우(禹)에게 황구종(皇矩倧)에 담긴 내용을 상 세히 설명하며 치수법(治水法)을 비롯한 치세(治世)의 법을 가르쳐 주었다. 이 황구 종이 소위 금간옥첩(金簡玉牒)이며, 오행치수법(五行治水法)이 기록되어 있는 신 서(神書)로서 홍범구주(洪範九疇)인 것이다.

이 치수법을 중국기록인 서경(書經)의 주서(周書) 홍범(洪範)편과 사기(史記) 송 미자세가(宋微子世家)의 홍범구주(洪範九疇) 서문에서는 하늘(天)이 우(禹)에게 내려 주셨다(天乃錫禹洪範九疇)라고 적고 있는 것이다.

금간옥첩이라는 글자에서, 금판(金版)에 옥(玉)으로 된 책이라는 것을 알 수 있다. 그 글자는 곧 단군조선 초기의 신전(神篆)문자로서 상형문자인 진서(眞書)인 것이다. 단군조선의 상형문자는 곧 배달나라 상형문자로서 지금의 한자(漢字)의 원류가 되는 글자이다.

신서(神書)라 함은 보통의 책이 아니라 신령스런 책이란 말이며 귀중한 내용을 담고 있다는 의미가 된다. 홍범구주는 그 내용이 모두 9가지를 담고 있어 붙여진 명칭이 된다.

홍범구주(洪範九疇)의 9가지 내용은, 오행(五行), 경용오사(敬用五事), 농용팔정(農用八政), 협용오기(協用五紀), 건용황극(建用皇極), 예용삼덕(乂用三德), 명용계의(明用稽疑), 염용서징(念用庶徵), 향용오복(嚮用五福), 위용육극(威用六極)이다.

천부왕인(天符王印)은 천부(天符)가 새겨진 왕인(王印)이며, 왕인(王印)은 왕권(王權)을 증명하는 징표이다. 즉 천부왕인은 단군조선 천제께서 왕권을 부여하는 증거물인 것이다. 그리하여 이 천부왕인을 받은 사공(司空) 우(禹)는 왕권(王權)을 발동하여 인력(人力)과 물자(物資)를 동원하고 부역(負役)을 시킬 권한을 가지게 되는 것이다.

특히 산동지역과 회수에 걸치는 지역은, 단군조선의 번한관경 내 제후국인 남국(藍國)과 청구국(靑邱國)이 위치하는 지역으로서, 단군조선의 허락이 없이 제후국 천자인 순(舜)이 임의로 인력을 동원하거나 산천토지를 개척하거나 훼손하는 행위는, 영토침탈행위[509]로서 제후국의 권한을 넘어서는 것이 되기 때문이었다.

신침(神針)은 자(尺)이다. 자는 길이와 폭을 재는 도구이다. 둑을 쌓고 물길을 파

---

509) 씨족이나 부족이나 나라의 경계를 침범하는 경우 즉 경계침범죄의 책임을 묻는 것도 책화(責禍)의 일종이다. 책화란 '禍를 자초한 것을 責하다' 즉 죄나 잘못에 대한 책임을 물리는 것을 뜻한다.

는 데 수치를 재는 것은 필수적이다. 당장의 치수만이 문제가 아니라 앞으로 대홍수가 발생하더라도 물이 넘치지 않도록 둑을 만들고 물길을 만들어야 하기 때문이다.

황구종(皇矩倧)이 되는 홍범구주(洪範九疇)에서 첫 번째로 언급되는 오행(五行)은 목화토금수(木火土金水)로서 상생상극의 원리가 있으며, 이 오행의 원리를 치수법에 응용한 것이 된다. 즉 서기전 2700년경 배달나라의 자부선인(紫府仙人)이 정리한 칠정운천도(七政運天圖)에 나타나는 오행성의 기(氣)를 후대에 창기소(蒼其蘇)라는 사람이 치수법에 적용시켜 소위 오행치수법(五行治水法)으로 부연(敷衍)한 것이다.

오행상생(五行相生)의 원리는 수생목(水生木), 목생화(木生火), 화생토(火生土), 토생금(土生金), 금생수(金生水)이며, 오행상극(五行相剋)의 원리는 수극화(水克火), 화극금(火克金), 금극목(金克木), 목극토(木克土), 토극수(土克水)이다.

예를 들어 오행상극의 원리로써 치수에 응용한다면, 토극수(土克水)의 원리로써 둑을 쌓아 물길을 막는 방법이며, 이 둑을 만들기 위하여서는 흙이 필요하고, 물길을 트기 위하여서는 강바닥을 파야하므로 목극토(木克土)의 원리로써 나무(木)을 다듬어 연장으로 사용하고 나무를 심어 흙이 지탱이 되도록 하여야 하며, 나무를 연장으로 만들기 위하여서는 금극목(金克木)의 원리로써 쇠(金)로써 도구를 만들어야 하며, 금을 자유자재로 도구를 만들려면 화극금(火克金)의 원리를 적용하는 것이다.

또, 오행상생의 원리로써 위 치수에 응용한다면, 목생화(木生火)의 원리로 나무(木)로써 금(金)을 녹여 연장을 만들 불(火)을 만들며, 수생목(水生木)의 원리로써 물을 공급하여 나무를 잘 자라게 하는 것이다.

오행상생의 원리는 배달나라 말기인 서기전 2700년경 자부선인(紫符仙人)에 의하여 정립된 윷놀이에서도 나타난다. 즉 중방(中方), 서방(西方), 북방(北方), 동방(東方), 남방(南方)의 오방(五方)이 각 저가(豬加), 구가(狗加), 양가(羊加), 우가(牛加), 마가(馬加) 등 오가(五加)의 자리인데, 이를 윷놀이에서는 각 도, 개, 글, 윷, 모라하며, 윷가락을 던져 나오는 괘의 점수가 각 1, 2, 3, 4, 5이다. 중방을 첫 출발점으로 하여 점수대로 나아가면, 도, 개, 글, 윷, 모가 되는데, 이는 오행(五行)으로 각 토(土), 금(金), 수(水), 목(木), 화(火)의 순이 된다. 이 토금수목화의 방향이 곧 상생의 방향이 되는 것이다. 즉 토생금, 금생수, 수생목, 목생화, 화생토가 된다.

(23) 황구종(皇矩倧)의 9가지 법(法), 홍범구주(洪範九疇)

황구종은 임금의 큰 가르침으로서 홍범(洪範)이며, 9가지 범주로 되어 있어 구주(九疇)라 하여, 홍범구주라고 하는 것이다. 서기전 2267년 도산회의에서 단군조선의 사자(使者) 진한(眞韓) 태자 부루께서 우순(虞舜)의 신하 사공(司空) 우(禹)에게 오행치수법(五行治水法)을 중심으로 전수(傳授)하여 준 홍범구주에 대하여 알아본다.

홍범구주의 내용은 대체적으로 나라를 다스리는 이치를 담고 있다. 자연의 이치를 정치제도로 응용한 것이 된다. 여기서는 서경의 주서에 나오는 홍범구주와 사기의 송미자세가에 나오는 홍범구주를 내용으로 하여 그 서문과 본문을 살펴보기로 한다.

1) 상서(尙書)의 주서(周書) 홍범편 서문

무왕(武王)이 은(殷)나라를 이기고 수(受)를 죽여 무경(武庚)을 세우니, 기자(箕子)가 돌아가 홍범(洪範)을 만들었다. 13년인 서기전 1122년에 왕이 기자를 찾아갔다. 왕이 말하여 이르기를,

> "오호, 기자여! 천하가 길 잡히고 백성들이 서로 돕고 살게 되었으나, 나는 그 이륜(彛倫)이 어떠한 것인지 모르노라!"

하니, 기자가 말하여 가로되,

"옛날에 곤(鯀)이 홍수를 막다가 오행(五行)을 잘못 펼치니 임금(帝)께서 진노하여 홍범구주(洪範九疇)를 마련하여 주지 아니하시니 이륜이 막혔으며, 곤이 사형에 처해지고 우(禹)가 이어서 일으키니, 하늘(天)이 우(禹)에게 홍범구주를 내리시어 이륜이 펼쳐지는 바 되었습니다!"

하였다.

武王勝殷殺受 立武庚以 箕子歸作洪範 惟十有三祀 王訪于箕子 王乃言曰 嗚乎箕子 惟天陰騭下民相協厥居 我不知 其彛倫攸敍 箕子乃言曰 我聞在昔 鯀陻洪水 汩陳其五行 帝乃震怒 不畀洪範九疇 彛倫攸斁 鯀卽殛死 禹乃嗣興 天乃錫禹 洪範九疇 彛倫攸敍

2) 사기(史記) 송미자세가(宋微子世家) 홍범구등(洪範九等) 서문

주무왕(周武王)이 주(紂)를 쳐서 은(殷)나라를 이겼다. 미자(微子)는 이에 은나라의 제기(祭器)를 지니고 군문(軍門)으로 나아갔다. 옷은 헤지고 이마는 묶었으며, 왼손에는 양(羊)을 끌고 오른손에는 띠풀510)을 쥐었다. 무릎을 끌며 앞으로 가서 고하였다. 이에 무왕이 미자를 풀어 주고 옛 자리로 복귀시켜 주었다. 무왕은 주(紂)의 아들 무경(武庚)을 녹보(祿父)로 봉하였으며, 관숙과 채숙으로 하여금 사부가 되게 하고 보좌하도록 하였다. 무왕이 이미 은나라를 이기고서 기자를 방문하였다.
　무왕이 이르기를,

"오! 하늘과 땅이 평정되고 백성들이 서로 화합하여 살고 있으나, 나는 그 상륜(常倫)을 펼치는 바를 모르노라!"

---

510) 삘기라고 한다. 사투리로는 핏기, 피끼라고도 한다.

하였다. 기자가 대답하여 가로되,

"옛날에 곤(鯤)이 홍수(鴻水)를 막으매, 오행(五行)을 잘못 펼쳤고, 임금께서 홍범구등(鴻範九等)의 상륜을 펼치는 바를 따르지 아니하는 것에 진노하였습니다. 곤은 사형에 처해졌고, 우(禹)가 이에 이어서 일어나니, 하늘(天)이 우(禹)에게 홍범구등(鴻範九等)의 상륜(常倫)을 펼치는 바를 내리셨습니다."

하였다.

(周武王伐紂克殷, 微子乃持其祭器造於軍門, 肉袒面縛左牽羊右把茅膝行而前以告° 於是武王乃釋微子, 復其位如故° 武王封紂子武庚祿父以續殷祀, 使管叔´蔡叔傅相之° 武王旣克殷, 訪問箕子° 武王曰:「於乎!維天陰定下民, 相和其居, 我不知其常倫所序° 」箕子對曰:「在昔鯤陻鴻水, 汩陳其五行, 帝乃震怒, 不從鴻範九等, 常倫所斁° 鯤則殛死, 禹乃嗣興° 天乃錫禹鴻範九等, 常倫所序°)

3) 홍범구주(洪範九疇)

첫 번째는 오행(五行)이라(初一 日 五行). 오행은 자연, 특히 땅의 세상인 지구와 관련된 다섯 가지 성질을 가리킨다.

두 번째는 오사(五事)를 받들어 사용함이라(次二 日 敬用五事). 오사는 사람과 관련된 다섯 가지 즉, 얼굴(용모), 입(말), 눈(봄), 귀(들음), 머리속(생각)의 일이다.

세 번째는 팔정(八政)을 농사짓듯 운용함이라(次三 日 農用八政). 팔정은 나라의 정치와 관련된 여덟 가지 일이다. 한배달조선의 삼사오가(三師五加)의 정사(政事)와 관련된다.

네 번째는 오기(五紀)를 협의하여 사용함이라(次四 日 協用五紀). 오기는 하늘과 관련된 다섯 가지 근본이다.

다섯 번째는 황극(皇極)을 세워 사용함이라(次五 曰 建用皇極). 황극은 나라를 다스리는 임금과 관련된 일이다.

여섯 번째는 낫으로 베듯 삼덕을 절도 있게 사용함이라(次六 曰 乂用三德)

일곱 번째는 계의(의심나는 것을 숙고함)를 명확히 밝혀 사용함이라(次七 曰 明用稽疑).

여덟 번째는 여러 징조를 유념하여 사용함이라(次八 曰 念用庶徵).

아홉 번째는 오복을 펼쳐 사용함이요, 육극을 위엄 있게 사용함이라(次九 曰 嚮用五福 威用六極).

(가) 오행(五行)

첫 번째 오행은, 수(水), 화(火), 목(木), 금(金), 토(土)이다(一 五行 一曰水 二曰火 三曰木 四曰金 五曰土).

수는 윤하, 즉 흘러서 아래로 내려가고, 화는 염상, 즉 불꽃으로 위로 올라가고, 목은 곡직, 즉 굽어서 뻗어가고, 금은 종혁, 즉 따르게 하여 바꾸고, 토는 가색, 즉 심어서 거두는 것이다(水曰潤下 火曰炎上 木曰曲直 金曰從革 土曰稼穡).

수(水), 윤하는 흘러서 내려가므로 바닷물의 맛처럼 짠맛을 만들고, 화(火), 염상은 불꽃으로 위로 올라가니 타서 숯처럼 쓴맛을 만들고, 목(木), 곡직은 굽어서 뻗어가니 새싹의 맛처럼 신맛을 만들고, 금(金), 종혁은 만들고자 하는 바에 따라 바뀌니 풀무질에 뜨거운 듯 매운맛을 만들고, 토(土), 가색은 심어서 거두니 볏집타는 단내처럼 단맛을 만든다(潤下作鹹 炎上作苦 曲直作酸 從革作辛 稼穡作甘).

이 오행론에서는 자연, 지구환경에서 나타나는 오행(五行)의 기본성질과 오미(五味)를 오행에 배당하여 적고 있는데, 치수법은 적혀 있지 아니하다. 홍범구주를 서경(書經)의 주서(周書) 홍범편에 적으면서 치수법에 관한 기록을 혹시 생략한 것일까? 우(禹)가 태자 부루에게서 전수받은 황거종이라는 보물(금간옥첩)에 험한 물을 진압하여 영원토록 평안하게 하는 방도 즉 치수법이 기록되어 있었음이 틀림없다면 원래의 기록을 은닉한 것이 될 것이다. 반면에 만약, 오행의 기본원리만 기록되어 있었다면 태자 부루가 우(禹)에게 상세히 부연 설명한 것이 될 것이다.

-오제(五帝)와 오령(五靈)-

수화목금토(水火木金土)가 오행이다. 원래 하늘의 수화목금토(水火木金土)는 각 수성, 화성, 목성, 금성, 토성의 오행성(五行星)을 가리키고, 오방(五方)으로 나누어 맡은 임금을 각 흑제(黑帝), 적제(赤帝), 청제(靑帝), 백제(白帝), 황제(黃帝)라 한다.

땅에서는 즉 지구라는 자연에서는 수(水), 화(火), 목(木), 금(金), 토(土)라는 자연현상이 존재하고, 각 오방에 대입하여 태수(太水), 태화(太火), 태목(太木), 태금(太金), 태토(太土)라 하며, 이를 오령(五靈)이라고 한다.

기본적으로 오행은 한국(桓國)의 삼신오제설(三神五帝說)에서 나온다. 삼신은 천신(天神), 지신(地神), 인신(人神)으로 곧 일신(一神)이다. 오제는 흑제, 청제, 적제, 백제, 황제이며 삼신(三神)이 오제(五帝)를 감독하고 명령한다. 하늘 아래에 있으면서 각 수화목금토를 맡은 것이 오제(五帝)이며, 지하에 있으면서 각 수화목금토를 맡은 것을 오령(五靈)이라 한다. 천하대장군이 오제(五帝)의 사명을 주관한다. 지하여장군은 오령(五靈)의 이룸을

천하대장군 장승

주관한다. 즉 천하대장군은 삼신(三神)을 대리하는 것이 된다.

흑제는 생명을 주관하고, 적제는 빛과 열을 주관하고, 청제는 낳고 기름을 주관하고, 백제는 성숙을 주관하고, 황제는 조화를 주관한다.

오령의 태수(太水)는 북방에 있으면서 흑(검은색)을 관장하고, 태화는 남방에 있으면서 적색을 관장하고, 태목은 동방에 있으면서 청색을 관장하고, 태금은 서방에

있으면서 백색을 관장하고 태토는 중앙에 있으면서 황색을 관장한다.

태수는 윤택하고 크게 하며, 태화는 녹이고 익히며, 태목은 짓고 이루고, 태금은 재고 자르며, 태토는 씨뿌림을 주관한다. 즉 물은 윤택하게 하는데 물을 머금거나 물이 오르면 넘치고 크게 자란다. 불은 생물을 익히거나 구우며 광물을 녹인다. 나무는 짓거나 건축하는 재료로 쓰인다. 금은 단단하고 날카롭게 만들 수 있어 다른 물건을 용도에 맞게 자를 수 있다. 흙은 식물을 자라게 하는 양분을 가지고 있으며 뿌리가 자라도록 지탱하는 일을 한다.

이와 같이 동서남북중의 오방(五方)을 수화목금토의 오행(五行)에 대입하고, 이 오방의 오행(五行)을 맡은 하늘의 임금을 오제(五帝)라 하며, 지하에서 오방의 오행을 맡은 것을 오령(五靈)이라 하는 것이다.

홍범구주의 오행편에서 말한 오행(五行)의 각 성질은 삼신오제설에서 말하는 오령(五靈)의 각 이룸(成效)의 성질과 바로 통한다.

오행(五行)은 지상(地上)의 오방위(五方位)에 대입한 것이고 7행은 다시 상하(위, 아래)를 더하여 구(球)에 대입한 것이 된다. 천부경(天符經)의 운 삼사 성환 오칠(運三四成環五七)과 통한다. 여기서 삼(三)은 천지인(天地人) 즉 상하중(上下中)을 가리키고 사(四)는 전후좌우(前後左右) 즉 동서남북(東西南北)을 가리킨다. 이 삼(三)과 사(四)가 원(圓)과 구(球)를 이루면 각 전후좌우중, 상하좌우중, 상하전후중의 5와 상하 전후좌우중의 7이 되는 것이다.

오제(五帝)와 오성(五星)을 대입하면 다음과 같다. 북방제위(北方帝位)는 진성(辰星)인 수성(水星)이며, 동방제위(東方帝位)는 세성(歲星)인 목성(木星)이며, 남방제위(南方帝位)는 형혹성(熒惑星)인 화성(火星)이며, 서방제위(西方帝位)는 태백성(太白星)인 금성(金星)이며, 중방제위(中方帝位)는 진성(鎭星)인 토성(土星)이다.

오방:오제(帝):오령(靈):오명(命):오색(色):오행(行):오성(成):오미(味)	홍법구주 오행
북방 : 흑제 : 태수 : 숙살(肅殺) : 흑색 : 수(水) : 윤태(潤太): 짠맛(鹹)	潤下
동방 : 청제 : 태목 : 생양(生養) : 청색 : 목(木) : 영축(營築): 신맛(酸)	曲直
남방 : 적제 : 태화 : 광열(光熱) : 적색 : 화(火) : 용전(鎔煎): 쓴맛(苦)	炎上
서방 : 백제 : 태금 : 성숙(成熟) : 백색 : 금(金) : 재단(裁斷): 매운맛(辛)	從革
중앙 : 황제 : 태토 : 화조(和調) : 황색 : 토(土) : 가종(稼種): 단맛(甘)	稼穡
위 오행에 다시 2행(行)을 더하여 7행을 만들 수 있다. 하늘 : 上 北 東 南 西 中 下 땅　 : 日 수 목 화 금 토 月 사람 : 代 來 合 去 現 世 子 맛　 : 無 鹹 酸 苦 辛 甘 合 색　 : 無 흑 청 적 백 황 灰	

- 오행치수법(五行治水法) -

오행치수법이 과연 무엇일까? 오행의 상관관계로 인하여 치수법을 설명한 것이 틀림없을 것인데, 삼신오제설의 수화목금토(水火木金土)에 관한 내용에는 각각의 사명(司命)과 주관(主管)을 적고 있다. 오행의 상생(相生)과 상극(相剋)의 원리를 설명하여 치수법에 적용시킨 것일까?

물을 진압한다 즉 다스린다는 것은 우선 급한 홍수는 물을 막아 진입을 막고, 물의 흐름을 파악하여 물길을 열어주고, 물이 다른 곳으로 침입하지 못하도록 하면서, 필요한 곳에 물이 모이도록하며, 차후에라도 물이 범람하지 않도록 조치한다는 의미일 것이다. 그래서 우선 물이 더 이상 침입하지 못하도록 둑을 만들어 막는 것이 필요하며, 다음에 물이 흘러갈 수 있도록 물길을 트고 물길따라 둑을 만들어 넘치지 않게 하며, 둑이 허물어지지 않도록 하여야 할 것이고, 다음에 큰물이 나도 홍수가 나지 않도록 미리 물길과 둑을 완비하는 것이 필요하다.

먼저 물을 막으려면 둑을 쌓아야 하는데, 둑을 쌓으려면 흙이 필요하다. 즉 일반적으로 토(土·흙)가 수(水·물)를 막을 수 있으므로 토극수(土克水)의 원리를 이용하여 둑을 만든다.

다음, 만든 둑을 지키려면 튼튼하게 만들어야 하는데, 물이 부딪쳐도 깎이지 않고 유지될 수 있어야 하므로 밑 부분을 돌로 쌓으면 안전하게 할 수 있으니 금생수(金生水)의 원리를 이용한다. 즉 돌구멍사이로 물이 들락날락 하면서 벽을 깎아내지 않고 조화롭게 흐름의 속도를 줄이는 효과도 있으면서 안전하다.

둑도 물길의 반대편과 윗부분은 물이 새지 않아야 하고 큰비가 와도 무너지지 않아야 하므로 흙을 견고하게 하여야 한다. 즉 둑에 나무막대를 박거나 흙을 다지고 그 위에 나무를 심어서 나무뿌리로 하여금 흙을 유지하도록 한다. 이것이 목극토(木克土)의 원리를 이용한 것이 된다. 산사태가 나지 않도록 산에도 나무를 많이 심으면 홍수를 막을 수 있을 것이다. 나무막대를 만들려면 연장을 이용하여야 하는데 연장은 금(金)으로 만든 것을 쓴다. 이것이 금극목(金克木)의 원리이다. 연장을 만들려면 금을 녹여서 만들어야 하므로 불이 필요하다. 이것이 화극금(火克金)의 원리이다.

둑에 나무를 심어 놓으면 큰비가 와도 나무가 자라면서 뿌리로 물을 머금어 천천히 내어 놓으므로 흙이 무너지지 않고 둑을 유지하게 된다. 이것이 수생목(水生木)의 원리이다.

나무가 어느 정도 자라면 베어서 태워서 불을 얻을 수 있다. 이것이 목생화(木生火)의 원리이다. 불이 타고 남은 것이 재인데, 이 재는 바로 흙이다. 이것이 화생토(火生土)의 원리이다. 흙은 다져서 단단하게 만들거나 불로 구우면 돌과 같이 만들수 있다. 이것이 토생금(土生金)의 원리이다. 돌은 흙이 변한 현상이며, 금(金)의 성질을 가진다.

단군조선의 태자 부루가 우(虞) 사공(司空) 우(禹)에게 위와 같은 오행의 상생상극의 원리를 이용하여 치수법을 전수하였을 것임이 틀림없다. 배달나라 시대에 창기소라는 사람이 자부선인의 칠정운천도(七政運天圖)에 나타난 오행성(五行星)의 오행(五行)을 적용시켜 오행치수법(五行治水法)을 부연(敷衍)하였다는 기록에서 더더욱 그렇다.

(나) 경용오사(敬用五事)

경용오사라 함은 사람 머리에서 연유하는 다섯 가지 일인 오사(五事)를 공경히 행하라는 의미이다.

두 번째로 오사(五事)는, 첫째 얼굴 모습이요, 둘째 말이요, 셋째 보는 것이요, 넷째 들음이요, 다섯째 생각함이라(二五事 一曰貌 二曰言 三曰視 四曰廳 五曰思). 말하는 오사란 사람의 머리에서 연유하는 다섯 가지 일을 가리킨다. 즉 얼굴모습, 입, 눈, 귀, 그리고 머릿속이다.

얼굴은 공경이요, 말씀은 따름이요, 봄은 밝음이요, 들음은 총명이요, 생각은 슬기로움이다(貌曰恭言曰從視曰明廳曰聰思曰睿).

공경은 엄숙함을 만들고, 따름은 다스림을 만들며, 밝음은 지혜를 만들며, 총명은 꾀함을 만들며, 슬기로움은 성스러움을 만든다(恭作肅從作乂明作哲聰作謀睿作聖). 모습에서 공경하는 마음이 생기도록 하려면 엄숙함을 가져야 하고, 얼굴은 마음의 거울이라 그 사람의 사람됨을 알 수 있는데, 그 사람에게 공경하는 마음이 생기도록 하려면 자연스레 존경하고 군사부(君師父)로 모시어 함부로 대하지 않도록 하기 위하여 엄숙함을 지녀야 한다.

윗사람이 아랫사람을 대할 때 엄숙하면 아랫사람은 윗사람을 공경하게 된다. 이는 나라와 학교와 가정에서도 마찬가지이다.

말씀을 따르면 다스림이 이루어지고, 윗사람의 옳은 말씀을 따르게 되면 자연스럽게 위엄이 서고 질서가 있게 되어 다스림이 이루어진다. 옳은 말씀은 따르게 되니 자연스럽게 다스려지게 된다. 임금의 명령이 잘 따라져야 잘 다스려지고, 학교와 가정에서도 마찬가지인 것이다.

보아서 밝아지면 지혜가 생기고, 스스로 찾아 학문을 닦아 좋고 옳은 것을 많이 보고 경험을 쌓으면 심성이 밝아져 지혜가 생겨난다. 눈은 밝음을 보라고 하늘님이 만든 것이며, 밝은 것(좋은 것)을 많이 보면 지혜가 생기는 것이다.511)

들어서 총명해지면 일을 꾀할 수 있고, 스승 등 다른 사람으로부터 좋은 것을 많이 들으면 총명하게 되어 할 바를 도모할 수 있게 된다. 귀는 들으라고 하늘님이 만든 것이며, 귀로 좋은 말씀을 많이 들으면 총명하게 되는 것이다.

생각을 슬기롭게 하면 성스럽게 되니, 편파적이지 않도록 저울질하여 많이 생각하면 슬기로워 져서 한쪽으로 치우치지 않고 타인을 포용하는 성스러운 사람이 된다.

좋은 것을 많이 보고 좋은 것을 많이 들으면 지혜가 생기고 총명하게 되니 자연스레 성스러운 사람이 된다. 성(聖)은 귀로 들은 것과 입으로 말하는 것이 모두 왕노릇하는 것을 뜻하는 글자인 바, 지혜롭고 총명하고 말에 믿음이 있고 성실한 사람으로서 가르침을 펼 수 있는 것이다. 즉 종교(宗敎)로 말하면 종(倧)이요, 도학(道學)으로 말하면 선(仙)이요, 인륜(人倫)으로 말하면 전(佺)이다. 철(哲)이라고도 한다.512)

한웅과 단군왕검은 신인(神人)으로서 가르침을 펴는 종(倧)이며, 무리는 가르침을 받아 완전한 인간 즉 인간다운 인간인 전(佺)이 되는 것이다.

종선전(倧仙佺)을 지금의 종교로 나누어 대략적으로 말하면, 종(倧)은 하늘님을 모시는 종교로서 대종교(大倧敎), 단군교(檀君敎), 대천교(代天敎), 숭천교(崇天

---

511) 그러나, 눈이 너무 밝아지면 밝은 것만 보게 되고 어두운 것을 보지 못하여 우주의 이치를 망각하게 된다. 밝은 태양이 항상 떠 있으면 어두움을 보지 못하므로 지구가 자전하여 하늘의 밝고 어두움을 알게 하여 우주의 이치를 깨닫게 하는 것이다. 인간이 사는 지구의 역(易)은 태양이 움직여 생기는 것이 아니라 지구 자체가 자전하고 공전하여 생기는 이치와 같다. 태호복희역은 지구가 자전하고 공전하는 원리를 나타낸 역(易)이나, 고대중국은 태호복희역을 비롯한 그 이후의 역을 태양이 지구를 공전하는 원리로 오해하여 해석하고 있어 이치에 맞지 아니하다. 이는 눈에 보이는 것만 존재하는 것으로 아는, 즉 하나만 알고 둘을 알지 못하는 어리석은 눈을 가졌기 때문이다.

512) 천성(天性), 신성(神性)을 기준으로 하면, 신인(神人) 〉 철인(哲人:倧仙佺) 〉 성인(聖人) 〉 현인(賢人) 〉 인인(仁人) 〉 인(人) 〉 중생(衆生) 〉 물(物) 의 순서로 구분할 수 있다.

教), 신교(神敎) 등의 원천이 되고, 선(仙)은 불교(佛敎)와 도교(道敎)의 원천이 되며, 전(佺)은 유교(儒敎)의 원천이 된다고 할 수 있는 것이다.

(다) 농용팔정(農用八政)

농용팔정이란 팔정이라는 나라의 8가지 정치제도를 농사짓듯이 온 정성을 다하여 행하라는 의미이다.

세 번째로 팔정(八政)이란, 첫째, 먹는 것이요, 둘째, 재물(財物)이요, 셋째, 제사(祭祀)요, 넷째, 건설하고 세우는 사공(司空)이요, 다섯째, 교육인 사도(司徒)요, 여섯째, 도둑을 잡는 사구(司寇)요, 일곱째 손님을 접대하는 일이요, 여덟째, 군사이다(三八政一曰食二曰貨三曰祀四曰司空五曰司徒六曰司寇七曰賓八曰師).

팔정은 나라를 운영하는 데 있어서 가장 기본적인 제도이다. 이 여덟 가지를 잘 다스려야만 나라가 평안해지고 백성들이 행복해 진다.

1. 첫째로 백성들이 먹을 것이 풍부해야 죄를 짓지 않게 된다. 백성들이 굶지 않게 먹는 것을 해결하도록 잘 다스려야 한다.

2. 둘째로 재물이 풍부해야 나라가 부강해지고 어려움에 처한 백성들을 구할 수 있고 백성들이 골고루 잘 살게 할 수 있으므로 재물을 잘 다스려야 한다.

3. 셋째로 집안에서는 조상에게 제사를, 동네에서는 동제를, 산에서는 산신제를, 바다에서는 용왕제를, 나라는 국가를 위한 시조신과 나아가서는 천신과 지신과 인신에게 제사를 잘 지내도록 다스려야 한다.

4. 홍수가 나면 치수를 하고, 교통이 원활하도록 도로와 다리와 역을 만들고, 적의 침입을 막을 수 있도록 망루와 성을 만들어 백성들이 생활하는 데 장애가 없도록 잘 다스려야 한다.

5. 교육은 사람을 올바르게 하고 홍익인간 할 수 있는 사람을 만드는 데 필수적이므로 교육제도를 잘 다스려야 한다.

6. 남에게 피해를 주고 남의 재물을 훔치는 것은 남의 행복을 빼앗는 것이므로 나라 안에 도둑이 일어나지 않도록 법을 잘 집행하여 나라의 명령이 잘 서도록 다스려야 한다.

7. 외국의 사절 등 손님을 접대하는 법을 예절로써 하여 상대방이 약하다 하여 박대하지도 허술히 하지 말아야 번영할 것이니 손님을 맞이하는 법을 잘 다스려야 한다.

8. 군사는 나라의 존망의 근본이니 군사를 잘 길러 강하게 하고 규율을 엄히 하고 명령이 어긋나지 않게 따르도록 잘 다스려야 한다.

여덟 가지 다스림은 하루아침에 이루어지는 것이 아니니 농사짓듯 계획을 짜고 정성을 다하여 이루어지게 하여 사용하여야 할 것이다.

홍범구주에서 적은 농용팔정(農用八政)은 식(食), 화(貨), 사(祀), 사공(司空), 사도(司徒), 사구(司寇), 빈(賓) 사(師)인데, 글자 자체에서 보듯이, 식은 먹는 것이니 농사와 관련되고, 화는 재물이니 나라의 재정과 관련되고, 사는 1년을 주기로 지내는 제사이고, 사공은 司工이니 토목건설 담당이며, 사도는 무리를 가르치는 교육기관이고, 사구는 도둑을 잡는 치안담당이며, 빈은 손님접대 관련이니 외교담당이며, 사는 군사 담당이 된다.

한편, 한배달조선의 정치행정제도에서 삼사오가(三師五加)는 중앙에 둔 정치관직으로서, 각 풍백(風伯), 우사(雨師), 운사(雲師), 저가(猪加), 구가(狗加), 양가(羊加), 우가(牛加), 마가(馬加)이다. 풍백은 입법관(立法官)으로서 총괄책임자이기도 하며 토목건설을 담당하고, 우사는 행정책임관으로서 오가 중 질병담당인 저가, 농사담당인 우가, 군사담당인 마가의 업무와 관련되며, 운사는 사법책임관으로서 치안과 형벌담당인 구가, 교육담당인 양가의 업무와 관련되고 배달신(倍達臣)으로서 사(祀)의 업무도 담당한 것이 된다. 삼사오가 제도는 권력분립(權力分立)을 원칙으로 한 제도이기 때문에 월권(越權)은 허용되지 않았다.

홍범구주의 식(食)은 농사와 관련되어 우가(牛加)에 해당하고, 사공(司空)은 풍백(風伯)의 일부 업무에 해당하며, 사도(司徒)는 양가(羊加)의 업무에 해당하고, 사구(司寇)는 구가(狗加)의 업무에 해당하고, 사(師)는 마가(馬加)의 업무에 해당한다.

홍범구주의 화(貨)는 재정담당으로서 저가(猪加)의 업무에 해당한다. 한편 빈(賓)은 외교 담당으로서 우사(雨師)의 직무에 포함되는 것으로 보인다. 단군조선의 삼사오가 제도는 배달나라의 제도를 그대로 본뜬 것이며, 8가(加) 또는 9가(加)가 되었다고도 하는데, 이는 삼사오가의 업무를 8가로 나누고 삼사(三師)는 8가의 업무를 분담통할(分擔統轄)한 것이 된다.

이상으로, 홍범구주에 적힌 농용팔정의 팔정은 국가 행정기관 및 그 업무로서, 단군조선의 삼사오가(三師五加) 또는 팔가(八加)의 직무와 그대로 상통하는 것이 된다.

(라) 협용오기(協用五紀)

협용오기라 함은 다섯 가지 역(曆)의 기본인 오기를 협의하여 행하라는 의미이다. 네 번째로 오기란, 첫째, 해(歲)요, 둘째, 달(月)이요, 셋째, 날(日)이요, 넷째, 별이요, 다섯째, 역수(달력)이니라(四五紀一曰歲二曰月三曰日四曰星晨五曰曆數).

해와 달과 별을 관측하여 만든 달력은 지역에 따라 다르므로 협의하여 그 지역에 적합하도록 조정하여 사용하여야 한다. 홍범구주에는 역법에 관하여 너무 간단한 기록밖에 없어서 정확한 내용을 알 수 없다.

한 해 즉 1년은 달(月)의 운행을 기준으로 7일(日) 4요(曜) 28일을 기준으로 52요복(曜腹)으로 하되 13달로 365일이고, 4년마다 1일이 더 있어 366일이 되며, 음력으로는 1,2,3월을 봄철로, 4,5,6월을 여름철로, 7,8,9월을 가을철로, 10,11,12월을 겨울철로 하며 사시사철에 맞추어 3년에 한 번씩 윤달로 보완하며, 19년에 7번 윤달로 보완하여 태양력과 일치하게 한다.

한 달은 달이 커지고 작아지는 규칙성을 관찰하여 만든 29일과 30일을 번갈아 하며, 28수의 별자리의 운행과 일월수화목금토(日月水火木金土) 칠성(七星)의 운행을 관측하여 만든 7일을 기준으로 한 4요(曜)와 더불어 계산하고, 하루는 해가 뜨고 지는 것을 기준으로 하되, 刻, 分, 時로 계산하되 12時로 하며, 일월수화목금토의 7일을 번갈아 가며 하루하루를 계산한다.

하늘의 일월 수화목금토의 7성과 사방의 각 7개의 별자리로 된 28수와 북극성과 북두칠성 등 역에 관련된 별을 관측하여 역법을 만드는 것이다. 윷놀이판은 이러한 역법(曆法)을 오행상생(五行相生)으로 표현한 놀이가 된다.

삼일신고(三一神誥)에 의하면, 우주에는 일세계사자(日世界使者)가 맡은 700세계가 있다고 하는데, 이는 우주에서 상하전후좌우중의 7방향의 온(100) 세계를 가리키는 것이며, 우리가 사는 지구와 달과 수화목금토의 오행성은 일세계(해의 세계)의 하나에 속하는 것이다.[513]

달이 뜨고 지는 것을 보고 만든 역이 달력인데 음력(陰曆)이 바로 달력이며, 해를 기준으로 한 역이 태양력(太陽曆)이다. 오행성은 목성, 화성, 토성, 금성, 수성이다. 오행성과 해와 달을 일주일 달력의 기본으로 삼은 것이 된다.

동서남북에 각 7개의 별자리를 나누어 28수로 하여 28일을 1기(期)로 삼았으며, 13기로 하여 364일이고 원래 있는 1일을 합산하여 365일이 되며, 4년마다 삭(朔)과 판(昄)의 현상을 고려하여 1일을 더하여 366일이 된다.[514] 그리하여 365일 5시간 48분 46초 즉 365.24219907407일이 된다. 북두칠성은 북극성 둘레를 하루에

---

513) 우리은하계에 소위 태양계가 1,000억 개가 있으며, 온 우주(宇宙)에 은하계 또한 1,000억 개가 있으니 하늘은 무궁무진하며, 빛을 스스로 내는 별만 하여도 1,000억 x 1,000억 [100해]에 달하는 개수가 된다.

514) 전게 부도지, 69~70쪽 참조

한 바퀴씩 돈다. 북극성은 1도 범위정도에서 축이 회전한다고 한다.

지구는 축이 기울어져 있어서 사시사철이 생긴다. 마고성 시대에는 축의 기울기가 작았다가 서기전 10000년경에 축의 기울기가 커진 것으로 보이며, 서기전 6000년경에 기울기가 더 커진 것으로 추정된다. 이후에 배달나라 시대인 서기전 3500년경 태호복희가 한국시대의 한역(桓易)에서 원리를 추출하여 무한상생의 원리가 되는 소위 태호복희8괘역을 만든 것이 된다.

이미 배달나라 시대에 달력이 완성되었다. 달력을 만들어 보급하여 육지의 백성들은 사시사철에 맞추어 농사를 짓고, 바닷가의 백성들은 음력에 따라 바다농사를 짓고, 제사지내고 행사를 치르는 데 유익하도록 하였던 것이다.

위와 같이 오기를 잘 정립하여 모두가 사용하는 데 불편함이 없도록 협의하여 사용해야 한다. 협의사용에 관한 역사적 사건은 서기전 2267년 도산회의 때가 대표적으로 볼 수 있는데, 단군조선과 순임금의 나라가 협시월율도량형[協時月律度量衡]을 하였으니, 즉 시간과 달력과 율도량형을 협의로 맞추었던 것이다.

서기 400년경인 신라시대 박제상이 지었다는 성신지(星晨誌)와 역시지(曆時誌)는 별자리와 달력에 관한 내용이 된다.

별자리에 관한 내용은 고구려의 천상열차분야지도에서 그 당시의 사상과 철학과 과학을 어느 정도 짐작할 수 있다. 고구려의 별자리와 관련된 철학은 바로 단군조선의 철학이기도 하고 배달나라 이전부터 이어져 온 철학이기도 한 것이다.

북극성을 비롯한 각 별자리에 관련된 사상은 하늘나라, 하늘궁전, 다스림을 맡은 각 별로 설정되어 있어 인간세계와 연관되어 있다. 이는 천지인 삼일신 사상과 통하는데, 하늘에 하늘나라가 있듯이 땅(지상)에도 하늘나라가 있으며 사람에게도 하늘나라가 있다는 것이다. 즉 대진국(발해) 시조 대조영 성무고황제께서 삼일신고를 찬할 때 주해를 단 임아상은 하늘궁전이 하늘에만 있는 것이 아니라 땅에도 역시 있는데, 태백산(백두산) 남북의 마루가 신국(하늘나라)이며 산위에 신(神)이 내려오는 곳이라 하늘궁전이 되며, 사람에게도 역시 하늘궁전이 있는데, 사람의 몸(身)이 곧 하늘나라이고 머릿골(腦)이 하늘궁전이니, 세 가지의 하늘궁전이 원래 하나이다라고 하였다.515) 천지인 삼신일체(三神一體) 사상이 그대로 나타나는 풀이가 된다.

(마) 건용황극(建用皇極)

건용황극은 임금의 유극(有極)인 황극을 세워 시행하라는 의미이다.

다섯째로 황극이라. 임금(황)이 그 유극(=황극)을 세워, 오복을 때맞추어 거두어 써서 그 백성들에게 펴서 베풀면, 때 맞추어 그 백성들도 너의 극(황극=유극)을 보존토록 할 것이다(五, 皇極, 皇建其有極, 斂時五福, 用敷錫厥庶民, 惟時厥庶民, 于汝極, 錫汝保極).

황극은 임금의 지극한 자리를 가리킨다. 즉 하늘님의 권세를 대행하는 왕의 자리이며, 왕노릇하는 자리이다.

유극(有極)은 일(극) 즉 무극(無極)에서 삼극(三極)이 나오듯 극을 이룬다는 의미로, 동서남북중의 오부(五部) 중의 중앙(中央)이 황극(皇極)이 된다.516) 즉 배달신시, 단군조선 시대의 오방의 오가(五加) 제도에서 삼신(三神)을 대리하는 천왕(天王, 한웅, 단군)이 나오는 자리이다. 고구려시대에는 계루부가 중앙에 해당한다.

오복(五福)은 홍범(洪範)에서는 수(壽), 부(富), 강녕(康寧), 유호덕(攸好德), 고종명(考終命)이라 한다. 각, 오래 사는 것, 부유하게 사는 것, 편안하고 건강하게 하는 것, 덕을 좋아하여 베푸는 것, 목숨이 다할 때까지 사는 것을 가리킨다. 즉 임금이 황극을 세워서 백성을 보살펴 오복을 베풀면, 백성들도 또한 황극을 보존토록 한다는

---

515) 대진국 초기 문적원 감을 지낸 임아상이 지은 삼일신고 주해 참조. 부록 〈삼일신고 주해〉참조.
516) 오방(五方)은 오극(五極)이 되며, 중앙이 가장 높은 자리로서 임금 자리인 황극(皇極)이 된다. 극(極)이란 치우친다는 뜻으로서 상대적으로 구분지을 수 있다는 의미를 가진다. 그래서 무극(無極)은 극이 없으므로 상대성이 없어 극이 하나인 것과 같아 일극(一極)이기도 하며, 이극(二極)은 음양의 소위 태극(太極) 또는 반극(反極)이라 하며, 삼극(三極)은 음양중, 천지인의 삼태극(三太極)이라 하는 것이다.

것이다.

무릇 그 백성들에게 음탕한 벗이 있지 아니하고, 사람에게 비견되는 덕이 있지 아니하여 오직 임금만이 극을 만드니라(凡厥庶民, 無有淫朋, 人無有比德, 惟皇作極).

일반사람들이 욕심이 많아 작당을 하거나 임금에 비견되는 덕을 가진다면, 임금은 극을 만들기 어려우므로 임금이 다른 사람들보다 월등한 덕을 가져야 한다는 의미로서, 아무나 임금을 참칭한다고 되는 것이 아니라 백성들로부터 추앙을 받아 임금이 되어야 임금의 자리를 만들 수 있다는 뜻이다.

단군왕검(檀君王儉)은 구이(九夷)의 추대를 받아 임금이 되었다라고 공자(孔子)의 후손인 위(魏)나라 사람 공빈(孔斌)이 홍사서문(鴻史序文)에서 명백히 기록하고 있다. 요(堯)임금은 배달나라 오행법(五行法)을 변형시켜 새로이 오행(五行)의 법을 임의로 만들어 제왕(帝王)의 도(道)를 함부로 주창한 자로서, 전쟁을 통하여 천자(天子)가 된 사람이므로 황극(皇極)을 지키기 어려웠고, 결국 단군조선에서 파견된 순(舜)에게 자리를 넘겨주게 되었으며, 순(舜)임금도 황극을 지키지 못하여 단군조선의 유상(有象)의 군사와 치수(治水)에 공이 컸던 우(禹)의 군사에게 쫓기어 결국 죽임을 당하였던 것이다.

우(禹)는 치수를 했던 무리들이 따랐으므로 하(夏)나라를 세워 자손에게 물려줄수 있었는데, 그렇다고 진정한 황극(皇極)을 지키지는 못하였다. 왜냐하면 단군조선에서 인정해 주었던 임금이 아니라 가르침을 받기를 거부하였던 나라의 왕으로, 순임금을 죽인 후 하왕(夏王)이라 스스로 천자로 칭하고 단군조선에 항거하였기 때문이다.

무릇 그 백성들이 꾀를 내고 행하고 지킨다는 것을 너는 유념하고, 극에 협화하지 못해도 허물에 해당하지 않으면 임금은 그것을 받아들이고, 편안한 안색으로 이르되 내가 덕을 좋아하는 바라며, 네가 곧 그들에게 복을 베풀면, 때맞춰 사람들도 그 임금의 극을 생각하리라(凡厥庶民, 有猷有爲有守, 汝則念之. 不協于極, 不罹于咎, 皇則受之, 而康而色曰, 予攸好德, 汝則錫之福. 時人斯其惟皇之極).

일반백성들은 그냥 무지랭이들이 아니라 그들나름대로 뭔가를 계획하고 행하고 지키는 바가 있음을 항상 유념하고, 황극의 법에 맞지 않더라도 허물이 아니면 그것을 수용하고, 그들에게 자신은 덕을 베풀기를 좋아한다고 말하고, 이에 백성들에게 복을 베풀면 그들도 이에 맞추어 황극을 존중하게 된다는 의미이다. 즉, 황극은 서민들을 혹사시키기 위한 자리가 아니라 항상 복을 베풀기 위하여 존재하는 자리인 것이다.

외롭고 홀로인 사람을 학대하지 말며, 높고 밝은이를 두려워 하고, 사람이 능력이 있고 하고자 함이 있어서 그들로 하여금 행하게 하면 나라가 번창하리라(無虐煢獨, 而畏高明. 人之有能有爲, 使羞其行, 而邦其昌).

남녀노소 빈부귀천을 따지지 말고 널리 사람들을 이롭게 하고, 고명한 사람을 받들며, 사람들의 능력을 인정하여 발휘하게 하면 나라가 번성한다는 의미이다.

무릇 그 정치하는 사람들은 먼저 부귀하여야 곡식을 풀게 되는데, 너(임금)가 능히 그들로 하여금 집을 좋아하도록 하지 못하고, 이때 그 사람들도 그 허물만 생각하고 덕을 좋아함이 없으면, 네가 비록 그들에게 복을 베풀더라도 그것은 너의 허물을 짓는 것이리라(凡厥正人, 旣富方穀. 汝弗能使有好于而家, 時人斯其辜, 于其無好德, 汝雖錫之福, 其作汝用咎).

정치하는 관료들로 하여금 집을 좋아하게 하고 다른 데로 눈을 돌리지 못하도록 하지 못하면, 임금이 복을 베풀지라도 허물이 되어 돌아온다는 의미이다. 즉, 관료들이 다른 데 눈을 돌리지 못하도록 하고 덕을 베풀기를 좋아하게 하면, 임금이 복을 베푸는 것을 제대로 알게 된다는 것이다.

편파적이지 않아야 임금의 의리를 따르고, 편애하지 않아야 임금의 도리를 따르며, 악한 짓을 하지 말아야 임금의 길을 따르리라. 편파적이지 않고 당파도 없으면 왕도는 넓고 크며, 당파도 없고 편파적이 않으면 왕도는 평등하고 평화스러우며, 배반도 없고 기울어짐도 없으면 왕도는 바르고 곧으리니, 그 유극에서 만나 그 유극으로 돌아가리라(無偏無陂, 遵王之義, 無有作好, 遵王之道, 無有作惡, 遵王之路. 無

偏無黨, 王道蕩蕩, 無黨無偏, 王道平平, 無反無側, 王道正直, 會其有極, 歸其有極).

임금은 편파적이거나 편애하거나, 악한 짓을 하지 말아야 하며, 당파도 없고 배반도 없고 형평에 맞으면 왕도가 바르게 지켜진다는 의미이다.

유극 즉 황극에서 만나 황극으로 되돌아온다는 의미이다. 즉 황극에서 이탈하지 않고 황극을 지킨다는 뜻이다.

가로되, 황극으로 펴는 말씀이 곧 떳떳한 가르침이니 하늘임금의 가르침이다(曰, 皇極之敷言, 是彝是訓, 于帝其訓)

제(帝)는 황극에 자리한 임금으로서 황(皇)보다 윗자리인 임금이며, 천제(天帝)이기도 하다. 황(皇)의 아래에 왕(王), 왕 아래 군(君), 군 아래 후(侯)가 있다. 왕은 제(帝)의 권세를 대행하는 임금이다.

무릇 그 서민(백성)들이 극으로 편 말씀을 곧 가르치고 행함으로써 천자의 빛에 가까워지니, 가로되, 천자는 백성의 부모가 되어 천하의 왕(임금)이 됨이라(凡厥庶民, 極之敷言, 是訓是行, 以近天子之光, 曰, 天子作民父母, 以爲天下王).

백성들이 황극의 가르침을 따르고 행하면 곧 천자의 빛을 가까이 받게 되니, 이는 곧 천자는 백성의 부모요, 하늘을 대신하여 천하 세상을 다스리는 왕이 됨을 뜻한다. 임금은 임금답게 자리를 만들어 세우고 신하와 백성들에게 복을 베풀면, 신하와 백성들은 임금을 임금으로 모시고 부모와 같이 섬기게 된다는 의미이다.

(바) 예용삼덕(乂用三德)

예용삼덕(乂用三德)이라 함은 세 가지 덕인 삼덕(三德)을 절도있게 행하라는 의미이다.

여섯째로 삼덕(三德)은, 바르고 곧은 정직(正直), 지나치게 굳센 강극(剛克), 지나치게 부드러운 유극(柔克)이다. 고르고 편안함((平康)은 정직이며, 굳세고 순하지 아니함(彊弗友)는 강극(剛克)이며, 온화하고 순함(燮友)는 유극(柔克)이다. 잠기고

가라앉음(沈潛)은 강극이며, 높아지고 밝음(高明)은 유극이다(六 三德 一曰正直, 二曰剛克, 三曰柔克. 平康正直, 彊不友剛克, 內友柔克, 沈漸剛克, 高明柔克).

오로지 왕만이 복(福)을 내릴 수 있고, 오로지 왕만이 위엄을 지니며, 오로지 왕만이 진귀한 음식을 먹을 수 있다. 신하가 복을 내리거나 위엄을 지니거나 진귀한 음식을 먹어서는 안 된다. 신하가 복을 내리고 위엄을 지니고 진귀한 음식을 먹으면 집에는 해가 되고 나라에는 흉이 된다. 관리들이 기울어지고 비뚤어지고 치우친다면 백성들이 분수를 넘고 악한 짓을 하게 된다.(維辟作福, 維辟作威, 維辟玉食. 臣無有作福作威玉食. 臣有作福作威玉食, 其害于而家, 兇于而國, 人用側頗僻, 民用僭忒).

홍범구주에서는 삼덕(三德)으로 정직, 강극, 유극을 들고 있는데, 왕과 신하와 관리와 백성들이 각각 지켜야 할 분수를 가르치고 있는 것이 된다. 정직(正直)으로 강극(剛克)과 유극(柔克)을 조화(調和)시켜 어질게 시행하여야 하는 것이다.

(사) 명용계의(明用稽疑)

명용계의(明用稽疑)라 함은 생각되는 의심을 명확히 하여 행하라는 의미이다.

일곱째로 계의(稽疑)는, 점치는 복서인(卜筮人)을 골라 세우는 것이며, 거북점과 대나무점 즉 복서(卜筮)를 명하는 것이다(七 稽疑 擇建立卜筮人, 乃命卜筮).

복(卜)은 거북점을 가리키고 서(筮)는 대나무점을 가리킨다. 점(占)이라는 글자는 항아리에 담긴 점괘를 뽑는 행위를 나타내는 상형문자에서 변형된 글자가 된다. 거북점은 말린 거북의 등껍질을 불에 태워 치는 점으로서 복(卜)이라 하고, 대나무점은 괘(卦)를 새겨 넣은 대나무 막대로 치는 점으로서 서(筮)라 하는 것이다.

복서(卜筮)는 우(雨), 제(霽), 체(涕), 무(霧), 극(克), 정(貞), 회(悔)로 무릇 일곱이며, 거북점인 복(卜)은 앞의 우, 제, 체, 무, 극의 다섯 가지이고, 대나무점인 점(占)은 뒤의 정, 회의 2가지를 사용하며, 미루어 변화시킨다.(曰雨, 曰濟, 曰涕, 曰霧, 曰克, 曰貞, 曰悔, 凡七.卜五, 占之用二, 衍忒).

때에 맞춰 사람을 세워 거북점과 대나무점을 치게 하고, 세 사람이 점을 친다면, 두 사람의 말을 따른다(立時人作卜筮, 三人占則從二人之言). 즉 세 사람이 점을 쳐서 두 사람 이상이 일치하는 점에 따르는 것이다.

왕인 네게 큰 의문이 있다면, 네 마음을 헤아리고, 경사들에게 의논하며, 서민들에게 의논하고, 거북점과 대나무점을 쳐보라(女則有大疑, 謀及女心, 謀及卿士, 謀及庶人, 謀及卜筮).

네가 따르고, 거북점이 따르며, 대나무점이 따르고, 경사들이 따르며, 서민이 따르면, 이것을 크게 같다는 대동(大同)이라 하고, 몸이 편안하고 강건하며, 자손들이 길함을 만난다.(女則從, 龜從, 筮從, 卿士從, 庶民從, 是之謂大同, 而身其康彊, 而子孫其逢吉).

네가 따르고, 거북점이 따르며, 대나무점이 따르고, 경사들은 반대하고, 서민이 반대하면, 길한 것이다(女則從, 龜從, 筮從, 卿士逆, 庶民逆, 吉).

경사들이 따르고, 거북점이 따르며, 대나무점이 따르고, 네가 반대하고, 서민이 반대하면, 길한 것이다(卿士從, 龜從, 筮從, 女則逆, 庶民逆, 吉).

서민이 따르고, 거북점이 따르며, 대나무점이 따르고, 네가 반대하고, 경사들이 반대하면, 길한 것이다(庶民從, 龜從, 筮從, 女則逆, 卿士逆, 吉).

네가 따르고, 거북점이 따르며, 대나무점이 반대이고, 경사들이 반대하며, 서민이 반대할 때는, 안의 일은 길하고, 바깥일은 흉하다(女則從, 龜從, 筮逆, 卿士逆, 庶民逆, 作內吉, 作外兇).

거북점과 대나무점이 모두 사람들과 다르면, 가만히 있으면 길하고, 움직여 행하면 흉하다(龜筮共違于人, 用靜吉, 用作兇). 즉 거북점과 대나무점이 일치하더라도 왕의 마음과 경사들의 마음과 서민들의 뜻과 다를 때에는 움직이지 말고 가만히 있어야 좋다는 것이다.

명용계의란, 나라의 정사(政事)를 볼 때, 함부로 판단하여 행하지 말고 조금이라도 의심이 가면, 자연의 섭리가 어떠한지 신중하게 복(卜)과 점(占)을 쳐 보고, 신하와 백성들의 의견을 물어 종합적으로 또 합리적으로 명확하게 밝혀서 시행하라는 것이다.

(아) 염용서징(念用庶徵)

염용서징이란, 여러 징후인 서징(庶徵)을 함부로 생각하여 판단하지 말고, 신중히 생각하여 행하라는 의미이다.

여덟째로 서징(庶徵)은, 우(雨), 양(陽), 욱(燠), 한(寒), 풍(風)이다(八 庶徵 曰雨, 曰陽, 曰燠, 曰寒, 曰風).

때에 맞다라 함은, 다섯 가지가 각 그 순서대로 와서 마련되면 모든 풀이 번성하고 무성하게 되며, 하나라도 지나치면 흉하고 하나라도 없어도 흉하다는 것이다(曰時, 五者來備, 各以其序, 庶草繁廡. 一極備, 兇。一極亡, 兇).

쉬엄쉬엄 때를 맞추는 휴징(休徵)이란, 숙(肅)은 때맞춰 비가 내리는 것과 같고, 치(治)는 때맞춰 햇빛이 나는 것과 같으며, 지(知)는 때맞춰 더운 것과 같고, 모(謀)는 때맞춰 추운 것과 같으며, 성(聖)은 때맞춰 바람이 부는 것과 같은 것이다(曰休徵 : 曰肅, 時雨若, 曰治, 時暘若 ; 曰知, 時燠若 ; 曰謀, 時寒若, 曰聖, 時風若).

때에 맞지 않는 나쁜 구징(咎徵)이란, 광(狂)은 늘 비가 내리는 것과 같고, 참(僭)은 늘 햇빛이 나는 것과 같으며, 서(舒)는 늘 더운 것과 같고, 급(急)은 늘 추운 것과 같으며, 무(霧)는 늘 바람이 부는 것과 같은 것이다(曰咎徵 : 曰狂, 常雨若 ; 曰僭, 常暘若 ; 曰舒, 常燠若 ; 曰急, 常寒若 ; 曰霧, 常風若).

왕이 세(歲)를, 경사가 월(月)을, 사윤이 일(日)을 살핀다 함은, 세월일(歲月日)의 때에 바뀜(易)이 없으면 백곡이 잘 이루어지고 다스림이 밝아지며 뛰어난 백성들이 드러나 나라가 평안하게 되는 것이다(曰王省維歲, 卿士維月, 師尹維日. 歲月日時 毋易, 百谷用成, 治用明, 畯民用章, 家用平康).

또, 일월세(日月歲)의 때에 바뀜이 있으면, 백곡이 잘 이루어지지 않고 다스림이 어두워 밝지 아니하며 뛰어난 백성들이 나타나지 않아 나라가 평안하지 못하다는 것이다(日月歲時旣易, 百穀用不成, 治用昏不明, 畯民用微, 家用不寧).

서민은 별(星)이며, 별은 바람을 좋아함이 있고 비를 좋아함이 있으며, 해와 달의 운행에 겨울과 여름이 있고, 달이 별을 따름에 바람이 불고 비가 내린다(庶民維星, 星有好風, 星有好雨. 日月之行, 有冬有夏. 月之從星, 則以風雨).

왕은 징후를 살펴서 생각하여 사용하여야 하며, 백성들의 마음이 수많은 별들처럼 모두 다를 수 있으므로, 백성들의 요구에 맞춰 정치를 베풀어야 하는 것이다. 사시사철과 기후가 안 맞으면 흉년이 들게 되고, 흉년이 들어 먹을 곡식이 풍족하지 아니하면 백성들이 잘 살 수 없는 것이다.

그래서 역법(曆法)이 정확하게 정립되어야 하는 것이며, 때 맞춰 비가 제대로 내리지 않으면 농사를 망치게 되므로, 때 맞춰 비가 내리도록 하늘에 비는 것이 기우제(祈雨祭)이며, 또한 홍수(洪水)에 빠지지 않게 하는 것이 왕노릇 하는 자가 베푸는 덕(德)인 것이다.

(자) 향용오복, 위용육극(嚮用五福 威用六極)

향용오복이라 함은, 왕이 신하나 백성들에게 상(賞)으로서 내려 베푸는 다섯 가지 복을 행하는 것이고, 위용육극이라 함은, 왕이 신하나 백성들에게 위엄으로 내리는 여섯 가지 벌(罰)을 행하는 것이다.

아홉째로 다섯 가지 복인 오복(五福)이란, 오래 사는 수(壽), 풍족한 부(富), 건강하고 평안한 강녕(康寧), 덕을 좋아하여 쌓는 것, 하늘이 준 목숨을 다하는 것이다(九 五福 一曰壽, 二曰富, 三曰康寧, 四曰攸好德, 五曰考終命).

또, 여섯 가지 벌(罰)인 육극(六極)이란, 흉하게 요절하는 것, 질병, 근심, 가난함, 사악함, 나약함이다(六極 一曰凶短折, 二曰疾, 三曰憂, 四曰貧, 五曰惡, 六曰弱).

왕은 하늘을 대신하여 나라를 다스리는 자로서 착하고 올바르고 충성스런 신하나 백성들에게 오복(五福)을 베푸니, 오래 오래 살도록 배려하고, 재물이 넉넉하게 살게 하며, 몸이 건강하게 편안하게 살게 하고, 덕을 닦고 쌓으며 살게 하고, 하늘이 준 원래의 목숨대로 살도록 하는 것이다. 그러하면 그 집안은 대대로 복을 누릴 수 있을 것이다.

다른 사람들에게 악한 행동을 하여 피해를 주거나 의롭지 못하여 배신하는 등 죄과를 짓는 신하나 백성들에게는 벌을 내려, 목숨을 일찍 끊어 요절시키고, 몸이 병들게 하고, 마음에 근심이 떠나지 않게 하며, 재산을 뺏거나 탕진하게 하여 가난하게 살게 하고, 스스로에게서 사악한 마음이 떠나지 않게 하고, 의지가 없이 나약한 마음으로 스스로 한탄하며 살게 하는 것이다. 이러하면, 그 집안은 자연히 도태되어 사라질 것이다.

집안이 융성하여 자손이 불어나고 풍족하게 오래 사는 것은 더 없는 복이다. 이와 반대로 대가 끊기고 가난하게 살며 요절하는 것은 하늘의 벌이기도 하다. 참전계경(參佺戒經)의 8가지 가르침 중에서 선(善)을 지은 자에게는 그에 따른 보답이 따르고 악(惡)을 지은 자에게는 그에 따른 응답이 따른다는 보(報)와 응(應)의 각 가르침에 해당하는 것이 된다.

(24) 우순(虞舜)이 설치한 유주(幽州), 영주(營州)를 회수하고, 우공(虞貢)을 시행하다

서기전 2267년 단군조선의 사자인 진한 태자 부루께서 주관한 도산회의에서, 태자 부루는 우(虞)의 사공(司空) 우(禹)에게 순(舜)이 단군조선 중앙조정의 허락이나 윤허 없이 함부로 설치한 병주(幷州), 유주(幽州), 영주(營州)에 대하여 죄를 묻지 않을 것이라 하면서, 요(堯)가 기주(冀州)를 나누어 설치한 병주와 유주 중 병주는 그대로 두고, 유주와 청주에서 나누어 설치한 영주는 회수 조치하여 단군조선 직할 영역으로 편입시켰다.[517]

처음 서기전 2357년경 요임금이 설치한 9주는, 당(唐)의 수도인 평양(平陽)의 북쪽 지역인 태원(太原)을 포함한 기주(冀州), 평양(平陽)의 동쪽지역으로 황하와 제

---

517) 전게 한단고기 〈단군세기〉, 59쪽 참조

홍익인간 7만년 역사
제1권

수(齊水) 사이의 연주(兗州), 연주 남쪽으로 태산 서쪽의 산동서부가 되는 청주(靑州), 청주 남쪽으로 회수(淮水) 사이의 서주(徐州), 서주 남쪽으로 양자강 유역의 양주(揚州), 양주 서쪽으로 형산(衡山)과 형산(荊山) 사이의 형주(荊州), 형산(荊山)과 황하 사이의 예주(豫州), 형주 서북으로 화산(華山) 사이의 양주(梁州), 양주 북쪽으로 기주 사이의 옹주(雍州)이다.

서기전 2284년경 순임금이 추가로 설치한 3주는, 기주(冀州)를 나누어 태원(太原) 북쪽은 병주(幷州), 기주의 동쪽이 되는 병주의 동쪽은 유주(幽州), 청주(靑州)에서 나누어 설치한 영주(營州)이다.

서기전 2267년경 유주와 영주를 단군조선의 직할영역으로 편입시킬 때, 유주에 있던 소성(蘇城)이 편입된 것으로 보이는데, 이 소성의 성주이던 소씨(蘇氏)가 단군조선 말기에 동쪽으로 이동하여, 서기전 209년이 되던 해에 소백손(蘇伯孫)[518]이 마한 땅인 한반도의 동쪽 지역에 자리 잡고 진한(辰韓)을 건국하였던 것이 된다.

우순(虞舜)의 유주는 단군조선 영역으로 편입되어 고죽국(孤竹國)[519]으로 봉해졌던 것이며, 영주는 남국(藍國)에 합쳐진 것이 된다. 고죽국은 하(夏)나라가 세워진 서기전 2224년 이전부터 존속하던 단군조선의 군국(君國)이 된다.

순임금 시대의 사악(四嶽)은 북쪽은 북악인 태항산(太行山)의 항산(恒山), 동쪽은 동악인 태산(泰山), 남쪽은 남악인 형산(衡山), 서쪽은 서안 부근의 태화산(太華山)인 서악 화산(華山)이다. 이를 화악태형(華岳泰衡)이라 한다. 각 화산, 북악, 태산, 형산이다. 서기전 2267년 이후 서기전 2247년경 사이에 사공 우가 남악 형산 구루봉에 세운 치수기념 비문에 화악태형(華岳泰衡)이라 적고 있다.

도산회의에서 태자 부루는 치산치수에 관한 과업을 5년마다 순행할 때 우순과 사

---

518) 소백림(蘇伯琳)이라고 적기도 한다.〈진주소씨 족보 참조〉

519) 서기전 1766년경 즉 하나라 말기 즉 은나라 초기에 고죽국의 왕족은 묵태씨(墨胎氏)가 된다. 고죽국의 묵태씨는 절묵(節墨)이 되고 다시 즉묵(卽墨)으로 불리게 되는데, 역사적으로 산동지역에 있던 동이족인 래이(萊夷)가 된다.

공 우는 낭야성(琅耶城)에서 보고하라 조치하였다. 낭야성은 단군조선 번한(番韓)의 5경 중 남경(南京)이 되는 가한성(可汗城)으로 서기전 2311년에 개축된 당요(唐堯)와 우순(虞舜)을 감시하기 위한 성(城)이다.

이리하여 사공(司空) 우(禹)는 단군조선의 치산치수(治山治水)에 관한 전권(專權)을 부여받아 산과 물을 다스려 치수에 성공하여 마무리 하였던 것이다. 이에 더하여 사공 우(禹)는 신하 백익(伯益)과 더불어 온 산천을 두루 돌아다니며 지리(地理) 등을 저술하니 세상에 전하는 산해경(山海經)인 것이며, 이는 우(禹)가 순(舜)임금에게 보고하는 우공(禹貢)의 하나로서, 다시 우순(虞舜)이 단군조선 진한 태자 부루에게 보고하던 우공(虞貢)의 한 사례(事例)인 것이다.520)

우공(虞貢)은 서기전 2267년부터 5년마다 1회씩 4회하여 서기전 2247년까지 계속되었으며, 이후 단군조선의 진한 태자 부루가 단군왕검 천제께서 연로하시어 내치(內治)에 역점을 두어 순행하지 않게 되니, 서기전 2247년 이후에 우순(虞舜)이 다시 유주(幽州)와 영주(營州)를 산동지역의 남국(藍國) 근처에 설치하는 등 배신하기에 이르렀다.

(25) 감우(監虞)를 낭야성(가한성)에 설치하다

서기전 2311년에 개축된 낭야성(琅耶城)은 가한성(可汗城)이라 불렀으며, 서기전 2267년 도산회의를 계기로 가한성에 감우(監虞)라는 관청을 설치하여 순임금과 우(虞)나라를 감독하는 역할을 하였다.521)

즉, 감우(監虞)에서 순임금과 순임금의 나라인 우(虞)나라의 정사(政事)를 감독한 것이며, 5년마다 1회씩 순행하던 진한(眞韓) 태자 부루가 순임금으로부터 치산치수에 관한 우공(虞貢) 즉 국정(國政)을 보고받았던 것이 된다.

---

520) 전게 한단고기 〈태백일사/삼한관경본기〉, 219쪽 참조
521) 전게 한단고기 〈태백일사/삼한관경본기〉, 215쪽 원문 참조

감우(監虞)는 우공(虞貢)을 행한 서기전 2267년부터 서기전 2247년까지 약 20년에 걸쳐 행해졌으며, 이후 순임금이 도산회의 때 환수되었던 유주와 영주를 산동 서쪽에 다시 설치하고 단군조선 백성들을 쫓아내는 등 반역함으로써, 제2대 부루단군 천왕 때 단군조선의 사자(使者)이던 유호씨(有戶氏)에 의하여 유상(有象)의 군사와 우(禹)의 군사의 추격으로 서기전 2224년에 두 아내와 함께 창오의 들로 피난하던 순(舜)이 제거되기에 이른다.

(26) 구려분정(九黎分政)과 감독자 천자(天子) 우순(虞舜)

도산회의를 계기로 하여 단군조선은 천자 순(舜)에게 천자 중의 천자로 격상시켜 산동지역의 제후국들인 구려(九黎)의 분조(分朝)들을 감독하는 책임을 부여하였다.[522] 산동지역에는 청구(靑邱)와 남국(藍國)이 단군조선 초기부터 단군조선의 군국(君國)으로 존속하였으며, 수많은 소국(小國)들이 있었는바, 우순으로 하여금 이들 봉국(封國)들을 감독하게 한 것이다.[523]

단군조선은 한배달 구족(九族)을 계승한 나라로서 구족을 거느린 제국(帝國)이다. 한배달조선의 구족은 파미르고원의 동쪽으로 동, 북, 남으로 퍼져 정착한 족속 모두를 가리킨다. 구족은 황족(黃族), 백족(白族), 현족(玄族), 남족(藍族), 적족(赤族), 양족(陽族), 우족(于族), 방족(方族), 견족(畎族)이다. 고대중국의 기록은 이들 구족을 구이(九夷)라고 부른다.

이들 구족 중에서 산동지역에는 황족(黃族)의 일파와 남족(藍族)과 양족(陽族)의

---

522) 전게 한단고기 〈단군세기〉, 59쪽 및 〈태백일사/삼한관경본기〉, 215쪽 참조

523) 순(舜)은 단군조선 천국(天國)의 제후인 천자(天子)이면서 특별히 산동, 회대지역의 단군조선 직할 봉국(封國)들을 감독하는 감독자로 봉해진 것이 된다. 물론 청도에는 순을 감독하는 감우(監虞)라는 단군조선의 관청을 두어 태자 부루가 5년마다 한 번씩 순행(巡幸)하며 순(舜)으로부터 국정을 보고받은 것이 된다(서기전 2267년~서기전 2247년경). 서기전 2247년경 이후에 순이 반역하므로 단군조선 제2대 부루천왕의 천명(天命)에 의하여 서기전 2224년에 제거되었다.

일파 등이 섞여 살고 있었는데, 특히 중원(中原)의 족속과 구분되는, 회대(淮岱)지역이 되는 산동지역의 황족(黃族), 남족(藍族)을 주축으로 한 이족(夷族)을 구려(九黎)라 불렀던 것이다.

구려분정(九黎分政)은 회대지역인 산동지역에 단군조선 제후국들이 나누어 다스린다는 뜻이며, 분조(分朝)는 나누어 다스리는 조정(朝廷) 즉 제후국을 가리킨다. 단군조선 진한(眞韓)의 조정(朝廷)은 중앙으로서 천국(天國)의 조정(朝廷) 즉 천조(天朝)가 된다.

우순(虞舜)의 나라는 천자국(天子國)으로서 천국의 자작(子爵(天國))에 해당하는 제후국(諸侯國)이 된다. 천자(天子)는 천하왕(天下王)이며, 천제(天帝), 천왕(天王), 천군(天君)은 천상왕(天上王)이다. 그리하여 천왕, 천군과 천자는 그 격(格)에 있어서 하늘과 땅 차이가 된다.

천자(天子)는 천하왕(天下王)으로서 왕(王)이나 제(帝)라고도 하는데, 왕(王)이나 제(帝)의 앞에 천(天)자를 함부로 붙이면 안 된다. 천왕(天王)이나 천제(天帝)는 상국(上國)의 왕이나 제로서 천자국으로 볼 때는 중앙조정이 있는 상국(上國)의 상제(上帝)이기 때문이다. 당우하은주(唐虞夏殷周)의 왕은 천하왕인 천자이므로, 천왕(天王)이라 칭함은 반역(反逆)으로서 역천(逆天)이 된다. 공자(孔子)가 춘추(春秋)에서 주(周) 나라 왕 천자(天子)를 천왕(天王)이라 참필(僭筆)한 경우가 있는데 역천모독죄(逆天冒瀆罪)를 면치 못하는 것이라 하겠다.

서기전 2267년 도산회의 이후 우(虞)나라 왕인 천자(天子) 순(舜)이 단군조선의 최상천자(最上天子)로서 회대지역 구려(九黎)의 분조(分朝)를 감독하였던 것이며, 태자 부루가 순행을 마친 서기전 2247년이 지난 후에는, 단군조선을 반역하여 다시 유주(幽州)와 영주(營州)를 산동지역의 남국(藍國:남이) 부근에 설치함으로써 단군조선의 눈 밖에 나게 되어 서기전 2224년에 제거되기에 이르렀던 것이다.

(27) 도산회의(塗山會議)는 국제회의가 아니라 중앙조정과 지방자치국 간의 국내회의 이다

도산회의는 단군조선이 주관(主管)한 치수에 관한 회의로서, 단군조선과 우(虞) 나라 간의 평등한 회의가 아니며, 크게 보면 단군조선의 영역에서 일어난 국내회의 가 된다.

천자(天子)는 천국(天國)의 자작(子爵)으로서 천자국은 천국의 제후국인 것이다. 특히 순임금은 서기전 2324년 20세의 나이에 아버지 유호씨(有戶氏)를 따라 단군 조선의 환부(鰥夫)로서 요(堯)를 토벌하러 갔던 신하였으며, 서기전 2284년에 단 군조선의 천자였던 요임금을 유폐시키고 강압적으로 천자자리를 찬탈한 불충불효 한 자였다.

서기전 2288년에 발생한 소위 요수시대 9년 대홍수로 인하여 우순(虞舜)이 단군 조선의 단군왕검 천제(天帝)께 구원을 요청하여, 서기전 2267년에 도산회의가 단 군조선의 주관으로 천사(天使) 태자 부루에 의하여 개최됨으로써, 우순(虞舜)의 산 하이던 사공(司空) 우(禹)가 회대(淮岱) 등 단군조선의 직할영역을 포함한 지역의 치산치수(治山治水)에 관한 전권(專權)을 부여받아 물길을 터는 등 홍수를 다스려 성공하였던 것인 바, 단군조선 천국 내에 있었던 역사(歷史)가 되는 것이다.

도산회의가 단군조선 내 국내회의라는 사실은 단군조선이 우순(虞舜) 천자(天 子)에게 회대지역의 단군조선 직할 제후국의 통할감독권을 부여한 것에서도 쉽게 알 수 있게 된다.

일반적으로 제후국은 자치세습국(自治世襲國)이므로, 반역(反逆)을 하지 않는 한 원칙적으로 자치(自治)는 인정된다. 서기전 2247년 이후에 우순이 반역하여 유 주(幽州)와 영주(營州)를 다시 설치하자, 단군조선의 사자(使者) 유호씨(有戶氏)가 유상(有象)과 치수를 담당하였던 순(舜)의 신하(臣下) 우(禹)에게 명(命)하여 순(舜) 을 제거하라고 하였던 것에서도 순(舜)은 천상(天上)의 나라가 되는 단군조선 천국 (天國)의 신하로서 천하(天下)가 되는 지방의 일개 자치제후국의 왕(王)에 불과한 것이 된다.

(28) 사공(司空) 우(禹)가 치수(治水)에 성공하다

서기전 2267년 도산회의에서 단군조선의 진한 태자 부루로부터 천국(天國)이 부여한 천상왕권(天上王權)을 증명하는 증거물인 천부왕인(天符王印)과 깊이와 넓이를 재는 자(尺)인 신침(神針)과 오행치수법(五行治水法)이 담긴 금간옥첩(金簡玉牒)이라 불리는 황구종(皇矩倧)을 전수받은 사공(司空) 우(禹)는, 치산치수(治山治水)에 관한 전권(全權)을 부여(賦與)받아 구주사악(九州四嶽)에 걸쳐 있던 홍수를 본격적으로 다스리기 시작하였다.

서기전 2288년에 발행하여 서기전 2267년까지 22년간 중원(中原) 땅 동서남북의 사악(四嶽) 사이에 걸쳐 마무리 되지 않던 대홍수를 사공(司空) 우(禹)가 천상왕권(天上王權)을 상징하는 천부왕인으로써 필요한 인력(人力)과 장비(裝備)를 동원하여 부역(負役)을 실시함으로써 22년간이나 끝나지 않던 홍수를 마무리 하게 되었던 것이다.

호구산(壺口山)에서 양산(梁山)과 기산(岐山)을 거쳐, 태원(太原)을 지나 태악산(太岳山)을 거치고, 다시 황하(黃河)를 거쳐 제수(齊水)를 넘어 태산(泰山)을 거쳐 회대(淮岱)지역을 지나, 형산(衡山)과 형산(荊山)을 거치고, 화산(華山)을 지나 황하상류(黃河上流)에 걸쳐, 그 사이에 있는 중원 땅인 기주(冀州), 연주(兗州), 청주(靑州), 서주(徐州), 양주(揚州), 형주(荊州), 양주(梁州), 옹주(雍州), 예주(豫州) 등 구주(九州)가 물에 빠져 있던 것을, 사공(司空) 우(禹)가 산(山)을 다스리고 물길을 다스려 백성들이 다시 자리를 잡고 살 수 있도록 마련하였다.524)

사공 우가 다스린 물길은 모두 9개의 강(江)이 되는데, 흑수(黑水), 위수(渭水), 약수(弱水), 황하(黃河), 제수(齊水), 회수(淮水), 장강(長江), 한수(漢水), 낙수(落

---

524) 전게 서경(書經), 69~90쪽 참조

水)이다. 흑수는 삼위산(三危山)을 거쳐 흐르는 강이고, 위수는 섬서성 함양(咸陽) 부근을 흐르는 강이며, 약수는 감숙성의 합려산(合黎山)을 경유하고, 낙수는 하남성 낙양(洛陽)를 지나 언사(偃師)를 지나 황하(黃河)로 흘러드는 강이다.

이리하여 우(禹)는 태자 부루(太子扶婁)의 가르침에 따라 정성을 다하여 중원(中原)의 둘레에 있는 산과 강을 잘 다스려 결국 22년간 지속된 홍수를 마무리하였던 것이며, 이에 우(禹)는 치수의 공(功)으로 신망을 얻어 백성들이 많이 따르게 되었고, 치수에 동참하였던 무리들의 맹목적인 충성으로 인하여 하(夏)나라 왕조(王朝)가 생기게 된 것이다.

사공(司空) 우(禹)가 치수를 마무리 하고서 순(舜)임금에게 임무를 완수하였음을 보고하였으며, 순임금은 도산회의 이후 5년차인 서기전 2262년에 산동반도의 남쪽에 위치한 가한성(可汗城)에 행차한 단군조선의 진한(眞韓) 태자 부루께 치수에 성공하였음을 보고하였던 것이다.

(29) 사공(司空) 우(禹)가 남악(南岳) 형산(衡山) 구루봉에 '치수기념 부루공덕비(治水紀念扶婁功德碑)' 를 세우다

서기전 2267년 이후 치수에 성공한 우(禹)는 홍수의 최대 중심지가 되는 양자강의 남쪽에 위치한 형산(衡山)의 구루봉 정상에 9행으로 모두 77자를 새긴 치수기념공덕비(治水記念功德碑)를 세웠다. 비를 세운 때는 서기전 2262년경에서 서기전 2247년 사이라 추정된다.

원래의 치수기념공덕비의 비문은 과두문자(蝌蚪文字)로 되어 있는데, 명(明)나라 시대 사람인 양신(楊愼)이 번역한 석문(釋文)이 있어 그것을 풀이하면 다음과 같다.

임금께서 여러 좌우의 대신들에게 말씀한 바대로, 물이 차 섬이 되어버린 모든 곳을 돌아다니고, 새와 짐승들이 드나드는 곳에 오르기도 하였도다! 온몸으로 직접 홍수

를 체험하면서 밝게 펴 일으켰도다! 오랫동안 돌아다니며 집을 잊었고, 악록산을 뜰 삼아 잠을 자기도 하였도다! 슬기롭게 수행하며 만들기도 하고 부수기도 하였지만, 그러나 마음은 심히 새롭게 되지 못하였도다! 마음의 평정을 구하기 위하여 화악태형(華岳泰衡)으로 갔으나, 산마루는 트였으되 일은 이루어지지 않고 쇠퇴하였도다! 신(神)에게 제사 올리기에 힘쓰니, 막힌 것과 어두움이 사라지고, 남독의 범람이 걷혀지고, 옷가지가 갖추어지고 먹을 것이 마련되었도다! 온 나라가 평안하고, 백성들이 춤추는 시대여 영원하여라!

남악 형산 구루봉에 세워졌던
우치수부루공덕비

(楊愼禹碑釋文 : 承帝日咨, 翼輔佐卿° 洲諸與登, 鳥獸之門° 參身洪流, 而明發爾興° 久旅忘家, 宿嶽麓庭° 智營形折, 心罔弗辰° 往求平定, 華岳泰衡° 宗疏事衰, 勞余神禋° 鬱塞昏徙° 南瀆愆亨° 衣制食備, 萬國其寧, 竄舞永奔°)

　위 풀이는 우(禹)의 치수에 관한 고대중국의 기록 내용과 거의 일치한다. 십팔사략(十八史略)에는, "곤(鯀)은 요(堯)임금 때에 홍수를 막으려 하였으나 성공하지 못하였고, 그리하여 순(舜)임금은 곤의 아들 우(禹)에게 그를 대신하게 하였다. 우는 노심초사하며 치수에 열중하여 13년 동안이나 집을 떠나 있었으며, 때로 자기 집을 지나가는 일이 있어도 들어가지 않았다. 평지를 갈 때는 수레를 타고, 강을 건널 때는 배를 타고, 진흙길에는 썰매를 타고, 산을 오를 때는 나무신을 신고 다니면서 조사하였다. 그리하여 구주에, 9개의 물길을 열고 9개의 늪에 제방을 쌓아 수해를 막고 9개의 산을 측량했다. 우는 이를 순임금에게 보고하였다."라고 적고 있다.

중국 측에서는 우(禹)가 세운 치수기념비를 소위 우왕비(禹王碑)라 하는데, 우(禹)는 서기전 2224년에 하(夏)나라를 세워 왕조(王朝)의 시조가 되었는바, 서기전 2267년 치수 당시 우(禹)는 하나라 왕이 아니라 순임금의 신하로서 사공(司空)의 벼슬에 있었으므로, 우의 치수기념비는 치수에 성공한 후 기념비를 새긴 것으로서, 소위 우왕비라는 말은 잘못된 것이며, 사공(司空) 우비(禹碑) 또는 그냥 우비(禹碑)가 되는 것이 마땅하다.

우(禹)가 치수기념으로 세웠다는 소위 우비(禹碑)에서는 신(神)에게 제(祭) 올리기에 힘써 치수가 완성되었다는 취지로 적고 있는데, 이는 우비(禹碑)가 우(禹)의 치수기념비(治水記念碑)이자 특히 신(神)으로 대입된 태자 부루의 공덕(功德)을 칭송한 비(碑)가 된다. 즉 여기서 신(神)은 곧 삼신(三神)의 화신(化身)이자 상제(上帝)인 단군왕검(檀君王儉)이며, 천사(天使) 태자 부루를 가리키는 것이 된다.

(30) 사공(司空) 우(禹)가 백익(伯益)과 함께 우공(虞貢)의 사례(事例)로 산해경(山海經)을 짓다

서기전 2267년 이후 늦어도 서기전 2247년 사이에 사공(司空) 우(禹)는, 직속신하인 백익(伯益)과 함께 동서남북의 명산대택(名山大澤)을 답사하면서, 지방유력자(地方有力者)를 찾아다니며, 산천의 맥리(脈理)와 지하자산(地下資産)과 새와 짐승과 곤충류와 민속(民俗)과 특이한 나라, 지역, 토지의 거리를 조사하여 인문지리책을 지었으니, 이를 산해경(山海經)이라 한다.

우(禹)가 편찬한 원래의 산해경은 서기전 2267년경부터 서기전 2247년경 사이에 지어진 것이 되고, 이는 서기전 2267년 도산회의 때 태자 부루로부터 치수법(治水法)을 전수받으면서 치수와 관련하여 명을 받은 우공(虞貢)의 사례(事例)에 속하는 것이 된다.

오월춘추(吳越春秋) 월왕(越王) 무여(無余) 외전(外傳) 제육(第六)에는 다음과 같이 기록한다.

우(禹)가 이에 동쪽으로 순행하여 형악(衡嶽)에 올라 백마(白馬)의 피로 제사를 지냈다……. 꿈에서 붉게 수놓은 옷을 입은 남자를 보았는데 자칭 현이(玄夷)의 창수사자(蒼水使者)라 하였다……. 우(禹)는 물러나와 삼개월동안 목욕재계하였다. 경자일(庚子日)에 완위산(宛委山)에 올라 금간(金簡)의 책을 발견하매 금간(金簡)과 옥자(玉字)로 되어 있었으니 통수(通水)의 이치를 얻은 것이었다. 드디어 사독(四瀆)을 순행하였다. 익(益)과 함께……. 명산대택에 이르러 그 신(神)을 불러 산천(山川)의 맥리(脈理)와 금(金)과 옥(玉)의 소유와 조수곤충(鳥獸昆蟲)의 종류와 팔방의 민속(民俗)과 특이한 나라와 지역과 토지의 거리수에 이르기까지 물어 익(益)으로 하여금 소상히 기록하게 하였다. 고로 그것을 일러 산해경(山海經)이라.

(吳越春秋越王無余外傳第六……. 禹乃東巡 登衡嶽 血白馬以祭……. 因夢見 赤繡衣男子 自稱玄夷蒼水使者……. 禹退又齊三月 庚子登宛委山 發金簡之書 案金簡玉字 得通水之理……. 遂巡行四瀆 與益... 行到名山大澤 召其神而問之山川脈理 金玉所有 鳥獸昆蟲之類 及八方之民俗 殊國異域 土地里數 使益疏而記之 故名之曰 山海經).

여기서 형악(衡嶽)은 대홍수의 중심지라 할 수 있는 양자강 남쪽에 있는 형산(衡山)을 가리키며, 붉게 수놓은 옷을 입은 남자는 보통사람이 아니라 신분이 높은 귀인(貴人)이라는 말로서 결국 현이(玄夷) 창수사자로서 단군조선의 진한(眞韓) 태자 부루를 가리키는 것이 된다. 이 형산의 구루봉 정상에 우(禹)가 세운 치수기념비가 우(禹) 자신에게 치수법을 전수하여 주신 천사(天使) 태자 부루의 공덕을 새긴 공덕비525)이며, 이를 중국 측에서는 소위 우왕비(禹王碑)라 부르는 것이다.

창수사자(蒼水使者)는 검푸른 물 또는 검푸른 바다의 사자(使者) 즉 현이(玄夷)

---

525) 석비문, 금문 등의 금석문이나 역사적 고문서의 문장 등에 관한 정확하고도 상세한 역사적 해석 정립이 필요하다.

에 있는 검푸른 물 지역 출신의 사자(使者)를 의미하는데, 이는 곧 북극수정자(北極水精子)와 통하는 말이다. 오방색(五方色)으로 보면 검은색은 북쪽이고 푸른색은 동쪽인데 검푸른색은 동북(東北)에 해당하기도 한다. 현이(玄夷)의 현(玄)이라는 글자는 누리끼리한 검은색으로서 오방으로 보면 북극과 중앙의 사이에 해당하는 것이 되어 현이는 결국 북이(北夷)를 나타낸 것이 된다.

현이의 창수사자는, 천자국인 우(虞)나라의 북쪽이자 동북에 위치한 단군조선 본국 즉 중앙조정의 사자로서 천사(天使)가 되며, 북극수정자는 북극수의 정자(精子) 즉 천제(天帝)의 아들(子)임을 의미한다. 우(禹)에게 치수법을 전수한 분은 곧 단군왕검의 태자인 부루(扶婁)이며, 단군왕검은 천제(天帝)로 받들어지므로 태자는 천제자(天帝子)로서 북극수정자(北極水精子)인 바, 태자 부루가 단군왕검이 파견한 사자로서 창수사자(蒼水使者)로 기록된 것이다.

위 오월춘추의 기록에서, 사공(司空) 우(禹)는 형산(衡山)에 올라 백마제(白馬祭)를 지내고, 현이의 창수사자인 단군조선의 사자 태자 부루를 만나는 현몽(現夢)을 하였으며, 이후 3개월 동안 목욕재계(沐浴齋戒)하면서 태자 부루를 뵙기를 기다린 것이고, 서기전 2267년 갑술년(甲戌年)의 어느달 경자일(庚子日)에 태자 부루께서 주관한 도산회의(塗山會議)에 신하(臣下)이자 제자(弟子)로 참석하여 천사(天使) 태자 부루로부터 오행치수법(五行治水法)을 전수받았던 것임이 드러난다.

우(禹)가 태자 부루로부터 전수받은 오행치수법이 담긴 금간(金簡)의 책이 소위 금간옥첩(金簡玉牒)이며, 금판(金版)으로 된 서첩(書帖)으로서 옥(玉)으로 글을 박은 것이 된다. 금간옥첩에 새겨진 옥자(玉字)의 자형(字形)은 당시 단군조선에서 쓰던 신전(神篆)으로서 배달나라 때부터 사용하여 오던 상형문자(象形文字)가 틀림없을 것이다.

위 오월춘추에서 산해경은 우(禹)가 치수법을 얻은 후 백익(伯益)과 함께 명산대택(名山大澤)을 돌아다니며 기록한 인문지리서(人文地理書)임이 밝혀진다. 당시 우순(虞舜)의 나라는 단군조선 구족(九族)의 나라 중 일개 제후국(諸侯國)인 천자국(天子國)에 불과하며, 그 둘레는 곧 단군조선 구족이 자치를 행하던 단군조선의 영역이고, 우(禹)가 천사(天使) 태자 부루로부터 천부왕권(天符王權) 즉 치산치수(治山治水)에 관한 전권(專權)을 전수(傳授)받아 인력과 물자를 동원하여 치수에 성공한 것이 된다.

서기전 2267년부터 우(禹)는 본격적으로 치수에 돌입하여 얼마 되지 아니하여 마무리 하게 되었던 것이 된다. 이때 만들어진 책이 바로 산해경인 것이다. 이는 도산회의(塗山會議)에서 하교(下敎)된 우공(虞貢)의 사례(事例)에 속하는 것이다. 즉 5년에 한 번씩 우공의 사례를 보고토록 한 내용에 산천지리와 인문지리에 관한 것도 함께 보고토록 하였으니 이에 만들어진 책이 바로 산해경이다. 즉 산해경은 서기전 2267년경이후 서기전 2247년경 사이에 만들어진 책으로서, 진한 태자 부루가 순행한 해가 되는 5년 후의 서기전 2262년경에 일차적으로 완성된 것이 틀림없는 것이다.

(31) 우순(虞舜)의 반역(反逆) 재개(再開)와 처단(處斷)

우순(虞舜)은 사공(司空) 우(禹)의 간청으로 상국(上國)인 단군조선(檀君朝鮮) 조정(朝廷)에 치수(治水)에 관한 구원을 요청하였으며, 이에 따라 서기전 2267년 갑술년(甲戌年)에 단군조선이 주관한 도산회의(塗山會議)에서 사공(司空) 우(禹)가 단군조선의 사자(使者) 태자 부루로부터 오행치수법(五行治水法)을 전수받고 치산치수(治山治水)에 관한 전권(專權)을 부여받아 본격적으로 치산치수에 돌입하였고, 이후 우(禹)는 서기전 2262년경까지 5년 이내에 치수를 마무리하였던 것이 된다.

이리하여 순(舜)임금의 나라는 물의 피해에서 해방되어 백성들이 제자리를 찾고 입을 것과 먹을 것이 차차 마련되어 시름없는 평화로운 태평시대가 되었다. 이렇게 평화시대가 된 것을 기념하여 사공(司空) 우(禹)가 남악(南嶽) 형산(衡山)의 구루봉에 세운 비가 소위 우왕비(禹王碑)라는 우(禹)의 치수기념부루공덕비(治水紀念扶

婁功德碑)인 것이다.

순임금은 도산회의에서 내려진 단군조선(檀君朝鮮)의 명(命)에 따라, 5년마다 순행하며 산동반도 남쪽의 낭야성(琅耶城, 지금의 青島)인 가한성(可汗城)에 행차하시는 진한(眞韓) 태자 부루를 사악(四嶽)의 신하(臣下)를 거느리고 알현(謁見)하며 치수에 관한 보고를 하였으니 이것이 바로 우공(虞貢)이다. 우공(虞貢)이란 우(虞)나라가 상국(上國)인 단군조선에 바치는 예(禮)이다.

한편, 우공(禹貢)은 중국역사가들에 의하여 그 의미가 왜곡되었는데, 원래 우공(禹貢)이란 우(禹)가 순(舜)임금에게 바친다는 의미가 되며, 우(禹)가 제후국들로부터 조공(朝貢)을 받는다는 의미가 아닌 것이다. 우(禹)가 제후국들로부터 조공을 받았다는 중국기록의 소위 우공(禹貢)은 서기전 2224년에 우(禹)가 단군조선을 반역하여 하(夏)나라를 세운 이후가 된다. 원래 우공(禹貢)은 사공(司空) 우(禹)가 치수를 하면서 실시한 일을 순(舜)임금에게 보고하며 바친 것이 된다.

구주(九州)는 서기전 2357년경 요(堯)임금 때 이미 설치되었고, 서기전 2284년에 찬탈하여 스스로 천자(天子)가 된 순(舜)임금이 원래의 9주(州)에서 3주(州)를 나누어 추가 설치하였으며, 서기전 2267년에는 유주(幽州)와 영주(營州)를 단군조선 직할영역으로 편입시키고 9주(州)에다 병주(幷州)가 그대로 있었으니 모두 10주(州)가 된다.

그리하여 9주(州)는 우(禹)가 처음으로 설치한 것이 아니며, 우(禹)는 서기전 2224년 자칭하왕(自稱夏王)이라 하면서 임의로 제후(諸侯)를 봉하고 조공(朝貢)을 받아 천하의 질서를 어지럽힌 자로서, 단군조선으로 보면 봉(封)함이나 윤허(允許)없이 스스로 함부로 천자에 오른 천하(天下)의 반역자(反逆者)인 것이다.

단군조선의 보살핌으로 천하태평의 시대를 맞이한 우(虞)나라 천자 순(舜)임금은, 서기전 2247년을 끝으로 이후에 단군조선의 진한 태자 부루께서 순행하지 않으시고 아사달에서 연로(年老)하신 단군왕검 천제(天帝)를 보필하며 내치(內治)를 하는 사이에, 철폐되었던 유주(幽州)와 영주(營州)를 산동반도 서쪽의 남국(藍國)

인근에 재설치하였다. 즉 우순(虞舜)이 사전 승낙이나 윤허 없이 함부로 땅을 나누어 설치함으로써 단군조선의 천하질서(天下秩序)의 방침을 어기어 반역(反逆)한 것이다.

이러한 순임금의 반역행위를 단군조선에서 그냥 묵시하지 않았다. 진한(眞韓) 태자 부루는 천자(天子) 우순(虞舜)의 소행을 지켜보고 있었으며, 단군조선의 사자(使者) 유호씨(有戶氏)로 하여금 우순을 제거토록 명하였던 것이다. 이에 유호씨는 순(舜)이 비록 친자식이지만, 불효(不孝)와 불충(不忠)을 거듭하는 행태를 지켜보지만 않고 단군조선 중앙조정의 명을 받자마자 작은아들 유상(有象)과 치수에 공(功)이 큰 우(禹)를 시켜 순(舜)을 협공(協攻)으로 치도록 하였던 것이다.

순임금이 반역한 때는 서기전 2247년 이후이자 서기전 2224년 사이가 된다. 순임금은 유호씨의 명을 받은 이복동생 유상(有象)과 우(禹)의 협공을 받아 전쟁 중 남방으로 피하여 창오(蒼梧)의 들에서 죽임을 당하였고, 이때 순임금의 두 아내도 강물에 투신자결하였던 것이며, 이후 왕권(王權)을 탐낸 우(禹)가 반역하여 하(夏)나라를 세우게 되는 것이다.

(32) 단군왕검(檀君王儉) 천제(天帝)의 어천(御天)

배달나라 천군(天君)이던 단군왕검(檀君王儉)께선, 서기전 2370년 신묘년 5월 2일에 탄생하여 서기전 2357년 14세에 웅씨국인 단웅국(檀熊國)의 비왕(裨王)으로 24년간 섭정하다, 요(堯)의 전란(戰亂)을 피하여 서기전 2333년 무진년 10월 3일에 동북의 아사달에서 조선(朝鮮)을 개국하였으며, 10년 후인 서기전 2324년경에 요(堯)를 굴복시켜 천자(天子)로 삼아 명실상부한 조선천국(朝鮮天國)을 정립시켰다.

진한(眞韓), 마한(馬韓), 번한(番韓)을 봉하여 비왕(裨王)으로 삼아 섭정케 하였으며, 이에 따라 태자 부루가 천왕격(天王格)의 진한(眞韓)이 되어 총괄섭정을 하였다. 삼한(三韓)이 천왕격이므로 단군조선의 초대 천왕(天王)인 단군왕검(檀君王儉)

은 천제(天帝)로 모셔진다.

서기전 2333년부터 조선천국(朝鮮天國)을 다스리기 93년째인 서기전 2241년 경자년(庚子年) 음력 3월 15일에 단군왕검 천제(天帝)께서 봉정(蓬亭)에서 붕어하시니 교외 10리쯤에 장사지냈다. 이때 백성들은 마치 부모님이 돌아가신 듯 단기(檀旂)를 받들어 모시고 아침저녁으로 경배(敬拜)하였다.526)

단기(檀旂)는 천지인(天地人)을 의미하는 색인 빨강, 파랑, 노랑으로 된 깃발이며, 단군왕검이 승하하심을 경배하던 흔적이 지금의 댕기에 담겨져 수천 년을 전해 내려오고 있는 것이 된다. 댕기는 빨강, 파랑, 노랑의 세 가지 천연색으로 된 헝겊으로 머리카락을 묶은 것이다. "단기"의 소리가 받침 "ㄴ"이 뒷소리의 자음 "ㄱ"의 영향으로 "ㅇ"으로 변하여 "당기"가 되고, "당기"는 다시 "ㅣ 모음 역행동화"로 "댕기"가 된 것이다.

단군조선은 삼사오가(三師五加)와 삼한(三韓)64족(族)의 나라이다. 삼한64족은 한배달 9족(族)이며, 삼사오가가 곧 소위 팔가(八加)로서 8방의 각 8부(部)가 되어 모두 64부족이 되는 것이다.

단군조선의 삼사오가 등 기본적인 정치제도는 각 지방의 제후국이나 부족, 씨족, 부락, 작은 마을에 이르기까지 적용되었다. 즉 단군조선은 중앙의 삼사오가제도가 각 지방말단까지 시행된 나라로서 무극(無極)과 태극(太極)의 원리가 그대로 반영된 무위자연(無爲自然), 무한창조(無限創造)의 나라였던 것이다. 10월 상달에는 한국(桓國) 시대부터 전해져 내려온 제천(祭天) 행사를 벌이는 등 국중대회(國中大會)를 열었다.

서기전 2241년 경자년(庚子年) 음력 3월 15일에 단군왕검께서 130세로 승천하시니 후대에 음력으로 3월 15일을 어천절(御天節)이라 하는 것이다. 특히 서기 42년에 김수로왕 등에 의한 6가야가 건국된 날이 3월 15일이 되는데527), 이때 변한

---

526) 전게 한단고기 〈단군세기〉, 61쪽 참조

의 9간(干)들이 목욕재계하고 단군왕검 천제께 제사를 올렸던 것이며, 다음날인 3월 16일은 삼신영고제(三神迎鼓祭)를 치르는 날이 되는 바, 제천(祭天) 축제일에 가야가 성립된 것으로 된다.

시호는 성제(聖帝)[528]이며, 대금(大金)의 제6대 장종(章宗)은 명창(明昌) 4년인 서기 1193년에 개천홍성제(開天弘聖帝)라 올렸다.

2. 제2대 부루(扶婁:元帝) 천왕의 역사

서기전 2240년 신축년(辛丑年)에 단군왕검 천제(天帝)의 뒤를 이어 천왕격이던 천제자(天帝子) 진한(眞韓) 태자 부루(太子扶婁)께서 제2대 조선천왕(朝鮮天王)으로 즉위하였다.[529]

이후 조선(朝鮮)의 본 임금인 단군(檀君)을 천왕(天王)이라 한다. 시조 단군왕검은 천제(天帝)이시다.[530] 단군이란 배달나라(檀國) 작은 임금을 의미하는데, 단군

---

527) 인류태고사학회 고증/김용도, 최찬동 편저, 황금제왕국, 도서출판 삼희, 1997, 468쪽 참조

528) 이하 단군조선의 천왕들이 시호(諡號)는 단서대강(檀書大綱), 동이한족오천백년왕통사(東夷韓族五千百年王統史)에 의한다. 비왕(裨王:韓;汗)들의 시호가 왕(王)으로 기록되므로 제(帝)라 한 것은 극히 타당함. 왕은 제를 천제(天帝) 또는 천왕(天王)이라 높이는 것임. 그리하여 천하의 왕에 해당하는 천자(天子:帝;王;汗)는 중앙조정의 제(帝)를 천제 또는 천왕이라 하는 것이 된다. 유웅국의 왕(王)인 황제(黃帝) 헌원은 천자(天子)이며 그 이하 하은주(夏殷周)의 왕들이 모두 천자이다. 진시황이 처음으로 왕의 위라는 뜻에서 황제(皇帝)라 칭하였으나, 결국 천하의 제왕이므로 또한 천자 해당하는데, 즉 한(漢) 시대에 황제를 천자라 하고 그 아래에 왕 이하 봉작을 두었던 것에서 알 수 있다. 진시황이 황제와 왕을 차별하였지만 한(漢) 때에 천자를 황제로 승격시켜 왕보다 위에 두었다.

529) 전게 한단고기 〈단군세기〉, 62쪽 참조

530) 단군조선 개국시조 단군왕검은 재위에 계실 때 이미 천제로 받들어져 돌아가시매 천신(天神)이자 삼신(三神)으로 모셔지는 것이며, 이후 천왕들은 돌아가시면 천제(天帝)라 모셔지는 것이다. 북부여 단군도 천제라 받들어진다. 천제의 아들이 천왕으로서 하늘에 제를 올리는 권한을 가지고 실제 지상 인간세계를 겸하여 다스리는 임금이 된다. 고구려의 개국시조 고주몽은 북부여

왕검이 배달나라 한웅천왕의 아들로서 천군(天君)이며 단군(檀君)으로서 조선(朝鮮)을 건국하였으므로 계속하여 단군(檀君)이라 부르는 것이 된다. 물론 천왕이 돌아가시면 천제(天帝)로 받드는 것이니, 고주몽 성제께는 북부여 천왕들이 모두 천제(天帝)가 되므로 스스로 천제자(天帝子)라 칭하였던 것이 된다.531)

단군조선이 배달나라의 정통성을 계승하였으므로 한웅천왕(桓雄天王)의 뒤를 이은 천왕(天王)이라 하여야 한다. 단군조선 자체로서는 본 임금을 단제(檀帝)라 하면 되는데, 중앙조정(中央朝廷)의 본 임금이자 천자(天子)등 제후(諸侯)를 둔 상국(上國)의 임금으로서 천왕(天王)이라 하는 것이다.

진한 태자 부루가 제2대 천왕이 됨으로써 진한(眞韓)이라는 비왕(裨王)의 명칭은 없어지고 진한관경은 그대로 적용된다. 마한(馬韓)과 번한(番韓)은 비왕(裨王)으로서 천왕격(天王格)의 임금이 되며 위계질서로는 천왕(天王) 바로 아래가 된다.

태자(太子)라는 말은 황제(皇帝)의 아들로서 이미 단군조선(檀君朝鮮)에서 사용하였다. 단군조선 자체에서 태자(太子)라는 말을 쓴 것이며, 천자국 등 제후국에서는 천제자(天帝子), 천왕자(天王子)로 부르게 되는 것이다. 천제(天帝)이신 단군왕검의 아들인 태자 부루는 천제자(天帝子)이다. 또, 하늘로 돌아가신 천왕(天王)은 삼신사상(三神思想)532)에 의하여 천제(天帝)로 모셔진다.

부루천왕의 탄생일은 지금까지 정확한 기록이 발견되지 않았는데, 서기전 2267년에 이미 도산회의를 주관하는 등 진한(眞韓)으로서 비왕(裨王)으로 섭정을 하였던 것이며, 조선이 건국된 서기전 2333년에는 단군왕검 천왕이 38세로 이때 이미 태자 부루가 계셨다고 볼 수 있을 것이다. 이렇게 서기전 2333년경에 태자 부루가 탄생하였다면, 서기전 2267년에는 67세가 되며, 순임금은 서기전 2343년생이니

해모수 천왕의 후손으로서 해모수가 돌아가신 이후 천제로 받들어지고 이에 고주몽은 천제자(天帝子)라 칭하는 것이 된다. 천제자와 천자(天子)는 하늘과 땅 차이처럼 다르다.

531) 광개토경평안호태황비(廣開土境平安好太皇碑) 비문 참조

532) 삼신사상에 관한 심도있는 역사적 철학적 종교적 측면의 연구가 필요하다.

이때 77세로서 약 10살 차이가 나는 것이 된다. 부루천왕이 58년 재위하여 서기전 2183년 무술년에 승하하실 때는 151세 정도가 되게 되어, 130세를 사신 단군왕검보다 20여세를 더 산 것이 된다.

한편, 서기전 2280년에 아버지 곤(鯤)이 순임금에게 처형당하고서 우(禹)가 치수담당으로 봉해졌는바, 이때 우(禹)가 약 30세라 하면, 서기전 2310년경 출생이 되어, 부루단군보다 20여세 아래가 된다. 우(禹)는 서기전 2198년 단군조선의 사자(使者) 유호씨(有戶氏)와 전쟁 중에 모산(茅山)이 되는 회계산(會稽山)의 진중(陣中)에서 사망하였는데 약 113세를 산 것이 된다. 순임금은 서기전 2343년부터 비명에 전사(戰死)한 서기전 2224년까지 120세를 살았다.

(1) 학문 진흥 (學文振興)

서기전 2240년 신축년에 부루 천왕이 기숙사(寮)를 설치하여 배움을 일으키니 문화(文化)가 크게 진흥하였다.[533] 원래 문화(文化)란 문치교화(文治敎化) 이전의 학문교화(學文敎化)로서 글을 통한 배움으로 인하여 교화된다는 의미이다. 즉 구전(口傳)이 아니라 문서(文書)로서 지식(知識)이나 철학(哲學) 등의 학문이 교육을 통하여 전수(傳授)됨으로써 사회와 국가가 발전되어 간다는 것이다.

단군조선 초기에 이미 학교 형태로 배움의 길이 실현되고 있었던 것이 된다. 배달나라 시대에는 스승과 제자의 사사(私師) 형태로 배움이 전수되었으나, 이때에 이르러 지금의 학교와 같은 공공기관이 설치되어 공식적인 학문전수가 이루어지게 되었다는 뜻으로 풀이 할 수 있다.

배달나라 시대에 이미 학문이 발전하였다. 이미 육서법(六書法)이 정립되어 있어

---

533) 문화(文化)의 원래 뜻은 글자로써 가르쳐 사람다운 사람을 만드는 것을 뜻하는 것이 되는데, 즉 문치교화(文治敎化)의 뜻이 된다. 지금의 문화는 인간에 의하여 만들어지는 모든 것을 포함하는 뜻이 된다. 문화의 영어 단어인 컬쳐(culture)의 발음과 우리말인 가르치다의 변형인 "가르쳐"의 발음이 너무 유사하다.

서 적지 못할 내용이 없게 되었으며, 기록에 의한 배움이 이루어지고 그에 더하여 더욱더 깊고 높은 경지로 학문이 이루어지게 된 것이다.

삼사오가(三師五加) 중 운사(雲師)에 속하는 양가(羊加)는 교육을 담당한다. 교육은 인간을 인간답게 한다. 인간은 사회적 동물로서 교육을 제대로 받지 아니하면 사회인으로서 역할을 하기 어려울 수 있다. 가정(家庭)을 넘어선 교육을 통하여 공동선(共同善)의 철학이 정립되며, 절대적 상대적 선악(善惡)을 구분할 수 있게 되는 것이다.

홍범구주(洪範九疇)의 팔정(八政)에 사도(司徒)라는 기관이 곧 교육기관이다. 순(舜)임금이 설(契)을 사도에 임명하였다고 기록된다. 이 사도의 업무는 단군조선으로 보면 양가(羊加)의 업무에 해당한다.

이와 같이 부루 천왕 때 단체를 위한 교습기관을 설치하여 학문이 진흥되었다는 것은 충분히 일리가 있다.

한웅천왕(桓雄天王)이 개천(開天)한 배달나라 초기에 이미 원방각(圓方角)의 천지인(天地人) 삼태극(三太極) 사상과 상형문자가 되는 녹서(鹿書)가 있었으며, 서기전 3500년경 이미 배달나라 태우의(太虞儀) 한웅(桓雄)의 묵념청심(黙念淸心), 조식보정(調息保精) 등의 장생구시법(長生久視法)이 있었고, 발귀리(發貴理) 선인(仙人)의 원방각(圓方角) 삼태극론(三太極論)[534]이 있었으며, 태호복희(太皞伏羲)의 하도(河圖)와 8괘역(卦易)과 60갑자(甲子)의 철학(哲學)과 상형문자의 서체로 용서(龍書)가 있었다.

또, 서기전 2700년경 자부선인(紫府仙人)이 황제헌원(黃帝軒轅)에게 가르친 삼황내문경(三皇內門經)이 있으며, 칠성력(七星曆)의 기초인 칠정운천도(七政運天圖)와 한역(桓易)을 복원한 윷놀이[535]가 있으며, 당시 서체(書體)로는 우서(雨書)

---

534) 아사달 제천행사 후 삼태극을 노래한 시(詩)이기도 하다.
535) 윷놀이판에 나타난 한역(桓易)과 역법(曆法)의 원리 및 선기옥형에 구현된 역법의 원리에 관

와 화서(花書)가 있었고, 이후 창기소(蒼其蘇)가 부연한 오행치수법(五行治水法)이 기록된, 황구종(皇矩倧) 즉 홍범구주(洪範九疇)의 근원이기도 한 황부중경(黃部中經)이라는 책도 엄연히 존재하였던 것이 된다.

이러한 역학(易學), 역학(曆學)과 철학(哲學) 등에 관한 학문이 있었음을 고려하면 서기전 2200년경의 부루 천왕 시대에 학문이 크게 진흥되었다는 것이 충분히 납득이 가는 것이다.

(2) 우순(虞舜)이 재설치한 유주, 영주를 다시 회수(回收)하다

서기전 2240년 신축년에 부루 천왕은, 서기전 2247년 이후에 우순(虞舜)이 허락 없이 임의로 재설치한 유주(幽州)와 영주(營州)를 정벌하여 동무(東武)와 도라(道羅) 등을 봉하여 그 공(功)을 표창하였다.[536] 즉, 동무와 도라 등이 명을 받아 군사를 이끌고 산동지역의 남국(藍國) 인근에 설치된 유주와 영주를 정벌하니 부루 천왕이 동무와 도라 등을 그 곳의 제후로 봉하였다는 것이다.

남국(藍國)은 산동지역에 위치하며 단군조선의 군후국(君侯國)의 하나인 군국(君國)으로서, 배달나라 시대 치우천왕(治尤天王)의 중심백성으로서 치우천왕의 후손이라고도 불리는데, 단군왕검 천왕이 조선(朝鮮)을 개국하자마자 치우천왕의 후손을 남국의 임금(君)으로 봉한 것이다. 남국(藍國)의 동쪽과 북쪽이 되는 산동반도와 발해만 서쪽 지역으로 고죽국의 남동지역은 청구국(靑邱國)이 된다. 청구국은 치우천왕 시대 수도가 있던 곳으로서 고시씨(高矢氏)의 후손이 봉해진 단군조선의 군국(君國)이다.

남국(藍國)은 고대중국의 기록에 의하면 남이(藍夷)라고 적힌다. 주로 황하이남과 양자강 사이에 사는 족속으로서 서기전 7197년경 사방분거 시에 동쪽으로 이동

한 배달나라와 단군조선 시대의 철학 과학 세계의 철저한 연구가 필요하다.

536) 전게 한단고기 〈단군세기〉, 62쪽 참조

한 청궁씨(靑穹氏)의 후예로서 산동지역의 기준이 되는 태산(泰山)과 남쪽의 회수(淮水)를 중심으로 정착한 것이 되며, 양자강 남쪽에 주로 정착한 적족(赤族)과 같은 족속이 된다. 적족은 고대중국의 기록에 적이(赤夷)라 기록되며 후대의 주나라 춘추전국시대에는 남만(南蠻)이라 격하하여 적기도 한다.

남국(藍國)의 영역은 대략적으로 청구(靑邱)의 서남지역으로서 태산(泰山)의 남쪽으로 회수(淮水)에 걸치는 지역이 된다. 태산은 서기전 2267년에 태자 부루가 도산회의(塗山會議)를 주관(主管)하러 가던 중 번한(番韓) 낭야(琅耶)에게 명하여 하늘에 제를 올리게 하였던 제천단(祭天壇)이 있는 산으로서, 후대에 주진한(周秦漢)에 이르기까지 봉선(封禪)537)이 행해지곤 하던 장소이다.

우순(虞舜)이 재설치한 유주(幽州)와 영주(營州)는 남국(藍國)의 인근으로서 남국의 서쪽에 위치한 것이 된다. 처음 순임금이 설치한 유주는 요임금이 설치한 태원 북쪽이 되는 기주(冀州)를 나누어 태항산(太行山) 동쪽에 설치한 것이 되는데, 서기전 2267년 도산회의에서 단군조선이 이 유주를 거두어 단군조선의 직할영역으로 편입시키고서 이곳을 포함하여 지금의 북경과 천진을 중심으로 고죽국(孤竹國)으로 봉하였던 것이 된다.538)

또, 우순(虞舜)이 처음 설치한 영주(營州)는 산동지역에 있던 청주(靑州)를 나누어 청주의 북쪽이자 연주(兗州)의 동남쪽에 위치한 것이 되는데, 서기전 2267년 도산회의에서 단군조선 땅으로 편입시켜 남국(藍國)에 붙인 것이 된다.

이리하여 우순(虞舜)의 나라는 부루 천왕에 의하여 유주와 영주가 철폐되고 원래 요임금이 설치하였던 9주(州)에다 병주를 포함한 10주(州)가 된다. 즉 기주(冀州), 병주(幷州), 연주(兗州), 청주(靑州), 서주(徐州), 양주(揚州), 형주(荊州), 양주(梁

---

537) 당(唐)나라 때에도 행해졌다고 기록된다.
538) 고죽국이 봉해진 시기가 정확히 기록되고 있지 아니한데, 서기전 2224년에 시작된 하(夏)나라 이전부터 존속한 나라가 되므로 아마도 서기전 2267년에 개최된 도산회의를 계기로 봉해진 것으로 될 것이다.

州), 옹주(雍州), 예주(豫州)이다.539)

병주(幷州)는 태항산(太行山) 서쪽이자 태원(太原)의 북쪽으로서 서기전 1122년경 은(殷)나라 왕족 기자(箕子) 서여(胥餘)가 망명한 곳으로서, 우순(虞舜) 이후 서기전 2224년 이후 하(夏)나라 때부터는 단군조선의 영역이었던 것이 된다.

또, 연주와 청주 사이에 위치한 태산(泰山) 지역은 엄독홀(奄瀆忽)이라 불리며, 서기전 1236년에 단군조선이 엄국(淹國)을 봉한 곳이 된다. 서주(徐州)는 서기전 1236년에 단군조선의 제후국인 서국(徐國)이 봉해진 곳이 된다. 서국(徐國)은 서기전 980년경 주(周) 나라 춘추시대 바로 직전 시기에 서언왕(徐偃王)의 나라로 유명하며 중국기록에서는 서이(徐夷)라 적는다. 또, 서기전 1236년에 서국의 남쪽이 되는 회수(淮水)에 걸치는 지역에 회국(淮國)을 봉하였다. 회국(淮國)은 중국기록에서 회이(淮夷)라 적는다. 엄(淹), 서(徐), 회(淮)라는 나라는 모두 단군조선의 제후국으로서 천군국(天君國)의 아래인 일반 천자국(天子國)에 해당한다.

단군조선 시대의 제후국들의 국경은 명백히 설정된 것이 아니며, 제후국들의 수도를 중심으로 상당한 범위로 영향력을 미친 것이 되고, 상대적으로 제후국들의 영역범위는 어느 정도 설정되어 있다고 볼 수 있으나, 이러한 제후국들을 통할하는 단군조선 천국(天國)은 중앙조정(中央朝廷)이 있을 뿐이며 통할 범위는 그 경계나 국경이 없는 것이 된다.

즉, 단군조선의 외곽 국경은 없으며 파미르고원 동쪽의 한배달 9족(族)의 나라로서, 땅을 나누어 제후를 봉하는 곳이 곧 그 제후국이 되며, 제후국은 주로 수도인 읍(邑)이나 성(城)을 중심으로 하여 국(國)으로서 관할하게 된다.

크게는 삼한을 두어 진한(眞韓), 마한(馬韓), 번한(番韓)이 있으며, 진한관경에 구려(句麗), 진번(眞番), 부여(扶餘), 낙랑(樂浪), 숙신(肅愼), 예국(濊國), 옥저(沃沮), 졸본(卒本), 비류(沸流), 몽고리(蒙古里), 남선비(南鮮卑), 흉노(匈奴) 등의 군

---

539) 전게 서경, 36~37쪽 참조

후국(君侯國)이 있고, 번한관경에 청구(靑邱), 남국(藍國), 고죽(孤竹), 엄(淹), 서(徐), 회(淮) 등의 군후국(君侯國)이 있으며, 마한관경에 개마(蓋馬)가 소속되어 있고, 그 외에 수많은 소국들이 각 관경에 속해 있었던 것이 된다. 성(城)을 중심으로 제후인 한(汗)이 봉해지면 일반 천자국(天子國)이 되고, 지방장관으로서 대부격(大夫格)에 해당하면 성주(城主)로서 욕살(褥薩)이 되며, 읍(邑)에 봉해지면 읍차(邑借)가 된다.

군(郡) 단위에 해당하는 영역에 봉해진 제후는 군국(君國) 또는 대략 사방 백리 이상의 제후국(諸侯國)이 되고, 사방 십리에 봉해지면 읍차에 해당하게 된다. 원래 군(郡)이라는 글자가 군(君)이 봉해져 다스리는 땅이라는 의미가 된다. 단군조선 시대의 군(君)에 해당하는 사람으로서 소국에 봉해진 경우로 낙랑홀, 엄독홀 등이 있는데, 군(郡)의 크기에 해당하는 나라가 된다.

우순(虞舜)이 재설치한 유주(幽州)와 영주(營州)를 정벌하여 회수(回收)한 부루천왕은 이후에 반역(反逆)의 틈을 노리는 우순(虞舜)을 경계하여 특별조치를 취한 것으로 되는데, 이에 따라 단군조선의 사자(使者)이던 유호씨(有戶氏)는 부루천왕의 명을 받아 이행함으로써 순(舜)임금은 주어진 천명(天命)을 다 누리지 못하고 서기전 2224년에 제거되어 120세로 생을 마감하게 된 것이다.

단군조선(檀君朝鮮)은 일명 고조선(古朝鮮) 또는 왕검조선(王儉朝鮮)이라고도 하는데, 본래의 국호(國號)는 조선(朝鮮)이다. 조선(朝鮮)은 배달나라 또는 박달나라인 단국(檀國)의 정통계승국이다.

조선(朝鮮)이라는 글자와 소리는 단군조선 시대의 문자와 말이다. 즉 상형문자와 함께 그 문자를 읽는 소리가 있었던 것이 된다. 그 읽는 소리는 지금의 "조선"이라는 말소리보다는 "죠선"에 가까웠다고 보인다. 朝鮮를 "조선"이라는 읽는 소리는 음독(音讀)이 된다. 朝鮮을 훈독(訓讀)으로 읽으면 아사날, 아사나루가 되어 지금의 말로는 "아침나라"를 가리키는 말이 될 것이다. 선(鮮)은 "날"이라는 뜻을 가진 "생(生)", 새롭다는 "신(新)"과도 통하는 글자이다.

조선(朝鮮)이라는 글자의 "朝"는 상형문자로서 그 읽는 소리는 "해달(日月)" 또는 "아사달", "아 △. 달"이 되는데, "아 △."는 "아죠"에 가까운 발음이 되며, 여기서 "아"는 생략되고 "죠"가 남아 "朝"를 읽는 소리가 음독으로 "죠"가 되어 지금의 "조"가 된 것으로 보인다. 즉 "朝"를 읽는 "아사 죠 (아침 조)"의 훈독과 음독이 모두 단군조선 시대 발음이 되는 것이다.

아스달 아스별 문양 문자

조선(朝鮮)은 "아침나라"라는 뜻을 지닌 나라이되 "鮮"이라는 글자가 물에 사는 물고기(魚)와 육지에 사는 양(羊)으로 합자된 글자로서, 어민(漁民)과 농축목민(農畜牧民)을 모두 아우르는 나라이다. 나루(津)는 물과 육지를 연결하는 곳으로서 나라(國)와 함께 "나루"에서 연유하는 말이 된다.

조선(朝鮮)의 중앙조정의 임금은 천왕(天王)이다. 일명 단군(檀君)이라고도 하나, 단군왕검이 조선의 제1대 천왕(天王), 천제(天帝)가 되었으므로, 후대의

아사달 문양

임금들을 천왕(天王)이라 부르는 것이 맞다. 다만, 단군(檀君)이라 할 때는 천군(天君)의 뜻으로서 천왕(天王)의 아들임을 의미하는 것이라 보면 된다. 천군(天君)인 단군(檀君)은 배달 작은 임금, 박달 작은 임금의 뜻으로서 제사장(祭司長)의 뜻을 지니는 단군(壇君)을 포함하는 말이지만, 단순히 천하(天下)의 왕(王)으로서 원칙적으로 제사장이 아닌, 천(天)의 제후(諸侯)인 천자(天子)와는 하늘과 땅 차이가 나는 작위(爵位)[540]가 된다.

---

540) 천군은 천국(天國)의 군(君)이고, 천자는 천국의 자작(子爵)이다. 제, 왕, 군, 공, 후, 백, 자, 남 의 순이 된다.

(3) 어아가(於阿歌)

서기전 3897년 갑자년에 한웅천왕(桓雄天王)께서 개천(開天)한 때로부터 하늘에 제사를 지낼 때마다 백성들이 크게 모여서 큰 덕을 찬양하고 서로 화목을 다지면서 함께 노래를 부르며 조상들에게 감사드렸으며, 참전계(參佺戒)를 의식(儀式)으로 하여 그 불렀던 노래가 어아가(於阿歌)이다.541)

어아어아 우리 대조신 큰 은덕 배달나라, 우리 모두 백백천천 잊지마세!
어아어아 착한 마음 큰 활 되고, 악한 마음 과녁이네, 우리 백백천천인 모두 큰활 줄 같은 착한 마음, 곧은 화살 한 마음 같네!
어아어아 우리 백백천천인 모두 큰 활 하나, 무리지은 많은 과녁 뚫어 부수니, 끓는 물 같은 착한 마음 속, 한 덩이 눈 같은 악한 마음이네!
어아어아 우리 백백천천인 모두 큰 활 굳고 굳은 같은 마음, 배달나라 광영일세, 백백천천년 큰 은덕 우리 대조신 우리 대조신!

(於阿於阿 我等大祖神 大恩德 倍達國 我等皆 百百千千 勿忘
於阿於阿 善心大弓成 惡心矢的成 我等百百千千人皆 大弓絃同善心直矢一心同
於阿於阿 我等百百千千人皆大弓一 衆多矢的 貫破 水沸湯同善心中一塊雪惡心
於阿於阿 我等百百千千人皆 大弓堅勁同心 倍達國光榮 百百千千年 大恩德 我等大祖神 我等大祖神)542)

"어아어아"는 의성어로서 감탄사가 된다. 대조신(大祖神)은 큰 조상이 되는 신

---

541) 전게 한단고기 〈단군세기〉, 63쪽 참조
542) 기본적으로 단어 순서가 우리말 어순으로 되어 있으며 소위 한문 문장작법에 맞춘 단어는 '勿忘' 하나이다.

(神)으로서, 서기전 3897년 개천(開天)할 때 한웅천왕(桓雄天王)께서도 불렀던 노래이니, 배달나라 이전의 한국(桓國) 시대 임금인 한인(桓因) 7대와 그 이전의 조상들을 모두 지칭하는 것이 된다.

어아가에서는 착한 마음을 큰 활(弓)에 비유하고 악한 마음을 과녁(的)에 비유하고 있다. 또 착한 마음을 끓는 물에 비유하고 악한 마음을 한 덩어리의 눈(雪)에 비유하고 있다. 그리하여 착한 마음은 큰 활의 활줄(絃)과 곧은 화살(矢)로서 큰 활이 되어, 사람들의 악한 마음을 과녁으로 삼아 뚫어 부수니, 이는 끓는 물 속에서 녹는 한 덩어리의 눈과 같다라는 것이다.

어아가(於阿歌)는 굳고 굳은 큰 활과 끓는 물 같은 착한 마음으로써, 사람들의 악한 마음을 과녁처럼 뚫어 부수고, 눈(雪)과 같이 녹여 없애는 정신무장(精神武裝)을 강조하는 노래이면서, 조상들의 큰 은덕에 감사하는 노래이다. 큰활인 대궁(大弓)은 합자하여 이(夷)라는 글자가 되며, 이(夷)라는 글자는 쌍인쌍궁(雙人雙弓)이라고도 하는데, 원래 궁(穹)에서 나온 글자이며, 이 궁(穹)이라는 글자는 상형문자로서 계단형 층대 위에 집(穴)이 있는 피라미드형의 제단(祭壇)을 나타내는 글자가 된다.

한인(桓因) 시대 이전이 유인씨(有因氏)의 한국(桓國) 시대이며, 유인씨 이전의 시대가 황궁씨(黃穹氏)의 한국(桓國) 시대이다. 여기 황궁씨의 궁(穹)이라는 글자가 이(夷)의 원형이 되는 글자인 것이다.

황궁씨가 서기전 7197년 갑자년에 천산(天山)을 수도로 하여 한국(桓國)을 시작하였고, 약 1,000년 후에 유인씨(有因氏)가 천부삼인(天符三印)을 전수(傳授)받아 대를 이었으며, 그 후 약 1,000년이 흐른 때에 유인씨가 한인씨(桓因氏)에게 천부삼인을 전수하였다. 황궁씨, 유인씨, 한인씨의 나라가 합 3,301년간 지속된 한국(桓國)인 것이다.

(4) 소련(少連)과 대련(大連)의 효(孝)

서기전 2239년 임인년(壬寅年)에 부루 천왕이 소련과 대련에게 다스림의 도(道)

를 물었다.

소련과 대련은 상(喪)을 잘 치렀는데, 사흘 동안 게을리 하지 않았고, 석 달 동안 느슨하지 않았으며, 1년 동안 슬퍼하였고, 3년 동안 근심에 젖어 있었다. 이때부터 풍속이 5개월 상을 치르던 것을 오래 할수록 영광스럽게 여겼다.[543] 즉 이때부터 부모상을 3년상으로 치른 것이 되는데, 송(宋)나라 때 주자(朱子)에 의하여 부친상 (父親喪)은 만 2년인 3년상을, 모친상(母親喪)은 만 1년의 상(喪)을 모시는 것으로 정리되었다.

소련과 대련의 효를 공자(孔子)도 칭송하였는바, 예기(禮記) 잡기하(雜記下) 편 에서 "소련과 대련은 상을 잘 치렀다(少連大連善居喪)"라고 적고 있으며, 그 주해 (註解)에서는 "사흘 동안 게을리 하지 않았고, 석 달 동안 느슨하지 않았으며, 1년 동안 슬퍼하였고, 3년 동안 근심에 젖어 있었으며, 동이(東夷)의 아들이다(三日不 怠 三月不懈 朞年悲哀 三年憂 東夷之子也)"라고 적고 있는 것이다.

예기(禮記)는 하은주(夏殷周) 3대에 걸쳐 행해지던 예법(禮法)을 정리한 기록인 데, 고대중국의 기록에서, 고대중국이 예(禮)와 도(道)를 잃었을 때 그 예(禮)와 도 (道)를 사이(四夷)에서 구하였다라고 적고 있는 것을 볼 때, 하은주의 예법은 곧 단 군조선의 예법을 본 딴 것이 되는 것이다. 사이(四夷)는 동서남북의 이족을 가리키 는데, 곧 단군조선의 9족 중에서 고대중국의 주위가 되는 동서남북 사방에 위치한 제후국들이 된다.

즉, 동쪽에는 동이(東夷), 남쪽에는 적이(赤夷), 서쪽에는 서이(西夷)인 백이(白 夷), 북쪽에는 북이(北夷)가 되는데, 동이는 단군조선(檀君朝鮮) 본국(本國)과 번한 (番韓) 및 마한(馬韓) 관경에 속하던 산동(山東) 및 회대(淮岱) 지역의 이족(夷族)이 되고, 적이는 남만(南蠻)으로 백이는 서융(西戎)으로 북이는 북적(北狄)으로 불렀 는데, 동이 외는 모두 격하시킨 용어가 된다.[544]

---

543) 전게 한단고기 〈단군세기〉, 64쪽 참조

단군조선은 원래 구족(九族)의 나라로서 당우하은주(唐虞夏殷周)는 단군조선의 구족을 구이(九夷)라고 불렀는데, 춘추전국(春秋戰國) 특히 전국시대에 단군조선 구족(九族) 중에서 동쪽이 되는 진한(眞韓), 마한(馬韓), 번한(番韓)의 삼한(三韓)과 고대중국의 동쪽에 위치한 회대(淮岱) 및 산동(山東) 지역의 단군조선 제후국들을 동이(東夷)라고 불렀던 것이다.

주(周) 나라는 원래 서이(西夷) 출신의 나라인데, 은(殷)나라 시대 서방의 제후국이던 주(周) 나라가 은(殷)나라를 멸하고 중원(中原)을 차지하면서 춘추(春秋) 시대에까지 단군조선을 구이(九夷)의 나라로 부르다가, 전국(戰國) 시대 이후 스스로 중화(中華)라 격상(格上)시키면서, 단군조선 본국(本國)인 삼한(三韓)을 동이(東夷)라고 부르고 그 외 서방, 남방, 북방에 위치한 단군조선의 천자국(天子國)에 해당하는 제후국을 통틀어 각 서융, 남만, 북적이라 비하(卑下)한 명칭을 쓴 것이 된다.

고대중국의 기록에서 동이(東夷)라는 명칭은 서기전 1198년경의 은(殷)나라 백작(伯爵)의 제후국이던 주(周) 나라의 역사기록에서 처음 나타나는데[545], 이는 서기전 403년 이후의 주나라 전국(戰國) 시대에 역사를 재기록할 때, 단군조선의 9족(族)인 구이(九夷)라는 명칭 대신에 단군조선의 삼한관경(三韓管境)으로서 본국(本國)이 되는 축소된 의미의 동이(東夷)라는 명칭을 소급시켜 적은 것이 된다.

대련(大連)은 지금의 백두산이 되는 태백산(太白山)에 세워진 사선각(四仙閣)에 모셔졌던 사선(四仙) 중의 한 분이시다.[546]

태백산 사선각의 사선(四仙)은, 배달나라와 단군조선 시대에 명성이 자자하던 선인으로서 선인(仙人) 중의 선인(仙人)을 가리키는데, 서기전 3500년경의 발귀리(發貴理) 선인과 서기전 2700년경의 자부선인(紫府仙人)과, 서기전 2240년경의

---

544) 시대가 흐르면서 고대중국은 그들의 조상이자 스승이자 임금의 나라이던 구이(九夷), 동이(東夷)를 오랑캐의 나라로 변질시키면서 격하하였다.

545) 죽서기년(竹書紀年) 참조

546) 을파소 전수, 참전계경 총론 참조

대련(大連) 선인과 서기전 2180년경의 을보륵(乙普勒) 선인이다.547)

발귀리 선인은 하도(河圖)와 8괘역(卦易)의 주인공인 태호복희(太皞伏羲)와 동문수학(同門受學)한 분으로서, 서기전 3897년 갑자년에 배달나라를 개천(開天)하신 한웅천왕(桓雄天王)의 원각(圓覺)을 찬양하면서, 일체삼용(一體三用)인 원(圓), 방(方), 각(角)의 무극(無極), 반극(反極), 태극(太極)의 원리를 시(詩)로 읊었다.548)

자부선인은 천하(天下)의 도(道)를 어지럽히며 치우천왕에게 100여회의 전쟁으로 도전하였던 황제헌원(黃帝軒轅)에게 삼황내문경(三皇內門經)의 가르침을 전수(傳授)하여, 황제헌원으로 하여금 도(道)를 깨닫게 함으로써, 황제헌원은 치우천왕에게 진정한 신하로서 굴복하여 오방(五方) 천자(天子)의 하나인 황제(黃帝)로 인정받게 되었던 것이다. 자부선인은 발귀리 선인의 후손이라 전하며, 광성자(廣成子), 광명왕(光明王)으로 불리기도 한다.

대련(大連)은 일명 묘전랑(妙佺郎)이라고도 불리는데549), 형제간인 소련(少連)과 더불어 효도에 밝았으며, 하은주(夏殷周)의 3년상의 전통이 여기서 시작되었다 하여도 과언이 아니다. 원래 고대중국의 요순(堯舜)에서 시작되는 3년상 기록은 진실이 아니며, 후대에 가필한 것이 되는데, 순(舜)임금이 요(堯)임금을 유폐(幽閉)시키고 천자(天子) 자리를 찬탈(簒奪)하였는데 어찌 3년상이 있을 것이며, 하우(夏禹)가 또한 순(舜)임금을 죽였는데 어찌 3년상이 있을 것인가? 고대중국의 초기에 기록된 3년상은 후대 주(周) 나라 춘추전국(春秋戰國) 시대 이후에 중화주의(中華主義) 역사가들에 의하여 미화(美化)된 것임이 분명한 것이다.

을보륵 선인은 삼랑(三郎)의 직책을 수행하였는데, 삼랑은 삼신시종랑(三神侍從郎)의 준말로서 삼신(三神)을 모시고 제사(祭祀)를 지내는 벼슬이다. 을보륵 선인

---

547) 을파소 전수, 참전계경 총론 및 한단고기 〈단군세기〉 64쪽, 66~67쪽 및 〈태백일사/삼한관경본기〉 198쪽 및 〈태백일사/소도경전본훈〉 229~230쪽, 234쪽, 241쪽 참조
548) 원방각경 또는 삼태극경이라 할 수 있다. 별첨 부록 참조.
549) 을파소 전수, 참전계경 총론 참조

은 서기전 2182년에 단군조선 제3대 가륵(嘉勒) 천왕(天王)에게 신왕종전(神王倧佺)의 도(道)를 설파하였으며, 서기전 2181년에는 가림토(加臨土)[550]라 불리는 바른 소리 글자인 정음(正音) 38자를 정리하였다.[551]

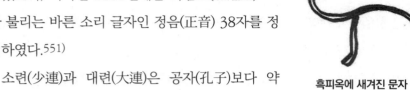

흑피옥에 새겨진 문자 - 오리

소련(少連)과 대련(大連)은 공자(孔子)보다 약 1700년 이전에 사셨던 신선불사예의(神仙不死禮義)[552]의 나라였던 단군조선의 중신(重臣)으로서 당시 효(孝)의 표상(表象)이 되었으며, 그 상례(喪禮) 등의 예법은 고대중국의 상례(喪禮)와 제례(祭禮)의 표본이 되어 지금까지 전승되어 온 것이 된다.

(5) 편발, 푸른 옷, 도량형

2238년 계묘년에 부루 천왕이 조서(詔書)를 내려 백성들로 하여금 머리카락을 땋는 편발(編髮)을 하도록 하고, 푸른 옷(靑衣)을 입도록 하였으며, 곡식의 양을 재는 말(斗)과 저울(衡)과 측량기구를 표준에 맞추게 하였다. 이로써 시장에서의 가격이 다르지 않게 되었고 백성들이 서로 속이지 않아 두루 편하게 되었다.[553]

(6) 정전법, 칠회력

서기전 2231년 경술년 4월에 구정(邱井)을 나누어 전결(田結)로 삼아 백성들로

---

550) 가림토 글자의 시원, 출현 배경, 음가, 활용 등 정확한 역사적 정립이 필요하다.

551) 전게 한단고기 〈단군세기〉, 67~68쪽 및 〈태백일사/소도경전본훈〉, 244쪽 참조

552) 고대중국의 기록들이 단군조선을 신선불사 및 예의의 나라로 기록한 이유는 단군조선 시대의 역사를 앎으로써 자연히 이해가 될 것인 바, 단군조선의 역사를 역사 사실적으로 구체적으로 정립하여 고대중국의 역사와 비교대조하여 알 수 있도록 하는 것이 무엇보다도 중요한 것이 된다.

553) 전게 한단고기 〈단군세기〉, 64~65쪽 참조

하여금 사사로운 이익이 없도록 하였다.554) 땅을 우물(井) 모양으로 나눈 정전법(井田法)을 시행한 것이 된다. 8방(方)의 밭은 각 마을 단위로 공동생산하고, 중앙의 밭은 8방의 마을이 함께 공동 생산한 것으로 추정된다.555)

서기전 2229년 임자년에 신지(神誌) 귀기(貴己)가 칠회력(七回曆)과 구정도(邱井圖)를 만들어 바쳤다.556)

신지는 배달나라와 단군조선 시대에 문서담당 벼슬 명칭으로 신라나 고려시대의 한림(翰林)에 해당한다. 배달나라 초기에 신지 혁덕(赫德)은 상형문자가 되는 녹서(鹿書)를 만들었고, 단군조선 시대인 서기전 2049년에 신지 발리(發理)는 서효사(誓效詞)를 짓기도 하였다.557)

칠회력은 배달나라의 칠회제신력(七回祭神曆)과 같은 것으로서, 일(日), 월(月), 수(水), 화(火) 목(木), 금(金), 토(土)의 칠성(七星)을 기본으로 한 달력이 된다. 칠회력은 기본 7요일(曜日)의 1주일(週日) 달력인 것이며, 다시 28수(宿)의 별자리와 조합하여 1기(期)의 달력(月曆)이 되고, 13기(期) 52주(週) 365일, 366일의 1년 달력이 된다.

구정도(邱井圖)는 밭을 나눈 밭문서로서 구(區), 정(井), 무(畝), 보(步) 등으로 정한 것이 된다. 6척사방(六尺四方)을 보(步)라 하는데, 1보는 6자(尺) 곱하기 6자(尺)로서 넓이 36자(尺)가 되며 둘레로는 24자(尺)가 되고, 1평(坪)에 해당하며, 지금의 단위로는 약 3.3평방미터가 된다. 1무(畝)는 100보(步) 즉 100평(坪)이며, 1정(井)은 900무(畝)가 되고 1구(區)는 16정(井)이 된다.558) 4가(家) 1구(區)이니 동

---

554) 전게 한단고기 〈단군세기〉, 65쪽 참조

555) 정전법에 의한 기본 세율은 1/9가 되는데, 배달나라 시대에 1/20의 세율이 적용되었고, 단군조선 시대에도 서기전 1993년에 1/20로 변경되고, 다시 서기전 1661년에 1/80로 변경되었다고 기록된다.

556) 전게 한단고기 〈단군세기〉, 65쪽 참조

557) 전게 한단고기 〈단군세기〉, 74~75쪽 참조

서남북의 4개의 마을이 16정(井)의 밭을 맡은 것이 되어 1개의 마을이 각 4정(井)의 밭을 경작한 것이 된다.

서기전 2229년 가을 10월에는 마한(馬韓) 불여래(弗如來)가 부루 천왕의 명을 받아 마한 땅의 백성들에게 칠회력(七回曆)을 나누어 주었다.559)

(7) 마한 불여래의 삼일신고비 건립

서기전 2228년 계축년 봄 3월에 마한 불여래가 마한 땅의 수도인 백아강(白阿岡)에 버들나무(柳)를 심고 도정(都亭)을 지었다.560) 도정(都亭)은 수도(首都) 관할 내에 지은 큰 정자를 의미한다.

서기전 2225년 병진년에 마한 불여래가 남산(南山)에 삼일신고(三一神誥)의 비(碑)를 세웠다.561) 여기서 남산은 마한 땅의 수도인 백아강의 남쪽에 있는 산을 가리킨다. 백아강은 지금의 평양(平壤) 대동강이다.

삼일신고는 천부경(天符經)과 참전계경(參佺戒經)과 더불어 한국(桓國) 시대에 이미 정립되었던 천부(天符)의 가르침인 천웅도(天雄道)의 종교(宗敎) 경전이다. 천웅도는 한국(桓國)에서 배달나라에 전수된 신선도(神仙道)로서, 한웅천왕이 한국에서 가져와 수립한 심신수련(心身修練)의 도(道)가 된다.

(8) 재차 반역한 순(舜)을 제거하다

서기전 2343년생으로서 20세이던 서기전 2324년에 환부(鰥夫)의 직을 수행하

---

558) 1정(町)은 10단(段)이고, 1단(段)은 300평(坪)이므로 1정(町)은 3,000평이 된다. 3무(畝)가 1단(段)이 되고 30무가 1정(町)이 된다. 따라서 1정(町)과 1정(井)은 30배 차이가 나는 것이 된다.

559) 전게 한단고기 〈태백일사/삼한관경본기〉, 205쪽 참조

560) 전게 한단고기 〈태백일사/삼한관경본기〉, 205쪽 참조

561) 전게 한단고기 〈태백일사/삼한관경본기〉, 205쪽 참조

며, 단군조선의 사자(使者)였던 아버지 유호씨(有戶氏)를 따라 반역자였던 요(堯)를 토벌하러 갔다가, 야망 때문에 불효(不孝)와 불충(不忠)을 저질렀던 순(舜)은, 서기전 2294년에 당(唐)나라 천자(天子) 요임금의 섭정(攝政)이 되었고, 서기전 2284년에 요임금을 유폐(幽閉)시키고 천자 자리를 찬탈(簒奪)하였다.

환부(鰥夫)는 세상의 일을 근심하여 잠을 자지 않고 보살피는 직책으로서, 배달나라 시대에 무여율법(無餘律法) 4조를 조절(調節)하던 직책이다.

서기전 2288년에 발생한 요순시대의 9년 대홍수를 당하여, 곤(鯤)이 치수를 맡았다가 성공하지 못하여 서기전 2280년에 순(舜) 임금이 곤을 우산(羽山)에서 처형하고, 곤의 아들 우(禹)에게 치수를 맡겼고, 서기전 2267년에 사공(司空) 우(禹)의 간청으로 단군조선에 치수를 요청하여 이에 우(禹)가 단군조선의 사자(使者)였던 진한(眞韓) 태자 부루에게서 도산회의(塗山會議)에서 치수법을 전수받아 치수에 성공하게 되었던 것이다.

서기전 2267년부터 서기전 2247년까지 20년간 단군조선의 진정한 천자(天子)로서 충성을 다하던 순(舜)이 반역하여, 단군조선의 제후국이던 남국(藍國)의 인근에 다시 유주(幽州)와 영주(營州)를 함부로 설치하였던 것이고, 이에 따라 서기전 2240년에 제2대 천왕(天王)이 된 태자 부루(太子扶婁)는 즉위하자마자 순(舜)이 임의로 설치한 유주와 영주를 정벌하여 폐하고 단군조선 영역에 편입시키고서 순(舜)을 제거하도록 명을 내렸던 것이다.

이에 따라 단군조선의 사자(使者)로서 중원(中原) 땅을 감시(監視)하던 유호씨(有戶氏)가, 부루 천왕의 명을 받아 친자식이지만 반역(反逆)의 길을 가던 순(舜)을 제거하도록 작은아들 유상(有象)과, 치수(治水)에 공을 세워 백성들의 신망을 얻고 단군조선의 후원을 얻고 있던 우(禹)에게 순(舜)을 협공(協攻)하도록 하였던 것이며, 이에 순(舜)은 남쪽의 창오(蒼梧)의 들로 피하던 중, 우(禹)의 군사들에게 죽임을 당하였던 것이고, 이때 순(舜)의 두 아내도 강물에 투신 자결하였던 것이다. 이로써 우(禹)는 아버지 곤(鯤)의 죽음에 대한 복수를 하였다라고 기록되기도 한다.

중원(中原) 땅에서 황제헌원(黃帝軒轅), 요(堯), 순(舜)의 3차례에 걸친 반역(反逆)과 굴복(屈服)의 역사는 지나가고, 서기전 2224년 순(舜)이 제거 된 이후에 중원 땅은 또다시 반역(反逆)이 시도되어 소위 중국역사상 첫 왕조(王朝)가 되는 하(夏)라는 나라의 역사가 시작되는 것이다.

(9) 우(禹)의 반역(反逆)과 유호씨(有戶氏)의 유시(諭示)

단군조선의 사자(使者) 유호씨(有戶氏)의 명을 받아 천자(天子) 순(舜)을 죽인 우(禹)는, 명령을 수행한 결과에 대하여 유호씨의 명(命)을 받아 공(功)을 정리하지 아니하고서 군사들만 위로하고 돌아가므로, 유호씨가 물러나 우(禹)의 소행을 관찰하니, 이에 우(禹)는 도읍을 옮기고 무리를 모아 방패(干)와 창(戈)을 보수하여 유호씨에게 항거하고 자칭 하왕(夏王)이라 하며 반역(反逆)을 도모하였던 것이다.

결국 서기전 2224년 우(禹)가 단군조선을 배반하고 도산(塗山)에 단(壇)을 설치하여 서남(西南) 제족(諸族)을 쳐서 제후(諸侯)라 하여 도산에 모으고 조공을 받았다. 이러한 행위는 서기전 2357년에 배달나라의 질서를 반역하여 당(唐)을 세운 요(堯)의 전철(前轍)을 그대로 밟은 것이었다.

도산(塗山)은 요순(堯舜)의 9년 대홍수를 위한 치수문제(治水問題)로 단군조선의 태자 부루가 회의(會議)를 주관(主管)하여 우(禹)에게 치수법(治水法)을 전수(傳授)하여 준 곳이다. 여기를 우(禹)가 하(夏)나라의 첫 수도(首都)로 정한 것이다.

우(禹)가 단군조선을 반역하여 마음대로 제후(諸侯)를 봉하고 조공(朝貢)을 받는 것은 단군조선의 제도(制度)를 본 받은 것이나 폭돌(暴突)한 것이었다. 그리하여 천하(天下)가 시끄러워졌으며, 단군조선 직할영역으로 도망하여 오는 자가 많았다. 이에 우(禹)는 물길과 육지의 길을 차단하여 내왕하지 못하게 하였다.[562]

단군조선의 사자(使者) 유호씨는 묘예(苗裔)를 수습하고, 소부(巢夫)와 허유(許

---

562) 전게 부도지, 64쪽 참조

由)가 사는 곳과 통하면서, 서남(西南) 제족(諸族)과 연락하여 세력을 모으니 읍(邑)을 이루었다.

곧 유호씨는 권사(權士)를 선발하여 참칭(僭稱) 하왕(夏王) 우(禹)에게 보내어, 제왕참칭(帝王僭稱), 오행망설(五行妄說), 역제반란(曆制反亂) 등 요(堯)의 세 가지 죄(罪)를 들어 유시(諭示)하였다.563)

(가) 제왕(帝王) 참칭(僭稱)의 죄(罪)

요(堯)의 첫 번째 죄는 제왕을 참칭한 죄이다. 유호씨가 유시한 내용은 아래와 같다.

"요(堯)는 천수(天數)를 잘못 알았다. 땅을 나누어 함부로 천지(天地)를 제 멋대로 하고, 기회를 틈타 독단(獨壇)을 차려, 사람을 몰아내고서 사사로이 개나 양을 기르고, 자칭 제왕(帝王)이라 하며 혼자서 처리하니, 이에 인간세상은 침묵하여 흙과 돌과 풀과 나무처럼 말이 없고, 하늘의 도리는 거꾸로 거슬러 허망(虛妄)에 빠져버렸다.

이는 거짓으로 하늘의 권세(權勢)를 도둑질하여 사욕(私慾)의 횡포를 자행한 것이다. 제왕(帝王)이 만약 천권(天權)을 대행(代行)하는 것이라면, 역시 능히 일월(日月)을 개폐(開閉)할 수 있어야 하며, 만물(萬物)을 조작(造作)할 수 있어야 하는 것이다.

제왕(帝王)이란 수(數)의 요체(要諦)이며 사람이 거짓으로 칭하는 것이 아니다. 거짓으로 칭하면, 한낱 사기와 허망의 사악한 꾸민 놀이일 뿐이다. 사람의 일이란, 이치를 증명하는 것이며, 인간세상의 일은 그 이치를 증거하는 사람의 일을 밝히는 것이니, 이 외에 또 무엇이 있겠는가!

---

563) 전게 부도지, 64~70쪽 참조

그러므로, 부도(符都)의 법(法)은 천수(天數)의 이치를 명확히 증명하여, 사람으로 하여금 그 본래의 업무를 수행하게 하고, 그 본래의 복(福)을 받게 할 따름이다. 그리하여 말하는 자와 듣는 자는 비록 먼저와 뒤 즉 선후(先後)가 있으나 높고 낮음이 없으며, 주는 자와 받는 자는 비록 친숙함과 생소함이 있을지나 끌어 들이거나 몰아내고 하는 것은 있을 수 없는 것이다.

이러한 까닭으로 사해(四海)가 평등(平等)하며 제족(諸族)이 자행(自行)하는 것이다. 오직 오미(五味)의 죄책을 보속(補贖)하는 것과 마고대성(麻姑大城)의 업(業)을 회복하는 것은 언제나 한 사람의 희생(犧牲)으로 주관(主管)하는 것이며, 여러 사람이 할 수 있는 것이 아니므로, 이 일은 예로부터 인간세상의 일과 섞이지 아니하였으니, 황궁씨(黃穹氏)와 유인씨(有因氏)의 역사가 바로 이것이다."564)

(나) 오행망설(五行妄說)의 죄(罪)

요(堯)의 두 번째 죄는 오행을 망령되이 설한 죄이다. 유호씨가 유시한 내용은 아래와 같다.

"또, 그 소위 오행(五行)이라는 것은, 천수(天數)의 이치에 아직 그러한 법이 없다. 방위의 5중(中)이라는 것은 교차의 뜻이며, 변행(變行)을 말하는 것이 아니다. 변하는 것은 1부터 9까지이므로, 5라는 것은 언제나 중앙에만 있는 것이 아니며, 9가 윤회(輪回)하여 율려(律呂)가 서로 조화(調和)된 연후에 만물이 생겨나는 것이다. 이는 기수(基數)를 말하는 것이며, 그 5와 7의 크게 이루는 고리(環)에 이르면, 그 자리가 5에 한정되는 것이 아니며 또한 4와 7이 있는 것이다.

또, 그 순행 및 역행과 생성과 소멸의 윤멱(輪冪)은 4이지 5가 아니다. 즉 원래의 수인 9는 변하지 않기 때문이다. 또, 윤멱이 한번 끝나는 간격은 2와 8 사이의 7이며 5

---

564) 전계 부도지, 64~65쪽 참조

가 아니다. 또, 그 수(數)의 성질에 짝지은 물질로서 금(金), 목(木), 수(水), 화(火), 토(土)라는 5가지 중에 금(金)과 토(土)를 어찌 따로 구별하는가? 그 작은 차이로 구별한다면, 기(氣), 풍(風), 초(草), 석(石) 따위는 어찌 같이 거론하지 않는가? 그러므로 모두 들자면 무수히 많은 것이며, 엄격히 들자면 금(金), 목(木), 수(水), 화(火), 또는 토(土), 목(木), 수(水), 화(火)의 4이며, 결코 5가 아닌 것이다.

더욱이 그 물성(物性)을 어떤 연유로 수성(數性)에 짝지우는가? 수성(數性)의 물질은 그 근원이 9이며 5가 아니다. 그러므로 오행(五行)의 설(說)은 참으로 황당무계(荒唐無稽)한 말인 것이며, 이로써, 이치를 증명하는 인간세상을 무혹(誣惑)하여, 하늘의 화(禍)를 만드니 어찌 두렵지 않은가!"565)

(다) 역제반란(曆制反亂)의 죄(罪)

요(堯)의 세 번째 죄는 역법을 폐하고 마음대로 정한 죄이다. 유호씨가 유시한 내용은 아래와 같다.

"또 그 역제(曆制)는 천수(天數)의 근본을 살피지 아니하고, 거북이나 명협(蓂莢)의 미물(微物)에서 근본을 취하였으니, 요(堯)는 또 무슨 속셈인 것인가! 천지 만물이 모두 수(數)에서 나와 각 수(數)의 상징함이 있는데, 하필이면 거북과 명협뿐이겠는가! 그러므로 물(物)과 일(事)에 각 그 역(曆)이 있으니, 역(曆)이라는 것은 역사(歷史)이다. 그러므로 요(堯)의 역제는 곧 거북과 명협의 역이며 인간세계의 역이 아니니, 인간세계에 합치(合致)하지 아니하는 것은 진실로 당연한 것이다. 이런 까닭으로 삼정(三正)을 번복(飜覆)하여 구차하게 맞추려고 하나 되지 아니하여 마침내 천화(天禍)에 이르게 되었다.

역(曆)이란 인생증리(人生證理)의 기본인 까닭으로 그 수(數)는 스스로 가지고

---

565) 전계 부도지, 66~67쪽 참조

있지 아니한 것이 없다. 이러하므로, 역(曆)이 바르면 하늘의 이치와 사람의 일(事)이 증명(證明)되고 합치(合致)하여 복(福)이 되고, 역(曆)이 바르지 아니하면 천수(天數)에 어긋남이 있어 화(禍)가 되니, 이는 복(福)은 이치가 존재하는 데 있고, 이치는 바른 증명에 있는 까닭이다. 그러므로 역(曆)의 바름과 바르지 아니함은 인생화복(人生禍福)의 실마리이니, 가히 삼가지 아니할 것인가! 옛 시대 오미(五味)의 재앙이 한 사람의 미혹됨에서 나와 만대의 살아있는 혼령들에게 미치고 있는데, 이제 또 역(曆)의 재앙이 장차 천세(千世)의 진리(眞理)에 미치고자 하니 두렵도다!

천도(天道)가 돌고 돌아 저절로 끝(終)과 처음(始)이 있고, 종시(終始)가 또 돌아 4단(段)씩 겹쳐 나아가 다시 종시(終始)가 있다. 1 종시의 사이를 소력(小曆)이라 하고, 종시의 종시는 중력(中曆)이라 하고, 네 번 겹친 종시를 대력(大曆)이라 한다. 소력의 1회(回)를 사(祀)라 하고 사에는 13기(期)가 있으며, 1기(期)에는 28일(日)이 있고 다시 나누어 4요(曜)가 된다. 1요(曜)에는 7일(日)이 있으며, 요(曜)의 끝(終)을 복(服)이라 하는 까닭으로, 1사(祀)에는 52요복(曜服)이 있으니, 364일(日)이다. 이는 1, 4, 7의 성수(性數)이다.

매번 사(祀)의 처음에 대사(大祀)의 단(旦)이 있는데, 이 단(旦)이라는 것은 1일(日)과 같은 까닭으로 합하여 365일이 되며, 3사(祀)의 반(半)에 대삭(大朔)의 판(昄)이 있는데, 이 판(昄)이라는 것은 사(祀)의 절반이다. 이는 2, 5, 8의 법수(法數)이다.

판(昄)의 긴 것이 1일(日)과 같은 까닭으로 제 4의 사(祀)는 366일이 된다. 10사(祀)의 반(半)에 대회(大晦)의 구(咎)가 있고, 구(咎)라는 것은 시간(時間)의 뿌리이다. 300구(咎)가 1묘(眇)가 되는데, 묘(眇)라는 것은 구(咎)가 눈에 느껴지는 것이다. 이와 같이, 9633의 묘(眇), 각(刻), 분(分), 시(時)를 지나 1일이 되니, 이는 3, 6 ,9의 체수이다. 이와 같이, 끝(終)나고 시작(始)하여 다시 중력(中曆)과 대력(大曆)에 미치어 이수(理數)가 이루어진다.

대저 이러한 요(堯)의 세 가지 잘못은 허위(虛僞)의 욕심에서 나온 것이니, 어찌 가히 부도(符都)의 실위(實僞)의 도(道)에 비할 수 있겠는가!"[566]

(라) 우(禹)와 계(啓)의 몽매함과 하왕조(夏王朝) 시작 및 유호씨의 전교(傳敎)의 역사

유호씨(有戶氏)는 이와 같이 반역자 우(禹)에게 단단히 타이르며, 모든 법(法)을 폐지하고 부도(符都)로 돌아올 것을 권하였으나, 우(禹)가 완강하게 듣지 아니하고, 도리어 위협이며 모욕이라 하고 무리를 이끌고 유호씨를 공격하였다가, 수차례 이기지 못하고 결국 서기전 2199년 모산(茅山)의 진중(陣中)에서 죽었다.

이에, 하(夏)나라 무리들이 분함을 참지 못하고 죽고자 하는 수만이었다. 이들은 모두 우(禹)가 치수할 때의 무리였다. 우(禹)의 아들 계(啓)가 서기전 2198년에 왕이 된 후 이들 대군(大軍)을 이끌고 유호씨의 읍(邑)을 진격하니, 유호씨의 군사는 불과 수천이었다. 그러나 하나라 군사는 전쟁마다 반드시 패하니 한번도 승리를 하지 못하였으니, 계가 드디어 두려워 하여 퇴진하고 다시는 군사를 일으키지 아니하니, 그 무리들이 격앙되었다. 이에 서기전 2195년경 유호씨는 하나라 무리들이 눈이 멀어 조속히 고쳐지기는 불가능함을 보고서, 장차 서남(西南)의 제족(諸族)들을 가르치고자 그 무리를 이끌고 가니 그 읍(邑)이 자연히 없어졌다.[567]

이상으로, 유호씨는 반역자 우(禹)에게, 서기전 2357년경 당요(唐堯)가 저질렀던 3가지 잘못을 일러주며, 요의 전철을 밟지 말고 반역을 포기함으로써, 단군조선의 가르침을 받기를 권유하였으나, 이에 대하여 우(禹)는 거부하고 항거함으로써 단군조선의 역사상 반역자로 낙인 찍혔던 것이다. 우의 아들 계(啓)도 또한 우의 잘못을 알지 못하고 욕심에 눈이 멀어 항거함으로써, 단군조선으로부터 내버려진 참칭왕국(僭稱王國)으로서 고대중국[568]의 역사상 최초의 왕조(王朝)가 시작되게 된

---

566) 전게 부도지, 67~70쪽 참조
567) 전게 부도지, 71~72쪽 참조
568) 우리 역사의 가지에 해당하는 중국의 상고대사에 관한 정확하고도 상세한 역사 정립이 필요하

것이다.

그러나, 하(夏)나라 후대의 왕들 중 단군조선에 호의적인 왕들도 있어 묵시적인 천자국(天子國)으로 존속하였던 것이며, 하나라가 도(道)를 잃을 때면 하나라 주변에 있던 소위 구이(九夷)로 기록되는 단군조선의 제후국들이 하(夏)나라를 지속적으로 감시하고, 하나라의 정사(政事)에도 직접 깊숙이 간섭하여 통제하는 등 내정간섭을 계속하였던 것이 된다.

서기전 1813년경 하나라 말기에 걸왕(桀王)이 군사를 일으킨 은탕(殷湯)을 토벌하기 위하여 단군조선에 군사적 구원을 요청하여 구원을 받기도 하였으나, 서기전 1767년 결국 하나라가 조약을 위반함으로써 단군조선의 후원을 얻은 은탕의 군사가 하나라를 멸하여 소위 동이족의 은왕조(殷王朝)가 성립되었던 것이다.

유호씨가 하(夏)나라를 내놓은 자식처럼 포기하고서, 가르침을 펴러갔던 서남(西南) 지역은 마고대성(麻姑大城)이 있었던 파미르고원에서 볼 때 서쪽의 소위 수메르지역과 남쪽의 인도지역[569]이 된다. 서방지역을 달이 지는 땅이라 하여 월식주(月息洲)라 하고, 남방지역을 별이 생기는 성생주(星生洲)라 한다.

유호씨가 이들 월식성생(月息星生)의 땅에 찾아가니, 백소씨(白巢氏)와 흑소씨(黑巢氏)가 살던 곳으로서, 그들의 후예가 오히려 소(巢)를 만드는 풍속을 잃어버리지 아니하고 고탑과 층대를 많이 지었다라고 기록되고 있다.[570] 소(巢)는 글자 모양대로 높은 탑 모양의 망루(望樓)를 가리킨다.

서기전 2190년경 유호씨가 방문하였을 때 수메르지역과 인도지역에서 고탑과 층대를 많이 지었으나, 그 유래를 알지 못하고 도(道)가 와전되어 이도(異道)가 되고, 서로 시기하고 의심하며 싸우고 정벌하는 등 천부(天符)의 본음(本音)을 잊어버

다.

569) 인도는 마고시대 말기부터 우리 역사와 직접 관련되어 있으며, 특히 단군조선 시대에 출현한 인도아리안족의 역사를 가지는 바, 우리 한국의 역사와 관련한 상고대사 정립이 필요하다.
570) 전계 부도지, 73쪽 참조

렸던 것이다. 즉 마고(麻姑) 시대의 낙원의 역사는 거의가 기괴하게 되어 허망하게도 형적이 아주 없어진 것이었다. 다행히도 유호씨는 송구스럽게 맞이하는 전고자(典古者)의 영접을 받으면서, 마고(麻姑)의 도(道)와 천부(天符)의 본래(本來)의 이치(理致)를 일러주어 전(傳)하게 하였다.571)

유호씨의 후손은 단군조선에서 교부(教部)의 직을 맡았다.572) 교부는 교육담당으로서 사도(司徒)에 해당하는데, 단군조선의 오가(五加) 중 양가(羊加)가 선악(善惡)을 담당하였는바, 이 양가의 직속기관이 된다.

(10) 부루 천왕과 부루단지(扶婁壇地), 업주가리(業主嘉利)

서기전 2183년 무술년(戊戌年)에 부루 천왕께서 승하(昇遐)하시니 이날에 일식(日蝕)이 있었다. 이때 산짐승들도 무리를 지어 미친 듯이 산에서 소리를 질렀고, 백성들은 심하게 통곡을 하였다.573)

뒤에 부루 천왕의 덕(德)을 기리어 백성들이 집안에 땅을 골라 제단(祭壇)을 설치하고 질그릇에 쌀과 곡식을 가득 담아 단(壇) 위에 올려 놓게 되었는데, 이것을 부루단지(扶婁壇地)라 부르고 업신(業神)으로 삼았으며, 또 전계(佺戒)라 부르며 완전한 사람으로 계율(戒律)을 받는다 하여 업주가리(業主嘉利)로 삼았는바, 이는 사람과 업(業)이 함께 완전(完全)하다는 뜻을 가진다.574)

일식(日蝕)은 해(日)가 달(月)에 가리어 보이지 않게 되는 천문(天文) 현상인데, 부루 천왕께서 돌아가신 때에 맞추어 천체(天體)의 기운(氣運)에 큰 변동이 생겼던 것이며, 이때 산짐승들이 미친 듯이 소리를 질렀다는 것은 동물들도 그 기(氣)의 변동에 반응하였던 사실을 나타낸 것이 된다.

---

571) 전게 부도지, 73쪽 참조
572) 전게 부도지, 74쪽 참조
573) 전게 한단고기 〈단군세기〉, 65쪽 참조
574) 전게 한단고기 〈단군세기〉, 65쪽 참조

부루 천왕은 단군왕검 천제(天帝)의 태자(太子)로서 도산회의(塗山會議)가 열린 서기전 2267년에 섭정(攝政) 진한(眞韓)이었으며, 이때 70여세가 훨씬 넘었던 것이 되는데, 서기전 2183년에 돌아가시니 약 158세를 사신 것으로 추정된다[575].

부루 천왕의 아우인 부소(扶蘇)는 후대 고구려(高句麗)의 전신인 구려(句麗)에, 부우(扶虞)는 진한(眞韓)과 번한(番韓) 사이의 진번(眞番)에, 부여(扶餘)는 부여(扶餘)에 봉해졌다.

구려국(句麗國)은 단군조선의 영역으로 볼 때는 동서(東西)의 중앙에 해당하는 땅으로서 중국(中國)의 의미이며, 지금의 대동부(大同府)를 포함하여 태원(太原)의 북쪽이 되는 태항산(太行山) 서쪽 지역에서 동쪽으로 지금의 요하(遼河) 중상류에 걸치는 지역이 된다.

진번국(眞番國)은 구려국의 동쪽이자 번한(番韓)의 동쪽 및 북쪽 지역이며 부여의 서남지역으로서 지금의 요하(遼河)의 중하류 서쪽 지역이 된다. 번한(番韓)의 직할영역은 북경 동쪽을 흐르는 지금의 영정하(永定河) 중하류에서 대릉하에 걸치는 지역이 된다. 이 진번국이 서기전 82년에 한(漢) 나라가 낙랑군(樂浪郡)에 붙였다는 소위 한사군(漢四郡)에 언급되는 진번(眞番)으로서, 한무제(漢武帝)가 사망한 후 서기전 82년 고두막(高豆莫) 단군 천왕의 북부여(北扶餘)에 전격 편입된 것으로 된다.

진번국의 남쪽이 되는 발해만 유역에 임둔국(臨屯國)이라는 소국(小國)의 제후국(諸侯國)이 있었던 것이 되는데, 이 임둔도 진번과 함께 서기전 82년에 북부여 땅으로 된 것이다.

그리하여 서기전 42년에 소서노(召西弩)가 비류(沸流)와 온조(溫祚)를 데리고 졸본(卒本)에서 이 진번(眞番) 땅으로 이동해 와 지금의 요동반도를 중심으로 하여

---

575) 규원사화에서는 부루단군이 34년 재위하여 146세를 사셨다고 적고 있으나, 실제로는 58년 간 재위하였으므로 약 170세(서기전 2352~서기전 2183)를 사신 것이 아닐까 한다.

어하라국(於瑕羅國)을 세우니 반천리(半千里) 즉 500리(里)의 땅을 차지하였던 것이 된다.576) 후에 비류가 이어 다스리다가 온조의 십제(十濟)에 귀부(歸附)하였던 것이 되며, 이곳은 요서군(遼西郡), 진평군(晋平郡) 등의 백제군(百濟郡)을 개척하게 하였던 발판이 되었던 곳이기도 하다.

부여국(扶餘國)은 단군조선의 장당경(藏唐京)인 심양(審陽), 백악산아사달(白岳山阿斯達)인 상춘(常春)을 포함하는 지역으로서, 지금의 요하(遼夏) 중류의 동쪽 지역으로 송화강에 걸치는 지역이 된다.

후대에 해모수(解慕漱)는 구려국(句麗國) 출신으로서 상춘(常春)을 수도로 삼아 북부여(北扶餘) 땅을 다스려 북부여 시조가 된 것이다. 서기전 1285년부터 단군조선의 수도가 상춘이었으므로 또한 조선(朝鮮)의 대칭(代稱)으로서 부여(扶餘)라 하기도 하며, 서기전 425년에는 장당경(藏唐京)인 심양(審陽)을 수도로 삼아 국호를 대부여(大扶餘)라 하기도 하였다.

단지(壇地)는 원래 부루 천왕의 덕(德)을 기리는 제단(祭壇)에 설치하였던 곡식을 담은 질그릇(土器)에서 기원한 것이 되며, 후대에 일반적으로 독이나 항아리 등의 토기(土器)를 단지라 부르는 것이 된다.

전계(佺戒)는 참전계경(參佺戒經)의 계율을 가리키는데, 완전한 사람이 되기 위해 닦는 계율이다. 서기전 3897년경 한웅천황이 웅족(熊族)과 호족(虎族)에게 주었던 가르침이 바로 "완전한 인간(佺)"이 되게 하는 참전계경의 계율인 것이다. 참전계경은 모두 366조목으로 되어 있어 1년 366일을 상징하며, 삼국유사에서는 360여사(餘事)라 적고 있다.

참전계경의 계율은 모두 8가지로서 성(誠), 신(信), 애(愛), 제(濟), 화(禍), 복(福), 보(報), 응(應)인데, 종교적(宗敎的), 철학적(哲學的), 윤리적(倫理的) 가르침을 담고 있다. 인간세상을 도리로서 교화하고 널리 인간세상을 이롭게 한다는 재세이화

---

576) 전게 한단고기 〈태백일사/고구려국본기〉, 290~291쪽 참조

(在世理化), 홍익인간(弘益人間) 사상을 실천하는 계율(戒律)을 담고 있어, 일반적으로 인간세상을 다스리는 가르침이라 하여 치화경(治化經)이라고도 한다.

참전계경의 원천(源泉)이 되는 삼일신고(三一神誥)는 종교적, 철학적 가르침을 담고 있어 교화경(敎化經)이라 하며, 삼일신고의 원천이 되는 천부경(天符經)은 천지만물의 창조진화(創造進化) 즉 역(易)의 원리에 대한 가르침을 담고 있어 조화경(造化經)이라 한다.

업주가리(業主嘉利)의 업주(業主)는 업(業)을 주관(主管)하는 신(神)으로서 업신(業神)이며, 가리(嘉利)는 길(吉)함이 더하고 이로운 것을 의미한다.

치우천왕(治尤天王)은 배달나라 14대 한웅(桓雄)으로서 하늘로 승천하여 균화천(鈞和天)에 계시며 이를 대가리(大嘉利)라 하는데, 살아생전에 천하(天下)를 다시 평정(平定)하여 평화(平和) 시대를 열었던 바, 대가리는 크게 길(吉)함이 더하고 이로운 데라는 의미이다. 그리하여 업주가리(業主嘉利)는 돌아가신 부루 천왕이 업신(業神)으로서 그 덕(德)으로써 크게 길하고 이로움을 주신다는 뜻이 된다.

부루 천왕은 태자(太子) 시절에 천제자(天帝子)로서 천사(天使)가 되어 우(虞)나라 사공(司空) 우(禹)에게 오행치수법(五行治水法)을 전수(傳授)하여 우(禹)의 스승(師)이기도 하였다.

서기전 2240년에는 단군조선 제2대 천왕이 됨으로써 상국(上國)의 임금 즉 상제(上帝)였으나, 서기전 2224년에 우(禹)가 단군조선의 명령이나 윤허없이 하왕(夏王)을 참칭함으로써 역천(逆天)의 길을 걸었는바, 소위 군사부(君師父)의 나라였던 배달조선을 배신하는 역사가 참칭(僭稱) 하왕(夏王) 우(禹)로부터 왕조(王朝) 시대가 시작됨으로써 한배달조선(桓倍達朝鮮)의 홍익인간(弘益人間) 역사의 틀에서 본격적으로 이탈하게 된 것이 된다.

시호는 원제(元帝)이다.

3. 제3대 가륵(嘉勒:仁帝) 천왕(天王)의 역사

(1) 삼랑(三郎) 을보륵(乙普勒)의 신왕종전(神王倧佺)의 도(道)

서기전 2182년 기해년(己亥年)에 단군조선 제3대 가륵 천왕이 즉위하였으며, 삼랑 을보륵에게 신왕종전의 도를 물으시니, 이에 을보륵은 엄지손가락을 교차시키되 오른손을 올려놓아 삼육대례(三六大禮)를 행한 후, 나아가 말씀을 올렸다.577)

왼손 위에 오른손을 올려놓으며 엄지손가락을 교차시키면 태극(太極) 모양이 이루어지는데, 오른손이 위이므로 양(陽)의 기운을 나타낸 것이며, 이는 마치 양기(陽氣)의 원천인 태양(太陽)이 왼쪽(동쪽)에서 오른쪽(서쪽)으로 움직이는 모습을 나타낸 것이 된다. 이는 지구 위에 있는 사람의 눈을 기준으로 보는 태양의 움직이는 모습으로서 상대적인 현상이 된다. 즉 실제로는 태양을 기준으로 하여 지구가 오른쪽(西)에서 왼쪽(東)으로 자전(自轉)하며 시계바늘이 움직이는 방향의 반대방향으로 공전하는 모습이 된다.

삼랑(三郎)은 삼신시종랑(三神侍從郎)의 준말로서 삼신(三神)을 모시고 제사(祭祀)하는 벼슬 명칭이다. 을보륵은 선인(仙人)으로서 가륵 천왕 때 삼랑의 벼슬에 있었던 것이다. 또한 을보륵은 태백산(太白山:백두산)의 사선각(四仙閣)에 모셔진 사선(四仙)의 한분이시기도 하다. 사선은 배달나라 시대의 발귀리(發貴理), 자부선인(紫府仙人), 대련(大連), 을보륵(乙普勒)이다.

삼육대례(三六大禮)는 삼육구배(三六九拜)라고도 하는데, 첫 번째 절에서 세 번 머리를 조아리고 두 번째 절에서 여섯 번 머리를 조아리고 세 번째 절에서 아홉 번 머리를 조아리며 절하는 예법이다.578)

삼랑 을로륵 선인이 가륵 천왕께 말씀을 올린 신왕종전(神王倧佺)의 도(道)는 아

---

577) 전계 한단고기 〈단군세기〉, 66쪽 참조
578) 전계 한단고기 〈단군세기〉, 115쪽 참조

래와 같다.

"신(神)은 능히 만물을 끌어내어 각 그 성품을 완전하게 하시매 신(神)의 현묘한 뜻에 백성들이 모두 의지하여 모시는 것입니다. 왕(王)은 능히 덕(德)과 의(義)로써 세상을 다스리고 각 그 목숨을 안전하게 하시매 왕이 펴는 바를 백성들이 모두 받들어 따르는 것입니다. 종(倧)은 나라에서 뽑는 것이고, 전(佺)은 백성들이 추천하는 것이며, 모두 7일을 주기로 하여 삼신께 나아가 맹세를 하고, 삼홀(三忽)을 전(佺)으로 삼고 구한을 종(倧)으로 삼습니다. 대개 도(道)가 이러한 것입니다.

아버지(父)가 되고자 하면 아버지다워야 하고, 임금(君)이 되고자 하면 임금다워야 하며, 스승(師)이 되고자 하면 스승다워야 합니다. 아들이 되고 신하가 되고 제자가 되고자 하면 역시 아들다워야 하고 신하다워야 하며 제자다워야 하는 것입니다. 그러므로 신시(神市) 개천(開天)의 도(道)는 역시 신(神)으로써 가르침을 베풀되, 나를 알고 홀로됨을 구하고 나를 비우고 만물을 존재하게 하여 능히 인간세상에 복(福)이 되었을 따름이며, 스스로 천신(天神)을 대신하여 천하에 왕(王)이 되고, 도를 넓히고 무리에게 이익 되게 하였던 것입니다.

한 사람이라도 본성을 잃지 않게 하고 만왕(萬王)을 대신하여 인간을 다스리며 질병을 없애고 원한을 풀며, 한 가지 물건이라도 목숨을 해하지 않고 나라 사람들로 하여금 망령됨을 고치면 참(眞)임을 알게 하여, 삼칠일로 하여 모여서 모든 사람이 계율을 지키니 이로부터 중앙 조정에는 종훈(倧訓)이 있고 재야에는 전계(佺戒)가 있었던 것이며, 우주정기(宇宙精氣)가 해의 땅에 아름답게 울리고 삼광오정(三光五精)이 사람의 머릿골 바다에 뭉쳐 모여, 현묘함을 저절로 얻고 광명(光明)이 함께 도우니, 이것이 거발한(居發桓)이며, 구한(九桓)에 베푸니 구한(九桓)의 백성들이 모두 이끌려 하나로 돌아와 교화되었던 것입니다." [579]

---

579) 전게 한단고기 〈단군세기〉, 66~67쪽 참조

홍익인간 7만년 역사
제1권

신(神)은 만물을 주관하고, 왕(王)은 백성을 돌보며, 종(倧)은 나라에서 뽑는 스승이고, 전(佺)은 백성들이 올려 받드는 스승이다. 세 고을(忽)을 한 단위로 하여 전(佺)을 뽑고, 구한(九桓)의 각 나라에서는 종(倧)을 뽑는다. 즉 종(倧)은 중앙 조정(朝廷)의 스승이고, 전(佺)은 지방 백성의 스승이 된다. 선(仙)은 산중(山中)에서 도(道)를 닦는 사람으로서 종(倧)과 전(佺)이 되기도 한다.

신(神)은 만물의 생장소병몰(生長消病歿)을 주관하며 만물의 본성을 온전하게 하니 천하의 사람들이 의지하고 받들어 모시는 것이며, 왕은 백성들의 목숨(命)을 안전하게 지키니 백성들이 받들어 모시고 복종하는 것이다. 스승은 무리들을 가르치니 무리들이 따르는 것이다.

아버지(父)는 자식을 낳는 신(神)의 역할을 하며, 임금(君)은 백성을 다스리는 천하의 왕(王)이며, 종(倧)과 전(佺)은 스승(師)의 역할을 하는 것이다.

신시개천(神市開天)을 하신 한웅천왕(桓雄天王)께서는 신왕종전(神王倧佺) 즉 신왕사(神王師)로서 군사부(君師父)의 역할을 다 하셨으니, 신(神)을 대신하여 만물을 베풀고 세상을 다스리는 왕(王)이 되어 또한 스승(師)으로서 무리들에게 가르침을 주어 이롭게 하였던 것이다. 이것이 홍익제물(弘益濟物) 즉 개물(開物)이며, 홍도익중(弘道益衆) 즉 재세이화(在世理化)이며, 홍익인간(弘益人間)인 것이다.

군사부(君師父)의 도(道)가 배달나라 시대의 삼륜(三倫)이 된다. 즉 아버지는 아버지답고 임금은 임금다우며 스승은 스승다워야 한다는 것이다. 한웅천왕은 대웅(大雄)으로서 깨달음을 무리들에게 가르친 큰 스승(師)이며, 한인(桓因) 천제(天帝)의 명(命)을 받아 하늘의 도(道)인 천웅도(天雄道)를 밝은 땅에 수립(樹立)하여 실현한 천왕(天王)으로서 임금이며, 자식을 둔 인간만물 세상의 아버지이셨다.

삼광오정(三光五精)은 세 가지 빛과 다섯가지 정기(精氣)를 의미하는데, 삼광은 일월성(日月星) 즉 해, 달, 별의 빛이며, 오정은 수화목금토(水火木金土)의 정기이다. 수목화토금은 수성, 목성, 화성, 토성, 금성의 기운(氣運)을 말한다. 해, 달, 수, 화, 목, 금, 토로써 배달나라 초기에 1주일을 주기로 한 칠회력(七回曆)이 이루어져 지금까지 달력의 기본이 되고 있다.

거발한(居發桓)이라는 말은 크게 밝고 환하다는 의미로서, 한자말로는 대광명(大光明)이다. 배달나라의 시조이신 한웅천왕(桓雄天王)을 거발한(크밝한)이라고도 한다.

위와 같이 삼랑 을보륵 선인(仙人)은 가륵(嘉勒) 천왕(天王)께 신왕종전(神王倧佺)의 도(道)를 아뢰어, 아버지(父)는 아버지(父)다워야 하고 임금(王)은 임금(王)다워야 하며 스승(師)은 스승(師)다워야 한다는 것을 강조한 것이다. 그럼으로써 아들(子)은 아들답고 신하(臣)는 신하답고 제자(徒)는 제자답게 되는 것이다. 즉 삼륜(三倫)이 바로 서야함을 강조한 것이 된다.

(2) 마한 불여래의 소도 건립과 삼륜구서 교화

서기전 2182년 기해년(己亥年)에 마한(馬韓) 불여래(弗如來)가 소도(蘇塗)를 세우고 삼륜구서(三倫九誓)의 가르침을 펴니 치화(治化)가 크게 행해졌다.[580]

소도(蘇塗)는 제천행사(祭天行事)를 벌이는 신성(神聖) 지역이다. 소도임을 나타내는 표식(標式)을 솟대라고 하는데, 일반적으로 솟대는 높은 나뭇기둥 위에 새 모양을 다듬어 올려놓고 있다. 솟대에 올려진 새는 보통 기러기 종류이다.

솟대라는 말이 소도(蘇塗) 대(臺)라는 말의 준말일 수 있으며, 소(巢)의 대(臺)라는 말일 수도 있는데, 솟대라는 의미가 소도의 대라는 뜻과 완전 일치하고 있다. 한편, 소(巢)의 대(臺)를 나타낸 말이 솟대라면, 소(巢)는 마고(麻姑) 시대에 새집(巢) 모양의 높은 탑(塔)처럼 생긴 망루(望樓)로서 지키고 감시하는 수찰(守察)을 하던 곳인 바, 또한 의미가 상통하는 것이 된다.

솟대 위에 얹힌 새는 하늘과 인간세계를 연결하는 매개체의 역할을 하며, 주로 기러기 종류를 사용하는 것은 기러기가 북쪽으로 다시 날아가는 귀소본능에 착안한

---

580) 전게 한단고기 〈태백일사/삼한관경본기〉, 203쪽 참조

것으로서, 동서남북 중에서 북쪽이 가장 높은 신(神)의 자리인 것과도 상통한다.

원래 오방(五方) 중에서 중앙(中央)이 황극(皇極)으로서 가장 높은 자리이며, 하늘과도 통하는 자리인데, 우리의 전통 역(易) 철학에서는 중앙을 신(神)의 자리로 보고 그 다음 북쪽을 중앙을 대리하는 자리로 보고 있다. 이는 서기전 7197년 이전의 마고(麻姑) 시대에도 적용되던 원리이며, 특히 서기전 2333년에 세워진 단군조선의 종교, 정치, 행정 체제와도 일맥상통하고 있다.

즉, 단군조선의 정치행정의 지역체제가 동서남북중(東西南北中)의 오방(五方)으로 나뉘어져, 중앙(中央)인 태백산(太白山:백두산)은 최고의 자리인 신(神)의 자리로서 천부단(天符壇) 즉 최고 중심의 제천단(祭天壇)을 축조하여 삼신(三神)께 제(祭)를 올리는 곳으로 삼았다. 또, 북쪽은 진한(眞韓)이라 하여 중앙의 삼신(三神)을 대리하는 단군(檀君) 천왕(天王)이 자리하는 곳이며, 동쪽은 상대적으로 정치적으로 안정된 곳이어서 한(韓)을 두지 않고, 남쪽은 마한(馬韓)이라 하여 섭정비왕(攝政裨王)을 두고, 서쪽은 번한(番韓)이라 하여 특히 서쪽 중원의 고대중국을 감시하고 대비하고 방어하는 역할을 하도록 섭정비왕(攝政裨王)의 기능이 부여되어 있었다.

이러한 단군조선의 정치행정 체제는 곧 마고대성의 정치행정 체제를 그대로 본뜬 것이 된다. 즉, 파미르고원의 마고성(麻姑城)은 당시 인간세계의 수도(首都)로서 동서남북의 사방을 보(堡)라 하여 동보(東堡), 서보(西堡), 남보(南堡), 북보(北堡)를 두었으며, 중앙에는 제천단인 천부단(天符壇)을 두었던 것이다.

북보와 동보의 책임자인 황궁씨(黃穹氏)와 청궁씨(靑穹氏)는 궁(穹)을 담당하였고, 서보와 남보의 책임자인 백소씨(白巢氏)와 흑소씨(黑巢氏)는 소(巢)를 담당하여 각각 궁(穹)과 소(巢)를 많이 축조하였다. 궁(穹)은 피라미드 모양의 제천단(祭天壇)이며, 소(巢)는 탑 모양의 망루(望樓)로서 제천단의 역할을 한 것이 된다. 솟대가 신성지역임을 나타내는 표식인 바, 솟대는 탑 모양으로 된 망루가 되는 소(巢)의 기능을 지닌 것이 된다.

삼륜구서(三倫九誓)는 배달나라 시대부터 내려온 윤리도덕인데, 삼륜(三倫)은 아버지(父)는 아버지다워야 하고 임금(王)은 임금다워야 하며 스승(師)은 스승다워야 한다는 가르침으로서 소위 군사부(君師父) 삼위일체(三位一體)의 윤리(倫理)이다. 이에 따라 아들(子)은 아들다워야 하며 신하(臣)는 신하다워야 하고 제자(徒)는 제자다워야 하는 것이다.

배달조선 시대의 종(倧)과 선(仙)과 전(佺)은 국가와 지방 고을의 일반 백성들이나 무리들을 가르치던 스승의 역할을 하였다. 종(倧)은 국가에서 뽑은 스승이며, 전은 지방에서 뽑힌 스승이고, 선(仙)은 종(倧)이 되기도 하고 전(佺)이 되기도 한다.

참전계경(參佺戒經)의 계율(戒律)을 지키며 신(神)을 모시는 직책(職)이나 무리가 전(佺)이며, 전(佺)을 이끄는 스승이나 중앙조정에서 뽑힌 스승이 종(倧)이다. 종과 전을 통틀어 선(仙)이라 할 수 있는데, 특히 산중에서 도를 닦는 무리나 그 스승을 선(仙)이라 하는 것이 된다.

소위 천지화랑(天指花郞), 국자랑(國子郞)의 무리가 전(佺)이며 이들을 가르치는 국자사부(國子師傅)가 종(倧)이 되는 것이다. 선인(仙人)이라 불리는 삼랑(三郞), 국자사부(國子師傅) 등의 직을 수행하는 중앙조정의 스승(師)이 곧 종(倧)인 것이다.

솟대

구서(九誓)는 구덕(九德)이라고도 하며, 집에서는 부모에게 효도하고(孝于家), 형제간에 우애 있으며(友于兄弟), 스승과 벗과는 믿음이 있고(信于師友), 나라에는 충성하며(忠于國), 무리에게는 겸손하고(遜于群), 나랏일에는 밝으며(知于政事), 전쟁터에서는 용감하고(勇于戰陣), 언행에는 청렴하며(廉于身行), 직업에는 의로워야 한다(義于職業)는 9가지 지켜야 하는 맹서(盟誓)이면서 덕목(德目)이다.

한편, 오상(五常)의 도(道)라 불리는 오계(五戒)는 효(孝), 충(忠), 신(信), 용(勇),

인(仁)의 덕목을 가르치고 있다. 또, 대진육덕(大震六德)이라 불리는 대진국(大震國) 발해(渤海)의 6가지 윤리덕목(倫理德目)이 있었으니, 충(忠), 인(仁), 의(義), 지(智), 예(禮), 신(信)이다. 이중 인, 의, 지, 예, 신을 오행(五行)의 오방(五方)에 대입하기도 하는데, 인(仁)은 동쪽, 의(義)는 서쪽, 지(智)는 북쪽, 예(禮)는 남쪽, 신(信)은 중앙이 된다. 그리하여 조선시대 세워진 서울의 4대문(大門)과 보신각(普信閣)이 이를 그대로 반영하고 있는 것이 된다.

(3) 소리글자(正音) 가림토(加臨土) 38자 정선(精選)

서기전 2181년 경자년(庚子年) 가륵 천왕이 삼랑(三郎) 을보륵(乙普勒)에게 명하여 정음(正音) 38자를 만들게 하니, 이것을 가림토(加臨土)라 한다.[581]

단군조선 초기에 상형표의(象形表意) 문자인 진서(眞書) 즉 참글이 있었으나, 지방마다 말이 서로 다르고, 열 집의 고을이 말이 그다지 통하지 않았으며, 백리(百里)의 나라가 글자가 서로 이해하기 어려웠으므로, 가륵 천왕이 말과 글을 통일시키기 위하여 가림토 글자를 만들게 한 것이 된다.[582]

단군조선 가림토 38자

삼랑 을보륵은 단군조선 가륵 천왕 시절에 삼신(三神)을 모시고 제사(祭祀)를 담당하는 직책을 맡고 있었던 것이며, 특히 태백산(太白山) 사선각(四仙閣)에서 모셔

---

581) 전게 한단고기 〈단군세기〉, 67~68쪽 참조
582) 전게 한단고기 〈단군세기〉, 67~68쪽 참조

진 사선(四仙) 중의 한분이시기도 하다. 사선(四仙)이란, 배달나라 시대의 발귀리 (發貴理) 선인(仙人), 발귀리 선인의 후손으로서 광성자(廣成子) 또는 광명왕(光明 王)이라 불리는 자부선인(紫府仙人), 단군조선 초기에 묘전랑(妙佺郞)이라 불리는 효(孝)의 대명사(代名詞)이기도 하신 대련(大連), 그리고 을보륵 선인이다.

읍(邑)은 십리(十里)에 걸치는 고을이 된다. 백리(百里)에 걸치는 고을은 군(郡) 으로서 소국(小國)에 해당한다. 읍(邑)의 수장은 읍차(邑借)가 되며, 군(郡)의 수장 은 중앙조정(中央朝廷)의 군(君)에 해당하는 지방 왕(王)이 된다. 즉 군(郡)이라는 글자가 중앙집권제 이전에는 제후국으로서 원래 군(君)의 땅(邦)이라는 의미가 되 는 것이다.

가림토 38자는 서기전 2181년에 정리 (整理)된 것으로서, 처음으로 만들었다는 것이 아니다. 즉 말과 글을 읽는 소리를 통 일시키기 위하여 바른 소리 즉 정음(正音) 을 38자의 글자로서 정선(精選)한 것이 된 다.583)

단군조선 초기에 사용하고 있던 상형표 의(象形表意) 문자는 배달나라의 상형표의

명도전 뒷면에 새겨진 문자

문자 그 자체이다. 그리고 가림토 38자는 소리글자로 정선된 것으로서 이미 배달나 라 시대부터 사용되어 오고 있던 글자들의 소리를 표현하는 부분을 정리하여 38가

---

583) 상현문자에서 그 표음부분이 되는 낱자를 한가지로 통일하여 정리한 것이 된다. 즉, ㄱ과 같이 굽은 모양의 글자로서 ㄱ 소리가 나는 것은 가림토 기본자인 ㄱ자로 정리하고, 그 외 자음을 같은 이치에 따라 각각 정리한 것이 된다. 즉, c모양으로서 ㄷ 소리가 나는 것은 ㄷ으로 정리되었던 것 이 된다. ㅡ 아래의 자음으로 이루어진 자음은 회의문자에 해당하고, 또 아래아(.), ㅡ, ㅣ의 조합 으로 이루어진 각 모음은, 원래 자음과 모음이 상형문자이므로 회의문자(會意文字)에 해당하는 것이 된다.

지로 정돈(整頓)한 것이다.

배달나라 시대에 이미 표음문자(表音文字)라 할 수 있는 글자들이 사용되고 있었던 것이 된다. 즉 상형문자들 중 일부는 순수한 소리글자 그 자체라고도 할 수 있고, 거의 대부분의 상형문자는 소리글자를 내포(內包)한 상형문자가 된다고 할 것이다.

서기전 3897년 한웅천왕(桓雄天王)이 개천할 때 한국(桓國)에서 가져온 천부삼인(天符三印)의 도형(圖形)은 원방각 즉 ○, □, △이며, 각각 하늘, 땅, 사람을 상징한다. 이들 원방각의 도형이 축소상징화 된 것이 곧 천지인 삼재(三才)라 불리는 (아래 아), ㅡ, ㅣ인 것이다.

원방각(○□△)은 소리글자로는 자음에 해당하고, (아래아), ㅡ, ㅣ는 모음에 해당한다. 원방각의 자음으로서 한글의 모든 자음의 형태를 만들 수 있다. 또 소위 삼재 즉 세 가지 모음으로서 한글의 모든 모음을 만들 수 있다. 이로써 원방각(○□△)이 소리글자의 자음과 모음의 원천이 되는 것임을 알 수 있게 된다.

모든 상형문자는 원방각(○□△)이나 그 변형된 모습을 지니고 있다. 그래서 상형문자를 소리글자로 읽을 수 있게 되는 것이다. 실례로 동쪽을 나타내는 東(동)이라는 글자는 옛글자의 형태가 ㄷ, ㅡ, ㅣ, ㅇ, ㄷ으로 이루어지는데, 소리글자를 취하면 (단, ㅡ, ㅣ의 합자인 +의 반을 취함) ㄷ, ㅗ, ㅇ의 자음과 모음을 가지게 되어 "동"이라고 읽히는 것이다. 이처럼 상형문자의 소리가 가림토 글자로 분해 조합하여 읽히는 것이 된다. 그래서 소위 음독(音讀)과 훈독(訓讀)은 많은 글자의 소리가 단군조선 시대에 사용되고 있던 것이 된다.

단군조선 초기인 서기전 2181년에 만들어졌다는 가림토 문자가 실제로 존재하였다는 증거가 소위 명도전(明刀錢)에 새겨진 글자이다. 명도전에 새겨진 글자가 단군조선의 가림토 문자임을 밝히고 그를 검증한 연구 실적이 역사연구사(歷史研究史)에 있어 "고조선 문자"라는 책을 통하여 최초로 밝혀지고 있다.[584]

---

584) 허대동 지음/이민화 감수/조홍근 검증, 고조선 문자, 도서출판 경진, 2011 참조.

명도전 이전의 도전(刀錢)이 되는 첨수도(尖首刀), 침수도(針首刀)는 명도전 이전의 글자체에 해당하는 단군조선의 문자를 새기고 있다. 이 첨수도에 새겨진 문자는 명도전에 새겨진 문자보다 상형문자(象形文字)에 더 가까운 형태를 띠고 있으면서, 물론 소리글자인 가림토 문자의 자음(子音)과 모음(母音)으로 분석 및 해독이 가능한 문자로 되어 있다.

　　즉, 명도전에 새겨진 글자는 그냥 상형문자라 볼 수 있는 글자의 형태도 있고, 소리글자이면서 상형문자에 가까운 것도 있으며, 자음과 모음의 나열로써 상형을 띠도록 한 글자도 있고, 순수한 소리글자로 된 것도 있다. 이로써, 소위 명도전에 새겨진 글자는 상형문자(象形文字), 상형-표음 문자(象形-表音 文字), 표음-상형 문자(表音-象形 文字), 표음문자(表音文字) 등의 4가지로 크게 분류할 수 있게 된다.

흑피옥에 새겨진 문자

　　그리하여, 첨수도나 침수도에 새겨진 글자의 형태와 명도전에 새겨진 글자의 형태를 연대기적으로 고려하면, 상형문자에서 표음문자로 전개되는 역사적 단계를 밟고 있는 것을 볼 수 있는 것이다. 이는 로마자 알파벳의 발전단계와도 일맥상통하는 것이 된다.

1) 가림토의 뜻

　　가림토(加臨土)라는 말은 가림의 토 즉 "가리기 위한 말"이라는 뜻이며, 말소리를 명확하게 하기 위한 수단으로서의 글자를 가리키는 것이 된다. 가림다(加臨多)라고도 하는데, 다(多)의 발음이 토(土)와 동일한 경우도 있다. 그래서 가리는 말이라는 뜻으로 볼 때 가림토로 읽는 것이 맞는 것이다.

　　가림토는 말소리를 구분(區分)하기 위한, 가리기 위한 글자이므로 자연히 소리글자 즉 표음문자가 된다. 그리하여 가림토는, 단군조선 초기에 말이 지방마다 달라져

통하지 않게 되고 상형문자인 진서(眞書)를 읽는 소리도 같지 아니하므로, 그 말을 통일시키고 상형문자를 읽는 발음도 통일시키기 위하여 정리된 소리글자인 것이다.

2) 가림토 글자의 원류

서기전 2181년에 가림토 38자가 만들어지기 전에 이미 배달나라 시대에 가림토의 원류가 되는 소리글자가 사용되고 있었던 것이 된다.

실제로 서기전 3897년 배달나라 개천(開天) 때 ㄱ과 같은 모양의 글자가 사용되고 있었던 것이며[585], 이러한 글자는 상형문자이면서 소리글자의 원형이다. 즉 ㄱ을 읽는 소리가 "ㄱ"의 음가를 지니며 가림토 38자가 정리될 때 "ㄱ과 같은 모양의 글자"가 "ㄱ"으로 대표되는 글자로 정선(精選)된 것이다.

배달나라 초기에 천부삼인(天符三印)과 관련된 도형인 원방각(○□△)은 상형문자이면서 소리글자의 자음의 원류(源流)이다. ○, □, △을 상형문자로 보면, 하늘 또는 거울 또는 태양, 땅 또는 북, 사람 또는 칼을 상징하며, 자음으로 보면 그 읽는 소리는 기본모음인 아래아(·)를 넣어 "ㆁ, ㄸ, ㅅ" 또는 "ㆁ, ㄷ.ㄹ, ㅅ"로 읽히면서, 후대에 "하, 따, 스이" 또는 "하, 들, 스이"가 되고 받침이 부가되어 "한, 땋, 서이" 또는 "한, 들, 서이"가 되어 지금의 "하늘, 땅, 사람" 또는 "하나, 둘, 세"로 변한 것이 된다.

단군조선 초기에 정립된 가림토 38자의 원류는 곧 배달나라 상형문자가 되며, 상형문자를 읽는 소리는 그 상형문자에 내포된 표음부분을 읽는 소리이며, 이는 자연의 소리이면서 체계화되어 서기전 2181년에 삼랑 을보륵에 의하여 소리글자의 자음과 모음으로 정리된 것이 된다.

3) 가림토 38자는 상형(象形) 및 회의(會意) 문자

가림토의 자음과 모음은 기본적으로 상형문자이거나 회의문자이다. 예를 들어

---

585) 전게 한단고기 〈태백일사/소도경전본훈〉, 242쪽 참조

보기로 한다.

ㄱ은 ㄱ처럼 굽은 모양에서 나온 글자가 된다. 코(고)와 귀는 얼굴에 붙어 있으면서 굽은 모양이고, 고리와 갈고리는 굽어 있어 걸치게 되는 물건이다.

ㄴ은 ㄱ과 ㄴ이 이어진 모양의 이은(니은) 모양에서 나온 글자가 된다. 工은 하늘과 땅을 이은

가림토 정선 38자

존재로서 "나"이며 이 글자가 변형되면서 ㄱ과 ㄴ이 이어진 모양이 되고 다시 ㄴ으로 변형된 것으로 된다. 나루는 육지와 물이 이어지는 곳으로서 물이 흐르는 곳이며, 나라는 하늘의 뜻을 땅에 이어 펼치는 곳이기도 하고 원래는 나루와 같이 육지와 물이 있는 곳으로서 백성들이 사는 곳이 된다.

ㄷ은 ㄷ처럼 한쪽 옆이 덜어진(떨어진) 모양이나, 닿아 있는 모양에서 나온 글자가 된다. 한쪽이 떨어진 모양이라면 상대적 의미로서는 떨어진 곳이 닿을 수 있는 모양이 되어 닿는 모양을 나타낸 글자도 된다. 다리는 세 방향은 이어져 있고 다른 한 쪽이 떨어져 있으면서 닿을 수 있거나 다른 매개체로 하여 닿아 있는 모양이다. 달은 떨어져 있으나 달빛으로 지구와 이어져 있다.

ㄹ은 물처럼 흐르거나 돌처럼 구르는 모양에서 나온 글자가 된다. ㄹ은 새 乙(을)의 모양과 같으며 흐르거나 구르거나 날으는[586] 모양이 된다. 물은 위에서 아래로 흐르거나 바람에 의하여 물결이 일어 구르는 모양이 되며, 덩굴은 땅에서 하늘로 흐르듯 구르며, 오리는 물에서 헤엄치며 흐른다.

ㅁ은 뭉쳐져 있는 모양에서 나온 글자가 된다. 입을 벌리지 않는 모양과 같다. 원

---

586) 표준어는 '나는'이다

래 물은 그릇에 담기듯 연못에 담겨져 있는 것으로서 물길을 통하여 아래로 흐르는 것이며, 머리는 뭉쳐진 모양에서 목을 통하여 흐르는 모양이고 마루는 제일 꼭대기에서 만난 상태에서 아래로 흐르는 모양이며, 말은 특징이 머리와 머리에서 이어지는 말 갈퀴이며, 먼지는 아주 작은 것들이 뭉쳐진 흙이 된다.

ㅂ은 뭉쳐진 입을 벌린 모양에서 나온 글자가 된다. ㅂ 글자 자체가 곧 입이라는 표음문자도 되는데, 입을 벌리는 모양을 나타낸 것이 된다. 비는 하늘이 입을 벌려 땅으로 물방울을 내리는 모습이고, 벼루는 위가 트여 먹을 갈 수 있게 한 물건이며, 보리는 싹의 털이 위로 벋쳐 위로 터진 모양이며, 버선은 발을 싸는 물건으로서 위로 터진 것이 된다. 바람은 공기가 한쪽으로 흐르는 모양이다.

ㅅ은 서있는 모양에서 나온 글자가 된다. 사람은 서 있으면서 걸어 다니는(흐르는) 존재이고, 새는 땅이나 나무에 서 있으면서 날아다니는 존재이며, 손은 손가락이 서 있는 사물이다. 소리는 입에서 혀가 일정하게 서고 힘이 주어져 밖으로 나오면서 흐르는 모양이다.

ㅇ은 하늘처럼 원(둥근 모양)과 같은 모양에서 나온 글자가 된다. 원의 모양은 그 자체로 완전한 상태, 원래의 상태를 나타내는 뜻을 지닌다. 알은 주위환경이 맞으면 부화하여 완전한 원래의 존재로 변신하는 무한한 능력(에너지)을 가진 존재이다. 아이는 어리지만 자라서 어른과 같이 되는 존재이다. 아가미는 물에서 산소를 흡입하여 공급하는 장치이다. 얼음은 언제든지 물이 될 수 있는 원래의 물이기도 하다. 옹이는 나무에 붙은 둥근 모양의 마디이다.

ㅈ은 주머니 모양에서 나온 글자가 된다. ㅈ은 원래 ㅡ아래 삼각형의 글자에서 나온 것이 되는데, 주머니를 잠근 모양의 글자이다. 주머니는 사물을 담는 모양이 되는데, ㅈ은 무엇인가를 담는 뜻을 지닌 글자인 것이다. 젖은 아기를 위하여 젖을 저장하는 곳이며, 집은 사람이나 가축이 살도록 만든 것이고, 종은 소리를 저장하고 있는 물건이며, 지개는 나무를 실어 나르는 물건이다. ㅈ의 원래의 모양은 주머니 모양이나 나중에 ㅈ으로 아래로 터진 모습이 되어 다른 뜻을 더불어 가지게 되었다.

즉 가지, 삼지창처럼 나누어진 모습을 가진 사물의 명칭이 되기도 한다.

그 외 ㅊ은 ㅈ과 관련 있는 모양이며, ㅋ은 ㄱ과 관련 있는 모양이고, ㅌ은 ㄷ과 관련 있는 모양이며, ㅍ은 ㅂ과 관련있는 모양이 된다. ㅋ은 ㄱ의 센 소리로 굽은 것이 더 세다는 의미인데 크다는 뜻을 담게 된다. ㅌ은 ㄷ의 센 소리로 한쪽에서 사이가 떨어진 정도나 떨어지는 힘의 정도가 크다는 뜻을 담게 된다. ㅍ은 ㅂ의 센 소리로 벌어진 정도나 벌어지는 정도가 크다는 뜻을 가지고 있다.

ㅎ은 ㅇ의 센 소리에 해당하는데, 둥근 모양이 세차다는 뜻을 담고 있다.

이상의 자음의 소리만 보더라도, 각 자음은 그 자음에 해당하는 모양을 포함하고 있는 글자임을 알 수 있다. 이는 곧 각 사물을 각 해당 자음으로 그림을 그릴 수 있다는 말이 된다. 이것이 바로 상형-표음, 표음-상형 문자인 것이다. 결국 말이나 글자는 원래 상형문자에서 파생된 글자의 원래의 뜻을 포함하게 되며, 그 뜻은 확장되거나 유추되어 각 소리나 글자를 구분하기 위하여 그에 따라 많은 글자나 소리가 만들어지는 것이 된다. ㅈ, ㅊ, ㅋ, ㅌ, ㅍ, ㅎ은 회의문자라고도 할 수 있다.

· ㅡ ㅣ는 ○, □, △의 축소 상징화된 글자로서 하늘 또는 태양 , 땅, 사람을 나타내는 기본적인 상형문자이다. 나아가 ㅏ는 ㅣ 오른쪽에 해(·)가 있어 해가 오른쪽으로 움직이는 모양이 되고, ㅓ는 ㅣ 왼쪽에 해가 있어 해가 지는 모양이 되며, ㅗ는 해가 땅 위에 떠오르는 모양이 되고, ㅜ는 해가 땅 밑에 있는 모양이 되어, 모두 상형표의 문자이자 회의문자가 된다.

그리하여 가림토38자의 각 글자는 기본적으로 원래 상형문자에서 엄선되어 정리된 것으로서, 세종대왕이 밝혔다시피 이는 발음기관의 모양과도 일치하는 것이 바로 자연의 법이 되는 것처럼, 우연이 아니라 필연적인 것이다.

쉬운 예로, 물방울은 ㅁ, ㅂ, ㅇ, ㄹ의 모양을 모두 가지고 있는 사물이 된다. 그림으로 그리면 알 수 있는 것이다. 그래서 우리말 소리는 원래 어떠한 모양을 나타내는 소리로서 뜻 소리이기도 하며, 소리글자인 가림토 또는 한글은 곧 원래 상형문자에서 나온 글자인 것이다.

4) 가림토 38자는 훈민정음 해례본 정인지 서문에 실린 옛 표음문자, 고전(古篆)

천지자연의 소리가 있으니 반드시 천지자연의 글자가 있다. 그래서 옛 사람이 소리에 따라 글자를 만들어 만물의 뜻을 통하게 하고, 삼재(三才)의 도(道)를 실었으므로 후세에도 능히 바뀌지 아니하였다. 그러나 사방의 풍토가 나뉘어져 다르게 되니 소리의 기운도 역시 따라 달라졌다. 대개 외국의 말은 소리는 있으나 그에 해당하는 글자가 없어 중국의 문자를 빌어 통용케 한 것은 오히려 그 소리에서 벌어지게 하는 것이 되었다. 어찌 능히 통달한다 하여도 틈(鑿)이 없으리오! 대개 그 처한 바에 따라 편안하게 할 필요가 있으나 가히 억지로 같게 할 수는 없는 것이다. 우리 동방의 예악과 문장은 화하(중화)와 같으나 방언의 말이 그(중화)와 같지 아니하다.

(有天地自然之聲 則必有天地自然之文 所以古人因聲制子 以通萬物之情 以載三才之道 而後世不能易也. 然四方風土區別 聲氣亦隨而異焉. 蓋外國 之語 有其聲而無其字 假中國文字 以通其用 是猶鑿之也. 豈能達而無乎. 要 皆各隨所處而安 不可强之使同也. 五東方禮樂文章 擬華夏 但方言之語 不 與之同...〈훈민정음 해례본 鄭麟趾 序〉)

(가) 천지자연의 소리가 있다 (有天地自然之聲)

천지자연의 소리는 곧 천지자연의 법(法)이다. 법(法)은 섭리(攝理)이며 이치(理治)이다. 그리하여 천지자연의 소리, 천음(天音)은 천지자연의 법 즉 천법(天法)이다. 천음(天音)을 나타낸 상징물이 방울(鈴)이다. 이 방울은 천지자연의 소리를 나타낸다. 방울은 태극(太極 = 二極 =음양)을 상징하는 것으로서 천부인(天符印) 삼개 중의 하나이다.

훈민정음은 삼재(三才)의 원리에 따라 이기(二氣) 즉 음양의 이치를 담은 소리글자이다. 즉 천지인의 상징인 ㅇ ㅁ 각의 원리에 입각하여 만든 글자로서 자음과 모음이 모두 이 ㅇ ㅁ 각에서 만들어졌는데, 자음은 발음기관의 모양을 나타내면서 모음은 ㅇ ㅁ 각의 축소 상징화된 . ㅡ ㅣ로 구성되면서 음양의 이치를 담고 있는 것이다. 자음과 모음 모두 삼재(三才)의 도(道)를 싣고 있는 이전의 소리글자를 본딴 것이므로 당연한 것이 된다.

서기전 7197년 이전의 파미르고원 마고성 시대에 이미 오금(烏金)으로 된 귀걸이를 하고 다녔으며 천음(天音)을 듣기 위한 것이라고 기록되고 있는데[587], 그 천음(天音)은 곧 천지자연의 소리이다.

첨부인 삼인은 거울, 방울 또는 북, 칼이며, 재질로는 청동거울, 청동방울, 청동검이 대표적이다. 거울은 무극(無極), 일극(一極)으로서 하늘, 태양을 상징하며 천성(天性)을 나타내고, 방울은 이극(二極), 반극(反極), 태극(太極, 음양)이며 천음(天音)으로서 천법(天法)을 나타내며 천지(天地) 즉 하늘과 땅이 원래 하나임을 나타내고, 칼은 삼극(三極), 삼태극(三太極)으로서 천권(天權)을 나타내며, 하늘, 땅, 사람이 원래 하나임을 나타낸다.

(나) 반드시 천지자연의 글이 있다 (則必有天地自然之文)

천지자연의 글자는 천지자연의 소리를 나타낸 부호이다. 천지자연의 모습을 나타낸 것이 그림이나 글자인데, 글자에는 크게 그림글자와 소리글자가 있다. 여기서 말하는 천지자연의 글자는 곧 표음문자인 소리글자를 가리킨다. 즉 앞에서 천지자연의 소리가 있고 이에 천지자연의 글자가 있다고 하였기 때문이다. 이는 정인지 선생이 훈민정음 이전에 이미 표음문자가 있었음을 단적으로 나타내 주는 글이다.

(다) 삼재의 도를 실은 소리글자이다 (所以古人因聲制子 以通萬物之情 以載三才之道)

옛 사람이 소리에 따라 글자를 만들어 만물의 뜻을 통하게 하고 삼재(三才)의 도(道)를 실었다 하여, 표음문자임을 다시 나타내고 있다. 소리글자로 뜻을 통하게 하

---

587) 전게 부도지, 27쪽 참조

였다 하므로 소리글자인 동시에 뜻글자가 되는 것이다. 삼재(三才)는 천지인을 가리키며, ㅇ ㅁ 각을 나타낸다. 이 원방각은 자음의 기본이 되기도 하고, 상징화 되어 ㆍ ㅡ ㅣ 의 기본모음이 되기도 한다. ㅇ은 하늘이나 태양을 나타내고 둥근 모양을 나타내며, ㅁ은 사방이 있는 땅을 나타내고, 각(세모)은 서있는 존재인 사람을 나타낸다. 상징화된 ㆍ ㅡ ㅣ 는 곧 태양(하늘), 땅, 사람을 나타내는 모음이 되는 것이다.

훈민정음의 삼재(三才)의 원리가 이미 옛 사람이 만든 소리글자에 분명히 실려 있다는 것이다. 이는 옛 사람이 만든 표음문자가 삼재의 원리에 따라 만들어진 것임을 단적으로 나타내 주는 것이다.

(라) 오래도록 사용되었다 (而後世不能易也)

후세에 능히 바뀌지 않았다 하므로, 옛 사람이 만든 소리글자가 상당히 오랜 기간 동안 사용되어 왔음을 나타낸다. 이는 서기전 924년 왕문(王文)에 의하여 만들어진 이두법(吏讀法)을 고려하면, 서기전 924년 이전에 오랜 기간 사용되었음을 알 수 있게 한다.

(마) 말소리의 변동 (然四方風土區別 聲氣亦隨而異焉)

그러나, 사방의 풍토가 나뉘어져 달라지니 소리의 기운도 역시 따라 달라졌다 하는 데서, 단군조선이 망한 때가 되는 서기전 238년경 이후 사방의 제후국들이 칭왕을 하면서 독자노선을 걷게 됨으로써 말소리가 달라진 것을 나타낸다.

서기전 2333년에 개국된 단군조선이 약 150년이 지난 시점인 서기전 2181년에 삼랑 을보륵이 정음(바른 소리)을 만드니 가림토38자이다. 이때 가림토 글자를 만든 이유가 진서(眞書:상형문자=神篆)가 있었으나 나라마다 소리가 달라지니 이를 통일시키기 위하여 만들었다 한다. 약 1,000년이 지난 서기전 1285년에 색불루단군에 의하여 후기조선이 시작되었으나 이때까지도 계속 사용된 것이 되고, 특히 침수도, 첨수도, 명도전이 주조발행된 것으로 보이는 주나라 전국시대까지도 계속 사용된 것으로 된다. 주나라 전국시대는 서기전 403년부터 서기전 249년까지이다. 단군조선은 서기전 238년에 사실상 망하고 서기전 239년에 시작된 해모수의 북부여에 의하여 서기전 232년에 오가공화정(五加共和政)이 철폐되면서 흡수되었던 것이다.

아라가야 토기에 새겨진 가림토계 문자

단군조선이 망하자 특히 진한(眞韓)과 번한(番韓)의 유민들이 동으로 남으로 이동하여 한반도 남쪽으로 가서 각각 나라를 열었는데, 변한12국이 서기 42년에 가야연맹에 의하여 대체될 때 아라가야가 있었으며, 이 아라가야는 지금의 함안지역에 있었고 유물로 나온 토기 위에 가림토 글자가 새겨있는 것으로 보아 이때까지도 계속 사용되어 온 것으로 보인다. 다만, 조정(朝廷)에서는 한자를 사용하거나 이두를 사용하여 표기한 것으로 추정된다.

사방이 나뉘어져 각각의 나라가 되니 문화와 습속이 달라지므로 자연히 말소리도 변하게 된다. 그래서 소리의 기운 즉 소리 내는 방법이 달라지게 되는 것이다.

서기전 2181년 이후에 단군조선의 제후국들이 멀리 떨어져 있는 경우에는 그에 따라 다른 말이 생겼던 것이 분명하며, 서기전 660년 일본[588]이 천왕을 참칭하면서 독립을 시도하여 그에 따라 말소리도 달라진 것으로 보인다.

(바) 중국문자 차용과 그 한계

나라마다 말이 있으나 그 소리에 따른 글자가 모두 있는 것이 아니어서, 중국의 문자를 빌어 사용하였는데, 이것이 오히려 그 소리를 정확히 나타내지 못함으로서

---

588) 우리 역사의 가지에 해당하는 일본의 상고사에 관한 정확하고도 상세한 역사 정립이 필요하다.

글자와 소리를 벌어지게 한 것이 된다. 아무리 글자에 통달한다 하더라도 글자와 소리를 완전히 일치하게 할 수는 없는 것이다. 대체적으로 각기 처한 바에 따라 편안하게 사용하도록 할 필요는 있으나 억지로 같게 할 수는 없는 것이다. 우리 동방(조선)의 예악과 문장은 중국에 견주나, 말은 같지 않다는 것이다.

(蓋外國之語 有其聲而無其字 假中國文字 以通其用 是猶鑿之也. 豈能達而無乎. 要皆各隨所處而安 不可强之使同也. 五東方禮樂文章 擬華夏 但方言之語 不與之同).

그래서 세종대왕이 훈민정음 28자를 창제하시니, 상형이자방고전(象形而字倣古篆)이라 하여 모양을 나타내며 글자는 옛 전자를 본 땄다 함으로써, 훈민정음이 상형문자이자 글자의 모양이 옛 글자를 본뜬 것이라 한 것이다. 여기서 상형은 발음기관의 모습을 나타낸 것으로 해석이 되는데, 글자의 모양을 옛 글자에서 본딴 것이라 하므로 소리글자로서 발음기관의 모양을 나타낸 글자라는 것이다.

(사) 결어

이상으로 훈민정음 해례본의 정인지 서문의 서두에서 보는 바와 같이, 훈민정음 이전에 이미 오랜 기간 동안 천지자연의 소리에 따른 천지자연의 글자를 삼재의 원리에 따라 만들어 사용하였으며, 훈민정음의 글자를 이 글자에서 본뜬 것이고, 모양은 발음기관의 모양이 되는 것이다. 바로 이 글자가 곧 단군조선의 가림토 글자가 되는 것이며, 이 가림토 글자가 바로 삼재의 원리에 따라 만든 소리글자임을 단적으로 나타내는 것이다.

훈민정음 이전에 이미 소리글자가 있었으며, 한글이 이 소리글자를 본 딴 것임을 부인할 수 없다. 즉 서기전 2181년에 만들어진 가림토38자는 세종대왕의 훈민정음의 기본글자가 되는 것이다. 다만, 훈민정음 신제(新制) 당시에 가림토38자, 정음

38자, 단군조선(檀君朝鮮), 을보륵(乙普勒), 영해박씨(寧海朴氏), 징심록(澄心錄) 음신지(音信誌) 등을 언급하지 아니한 것이 미흡한 점이라 할 것이다.

훈민정음은 서기전 2181년에 만들어진 소리글자 가림토38자를 본뜬 것이며, 이 가림토글자는 천지자연의 소리를 나타낸 부호로서 원래 천지자연의 소리와 일치하는 것이며, 천지자연의 소리는 곧 천지자연의 형상이 된다. 천지자연의 모습이 곧 천지자연의 소리인 것이다. 시각과 청각은 느끼는 감각이 다를 뿐이며 모두 천지자연의 소리이다. 천지자연의 소리는 천지자연의 법이며, 이에 따라 형상이 나타나는 것이다. 모습을 가지기 이전의 천지자연은 곧 소리인 것이다.

소리(聲)는 기(氣)이다. 성(聲)은 음(音)이다. 음은 피리 등 악기 소리이다. 악기소리가 바로 천지자연의 소리를 나타낸 것이다. 기(氣)는 작용이며, 그 작용의 원천은 바로 신(神)이다. 신(神)이 기(氣)가 되고, 기(氣)가 작용하여 바탕(質)을 이루고, 바탕이 이루어진 후 틀(機)이 생기며, 틀(機)이 생긴 이후에 몸(體)이 생기고, 몸이 외부로 나타난 것이 모습(形)이다. 소리는 기(氣)로서 만물의 바탕(質)이 되고 기(氣)가 어우러져 때로는 소리로 때로는 모습(形體)으로 나타나는 것이다. 단적으로 보이는 기(氣)의 응결체는 모습(形象)이며, 보이지 않는 기(氣)의 다른 모습이 곧 소리(音, 聲)인 것이다.

소리글자는 천지자연의 소리를 나타낸 글자이고, 천지자연의 소리는 곧 천지자연의 모습이기도 한 것이다. 그래서 그 소리글자는 바로 그 형상을 나타내는 글자로서 상형문자이기도 한 것이다. 이러한 소리글자이자 상형문자인 글자가 바로 천지인의 모습을 담은 가림토이며, 가림토는 천지자연의 소리(聲)를 나타낸 글자인 것이다.

5) 단군조선 가림토가 존재하였다는 증거

역사상 단군조선 시대에 소리글자인 가림토가 존재하였다는 증거를 살펴보면 아래와 같다.

1) 한단고기 신시본기에 배달나라(서기전 3897년~서기전 2333년) 시대에 이미 ㄱ과 같은 문자가 있었다고 단서를 적고 있다.

2) 한단고기 단군세기와 소도경전본훈, 단기고사에 가림토38자가 서기전 2181년에 삼랑 을보륵이 찬(撰)하거나 정선(整選)한 것으로 기록되어 있다.

3) 중국 산동 환태시에서 서기전 1850년경의 것으로 측정되는, 가림토 글자가 새겨진 유물이 출토되었다.

4) 은나라(서기전 1766년~서기전 1122년) 시대에 해당하는 시기의 유물에 가림토 글자가 새겨진 것이 출토되었는데, 은나라는 단군조선의 직접적인 지원으로 건국된 나라이다.

탄소 C14 측정결과 서기전 1850년경 유물로 밝혀진 산동 환태시 출토 가림토 글자

人 不 │ ✕ ㅜ
소(少) 전(典) 후(侯)?

산동 환태시 출토 유물에 새겨진 가림토

5) 단기고사에 서기전 1620년 자모전(子母錢)을 주조하였다고 기록되고 있다. 여기서 子母는 자음과 모음을 의미하게 된다.

6) 중국인들도 첨수도, 첨수도는 춘추시대 이전에 주조된 흉노, 산용의 화폐로 인정하고 있으며, 명도전을 침수도, 첨수도의 후신으로 인정하고 있다. 단군조선의 제후국이 되는 서화의 기자국의 후신이 되는 선우중산국(禪于中山國)에도 첨수도, 침수도가 무더기로 출토되었으며, 명도전의 출토지가 단군조선의 영역과 거의 일치하며[589] 명도전에 새겨진 문자가 상형에 가까운 문자이면서 자음과 모음으로 분리가 가능하여 표음-상형문자로 된다.

첨수도

7) 서기전 5년경에 세워졌다는 일본의 이세신궁에 소장된 문헌 등에 가림토 글자로

---

589) 성삼재, 고조선 사라진 역사, 동아출판사, 2008, 150쪽 〈명도전 출토지역 분포도〉 및 151쪽 〈부찐의 고조선 영역지도〉 참조

된 축문이 있으며, 여기에는 단군조선의 역사가 담겨져 있다.

8) 경남 함안은 옛 아라가야 땅으로서 출토된 토기 등에 가림토가 되는 글자가 새겨져 있다.

9) 신라시대 박제상이 지은 부도지(符都誌)에 임검씨가 천부(天符)의 음(音)에 준(準)하여 그 어문(語文)을 정리하였다 기록하고 있으며, 조선초기 김시습은 징심록추기에서, 박제상이 지은 징심록(澄心錄)에서 세종대왕이 훈민정음28자를 취하였다라고 단정하고 있다.

10) 결정적으로 훈민정음 해례본의 정인지 서에서, 천지자연의 소리에 따라 글자를 만들어 만물의 뜻을 통하게 하였고 천지인(天地人) 삼재(三才)의 도(道)를 실었으므로, 후세에도 능히 바뀌지 아니하여 오랜 기간 사용되었으며, 이후 사방의 풍토가 나뉘어져 다르게 되자 소리의 기운이 달라지게 되었고, 이후 중국문자를 빌어 쓰게 되었는 바, 세종대왕이 만든, 삼재의 원리와 음양의 이치로 만들어진, 훈민정음 28자는 상형이며 글자모양은 고전(古篆)을 본떴다 함으로써, 이전의 소리글자였던 단군조선의 가림토 글자의 모양을 그대로 본떴음을 단적으로 드러내고 있다. 세종대왕의 한글의 자음과 모음이 표음문자만이 아니라 모두 상형표의문자이며, 이는 단군조선의 가림토 글자가 명도전에 새겨진 글자에서 나타나듯이 상형문자와 관련이 있는 데서 당연한 결과가 된다.

실제로 가림토38자와 훈민정음28자는 모음은 완전히 일치하고 있고, 자음에서는 기본자형은 ㅂ, ㅈ 외는 모두 일치하며 그외 겹자음이나 복자음은 일부 변형시키거나 자음조합으로 만들 수 있도록 정리한 것이 되므로 거의 일치하고 있는 것이 된다.

6) 가림토와 명도전(明刀錢) 문자의 음가(音價)의 실례(實例)

S나 乙 등의 글자는 구르거나 날거나 돌거나 흐르는 모양의 상형문자로서 가림토 38자의 ㄹ로 정리되고, ୪은 물방울 모양의 상형문자로 음가는 [ㅁ]에 해당하며 가

림토38자의 ㅁ으로 정리된 것으로 된다.[590]

가림토38자의 체계로 보면, ㅡ아래 자음은 그 자음의 복자음이 되어 경음이 되며, 아래아(.) 아래의 자음은 그 자음의 격음이 되는 규칙성을 보인다. 그래서 ㅡ아래 ㅇ은 [ㅇ ㅇ]의 발음으로서 ㅇ의 된 발음이 된다.

가림토38자 정립이전의 ㅇ은 경우에 따라 [ㅇ], [ㅇ ㅇ], [ㅎ]에 유사한 발음으로 추정되며, 가림토38자에서 ㅎ에 가까운 발음이 되는 글자는 X로서 [ㄳ,ㅋㅅ,ㅎㅎ] 발음으로 된다. 가림토38자에는 ㅎ이 없다.

배달조선의 상형문자인 ㅇ은 원래 하늘을 나타내는 상징부호나 표음문자가 되면서, [ㅇ]→[ㅇ.]→[아]→[안]→[한]=[하나, 하늘]이 된 것이 분명하다. ㅇ은 모음 아래아(.)의 축소상징화 이전의 원래의 글자이기도 하다.

C는 닿거나 떨어지는 모양의 상형글자로 가림토38자의 ㄷ으로 정리되고, U는 벌어진 모양의 상형글자로 음가로는[ㅂ]과 영어의[w], [v]발음에 유사한 것으로 정리되며 ㅂ과 함께 가림토38자의 ㅐ로 정리된 것으로 된다. 독일어 w은 [v]발음이 난다.

배달조선 상형문자인 ㅁ은 원래 사방을 나타낸 땅을 나타내는 부호이나 표음문자가 되면서, [ㅁ]→[ㅁ.]→[마](마흔의 ㅁ으로서 4를 나타내는 말)이 되거나, [ㅁ=>이등분으로[ㄷㄷ]→[ㄸ]→[ㄸ.]→[따]→[땋]→[땅]이 된다.

배달조선의 상형문자인 ㅅ(삼각형)은 원래 사람을 나타낸 부로이나 표음문자가 되면서, △→[ㅅ]→[ㅅ.]→[ㅅ.]→[ㅅ ㅡ]→[서]→[서이]→[세] 또는 [ㅅ]→[ㅅ ㅡ]→[서]→[서이]→[세]가 된다.

배달조선의 상형문자인 달을 나타내는 月의 글자인 [D]→[C C]→[ㄷ ㄹ]→[ㄷ.ㄹ]→[달(月), 들(野), 둘(二)]이 된다. 또는 땅을 나타내는 ㅁ이 모양이 변하여 표음문자로 [C C]→[ㄷ ㄹ]→[ㄷ.ㄹ]→[들, 달, 둘]이 된다.

ㅇ ㅁ △→하늘, 땅(들, 달), 사람 그리고 하나, 둘, 셋이 된다. 땅을 나타내는 ㅁ은

590) 허대동 지음/이민화 감수/조홍근 검증, 고조선 문자, 도서출판 경진, 2011, 89쪽 참조

다시 표음문자로 [ㅁ]→[ㄴ ㄱ]→[ㄴ ㅓ]→[너]→[너이]→[네(4)]가 된다. 그래서 2, 4는 땅을 나타내는 숫자가 된다.

ㅇ은 축소상징화 되어 모음 . 가 되고, ㅁ은 퍼진 땅모양으로 축소상징화 되어 모음 ㅡ가 되고, 스(삼각형)는 서있는 사람 모양으로 축소상징화 되어 모음 ㅣ가 된 것이다. 다른 모음은 모두 이 . ㅡ ㅣ의 결합모양이 된다.

ㄱ발음을 가진 말은 원칙적으로 굽은 모양이나 뜻을 가지며, ㄴ발음을 가진 말은 원칙적으로 니은(이어진) 모양이나 뜻을 가지며, ㄷ발음을 가진 말은 원칙적으로 닿거나 떨어지는 모양이나 뜻을 가진다.

ㄹ발음을 가진 말은 원칙적으로 구르거나 날거나 돌거나 마르거나 바르거나 사르거나 흐르거나 등등 ㄱㄴㄷ의 모양이 이어진 꼴로서 굽어 니어져(이어져) 닿거나 떨어지는 모양이나 뜻을 가진다.

ㅁ발음을 가진 말은 원칙적으로 뭉친 모양이나 뜻을 가지며, ㅂ발음을 가진 말은 원칙적으로 벌어진 모양이나 뜻을 가지고, ㅅ발음을 가진 말은 서거나 세워진 모양이나 뜻을 가진다.

ㅈ발음을 가진 말은 원칙적으로 뚜껑이나 덮개나 지붕을 가진 주머니 모양이나 뜻을 가진다. ㅇ발음을 가진 말은 원칙적으로 둥근 모양이나 뜻을 가진다.

ㅋㅌㅍㅊㅎ은 각 센 발음으로 세찬 모양이나 뜻을 가지고, 복자음은 된 발음으로 단단한 모양이나 뜻을 가진다. ㅏㅑㅗㅛ는 하늘 또는 태양을 나타내는 .가 오른쪽, 위쪽에 있어 가볍거나 밝은 모양이나 뜻을 가지며 ㅓㅕㅜㅠ는 그 상대적인 것이 된다.

결국, 한글 자음과 모음은, 원래 글자인 상형문자에서 정립된 가림토에서 나온 글자로서, 표음문자가 되는 것이다. 그래서 한글은 상형, 표의, 표음문자이며, 꼴, 뜻, 소리가 일치하는 글자인 것이다.

가림토 글자는 자연에 있는 모습을 읽은 소리이므로 자연의 소리이며, 한글 또한 가림토에서 나온 글자이므로 자연의 소리를 모두 표현할 수 있는 글자인 것이다.

한글[훈민정음]의 자음·모음의 발음 모습은 곧 자연에 있는 모습 그대로이며, 사람이 자연의 일부이듯, 사람의 발음기관 또한 자연의 일부로서 혀, 입, 목구멍 모양이 자연에 모두 있는 것이고, 발음기관의 형상이 곧 자연의 형상인 것이다.

7) 상형문자 진서(眞書)와 소리글자 가림토(加臨土)

소위 한자(漢字)는 원래 배달나라 그림글자(符圖文)에서 나온 것이며, 글(契)이라는 말 자체가 그림(그리다의 명사형) 또는 그리다(동사)라는 말의 명사에 해당하는데, 단군조선 시대의 그림글자 즉 상형문자는 진서(眞書 :참글 = 참 그림글자)라 불렸고, 서기전 924년에 왕문이 만든 부예(符隸)라는 상형문자가 있다.

그림글자를 올바르게 읽는 소리(발음)가 바로 정음(正音)이며, 정음을 나타내는 글자가 가림토(加臨土)이다. 가림토의 원형은 이미 배달나라 초기부터 있어 왔으며, 서기전 2181년에 38자로 정립된 것이다. 그림글자(眞書,신전)와 소리글자(正音)는 지금의 소위 한자(漢字)와 한글로 이어지는 것이 된다.

한자의 원류가 되는 그림글자를 단군조선 시대에는 신전(神篆), 진서(眞書), 전문(篆文)이라 불렀으며, 서기전 1122년 은(殷) 나라가 망한 이후 변형(變形)의 은갑골문(銀甲骨文)이 유입되어 서기전 924년에 왕문(王文)에 의하여 부예(符隸)로 통용된 후 중국글자와 통일화된 것이다.

서기전 2267년에 단군조선 태자 부루가 전문(篆文)으로 된 천부왕인(天符王印)과 금간옥첩(金簡玉牒)을 순(舜)의 신하 사공(司空) 우(禹)에게 전수하여 주었으니, 그 전문이라는 것이 바로 신전(神篆), 진서(眞書)인 것이며, 황제헌원(黃帝軒轅) 이후 전해진 중국 측 글자와 같은 계통의 그림글자이다.

중국역사상 문자를 처음 도입하여 쓰기 시작한 사람은 황제헌원이며, 배달나라의 제후로서 배달나라 문자를 도입한 것이며, 그 문자는 창힐(蒼詰)의 조족문(鳥足文), 과두문(蝌蚪文), 자부선인(紫府仙人)의 우서(雨書) 등이며, 이러한 글자는 배달나라 글자로서 당연히 단군조선에 이어진 것이 된다.

단군조선의 영역은 산동지역과 발해만 유역의 동쪽 지역인 바, 이는 치우천왕의 수도와 청제(靑帝) 창힐(蒼詰)이 책임지고 다스리던 땅을 포함하는 것으로서, 단군조선에 그림글자가 있었음을 당연한 것이 된다. 그림글자에서 소리글자가 생겼으니 자연스런 발전이 된다.

서기전 2181년에 단군조선에서 가림토38자를 정립할 때는 150여년이 지난 태평시대이며, 하(夏)나라는 서기전 2224년에 세워져 63년 정도 지났고 거기에다 초기 약 30년간 단군조선의 사자군대에 쫓기어 전쟁을 하였으므로 소리글자 만들 가능성은 거의 전무(全無)하였다 할 것이다.

황제헌원 이후 소위 중국의 글자는 하(夏) 나라에 전해졌으나, 단군조선의 후원으로 건국된 은(殷) 나라가 소위 갑골문(甲骨文)을 사용하여 하나라 문자는 은문(殷文)으로 대체된 것이 된다. 하(夏)나라 문자는 과두문(蝌蚪文), 조족문(鳥足文), 우서(雨書)일 가능성이 많다.

은갑골문은 초기에는 단군조선의 신전(神篆)의 형태로 추정되며, 시간이 흘러 변형되거나 새로 생긴 글자가 있어, 서기전 1122년경에 이르러 단군조선의 그림글자와 달라진 것이 많았던 것으로 되고, 이에 왕수긍은 단군조선의 삼일신고를 은문(殷文)으로 번역하였다는 식으로 기록되는 것이다.

단군조선의 그림글자를 신전(神篆), 전문(篆文)이라 하는 것으로 보아 적어도 단군조선 중기 이후의 문자가 되는 은갑골문의 이전의 원래의 글자로서 그 원류가 된다 하겠다. 혹시라도 서기전 2267년에 우(禹)에게 전해진 금간옥첩(金簡玉牒, 神書)이 숨어 있을지도 모르는 일이다.

지금의 중국어(中國語)는 고립어(孤立語)로서 황제헌원 시대에는 분명히 배달나라 말을 썼으므로 교착어(膠着語) 계통이었을 것이나, 배달나라 문자를 도입하여 그들의 언어로 굳어지니 음독(音讀)으로 된 고립어가 된 것이다. 고립어는 시각적인 언어로서 그림글자로 된 문장언어(文章言語)가 된다.

배달나라 시대 황제헌원 때를 기준으로 하면, 배달나라 말은 구어체가 되며, 황제헌원의 백성들이 쓰던 말은 문장체, 문어체가 되는 셈이다. 이러한 문장언어(文章

言語)가 폐쇄적인 중토문화(中土文化)로 이어져 소위 중국어가 형성된 것이며, 고립어로서 전해진 것이 된다.

지금 한자의 글자모양이 진시황 이후로 통일화 되었으나, 그 이전에는 그림글자로서 다양한 측면이 있었으며, 그림글자의 원류는 배달나라이고, 은갑골문 문화는 단군조선 중기의 문화에 해당하는 것인 바, 글자의 모양이 바뀐 한자도 당연히 우리 글자인 것이다.

삼일신고(三一神誥)는 서기전 2333년경에 새긴 청석본(靑石本)과 서기전 1122년경이후 왕수긍이 새긴 단목본(檀木本)이 있었는데, 청석본은 북부여가 소장하였고, 단목본은 위씨조선이 번조선을 차지하여 소장하다가 모두 병란으로 잃었다 하는 바, 청석본은 신전(神篆), 단목본은 은문(殷文)이 된다.

8) 반절법 이전의 발음표기법인 가림토글 – 글자와 말의 소리 표기법

가림토 38자가 출현한 이유는 말이 통하지 않고 글이 통하지 않아 이를 통일시키기 위하여 만들어진 것이다.

단군조선 시대인 서기전 2181년경 당시 신전(神篆)이라는 진서(眞書)가 있었다. 상형표의 문자가 있었으나 10가의 읍마다 소리가 다르고 100리의 나라마다 글자가 통하지 않았다. 그래서 말이 통하고 글자를 서로 이해할 수 있도록 말과 글자의 소리를 통일하기 위하여 만든 글자가 바로 가림토인 것이다.

주로 말의 차이는 사물의 명칭을 나타내는 것에서 나타나므로 사물의 명칭이 상대적으로 중요하다. 말이 통하지 않았다는 것은 한 가지 사물을 가리키는 말이 달랐기 때문이며, 심지어 글자도 통하지 않았다는 바, 이는 글자의 뜻이나 소리가 일정치 않았기 때문이다. 한 글자의 소리가 뜻과 부합하는 소리가 한 개라면 문제가 없으나 소리가 여러 개일 경우에는 그 글자를 보지 않고서는 뜻을 알기가 쉽지 않다. 그래서 글자의 소리를 일정하게 고정시켜 통일시키기 위한 글자가 바로 소리글자인 가림토인 것이다.

예를 들어, 서기전 2181년에는 "바람"이라는 뜻을 가지고 있는 상형표의 문자는 "風(풍)"의 고체자(古體字)에 해당하게 된다. 이 "風"을 읽는 소리가 지금과는 다를 것임이 분명하다. 왜냐하면 바람이라는 말 자체도 지금과 서기전 2181년과는 차이가 있을 것이기 때문이다. 아마도 서기전 2181년경에는 "風"을 [프르.ㅁ]이라고 읽었을 것으로 보인다.

[프르.ㅁ]이라는 발음은 [짧게 소리 내는 프][람]의 소리로서 지금의 [바람]의 고어가 된다. 한편 [풍]의 고어이기도 하다. "風"은 "바람 풍"이라고 훈과 음을 나타내는데, 바람은 지금의 우리말이 되고 풍은 상형표의 문자인 소위 한자의 소리(음)이다. 원래는 바람이나 풍은 같은 말이다. 즉 바람과 풍이라는 말은 공동모어가 되는 [프르.ㅁ]에서 파생된 말이 되는 것이다.

"風"을 바람이라고 읽어도 되고 풍이라고 읽어도 된다. 지금으로서는 "바람"이라고 읽으면 훈독으로서 소위 이두식 독음이 되는 것이고 "풍"이라고 읽으면 음(音)으로 읽은 것이 된다. 그러면 서기전 2181년경에는 "風"의 소리가 [프르.ㅁ]이었다면, 언제부터 [바람]과 [풍]이라는 말이 생겼을까?

서기전 2181년경 "風"의 소리는 단군조선이나 하(夏)나라나 똑 같았다라고 본다. 즉 배달나라의 발음을 공용하고 있었던 것이다. 왜냐하면, 하나라는 원래 단군조선의 제후국이던 순(舜)임금의 나라를 이은 나라이기 때문이다. 비록 하나라 시조 우(禹)가 단군조선을 반역하여 자칭 하왕(夏王)이라 하면서 마음대로 제후(諸侯)를 봉하여 조공(朝貢)을 받는 등 참칭왕국(僭稱王國)이었지만, 중국의 입장에서 보면 엄연한 왕조(王朝)라고 주장할 만한 것이긴 하다. 당시 단군조선과 하나라는 같은 상형문자를 쓰던 문자집단이 되는 것이다.

순임금의 나라나 하나라가 배달나라 문자를 썼다는 것은 서기전 2267년 태자 부루가 도산회의(塗山會議)를 주관하면서 순의 신하 사공 우에게 치수법(治水法)을 전수하여 주면서 책을 건네주었다는 것에서도 알 수 있듯이, 이 책에 쓰여진 글자는 바로 배달나라 문자로서 공용문자였음을 쉽게 알 수 있는 것이다. 가림토 38자가 정립된 서기전 2181년 이전이므로 이때의 공용문자는 곧 단군조선의 상형문자인 신전(神篆)이 된다.

당시 도산회의의 주최(主催)가 단군조선의 태자 부루이므로 만약 단군조선의 글자와 순의 나라의 글자가 달랐다면 우는 단군조선의 글자를 베껴 쓰거나 번역하여 써야 할 처지에 있었다고 본다. 그러나 우는 태자 부루로부터 금간옥첩(金簡玉牒)을 직접 전수받아 치수에 적용하여 성공하였고, 한편으로는 악용하여 서기전 2224년에 자칭 하왕이라 하면서 독단을 차려 단군조선에 반역하기도 하였다.

이후 하나라는 단군조선의 가르침을 따르지 않고 폐쇄적인 정치를 하였으므로 단군조선과 단절된 상태에 처하여 문자의 발음이 서로 달라지고 새로운 문자를 만들어 쓰기도 하였다라고 추정된다. 이후 은(殷)나라도 하나라를 이어 독자적인 문화를 만들어 갔으므로 은나라 말기에는 단군조선의 상형표의 문자와 상당히 달라졌다고 보인다.

은나라가 망한 때 단군조선에 망명한 기자(箕子)의 사사(士師)로서 왕수긍(王受兢)이라는 자가 은갑골문과 단군조선의 문자에 대한 지식이 있던 학자로서 단군조선과 은나라의 문자를 통합하여 서로 통하는 문자로 만드는 데 일조하였다고 추정되며, 그 후손이 되는 왕문(王文)이 서기전 924년에 상형표의 문자를 부예(符隸)로 만들었고, 이 상형표의 문자로써 이두법을 만들어 사용하였던 것이 된다. 다만, 가림토 글자를 이용하여 상형문자식으로 만들어 부예(符隸)라 하였는지는 불명하다.

만약, 서기전 924년에 왕문이 가림토 글자로써 부예(符隸)로도 만들었다라면 이는 상형가림토라 할 수 있는데, 기존의 상형표의 문자에 대한 발음이 두 가지 이상 생겼다는 것이 타당성이 있게 된다. 왜냐하면, 서기전 2181년에 가림토(加臨土)로 진서(眞書)의 발음을 표기한 것에 의하여 이후 진서의 글자 발음이 거의 변하지 않고 내려오다가, 상형가림토의 글자 형태가 시대가 흐르면서 변형됨으로써 생긴 발음이나 또 다르게 읽는 방법으로 나타낸 소리라 할 수 있는 훈(訓)이 되는 소리가 한 개 이상 생겼다는 것이다.

훈(訓)이 되는 소리는 지방 말이기도 하고 사투리이기도 할 것이다. 아니면 진서의 글자 소리에서 파생된 소리이기도 할 것이다. 또는 단군조선의 말이 아니면 은나라 말이기도 할 것이다. 즉 은나라 말은 단군조선에 비하면 지방이 되므로 사투리에 해당하는 것이 된다. 은나라 말과 주나라 말은 크게 다르지 않다라고 된다. 왜냐하면 그 백성들이 그 백성들이었기 때문이다.

그래서 한(漢) 시대에 지어진 설문해자(說文解字)에서 반절법(半切法)으로 음(音)을 표기한 것은 문자의 종주국(宗主國)이 되는 단군조선(檀君朝鮮)의 발음을 기준으로 한 발음이 되며, 반절법 표기 당시에는 초성 중성 종성을 고루 갖추는 발음이었다는 것이 되고, 지금의 중국어로는 나오지 아니하는 발음이 받침으로 쓰이고 있었기 때문에 현재 한국어의 발음이 반절법 발음의 기준이라는 것을 쉽게 알 수 있는 것이다.

가림토(加臨土)는 초성(初聲), 중성(中聲), 종성(終聲)을 각각 표기하는 수단이 되는 반면, 반절법(半切法)은 초성을 나타내는 글자와 분리하여 중성, 종성을 나타내는 글자를 써서 표기하는 수단이 된다. 그리고 반절법은 다른 글자로써 다른 글자의 소리를 나타내는 방법이므로 기준이 되는 글자의 소리를 알지 못하면 읽고자 하는 글자의 발음을 알 수 없는 것이다.

반절법 표기는 한(漢) 나라 때 시작된 것으로 보아 그 이전에는 단군조선(檀君朝鮮) 내의 발음 말고는 발음이 서로 간에 많이 달라진 상태에서 표준이 되는 발음을 적었다라고 보인다.

소위 한자(漢字)의 원 발음은 초성, 중성, 종성의 발음을 골고루 갖추고 있는 북방계인 단군조선식 발음이 표준이 된다고 보는 것이며, 이는 한국식 발음은 단절음인 반면 중국식 발음은 단절음이라고 단정하기 어려운 것에서 알 수 있다. 반절법으로 표기할 당시에는 이미 소위 한자에 대한 발음을 초성, 중성, 종성의 단절음으로 내고 있었다는 것이 된다.

원어(原語)와 변형어(變形語)의 관계로 볼 때, 지금의 소위 한자에 대한 한국식 발음은 영어(英語)에 대한 영국식 발음에 비유되고, 중국식 한자 발음은 미국식의 영어 발음에 비유된다.

이상으로, 소위 한자에 대한 음(音)과 훈(訓)의 고어(古語)를 연구하면, 단군조선의 말과 고대중국어가 어떻게 같고 다른지 어느 정도는 알 수 있을 것이다. 추정컨대, 고대중국어는 배달조선의 상형표의 문자를 문장으로 쓴 문어체(文語體)의 언어가 되고, 단군조선어는 소위 한자단어나 이두식으로 읽은 순우리말에 조사나 어미를 붙여 쓴 교착어식(膠着語式)의 말이 된다. 즉, 단군조선어는 지금 우리가 말하는 한국어 구조와 거의 다름이 없었다라고 추정된다. 다만, 단어의 말소리가 다소의 차이가 있었을 뿐이라고 본다.

서기전 924년경 이후의 단군조선어로서 쥐(쥐), 닭ㅅ, 대(다의:竹), 군신(君臣), 황쇼(황소) 등을 들 수 있는데, 같은 사물을 가리키는 말이 지금과 완전히 다른 말은 거의 없는 것이 된다. 즉 새로이 생긴 말이 아니면 단군조선의 말, 단어가 변하여 지금의 한국어 말, 단어가 된 것이다.

9) 돌궐문자와 가림토의 관계

(가) 돌궐(톤유쿡)비문에 보이는 글자

다음 비문(碑文)은 돌궐의 비문이다. 가림토 글자와 상당히 유사성이 있는 글자들인데, 분석을 해보면 글자의 형태가 가림토 글자와 같거나 유사한 글자들이 많으며, 상형문자로 볼 수도 있는 글자도 있고, 명도전(明刀錢)에 새겨진 글자와 완전히 일치하는 것도 있다.

비문의 글자에 따른 소리를 보면, 가림토 글자의 발음이 현 한글의 발음과 대동소이하다고 보았을 때의 발음과는 상당한 차이를 보이고 있으며 실제로는 완전히 다른 것으로 된다. 이는 돌궐이 옛 문자를 정리하면서 발음을 새로이 정리한 것으로밖에 볼 수 없다.

발음체계를 돌궐이 따로 정립한 것으로 볼 수 있는 기록으로 훈민정음(訓民正音)

해례본(解例本)의 정인지 서문을 들 수 있는데, 원래의 소리글자인 단군조선의 가림토 글자의 쓰임새가 시대가 흐르면서 교류가 단절되면서 발음이 달라진 것으로 된다.

일단 돌궐문자는 자음과 모음으로 구성된 표음문자이다. 위 문자들의 발음은 "튀르크"라는 발음이 있을 당시의 발음이 된다. 다만, 돌궐의 문자가 어떠한 원리에 의하여 체계적으로 정리된 발음인지 알 수 없는데, 명백히 삼재(三才)의 원리에 의하여 만들어진 가림토 글자나 훈민정음의 발음과는 일단 다를 수밖에 없는 것이 된다.

위 비문 위의 글자를 해독하면 "투르크" 또는 "튀르크"로 발음이 나는 글자가 있는데, 돌궐(突厥)이라는 한자는 이두식 글자에 해당하는 것이 된다.

돌궐 톤유쿡 비문 글자 - 가림토 계통 추정

돌궐 톤유쿡 비문과 가림토 글자

(나) 가림토와 돌궐문자의 관계

가림토 글자는 단군조선이 건국된 지 약 150년이 지난 서기전 2181년에 당시에 쓰이고 있던 상형문자의 발음을 통일시키기 위하여 정선(精選)된 글자인데, 약 1,260년이 흐른 서기전 924년 왕문(王文)이 이두법(吏讀法)을 만든 때까지 단군조선 삼한에 사용되어 온 것이며, 이후 가림토로 발음을 적지 않고 이두법을 사용하여 적음으로 인하여 가림토의 사용이 소홀해 지면서 점차 상형문자 전용 시대로 변한 것이 된다.

서기전 425년경 단군조선의 서쪽 지역의 한 제후족(諸侯族)이던 흉노족(匈奴族)들이 서쪽으로 진출하고 한편 동쪽으로 세력을 넓혀 선비(鮮卑)의 땅과 구려(句麗) 땅을 점령하고, 이후 북부여(北扶餘) 시대를 거치면서 상국(上國)의 세력이 약해져 제후국들이 점차 독립을 해 가는 과정에서 전쟁이 빈번하게 되고 상호 우호적인 교류가 단절되어 이에 따라 각자 독자적인 문화가 성립된 것이 되며, 돌궐도 마찬가지로 그들의 근거지는 구려, 선비, 흉노, 몽골의 땅이 되는 바, 그곳에서 사용되던 문자들을 정리하여 소리글자로 만든 것이 되는데, 그 이전의 발음과는 상당히 다른 발음으로 표기한 것이 된다는 것이다.

한마디로 돌궐문자는 가림토 글자와는 글자의 형태가 많은 부분에서 일치하고, 가림토 글자가 새겨진 명도전의 글자와 거의 일치하는 글자가 되나, 발음은 상당히 달랐던 것이 된다. 특히 자음들은 모음 없이 쓰인 경우에 기본모음을 붙여 발음하는 점이 명도전에 새겨진 글자를 읽는 법과 동일한 규칙으로 설정된 것으로 된다.

(다) 가림토와 돌궐문자의 발음 고찰

가림토 글자의 발음은 훈민정음의 발음과 대동소이하다고 보면 된다. 그래서 지금 우리가 쓰고 말은 단군조선 시대의 발음과 거의 차이가 나지 않는다는 것이 된다. 이는 명도전(明刀錢)에 새겨진 글자를 해독하는 과정에서 밝혀진다. 명도전에 새겨진 글자는 단군조선 시대에 발음하였던 사물의 명칭이나 글자를 읽는 소리 등 사전(辭典)과 다름없는 것이다. 즉, 조그마한 칼 안에 새기다 보니 완전한 문장은 찾을 수 없는데, 낱말 단어장 정도로 보면 된다는 것이다.

돌궐문자는 자음과 모음으로 이루어져 있는데, 모음은 4글자로 발음은 경우에 따라 아, 에 이, 오, 우, 외, 위, 이~ 등 8가지로 나타난다. 자음은 우리 발음과 같이 분류하면, ㄱ, ㄴ, ㄷ, ㄹ, ㄹㄹ, ㅂ, ㅅ, 반자음 y, ㅌ 에는 강한 발음인 무성음(無聲音)과 약한 발음인 유성음(有聲音)이 있으며, ㅋ, ㅁ, ㅈ, ㅆ, 꼭지달린 ㅇ, ㅍ의 발음이 있고 그외 ㄴㅆ, ㄸ, ㅂㅅ, ㄴㅌ의 복자음(複子音)도 있다.

돌궐문자의 고어 발음을 정확히 알기 위하여서는 중앙아시아[591]에서 사용되는

---

[591] 중앙아시아는 상고대부터 우리 역사와 직접 관련되어 있는 바, 우리 한국의 역사와 관련한 역

발음을 연구하면 도움이 될 것이다.

(라) 결어

돌궐문자의 글자의 형태(形態)가 가림토의 글자 및 단군조선의 문자가 새겨진 명도전의 글자와 거의 완벽하게 일치하고 있는 것으로 보아, 가림토의 후신(後身)이 된다. 다만, 그 발음이 원래의 발음과는 달라져 지금의 터키어의 고어에 해당하는 것이 될 것인데, 돌궐의 고어 발음이 가림토 발음과 어떻게 같고 다른지, 어떻게 변화하게 되었는지는 연구과제로 남는다.

10) 인도 브라미 문자와 가림토

서기전 2200년경 이후에 인도 브라미족(브라만)592)이 쓴 브라미(brahmi)문자는 가림토 글자와 닮은 점이 많은데, 만약 브라미(brahmi, 브라흐미)가 바람(風)이라는 뜻을 가진 말이라면 브라미족은 100% 단군조선 구족의 하나인 풍이(風夷)출신이 된다.

풍족(풍이)은 단군조선 9족의 하나로서, 풍족의 땅은 남이(藍夷, 藍族)의 땅이 되는데, 태호복희(太皞伏羲)가 서기전 3528년 산동서부의 진(陳)이라는 땅에 나라를 세웠고, 서기전 2700년경 치우천왕이 옮긴 수도 부근으로서, 단군조선의 번한(番韓) 관경에 속하게 된 땅이 된다.

인도의 카스트제도에서 승직자계급인 브라만(brahman)을 한자로 표기한 글자가 범(梵)이 되며, 범어(梵語)를 표기한 글자가 브라미(brahmi)문자가 된다. 태호

사 정립이 필요하다.

592) 인도의 브라만은 카스트제도에서 승려계급이 되는데, 역사적으로 단군조선 초기에 하우(夏禹)의 반역으로 태호복희 후손들이 하나라 땅에서 단군조선 직할영역으로 도망 나온 후 서쪽으로 이동한 것과 연관이 되는바, 브라만족이 이동한 역사와 사용하였던 문자 및 종교, 제도를 연구하는 것이 필요하다.

복희는 천군(天君)으로서 천지인(天地人) 삼
신제(三神祭)를 지낸 제사장(祭司長)이며,
브라만은 태호복희의 후손이 되는 것이다.

특히 아라비아 숫자로 변천된 인도브라미
의 숫자는 우리 배달조선의 상형문자[593]로
된 숫자와 동일하거나 너무나 유사한데 결국

아라비아 숫자의 변천

시대가 흐름에 따라 쓰는 방법에 의하여 변형된 글자가 틀림없다.

11) 로마자 알파벳과 가림토

(가) 역사적 관련성

역사적 흐름으로 보아, 룬문자, 그리고 페니키아와 그리스 문자는 오리엔트에서,
오리엔트문자는 수메르에서, 수메르 문자는 한배달조선(桓倍達朝鮮)에서 연유한
것으로 추정된다. 언어문자 사용집단의 서방이동의 실체적인 역사는 밝혀질 것이다.

영어 알파벳이 겉으로 보기에는 우리 한글의 자음, 모음과 관계없는 듯 보이나,
원래 양쪽 다 상형문자에서 출발하여 변형된 문자이므로, 그 근원으로 되는 공통문
자의 역사가 밝혀지면 저절로 해결될 수 있을 것이다. 역사적 언어적 추론상 공통문
자는 가림토가 될 것이다.

알파벳은 수메르의 영향을 받은 오리엔트 문자에서 나온 페니키아 문자와 관련
되며, 다시 인도아리안족인 그리스로마 문자로 정리된 것이다.

하나의 언어족이 형성되는 데는 약 1,000년 정도이면 충분하다. 인도아리안어족
은 서기전 2200년경 중앙아시아 쪽에서 남으로는 인도지역, 서로는 유럽으로 다시
남하하여 그리스, 로마 지역으로 이동하였다.

아리안족의 뿌리는 유럽이 아니라 동방이 된다. 인도지역을 기준으로 보아도 유

---

593) 소위 한자(漢字)는 배달조선의 상형문자에서 파생되어 정리된 문자이다.

럽지역에서 보면 이미 동방이며, 이 아리안족이 북쪽 시베리아 또는 북유럽에서 왔는지 동쪽이 되는 파미르고원 너머의 동방에서 왔는지가 문제인 것이다.

룬문자

서기전 2200년경 이전 이미 단군조선의 9족(九族, 九夷)에 속하는 백인종인 백족(白族)이 황하상류 서쪽 사막지대에 살고 있었다. 중국대륙의 서쪽에 해당하는 누란지역에서 백인종의 유적이 출토되었다. 이 지역에 백인종들이 언젠가부터 살고 있었다는 증거가 된다. 만약 이곳에 서기전 2200년경 이전에 이미 살고 있었다는 것이 고고학적으로 입증된다면, 한배달조선의 9족 중 백인종이 되는 백족(白族)이 될 것이다.

역사상 인도아리안족으로는 인도 브라만족, 이란고원 아리안족, 소아시아의 히타이트, 유럽남부의 그리스와 이탈리아, 기타 유럽어족 등을 포함한다. 그리스와 이탈리아 아리안족은 인도의 브라만족과 같은 족속이므로, 인도브라만족의 출신지가 어디인지 밝혀지면, 인도아리안족의 고향이 밝혀지는 셈이다.

인도 브라만족의 브라만은 브라흠(Brahm)에서 나온 말이며, 이는 브라흠, 브람, 범, 범(梵)으로서 원래 바람이라는 말로서, 風(풍, 바람)을 읽는 소리이고, 풍족(風族)을 나타내는 말이 된다. 한배달조선에는 풍족(風族=남족=藍族)이 있었으니, 바로 서기전 3500년경 사람인 배달나라 천군(天君) 태호복희(太皞伏羲)의 후손인 것이다.

(나) 알파벳의 자음과 모음의 기원과 음가 고찰

역사상 알파벳이 가림토에서 연유한 문자라고 가정하고 아래와 같이 가림토의 음가로써 알파벳의 자음과 모음의 음가를 정리해 본다. 우연성에서 벗어나 필연적 친연성이 역사적으로 후학들에 의하여 밝혀지기를 기대해 본다. 물론 페니키아 문자의 원조라고 할 수 있는 룬문자는 돌궐비문의 글자와 동일하거나 유사한바 바로 단군조선의 가림토 계통이라고 하여도 하자가 없는 것으로 본다.

1. 알파벳의 G는, 소위 명도전에 새겨진 단군조선의 문자로 보면 '귀'모양으로서, 가림토로 읽으면 '구, 구ㅣ'가 되며, 여기서 자음 'ㄱ'음을 음가로 사용한 것이 된다. 구개음화로 될 때는 'ㅈ'의 음가를 지니게 된다.

2. 알파벳의 N은, 그 모양을 시계반향으로 90도 회전시키면 ㄱ, ㄴ의 연결형 모양의 글자가 되며, 원래 한글자음 ㄴ도 ㄱ, ㄴ의 연결모양으로서 니은(이은) 모양의 글자인 바, 음가는 당연히 [ㄴ]이 된다.

3. 알파벳의 D는 단군조선 가림토 소리로 읽으면 'ㅣㄷ'의 합자가 되어 '디'로 일치하는 것이 된다. 단군조선 가림토의 ㄷ,C는 '닿거나 떨어진' 모습을 나타낸 글자로서 음가가 [ㄷ]이다.

4. L은 N과는 다른 모양의 ㄱ, ㄴ의 합자모양으로서 굽으면서 길게 이어지는 모양을 나타낸 글자가 되어, ㄹ을 아래로 길게 늘어뜨린 모양으로 된다. 단군조선 시대의 乙, ㄹ, 길게 늘인 S 등은 [ㄹ]이 된다.

5. M은 가림토로 분석하면 ㅅㄴ으로 된 글자가 되며, 글자 자체의 모습은 산봉우리 2개를 나타낸 모양이 되는데, 'ㅅㄴ'은 'ㅅ.ㄴ[슨]'으로 소리되며 '뫼'와 같은 말로서 [ㅅ]대신 [ㅁ]음가를 택한 것이 된다.

6. B는 가림토식으로 분석하면 'ㅣW'가 되고, W는 U를 두개 합친 글자이며, 단군조선시대 U는 [v]에 해당하는 음가가 되고, 두개 겹쳐 [b]음가를 가진 것으로 되어, 'ㅣㅂ'으로 '비'가 된다. 수메르 글자로 방(房)을 나타낸 것에서 유래한 글자라고 하니 우리말의 방의 초성자음 ㅂ과도 연관된다.

7. S라는 글자는 ㅅ의 필기체의 변형으로 추정되는바, s의 필기체는 그대로 '스'라는

글자가 된다. 단군조선의 가림토 ㅅ은 '선, 세운' 모습을 나타낸 글자이다.

8. 알파벳의 O는 단군조선 가림토의 ㅇ과 완전 같다. 가림토 ㅇ은 'ㆍ' →'아, 으'로 읽혀지고 '으'가 원순모음화 되어 '오'로 변음될 수 있는 것이다. 단, 알파벳 O는 모음의 기능을 한다.

9. 알파벳의 J은 丁(정)과 같은 모양의 글자이고, Z는 단군조선 가림토 ㅈ의 필기체의 변형으로 되는 바, [ㅈ]음가를 딴 것이 된다. 특히 J의 필기체는 단군조선의 ㅈ자음서 꼬리를 늘어뜨린 모양에 가까운 형태의 글자이다. '쥐'의 단군조선의 글자가 쥐(子:쥐 자) 모양을 나타낸 상형문자이면서 표음문자로 만들어진 글자이다.

10. 알파벳 K는 단군조선 가림토 ㅋ이 변형된 글자가 된다.

11. 알파벳의 T는 단군조선의 가림토 ㅌ과 관련성을 찾기 어려우나, T의 필기체를 보면 가림토 ㅌ 모양과 유사하다.

12. 알파벳의 P는 D와는 달리 P의 머리모양이 ㅍ을 옆으로 눕힌 형태에서 변형된 꼴이 되며, 가림토로 분석하면 'ㅣㅍ'이 붙은 형태가 된다.

13. 알파벳의 H는 단군조선 시대 가림토 중에서 '아래 ㅎ'이 아닌 '天'을 읽을 때의 소리인 머리 부분의 글자로서, 天이 '한'이라고도 읽히므로 윗 工은 'ㅎ'음가에 해당한다. ㄴ음가인 가림토의 工, 알파벳의 N과 구분되어야 한다.

14. 알파벳에서 ㅊ음을 나타내는 글자는 C가 될 수 있는데, ㅊ은 ㅈ의 격음, ㅆ의 격음이 되는데, 단군조선 시대의 C글자와는 음가가 다르지만, 후대에 보자기 모양으로서 '싸다'는 뜻을 가져 'ㅆ'음으로 가능하다.

15. 알파벳의 X은 단군조선 가림토 X와 모양이 완전히 일치하며 음가도 대동소이하다. 단군조선 가림토 X 음가는 'ㄲ'→'ㅋㅅ'→'ㅋ' 또는 'ㅎㅎ'가 된다.

16. 알파벳 W는 U를 두개 겹친 글자로서 U를 강하게 발음하는 형태인 반자음 'ㅜ [u]'음가를 가지는데, 단군조선의 가림토 U는 H의 반절이 되는 글자이며, ㅂ음가에 가까운 H보다 부드러운 ㅂ소리가 된다. U의 겹친 W소리는 [ㅂ]에 가까운 소리가 되는데, 영어권이 아닌 독일어에는 [ㅂ]에 가까운 소리[v]로 남아 있는 것이 된다. 부드러운 ㅂ소리가 되는 W보다 더 부드러운 소리인 U는 상대적으로 [u]음가를 가진 것이 된다.

17. 알파벳 F는 단군조선 가림토 ㅍ을 거의 반으로 나눈 모양이다. 즉 ㅍ의 부드러운 소리에 해당하는 음가를 가지는 글자가 된다.

18. 알파벳 R의 모양은 ㅏ,ㄹ의 합자가 되는데, 가림토 음가로 'ㅏㄹ' ➤'알'이 된다. 음가는 ㄹ보다 부드러운 흐르는 듯한(流音), 유성음에 가까운 소리가 된다.

19. 알파벳 Q는 그 모양이 우리말의 '키(箕)'와 관련이 있는 글자로 보인다.

20. 알파벳 Y는 U ㅣ의 합자가 되는데, U는 단군조선 가림토 글자로 하면 'ㅂ'에 가까운 소리이므로 [v ㅣ]가 되고 'ㅂ. ㅣ'➤'봐 이'➤'와이'로 변음된 것으로 된다.

21. 알파벳 A는 원래 소머리모양이라고도 하는데, ㅏ와 ㅣ를 비스듬히 쓴 글자모양이 되고, 단군조선 가림토로 읽으면 '아이'가 되는데, ㅣ모음역행 동화로 '애이'가 되며, 음가로는 '아', '애'가 된다.

22. 알파벳 E는 그 모양이 단군조선 가림토 ㅌ과 같은데, ㄷ의 격음이 아닌, ㄷ 안에 .이나 ㅇ이 있는 형태로서 '아기를 밴 모양'의 글자가 되며, '애➤에'라는 음가를 가진 것이 된다.

23. 알파벳 I는 단군조선 가림토 ㅣ와 같은 모양이 되는데, 기본 음가는 [ㅣ]로 같으며, 단군조선의 가림토 중 工이라는 글자가 [ㅓ]라는 글자로서 변음 되어 [아]로 되었다가, I와 비슷한 모양으로 변하면서 I모양으로 변하고 소리는 원래 '아'를

살려 '아이'라 발음한 것이 된다.

24. 알파벳 U는 단군조선 가림토 U와 완전히 모양이 같은데, 단군조선의 음가는 [v]에 가까운 소리이며, 후대에 더 부드러운 소리로 변하면서 [ㅜ]발음을 가진 것으로 된다.

이상의 음가와 글자의 형태를 고려하건대, 결국 알파벳의 자음과 모음의 음가는 단군조선 시대의 상형문자에서 나온 글자를 가림토로 읽은 소리이거나 변음된 것으로 추정된다. 다소 억지추론일 수 있으나 역사적으로 볼 때 룬문자, 페니키아문자, 그리스로마 문자 등은 배달조선의 가림토 계열이라고 본다. 약 3,000여개 이상의 가림토식 글자에서 축소되어 단군조선의 가림토 38자로 정선되고, 돌궐문자, 룬문자, 페니키아 문자 등으로 변천되어 지금의 로마 알파벳으로 체계화 된 것이 된다.

즉, 그리스 알파벳이 페니키아 문자에서, 페니키아 문자는 오리엔트 문자에서, 오리엔트문자의 기원은 수메르라 통상적으로 알려지는바, 결국 한배달조선과 연결이 되고, 알파벳의 음가가 거의 대부분 가림토 글자의 음가의 잔재인 것이다.

페니키아 이전의 우가릿문자는 30여자가 되는데 원래 서기전 3100년경 수메르에서 쓰이던 기호는 2,000여개 이상이었고, 서기전 2000년경에 이르러 바빌로니아 시대에 600여개로 줄어들었던 것이 된다.

그리스는 서기전 2000년경 이후에 원주민 외에 인도아리안족이 이주하여 왔으며, 인도아리안족은 역사적으로 단군조선 백성으로서 하(夏)나라에서 탈출하여 서방으로 이동하면서 배달조선의 백인종이 되는 백족(白族), 즉 백이(白夷)와 더불어 이동한 것으로 강력히 추정된다.

수메르문자가 한배달조선 문자와 연관성이 있어 오리엔트문자는 물론, 인도아리안족의 문자가 되는 인도 브라미문자, 그리스.로마 알파벳, 모두 단군조선의 가림토와 매우 유사하거나 심지어 음가가 같은 것이 많아, 관련성을 완전히 부정하기는 거의 곤란하다.

알파벳의 기원이 상형문자인 것은 부인할 수 없는 사실이며, 단군조선의 가림토 또한 원래 상형문자에서 나온 소리글자인바, 알파벳의 음가가 가림토 소리와 거의 일치하므로, 결론적으로 알파벳은 가림토에서 파생되었음이 틀림없다고 보인다.

역사적으로도 수메르는 물론, 이후 인도, 이란, 그리스 등지에 유입된 인도아리안족이 서기전 2224년경 단군조선에서 서방으로 이동한 사람들이 되는 바, 알파벳의 기원과 언어문자 집단의 이동의 역사가 부합하게 된다.

이상에서는, 현 영어 알파벳을 기준으로 음가를 설정하여 단군조선의 가림토와 비교 검토하였는바, 그리스, 로마 알파벳의 음가와도 비교 검토함이 필요하다고 본다.

서기전 2181년 단군조선이 가림토 38자를 정선(精選)한 것은, 어디까지나 발음을 표기하는 수단으로서 일정한 기준(基準)을 제시한 것이 되며, 문자는 습관적 사용에 의한 약속이기도 하므로, 사용하는 집단에 따라 적절히 변용되거나 다른 유사한 글자를 대체 사용할 수 있는 문제이다.

12) 일본 이세신궁의 원시한글 -가림토 아류

(가) 해독 및 해석

일본(日本) 이세신궁(伊勢神宮)에 한글과 같은 글로 된 문헌이 있다. 가림토의 후신(後身)으로서 가림토의 아류라 하여도 과언이 아니다. 일본에서는 이 글자를 신대문자(神代文字. 서기전 660년 이전)[594]라 부르고 있는데, 여기서는 이 글자를 원시한글이라고 일단 부르면서 그 내용을 풀이하고자 한다.

원시한글을 세로로 읽어 한글로 적어보면,

---

594) 일부에서는 일본의 신대문자를 조작된 것이라고 주장하지만, 그 연원이 깊은 만큼 객관적인 연구자의 자세로 실제적인 역사를 연구하는 것이 분명히 필요하다고 본다.

"우미가유거하고시나두무오호가하라노우어
구사우미가하이사요후하마두디도리하마요
하유가수이시두다후"

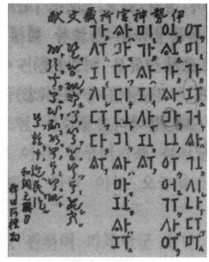

일본 이세신궁 원시한글 축문

가 된다. 원시한글의 우측에 첨기된 일본
가다가나도 거의 같은 발음이긴 하나, 다만
일본발음으로 읽으면 그 원어를 알기 어렵게
되어 해석이 거의 불가능해진다.

이 문장을 알기 쉽게 풀어보면,

"바다가 유거(攸居)하고 시냇물도 무오호가(無惡好歌)하라. 노우어구(怒于御
丘)는 바다가 하심이로다. 두지공이신 요하유님이 편안히 쉬시도다."로 적을 수 있
다. 이를 다시 풀이하면, "바다가 머물고 시냇물도 거리낌 없이 노래하누나. 파도는
신궁의 언덕에 부딪치는 도다. 두지공(豆只公)이신 요하유님께서 편안히 쉬고 계
시노라."

가 될 것이다.

위 원시한글의 문장의 말투는 조선시대 말투로 보인다. "우미가 유거하고 시나두
무오호가 하라 노우어구사 우미가 하이사 요후 하마 두디도리 하마 요하유가 수이
시두다후" 속에 현재 쓰는 우리말과 옛말, 한자성구로 보이는 말이 있고, 우리말의
조사나 어미, 감탄사와 같거나 비슷한 글자가 있다. 일본말로 보이는 글자로는 "우
미"와 감탄사 "요후", "후"가 있다. 그 외는 모두 우리말로 보아도 무방한 글자이다.
그래서 위 문장은 조선시대에 쓴 것이라 보인다. 다만, 그 내용은 이세신궁이 세워
지던 그 때의 역사적 배경이 고스란히 담겨져 있는 문장이 된다.

여기서 요하유라는 자는 바로 일본의 국조신(國祖神)인 천조대신(天照大神)이

다. 위 해석의 정확성을 뒷받침해주는 일본서기(日本書紀)의 글을 소개한다.

> 수인천황(垂仁天皇) 25년(서기전 5년) 3월에 천조대신(天照大神)을 왜희명(倭姫命)에게 맡겼다. 왜희명(倭姫命)은 대신(大神)을 모실 자리를 찾아다니다가 근강국(近江國)으로 가서 미농국(美濃國)을 돌아 이세국(伊勢國)에 이르렀다. 그 때 천조대신이 왜희명에게 이르기를, 「이 신풍(神風)의 이세국(伊勢國)은 늘 물결이 무겁게 부딪히면서 돌아오는 나라이다. (倭(야마토)에) 가까이 있는 아름다운 나라이다. 이 나라에 머물고 싶다」라고 하였다. 이에 대신(大神)의 가르침을 따라 이세국(伊勢國)에 사당(祠堂)을 세우기로 하여 제궁(齊宮)을 오십령천(五十鈴川) 위에 세웠다. 이를 기궁(磯宮)이라 이른다. 천조대신이 처음으로 하늘로부터 내려온 곳이다.

한편, 이세신궁의 원시한글 왼쪽에 쓰인 흘림체 문자로 된 글의 오른쪽에 가다가나로 첨기된 것을 보면, 야마토호꼬아마쯔미시로 토요꾸무게리히메미고또(ヤマトホコアマツミシロ トヨクムケリヒメミコト)라고 쓰여 있는 바, 이를 한자로 표기하면 倭穗子天祇城 豊組氣理姫命으로 추정되는데, 여기서 왜희명(倭...姫命)을 찾아 볼 수 있어, 이세신궁의 원시한글을 쓴 사람은 왜희명으로서 일단 이세신궁을 지을 때 쓴 것으로 추정되는 것이다.

이상에서, 이세신궁의 원시한글은 서기전 5년경 왜희명이 천조대신의 신궁을 이세국의 오십령천 위에 세우고서 쓴 글이 아닌가 추정을 해보는데, 문장의 어투로 보아서는 근세 조선시대에 다시 지은 것으로 보인다.

우리에게 한글 이전에 글이 있었다는 기록은 세종실록외에도 나타나고 있는 바, 현금에 나타난 한단고기 단군세기 편에 서기전 2181년 삼랑(三郎) 을보륵(乙普勒)이 정음(正音) 38자를 만들어 가림토(加臨土)라 하였다 하고, 또, 김시습이 지었다는 징심록추기에 세종대왕의 훈민정음 28자를 신라시대 박제상이 지었다는 징심록(澄心錄)에서 취했다고 적고 있기도 하다.

신라 박제상이 지었다는 책은 부도지 등 15권이 있는데, 이에 음신지(音信誌)라는 책이 있는 바, 이 음신(音信)이라는 것은 소리(말)와 전달을 의미하는데 말을 멀리 또는 후대로 전달하려면 그 수단이 필요하므로, 문자가 있었음을 가늠케 한다.

(나) 단군조선 역사의 흔적

위 이세신궁의 한글 문헌은 우리역사에 아주 중요한 단서를 던져주고 있다. 즉, 단군조선의 역사가 기록되어 있는 것이다. 바로 "두디도리"이다. 두디도리는 "두지주(豆只州) 예읍(濊邑)의 추장(酋長)"이라는 의미이다.

역사적으로 단군조선 초기인 서기전 2173년경 두지주 예읍의 추장이던 소시모리(牛首)가 반란을 일으켰고 여수기(余守己)가 진압하였다. 여수기는 예국(濊國)에 봉해진 단군조선의 제후이며, 동서남북중 동쪽을 책임진 천하의 왕이었다. 단군왕검은 동서남북중에서 중앙에는 천부단(天符壇)인 제천단(祭天壇)을 쌓은 백두산(태백산)이 있고, 동쪽을 지키는 동보(東堡)인 예(濊), 서쪽을 지키는 서보(西堡)인 번한(番韓), 남쪽을 지키는 남보(南堡)인 마한(馬韓), 북쪽을 지키는 북보(北堡)인 진한(眞韓)을 두었다. 이는 곧 동서남북중의 천부단 4보 제도인데 바로 서기전 7197년 이전의 파미르 고원 마고성 시대에 있었던 제도로서 단군왕검은 마고(麻姑)의 법을 그대로 본떴던 것이다.

일본의 국조신(國祖神)이라는 천조대신(天照大神)은 여신(女神)으로서 대일령(大日靈, 요하유)존이라고도 불린다. 그 선조는 바로 단군조선의 두지주 예읍의 추장이던 소시모리가 되며, 대대로 그 추장을 소시모리(=소ㅅ머리) 또는 우두머리, 우수(牛首) 등으로 불린 것이 되고 두지도리라 기록된 것이 된다. 도리는 공(公)으로 나타낼 수 있는 말로서 일정 지역의 장(長)을 의미한다.

비록 위 원시한글 문서는 세종대왕이 신제(新制)한 훈민정음의 글자를 후대에 조작하였다느니 하는 문제가 있으나, 글 내용에 담긴 역사는 바로 단군조선의 역사를 적은 것이 된다.

이미 서기전 2181년 당시 단군조선에서 가림토38자라는 정음(바른 소리)이 정립된 것으로 보면, 단군조선 영역에 속하던 일본 땅에 한글이라는 글자가 남아 있고 쓰인 것은 사실이라고 보는 것이 타당할 것이다. 물론 현재 일본에서 보유하고 있는 많은 유물상에 새겨진 한글모양의 글자를 단군조선의 가림토 글자라고 확정하기 위해서는, 각 유물의 제작연대를 밝히는 것이 우선 과제이기도 하다. 위 한글모양의 글자가 서기전 660년 이전부터 있어온 소위 신대문자가 맞다라면 100% 단군조선의 유산이 되는 것이다.

(4) 배달나라 시대의 역사서 배달유기(倍達留記)

서기전 2180년 신축년(辛丑年)에 신지(神誌) 고글(高契)595)에게 명하여 배달유기(倍達留記)를 편수(編修)하게 하였다.596)

신지(神誌)는 문자(文字) 및 명령(命令) 관련 담당 벼슬(官職)이다. 후대에 문서(文書)를 담당하던 한림원(翰林院) 또는 조선시대의 도승지(都承旨)승에 해당한다 할 것이다.

고글(高契)은 고씨(高氏)인 글(契)이라는 사람이다. 글(契)은 문자(文字)를 가리키는 말로서, 사람 이름일 경우에는 "설(偰)"이라고도 읽힌다. 특히 순(舜) 임금 시절에는 교육담당인 사도(司徒)에 봉해졌던 인물로서 "契"이라고 기록되기도 한다.

배달유기는 역사책을 말하며, 단군조선 초기에 엮어진 것이므로 그 이전의 배달나라 시대의 역사를 중심으로 엮은 것이 된다.

---

595) 신지는 배달조선 시대에 문자 담당이 된다. 고글의 글은 문자를 가리키는 말이 된다.

596) 전계 한단고기 〈단군세기〉, 68쪽 참조. 배달유기는 단군조선 시대에 엮어진 최초의 역사책이라 할 수 있는데, 배달나라 시대의 역사서인지 단군조선 초기의 역사서인지는 불명이나, 편수(編修)라는 말에서 엮어 수선(修繕)하다라는 뜻을 감안하면 배달나라 역사와 단군조선 초기 역사를 함께 묶은 것일 가능성이 많다.

(5) 흉노족의 조상 색정(索靖)

서기전 2177년 갑진년(甲辰年)에 열양(列陽) 욕살(褥薩) 색정(索靖)에게 명하여 약수(弱水)로 옮기게 하고 종신자치(終身束置)하였다가, 뒤에 이를 용서하고 그 땅에 봉하니 흉노(匈奴)의 조상이 되었다.[597]

열양(列陽)은 열수(列水)의 북쪽이라 해석되는데, 열수는 조수(潮水), 습수(濕水), 산수(汕水) 등의 지류를 가진 강으로서, 지금의 영정하 동쪽이자 난하의 서쪽에 위치한 고하(沽河) 또는 백하(白河)가 된다. 백하(白河)의 지류에 습여수(濕餘水), 조하(潮河) 등이 있다.

욕살(褥薩)은 지방장관이다. 지방의 왕(王)이 되는 제후(諸侯)가 아니면서 지방의 일정지역을 다스리는, 중앙에서 임명받는 최고의 관직이 된다. 지금의 군수(郡守) 이상 도지사(道知事)에 버금간다 할 것이다. 색정(索靖)은 사람 이름이다.

약수(弱水)는 흉노족의 발상지가 되는 황하북류 지역에 있는 강으로서, 태원(太原) 서북쪽에 위치한 지금의 오르도스 지역이 된다.

흉노도(匈奴刀)라 불리는 첨수도(尖首刀)인 도전(刀錢)에 소금을 가리키는 鹵(로)라는 글자가 새겨진 것이 있는 바, 이는 흉노지역에 소금밭이 있었다는 증거가 된다. 그리하여 황하북류 지역에 있는 약수(弱水)의 땅에 소금밭이 있었던 것이 분명하다.[598]

---

597) 전게 한단고기 〈단군세기〉, 68쪽 참조. 욕살의 직에 복직시킨 것이 되거나 제후로 봉한 것이 될 것인데, 욕살에 봉하였다면 욕살은 제후는 아니지만 자방자치단체의 장으로서 세습하거나 화백으로 선출하였을 것이다. 읍차나 추장도 원칙적으로 세습하였던 것이 되며, 화백자치(和白自治)로 선출하지 못할 특별한 경우에는 상급관청에서 선발하였을 것이다. 마한과 번한은 천왕의 직속 비왕이므로 세습되지 못할 경우에 천왕이 다시 봉하기도 하였다.

598) 소위 흉노도(匈奴刀)에 소금밭을 나타내는 鹵(로)라는 글자가 새겨져 있는데, 흉노지역은 바다 인근이 아니라 약수(弱水) 지역인데, 이 곳에 소금을 만드는 염전(鹽田)이 있었던 것이 된다.

고조선 문자, 허대동 지음, 이민화
감수, 조홍근 검증, 도서출판 경진,
2011, 260쪽 (인터넷 civil님 모음)

첨수도에 새겨진 문자 형태

열양 욕살 색정은 죄를 지어 약수지역에 종신으로 갇히는 형벌을 받았던 것이 된다. 자치(束置)는 가시가 달린 나무로 울타리를 만들어 도망을 가지 못하도록 거주지를 제한한 형벌(刑罰)이 된다.

색정이 훗날에 사면(赦免)을 받아 약수지역에 봉해져 흉노의 조상이 되었다 하는바, 색정이 종신 금고형(終身 禁錮刑)에 처해진 곳이 약수지역이며, 훗날 이곳에 제후격으로 봉해져 흉노족의 시조가 된 것이다.

흉노족은 색정(索靖)이라는 사람으로부터 시작하여 씨족(氏族)을 이루고, 단군조선 말기가 되는 서기전 6세기경에는 큰 부족(部族)을 이루어 세력을 확장하여 동서지역으로 세력을 펼친 것이 되고, 서기전 3세기경에는 동서지역으로 팽창하였던 것이 된다.

동방에서의 흉노족은 서기전 121년에 흉노 휴도왕의 태자 김일제(金日磾)가 한무제(漢武帝)에게 항복하여 서기전 86년에 한무제(漢武帝)의 유지(遺旨)로 산동지역에 투후(秺侯)로 봉해졌으며, 그 후손들이 한(漢) 나라의 정세가 날로 어지러워져 가고 결국 서기 8년경 신(新) 나라를 세운 왕망(王莽)과 관련되었던 차에, 난을 피하여 한반도의 남방지역으로 이동하여 와서 변한(弁韓)을 이어 서기 42년에 김수로

왕(金首露王)의 금관가야(金官伽倻)를 비롯한 6가야(伽倻)를 세웠던 것이 된다.

흉노(匈奴)라는 말은 글자대로는 비칭(卑稱)이 되고 훈늇이라고도 기록되는데, 이는 원래 훈(hun) 또는 훈나, 훈노의 소리를 나타낸 이두식으로 표기로서, 일설에서는 영어로 인간이라는 휴먼(human)의 어원이 되는 훈먼(hun man)의 훈(hun)을 나타낸다고도 한다.

흉노의 노(奴)나 훈나의 나(那)는, 북방계 말이 되는 고구려의 용어로서 오방(五方)의 부(部)을 나타내던 절로, 관나(灌那), 연나(椽那), 계루 등의 로, 나(那), 루와 같은 말로 보이는 바, 흉노, 훈늇, 훈, 훈나라는 말은 하늬(西)라는 말과 관련이 있는 것으로 추정된다. 즉 서쪽의 땅, 서방지역(西方地域)이라는 의미가 될 것이다. 서쪽에서 부는 바람인 서풍(西風)을 나타내는 우리의 옛말이 하늬바람이다.

단군조선 시대에 흉노(匈奴)의 북쪽에는 선비(鮮卑, 鮮白)가 있었으며, 선비의 북쪽에는 지금의 몽골인 몽고리(蒙古里)가 있었고, 선비의 동쪽에는 구려(句麗)가 있었으며, 구려의 남쪽에는 태항산(太行山) 동쪽으로 고죽국(孤竹國)이, 태항산 서쪽으로 흉노의 동쪽에는 서기전 1122년경에 은(殷) 나라 망명자 기자(箕子)에 의하여 세워진 단군조선의 제후국인 기후국(箕侯國)이 있었던 것이 된다.

은의 제후국인 기자국(箕子國)은 은허(殷墟)가 되는 안양(安陽)의 남쪽으로서 황하 남쪽에 위치하였던 것이 된다. 여기서 기자(箕子)는 기(箕)라는 땅에 봉해진 자작(子爵)이라는 뜻이며, 기후(箕侯)는 기씨(箕氏)라는 제후(諸侯) 중의 후작(侯爵)이라는 말이며, 자작보다 한단계 위가 된다. 다만, 공(公), 후(侯), 백(伯), 자(子), 남(男)의 제후(諸侯)들을 통칭하여 그냥 후(侯)라고도 할 수 있다.

(6) 중일(中一)의 도(道)

서기전 2176년 을사년(乙巳年) 9월에 가륵(嘉勒) 천왕이 칙서(勅書)를 내려 아래와 같이 말씀하셨다.[599]

천하(天下)의 대본(大本)은 우리 마음의 중일(中一)에 있나니, 사람이 중일(中一)을 잃으면 일이 이루어지지 않고, 만물이 중일(中一)을 잃으면 몸체가 기울어지고 엎어지느니라. 임금의 마음은 오직 위태(危殆)롭고 중생의 마음은 오직 미미(微微)한데, 완전한 사람은 고르게 통할하여 중(中)을 세워서 잃지 않게 한 연후에 일(一)에 정립하느니라.

유중유일(惟中惟一)의 도(道)는, 아비는 마땅히 자애롭고, 아들은 마땅히 효도하며, 임금은 마땅히 의(義)롭고, 신하는 마땅히 충성스러우며, 부부(夫婦)는 마땅히 서로 공경하고, 형제(兄弟)는 마땅히 서로 사랑하며, 노소(老少)는 마땅히 순서가 있고, 붕우(朋友)는 마땅히 믿음이 있어야 함이니라.

몸을 공경스럽고 검소하게 꾸미며, 학업을 닦고 단련하며, 지혜를 열고 능력을 펴며, 널리 이롭게 함에 서로 힘쓰며, 성기(成己)하고 자유(自由)하며, 만물(萬物)을 열고 평등(平等)하게 함으로써, 천하(天下)는 저절로 맡겨지느니라.

마땅히 나라의 정통(正統)을 존중하고, 헌법(憲法)을 엄격히 지키며, 각자 자신의 직업에 힘을 다하고, 부지런함을 권장하고 산업을 보호해야 하느니라. 나라에 일이 생길 때는 몸을 바쳐 옳음을 다하고, 위험을 무릅쓰고 용감하게 나아감으로써, 만세(萬世)의 끝없는 국가운영에 도움이 될 것이니라.

이에 짐은 그대들 나랏사람들과 더불어 절실히 새겨서 바꾸는 일 없을 것이로되, 여럿이 한 몸으로서 내실을 완전히 하는 지극한 뜻이나니, 따를지니라.

중일(中一)은 중심을 하나로 한다는 의미이다. 사람은 마음을 중심 잡아 하나로 하여야 만사를 이룰 수 있으며, 물체는 중심이 바로 잡혀야 바로서고 넘어지지 아니

---

599) 전게 한단고기 〈태백일사/삼한관경본기〉, 205~206쪽 참조

한다. 마음에 중심이 잡히지 아니하면 갈팡질팡하게 되는 것이며, 물체가 중심이 잡히지 아니하면 바로 넘어지게 되는 것이다.

임금의 마음은 항상 위태위태하고 백성들의 마음은 사소한 것만을 생각하는데, 온전한 사람은 마음을 통제하여 고르게 함으로써 중심을 세워 흐트러지지 않게 한 후에 정립(定立)하게 된다.

중일(中一)의 도(道)는, 부자(父子), 군신(君臣), 부부(夫婦), 형제(兄弟), 노소(老少), 붕우(朋友) 사이의 도리를 지키는 것이다. 즉 사람으로서, 국가의 구성원으로서, 사회의 구성원으로서 지킬 도리이다. 이 중일(中一)의 도(道)는 유교(儒敎)에서 말하는 소위 삼강오륜(三綱五倫)의 원류가 되는 것이다.

중일(中一)의 도(道)에는 크게 홍익(弘益) 사상과 자유(自由) 사상과 만물평등(萬物平等) 사상 등이 내포되어 있다.

위 가륵 천왕의 칙서에는, 가정과 사회에서 나아가 또한 국가(國家)가 존재하므로, 각자 마음의 중심을 하나로 바로 잡아서, 아비는 아비답게, 아들은 아들답게, 남편은 남편답게, 아내는 아내답게, 형은 형답게, 아우는 아우답게, 늙은이는 늙은이답게, 젊은이는 젊은이답게, 벗은 벗답게, 임금은 임금답게, 신하는 신하답게, 각자 할 도리를 다함으로써, 무궁한 국가운영을 다짐하고 권하는 내용을 담고 있는 것이 된다.

(7) 지백특(티벳) 정벌

서기전 2175년 병오년(丙午年) 강거(康居)가 반란을 일으키니 천왕이 이를 지백특(支伯特)에서 정벌하였다.[600]

강거는 지백특에 봉해져 그 지역을 다스리던 지방장관인 욕살(褥薩)이나 제후(諸侯)가 된다.

---

600) 전게 한단고기 〈단군세기〉, 68쪽 참조

지백특은 지베트, 치베트 등의 소리를 음역(音譯)한 이두식 표기에 해당하며, 지금의 말로는 티벳(Tibet)이 된다. 당시 티벳 지역이 단군조선의 영역이었다는 것이 되는데, 단군조선은 배달나라의 정통성을 이었기 때문에 한국과 배달나라의 영토도 계승한 것이 된다. 그리하여 파미르고원에 있었던 자치제후국은 자연히 단군조선의 제후국으로 승계된 것으로 된다.

또는 단군조선에서 티벳을 제후국으로 봉한 것이 되기도 하는데[601], 이에 관한 명백한 기록이 없어 단정하기는 어려우나, 티벳 지역이 되는 청해(青海)는 단군조선에서 욕살(褥薩)을 둔 곳이기도 하다.[602]

그리하여 지금의 영정하 상류지역과 요하 상류지역에 걸쳐 위치하던 구려국(句麗國)이 단군조선의 영역으로 볼 때 중앙지역에 해당하는 것으로서 국명의 의미를 정확히 지니고 있는 것이다. 즉 구려는 중앙(中央)이라는 뜻을 가진 말이다. 구려(句麗)의 국명을 계승한 나라가, 태양이 높이 빛나는 세계의 중심이라는 뜻을 나타내는 고구려(高句麗)이다.

(8) 조세제도 조정(調定)

서기전 2175년 초여름 4월이 되자 천왕께서 불함산(不咸山)에 올라 민가(民家)에서 나오는 연기를 보시고 연기가 일어나는 것이 적은 집은 조세(租稅)를 줄이도록 명령하여 조세에 차이가 있게 하였다.[603]

음력(陰曆)으로 1월, 2월, 3월은 봄이며, 4월, 5월, 6월은 여름이고, 7월, 8월, 9월은 가을이며, 10월, 11월, 12월은 겨울이 되는데, 4월은 초여름에 해당된다.

---

601) 서기전 1465년에 지백특이 단군조선에 특산물을 바쳐 조공하였다고 기록되고 있다. 전계 한단고기 〈단군세기〉, 95쪽 참조
602) 전계 한단고기 〈단군세기〉, 80쪽 참조. 서기전 1984년에 청해 욕살 우착이 반란을 일으켰다가 토벌되었다.
603) 전계 한단고기 〈단군세기〉, 68쪽 참조

불함산(不咸山)은 밝달산을 나타내는 이두식 표기가 된다. 즉, 불(不)은 벌, 발과 통하는 소리이며, 함(咸)은 "모두 다"라고 할 때의 "다"의 뜻을 지닌 글자인 바, 불함산은 곧 "발다 산"이 되어 "밝달 산"의 소리를 적은 이두식 표기가 되는 것이다. 대표적인 불함산은 단군조선의 크게 밝은 산, 태백산(太白山)이 되는 지금의 백두산이다.

단군조선 제8세 우서한(于西翰) 천왕 시대인 서기전 1993년에 1/20의 세법을 시행하였는데, 서기전 2175년까지는 정전법(井田法)에 따른 기본 세율을 적용한 것이 된다. 정전법(井田法)은 1/20의 세율이 적용되기 이전에는 기본적으로 8호(戶) 또는 8가(家)가 정전(井田)에 따라 생산한 농산물의 1/9을 공동생산물[604]로서 세금으로 납부하는 조세제도가 된다.

가륵 천왕이 높은 불함산에 올라 백성들의 집을 두루 내려다보고, 밥짓는 연기가 적게 나는 집은 곡식이 적은 것이다라고 판단하여 조세제도를 적절히 조절하게 한 것이 된다. 이를 비유적인 표현이라고 본다면, 가륵 천왕이 순방(巡訪)이나 미복차림으로 암행(暗行)을 하여, 백성들의 살림살이를 살펴서 조세제도를 개선한 것이 될 것이다.

(9) 소시모리의 반란을 진압하다

서기전 2173년 무신년(戊申年)에 두지주(豆只州) 예읍(濊邑)이 반란을 일으키니 여수기에게 명하여 그 추장(酋長) 소시모리(素尸毛犁)를 참수(斬首)하게 하였다. 이때부터 그 땅을 소시모리라 하다가 소리가 변하여 우수국(牛首國)이 되었는데, 그 후손에 협야노(陜野奴)[605]라는 자가 해상(海上)으로 도망쳐 삼도(三島)에

---

604) 정전(井田)의 중앙에 해당하는 1/9의 땅이 공동경작지가 되며 이곳에서 산출된 곡식을 세금으로 낸 것이 된다.

605) 협야노는 협야의 노예라는 뜻으로 협야후를 낮추어 부른 명칭이 되기도 하는데, 협야후 배반명(도반명)의 아우인 신무(神武)가 단군조선을 반역하여 천왕을 참칭하였으므로 신무왕을 낮추

머물며 천왕(天王)이라 참칭(僭稱)하였다.606)

　단군조선 초기에 이미 행정구역 제도로서 주(州)가 있었다. 서기전 2284년에 발생한 대홍수는 우수주(牛首州)에 있었다.607) 두지주(豆只州)는 백두산의 동쪽지역이 되는 예국(濊國)에 위치하였던 것이 된다. 예국은 제후국의 명칭이며, 두지주는 단군조선 행정구역의 단위가 된다. 우수주(牛首州)는 "스므르, 스믈"의 땅으로서 속말(粟末)이라고도 기록되는 지금의 송화강(松花江) 유역이 될 것이다.

　단군조선 초기에 이미 행정구역 단위로서 읍(邑)도 있었다. 읍은 성(城)이 아닌 도시(都市)를 가리킨다. 읍의 장은 읍차(邑借)라고 한다. 예읍(濊邑)은 단군조선의 제후국인 예국(濊國)의 수도였을 것으로 보이며, 읍차가 아닌 일개 부락의 추장이던 소시모리가 반란을 일으킨 것이 된다.

　소시모리를 참수한 여수기(余守己)는 구가(狗加) 출신으로서 예국(濊國)에 봉해진 제후인데, 연대기적으로 보면 여수기 가(家)의 대를 이은 자를 여수기라 한 것이 된다. 그리하여 여수기라는 자가 예국의 제후로서 중앙조정에 봉사할 때, 빈틈을 노려 예읍의 일개 추장 소시모리가 반란을 일으킨 것이 되며, 가륵 천왕이 명을 내려 반란을 진압하도록 하자 예국의 제후로서 여수기가 처리한 것이 된다.

　단군조선 시대에 예국(濊國)은 백두산의 동쪽 지역에 위치하였으며, 후대에는 남북으로 이동하여 남쪽으로는 마한 땅인 지금의 춘천(春川)까지 진출한 것이 된다. 지금의 강원도 춘천(春川)을 우수국(牛首國)이라고도 하며 우두산(牛頭山)이 있는 것을 고려하면 예(濊)와 관련된 것만은 틀림없다.

　단군조선은 나라의 중심이 되는 태백산(太白山)인 지금의 백두산(白頭山)을 중앙으로 하여 동서남북을 각 예(濊), 번한(番韓), 마한(馬韓), 진한(眞韓)으로 나누어

어 부른 것이 된다.

606) 전게 한단고기 〈단군세기〉, 68쪽 참조
607) 전게 한단고기 〈단군세기〉, 58~59쪽 참조

동보(東堡), 서보(西堡), 남보(南堡), 북보(北堡)라 하였다. 서보인 번한(番韓)은 보초(堡礁)를 선다, 차례를 서서 지킨다는 의미이며, 남보인 마한(馬韓)은 남쪽을 지킨다는 의미이고, 북보인 진한(眞韓)은 중앙이 되는 백두산의 삼신(三神)의 자리를 대신하여 나라를 통할(統轄)한다는 의미이다.

단군조선 시대에 백두산의 동쪽 지역은 상대적으로 덜 중요하였던 것이 되는데, 진한, 마한, 번한처럼 천군(天君) 이상 천왕격(天王格)에 해당하는 한(韓)이 아닌 일반 제후가 되는 천자격(天子格)의 제후를 예국(濊國)에 봉하였던 것이다.

제(帝), 왕(王), 군(君) 아래에 일반 제후로는 공(公), 후(侯), 백(伯), 자(子), 남(男)이 있는데, 상국(上國)이나 중앙조정(中央朝廷)의 임금과 제후를 부를 때는 각 천제(天帝), 천왕(天王), 천군(天君)이라 하고 그 아래에 천공(天公), 천후(天侯), 천백(天伯), 천자(天子), 천남(天男)이 되는 것이다. 그리하여 일반제후를 통칭 후(侯)라 하기도 하는데 예국(濊國)의 왕(王)인 제후(諸侯) 여수기(余守己)는 예후(濊侯)라 하게 된다.

소위 고대중국의 왕을 천자(天子)라고 하는 바, 이때의 천자는 천제자(天帝子)가 아니라 천국(天國)의 천제(天帝)나 천왕(天王)이 봉한 제후(諸侯)인 자작(子爵)을 가리키는 말로서, 태호복희는 배달나라 천왕의 아들로서 천군(天君)이며, 염제신농과 황제헌원, 소호금천 이하 요순(堯舜), 하은주(夏殷周)의 왕(王)들이 모두 천자(天子)에 해당하는 것이다. 혹시라도 천자(天子)를 천왕(天王)이라 부르면 역천(逆天)의 죄(罪)를 범하는 것이 된다.

소시모리(素尸毛犁)는 "소 ㅅ 머리" 즉 우수(牛首) 또는 우두(牛頭)를 나타낸 이두식 표기인데, 반란자 소시모리의 집안이 후대에 우수국(牛首國)이라 불리게 된 것이며, 후대에 소시모리의 후손이 협야(陜野)라는 제후(諸侯)로 봉해졌는데, 협야(陜野)의 집안에서 반역자가 다시 나와 지금의 일본 땅을 차지하여 천왕(天王)을 참칭하였던 것으로, 이 협야 출신의 참칭 천왕을 협야노(陜野奴)라 적은 것이다.[608]

소시모리의 후손에는 일본서기에 기록된 일본의 국조신(國祖神)이 되는 천조대신(天照大神)이 있으며, 그 후손에 장군(將軍) 언파불합(彦波弗哈)이 있고, 협야후(陜野侯) 배반명(裵槃命)이 있다.[609]

천조대신은 본명이 대일령(大日靈)으로서 일본말로는 오하류 또는 요하유이며, 소시모리의 후손으로서 서기전 900년경에 두지주 예읍의 추장을 세습한 자이다. 그래서 천조대신의 신궁(神宮)이 되는 이세신궁(伊勢神宮)에 있는 원시한글로 된 축문에는, 단군조선 땅인 두지주(豆只州) 예읍(濊邑)의 한 우두머리(추장)로서, "두디도리 요하유[610]"라고 명백히 기록되어 있다.

언파불합은 단군조선의 장군(將軍)으로서 서기전 723년에 지금의 일본 땅 구주(九州, 큐슈)의 웅습(熊襲, 구마모또)의 반란을 진압한 사람이다.

협야후 배반명은 서기전 667년에 지금의 일본 땅인 삼도(三島)에 일어난 반란을 진압하기 위하여 파견된 사람으로서, 당시에 협야후로 봉해진 상태였는지 아니면 공을 세운 후 제후로 봉해진 것인지는 불명하다. 다만, 배반명의 선대가 되는 언파불합이 장군으로서 공을 세워 협야후로 봉해졌을 가능성이 많아 서기전 667년 당시에 배반명이 이미 협야후라는 제후였다고 보인다.

실제로 일본 땅 구주(九州, 큐슈)의 남부에 협야(陜野)라는 지역이 있었던 것으로 기록되는데, 서기전 723년에 언파불합 장군이 구주의 웅습의 난을 진압한 공로로 협야에 제후로 봉해진 것이 거의 분명해진다.

협야후 배반명이 서기전 667년에 삼도(三島)의 난을 진압할 때, 마한(馬韓)의 명을 받아 전선 500척을 이끌고 갔다라고 기록되는데[611], 삼도는 당시에 마한의 관

---

608) 전게 한단고기 〈단군세기〉, 68쪽 참조

609) 전게 한단고기 〈단군세기〉, 109~111쪽 및 일본서기(日本書紀) 참조

610) 두디도리의 두디는 두지(豆只)의 고어이며, 도리는 신라초기 박혁거세를 왕으로 추대한 진한 6부촌장 소벌도리(蘇伐都利)의 도리와 같이 우두머리를 뜻하는 말로서, 공(公)으로 나타낼 수 있다. 즉, 두디도리는 두지공(豆只公)이 된다. 요하유는 대일령(大日靈)의 일본식 발음인 [오~하이 류]에서 모음역행동화, ㄹ자음탈락, l 모음탈락 등의 현상으로 변음된 표기가 된다.

611) 전게 한단고기 〈태백일사/삼한관견본기〉, 213쪽 참조

할에 속했던 땅이 된다. 배반명이 마한 본국(本國)의 명을 받아 한반도 어느 땅에서 전선 500척을 준비하여 출정한 것이 된다. 이로써 협야후 배반명은 서기전 667년 12월에 삼도의 난을 진압하였다.

그런데, 일본서기에는 서기전 667년부터 협야(陜野) 출신의 신무(神武)가 동정(東征) 7년을 거쳐 나라를 세워 천황을 칭한 것으로 되어 있다. 이때 협야는 곧 신무가 협야의 무리였다는 것이 되며, 언파불합의 넷째 아들로 기록되는 바, 장남이 되는 도반명(稻槃命)이 곧 배반명이 되고 언파불합의 제후직을 배반명이 세습한 것이 되는 것이다. 도반명의 도(稻)는 "벼 도"라는 글자로서 "벼반명"이 되어 "배반명"과 같은 소리를 나타낸 글자가 된다.

또, 일본서기에는 신무가 동정 7년 사이에 다른 형제들이 모두 바다에 빠져 죽었다라고 기록되고 있는데, 이는 서기전 667년 12월에 협야후 배반명이 삼도의 난을 모두 진압한 후, 넷째인 신무(神武)가 권력욕에 사로잡혀 다른 형제들을 차례로 모두 죽이고 스스로 왕이 된 것을 나타내는 것이 된다.

이로써 신무(神武)는 단군조선의 반역자(叛逆者)가 된다. 그리하여 천왕을 참칭한 협야(陜野) 제후국 출신인 신무(神武)를 반역자로서 낮추어 협야노(陜野奴)라 적은 것이다.

우리 역사에서 중국(中國)과 일본(日本)은 단적으로 단군조선(檀君朝鮮)을 반역(叛逆)한 역사에서 시작되고 있다.

고대중국의 역사에서 실제적인 왕조(王朝)를 시작한 서기전 2224년에 세워진 하(夏)나라의 시조는 우(禹)인데, 우(禹)는 단군조선의 천자국(天子國)인 우(虞) 나라 순임금의 신하로서 단군조선 태자 부루로부터 치수법(治水法)의 가르침을 전수받아 요순시대의 9년홍수를 다스렸던 것이다.

그 후 순임금 말기에 순임금이 단군조선을 반역하자 단군조선의 명을 받아 유상(有象)과 협공(挾攻)으로 순임금을 토벌하였다가, 우(禹)의 군사가 창오(蒼梧)라는 땅에서 순임금을 죽이는 바 되었고, 이에 우(禹)는 권력욕에 사로잡혀 변심하여 결국 단군조선을 반역하고 하왕(夏王)이라 참칭(僭稱)하였던 것이다.612) 그러나, 이후 하나라 왕 중의 일부는 단군조선을 따르기도 하여 진정 천자(天子)로 묵인되기도 하였던 것이 된다.

역사에서 실제적인 왕조를 시작한 때는 서기전 660년이 되는데, 천왕이라 참칭한 신무왕(神武王)은 서기전 2173년 두지주(豆只珠) 예읍(濊邑)의 추장(酋長)으로서 반역한 소시모리(素尸毛犁)의 먼 후손이 된다. 그러나 이후 고대 일본은 가야에의하여 통제를 받기도 하였고 나중에는 백제(百濟) 세력에 의하여 다스려지게 되었던 것으로 우리의 역사에서 벗어나지 못한다.

시호는 인제(仁帝)이다.

4. 제4대 오사구(烏斯丘:光帝) 천왕(天王)의 역사

(1) 몽골의 시조, 오사달(烏斯達)

서기전 2137년 갑신년(甲申年)에 천왕의 아우 오사달을 몽고리한(蒙古里汗)으로 봉하였다. 몽고족이 그 후손이라고 한다.613)

천왕의 아우는 천왕격(天王格) 또는 천군(天君)이 되는데, 몽고리한의 한(汗)은 일반적으로 공(公), 후(侯), 백(伯), 자(子), 남(男)의 제후에 해당하나, 지방(地方)의 왕(王)으로 봉해지는 군(君)도 통칭 한(汗)이라 한 것이 된다. 지방은 중앙조정에 대하여 상대적으로 천하(天下)가 되므로, 지방의 왕에 봉해지는 군(君), 공, 후, 백, 자, 남은 모두 천하왕(天下王)으로서 천군(天君), 천공(天公), 천후(天侯), 천백(天伯), 천자(天子), 천남(天男)이 되는 것이다. 특히 고대 중국의 왕을 천자(天子)라 부른다.

---

612) 전게 부도지, 62~63쪽 참조
613) 전게 한단고기 〈단군세기〉, 70~71쪽 참조

몽고리는 단군조선 시대에 부여(扶餘)의 서북쪽이자 구려(句麗)와 선비(鮮卑)의 북쪽에 위치한 나라가 된다. 몽고리(蒙古里)라는 글자를 뜻글자가 아닌 소리글자로 본다면, "몽골"이 되어 "몸통이 되는 고을"이라는 뜻을 가지는 이두식 표기가 될 것인데, 이는 천산(天山) 동쪽으로 황하(黃河) 이북의 대황원(大荒原)의 중심이라는 의미를 가지게 된다. 실제 서기전 6200년경에 시작된 유인씨(有因氏) 한국(桓國) 시대의 중심지는 파미르고원 및 천산산맥에서 이동한 경로로 보아 알타이산의 동쪽 지역인 몽골지역과 바이칼호 지역으로 추정된다.

(2) 단군조선의 특산물, 인삼(人蔘)

서기전 2137년 겨울 10월에 북쪽을 순시하고 돌아와 태백산(太白山)에 이르러 삼신(三神)께 제(祭)를 올리고 영초(靈草)를 얻었는데 이를 인삼(人蔘) 또는 선약(仙藥)이라고 한다. 이후로 신선불사(神仙不死)의 설은 인삼을 캐어 보정(保精)하는 것과 밀접하게 관련된다. 간혹 인삼을 얻은 자가 전하는 말에, 신이(神異)하고 영험(靈驗)스러워 기적(奇蹟)같은 경험이 매우 많다고 한다.[614]

태백산(太白山)은 지금의 백두산(白頭山)을 가리키며, 단군조선 시대에 영역(領域)의 중앙에 해당하는 곳으로서, 삼신(三神)에게 제(祭)를 올리는 제천단(祭天壇)인 천부단(天符壇)을 둔 곳이다.

인삼(人蔘)은 단군조선의 3대 특산물(特産物) 중의 하나로 기록된다. 단군조선의 3대 특산물은 인삼, 잣(柏子)[615], 옥(玉)이다.[616]

인삼(人蔘)을 영주해삼(瀛州海蔘)이라고도 하며 삼령근(三靈根), 영초(靈草), 삼

---

614) 전계 한단고기 〈단군세기〉, 70~71쪽 참조

615) 잣을 송자(松子)라고도 하나, 이는 소나무(松)와 잣나무(柏: 栢)를 구별하지 아니한 것으로 된다.

616) 전계 부도지, 45~55쪽 참조

근영초(三根靈草), 방삭초(方朔草), 불사약(不死藥) 등으로 부르기도 한다.

잣나무(柏: 栢)는 봉래해송(蓬萊海松)이라고도 하는데, 그 열매인 잣을 오엽서실(五葉瑞實)이라고 한다. 특히 잣나무는 학명(學名)으로도 한국의 소나무(Korean Pine Tree)라 하여, 한국이 원산지이다. 잣나무나 잣방울의 특유의 강한 방향성(芳香性)으로 인하여 잣나무 밑에는 다른 나무들이 자라지 않게 된다.

또, 단군조선의 특산물인 옥(玉)을 칠색보옥(七色寶玉)이라 하는데, 방장산(方丈山)의 방호굴(方壺堀)에서 칠색의 옥을 채굴하여 천부(天符)를 새겨 방장해인(方丈海印)이라 하였다. 이 방장해인은 부인(符印)으로서 칠란(七難)을 없앤다고 기록되고 있다. 천부(天符)는 천지인(天地人)의 이치와 관련된 도형(圖形)이나 글이 될 것이다.

(3) 원공패전(圓孔貝錢)이라는 주조화폐(鑄造貨幣)를 만들다

서기전 2133년 무자년(戊子年)에 둥근 구멍이 뚫린 조개모양의 돈 즉 원공패전(圓孔貝錢)을 주조하였다.[617]

여기 원공패전은 자연산 조개에 구멍을 뚫어 만든 것이 아니라, 주조(鑄造)된 화폐이다. 즉 주물(鑄物)로 제작한 화폐로서 청동으로 만든 동전(銅錢)[618]이 된다. 이 원공패전은 서기전 1680년경에 주조된 자모전(子母錢) 이전에 출현한 것이다.

배달나라 시대에 이미 물물교환의 교역이 이루어지고 있었던 것이며, 원공패전으로써 단군조선 초기에 이미 화폐로 교역을 하였다는 것을 알 수 있다. 서기전

---

617) 전게 한단고기 〈단군세기〉, 70~71쪽 참조

618) 철로 주조한 철전(鐵錢)일 가능성을 전혀 배제 할 수는 없다. 철전은 서기전 642년에 주조한 방공전이 있는데, 그 이전에도 철전이 주조된 것으로 될 것이다. 한편, 구리와 아연의 합금인 황동의 출현에 관형 정확한 기록이 보이지 아니한데, 고대중국 주나라의 제후국이던 연(燕)나라의 유물로 보이는 언후우(匽侯盂)가 출토되었는바, 이는 황동그릇으로서 아마도 단군조선의 주물법을 본 따 제작한 것으로 추정된다.

3897년경 배달나라 건국 시에 이미 청동거울, 청동방울, 청동칼, 각종 무기 등을 주조하는 기술을 가지고 있었던 것이 되어, 약 1,700년 후가 되는 단군조선 초기에 청동화폐를 만들었다는 것은 충분히 가능한 일이 된다.

단군조선 시대에 주조된 화폐로는 서기전 2133년의 원공패전(圓孔貝錢), 서기전 1680년의 자모전(子母錢), 서기전 1426년의 패엽전(貝葉錢), 서기전 642년의 방공전(方孔錢)이 있다.[619]

여기서 특히 자모전은 작은돈, 큰돈이 아니라 소리글자의 자음(子音)과 모음(母音)을 새긴 화폐인 것이며, 곧 서기전 2181년에 정립된 가림토 글자와 같은 체계로 된 글자를 새긴 것이 된다.

소위 첨수도(尖首刀), 명도전(明刀錢)은 단군조선의 화폐로서 문자가 새겨져 있는데, 첨수도에 새겨진 문자는 상형문자와 동일한 서체이며, 명도전에 새겨진 문자는 앞면에 명(明)의 고체가 새겨져 있고 뒷면에는 모두 가림토 글자나 상형문자로 볼 수 있는 글자가 새겨져 있다. 자모전은 청동으로 주조된 화폐가 된다.

패엽전은 소위 후대의 엽전(葉錢)이라는 말의 시원이 되고 청동으로 주조된 화폐가 되며, 방공전(方孔錢)은 철(鐵)로 네모난 구멍이 나도록 주조된 철전(鐵錢)이 된다.

(4) 하(夏)나라로 건너간 신서(神書)

서기전 2133년 무자년(戊子年) 가을 8월에 하(夏) 나라 사람이 특산물을 바치고 신서(神書)를 구해 갔다.[620]

---

619) 전계 한단고기 〈단군세기〉, 70~71쪽 및 전계 단군조선 47대, 105쪽, 127쪽, 188쪽 참조
620) 전계 한단고기 〈단군세기〉, 70~71쪽 참조

고대중국의 역사에서 하(夏) 나라는, 단군조선의 천자국(天子國)인 우(虞)나라 순(舜) 임금의 신하로서 서기전 2267년에 단군조선 태자 부루로부터 치수법의 가르침을 받아 요순시대 합22년의 대홍수를 다스린 우(禹)가, 서기전 2224년에 단군조선을 반역하여 자칭 하왕(夏王)이라 칭하면서 세워진 나라이다.

서기전 2267년에 사공(司空) 우(禹)가 태자 부루(太子扶婁)로부터 전수(傳授)받은 치수법(治水法)을 담은 홍범구주(洪範九疇)의 금간옥첩(金簡玉牒)을 신서(神書)라고도 한다. 신서(神書)라 함은 신령(神靈)스런 내용이 담긴 신비(神秘)한 책이라는 뜻이 되는데, 서기전 2133년에도 하나라가 신서를 구해갔다라는 기록에서 신선불사(神仙不死)의 나라인 단군조선이 상국(上國)으로서 신비한 책을 많이 가지고 있었던 것이 된다.

당시 하나라의 특산물이 어떤 것인지는 불명인데, 하나라의 영역이 되는 지역에서 나온 것으로서, 특히 산해경(山海經)에 기록되고 있는 특산물의 일종이 될 것이다. 단군조선 초기는 하나라 초기이며, 당시 하나라 영역은 요순(堯舜) 시대의 땅이될 것이며, 서쪽으로는 지금의 서안(西安) 부근에서, 북쪽으로는 태원(太原)의 남쪽, 동쪽으로는 태산(泰山)의 서쪽, 남쪽으로는 한수(漢水)가 합류하는 양자강(楊子江) 중류 지역 정도가 될 것이다.

서기전 2267년 도산회의(塗山會議) 이후에 우(禹)가 치수를 하면서 물꼬를 텄다는 대부분의 산과 강의 중상류지역은 우(虞)나라 영역에서 벗어나 있었으므로, 도산회의에서 태자 부루로부터 명을 받아 공사(工事)를 하였던 것이 된다. 이때 우(禹)가 태자 부루로부터 받았던 치산치수(治山治水)에 관한 권한(權限)의 징표(徵標)가 곧 천부왕인(天符王印)이다.[621]

---

621) 전게 한단고기 〈태백일사/삼한관경본기〉, 218~219쪽 참조

(5) 조야(朝野)의 구별을 글로 새긴 석문(石文)

서기전 2133년 무자년(戊子年) 겨울 10월에 조정(朝廷)과 백성(野)의 구별을 돌에 새겨 백성들에게 널리 알렸다.[622]

돌에 글을 새긴 역사는 이해에 가깝게는, 서기전 2267년경부터 서기전 2247년경에 사공(司空) 우(禹)가 요순시대 대홍수의 치수를 마치고 남악(南岳) 형산(衡山)의 구루봉에 세운 소위 치수기념부루공덕비(治水記念扶婁功德碑)가 있다.

또, 서기전 2333년경 조선(朝鮮) 개국시조 단군왕검께서 삼사오가(三師五加)의 무리들에게 삼일신고(三一神誥)를 가르치실 때, 고시(高矢)가 동해(東海)[623] 바닷가에서 캐어온 청석(靑石)에 새긴 삼일신고 청석본(靑石本)이 있다.[624]

한편, 서기전 1122년경 은(殷)나라 왕족 기자(箕子) 서여(胥餘)가 단군조선(檀君朝鮮)에 망명하면서 사사(士師)이던 왕수긍(王受兢)에게 명하여 단군조선의 삼일신고를 단목판(檀木板)에 새기게 하여 읽었다고 하는 삼일신고 단목본(檀木本)이 있다.[625]

이후 서기전 1833년 가을 8월에 제12대 아한(阿漢) 천왕이 순수(巡狩) 중에 요하(遼河)의 동쪽에 돌에 새겨 세운 순수관경비(巡狩管境碑)가 있으며[626], 서기전 909년 제30대 내휴(奈休) 천왕이 청구를 둘러보고 돌에 새겨 세운 치우천왕 공덕비(治尤天王功德碑)가 있다[627].

---

622) 전게 한단고기 〈단군세기〉, 70~71쪽 참조

623) 단군조선 시대의 동해(東海)는 지금의 동해이며, 연해주에서 한반도 동쪽에 위치한 바다가 된다. 즉 동해는 단군조선의 동해가 되고, 흑룡강과 백두산 사이의 땅이 중심이던, 서기전 5000년경부터 서기전 3897년 이전의 한인씨(桓因氏) 한국(桓國)시대의 동해가 된다. 서기전 2333년경에 고시씨가 청석을 캔 동해라는 지역은 지금의 연해주에서 한반도 동쪽으로 연해주에 가까운 어느 곳이 될 것이다.

624) 대진국 제3대 문황제의 삼일신고봉장기 참조

625) 대진국 제3대 문황제의 삼일신고봉장기 참조

626) 전게 한단고기 〈단군세기〉, 85~86쪽 참조

(6) 배를 만드는 조선소(造船所) 설치

서기전 2131년 경인년(庚寅年)에 살수(薩水)의 상류(上流)에 배(舟)를 만드는 조선소(造船所)를 설치하였다. 이때 마한(馬韓) 근우지(近于支)가 장정(壯丁) 30인을 파견하여 살수에서 선박(船舶)을 건조(建造)하게 하였다.628)

배를 만드는 기술은 이미 배달나라(檀國) 시대에 있었다. 즉, 한웅천왕(桓雄天王)이 배(舟)와 차(車, 수레)를 타고 다니면서 사해(四海)를 방문하였다고 기록되고 있는 것이다.629)

살수(薩水)는 역사상 단군조선 진한(眞 韓)의 남해안(南海岸)으로 흐르는 강이 되는데, 지금의 요동반도(遼東半島) 안에 있는 강이다. 즉, 살수(薩水)는 진한 관경에 있던 강으로서 지금의 요동반도 남쪽으로 흐르는 강이 되며, 마한(馬韓) 땅이 되는 한반도 안에 있었던 것이 아니다.

살수의 위치

지금의 요동반도는 단군조선 시대에 진한의 관경에 속하였으며, 북쪽의 심양(審陽, 선양)은 단군조선의 3대 서울의 하나인 장당경(藏唐京)으로서 개원(開原), 개사원(蓋斯原)으로도 불렸으며, 그 북쪽의 장춘(長春, 창춘)은 상춘(常春, 늘봄)으로서 단군조선의 3대 서울의 하나이며 구월산(九月山, 아사달산)이 있던 백악산아사달(白岳山阿斯達)이 된다.

---

627) 전게 한단고기 〈단군세기〉, 106쪽 참조

628) 전게 한단고기 〈단군세기〉, 70~71쪽 참조

629) 전게 부도지, 40~41쪽 참조

(7) 하(夏) 나라 정벌

서기전 2119년 임인년(壬寅年)에 하주(夏主) 상(相)이 덕(德)을 잃어버리니, 천왕이 식달(息達)에게 명하여 남(藍), 진(眞), 변(弁)의 삼부(三部)의 병력(兵力)을 이끌고 가서 이를 정벌하도록 하였는데, 천하가 이를 듣고는 모두 복종하게 되었다.[630]

하주(夏主)는 하(夏) 나라의 주인이라는 의미로서 그 왕(王)을 가리킨다. 하나라는 서기전 2224년에 우(禹)가 단군조선을 반역하여 참칭(僭稱) 하왕(夏王)이라 하면서 시작된 나라이며, 제5대 왕인 상(相)은 후상(后相)이라고도 하고, 서기전 2146년부터 서기전 2119년까지 28년 재위하였다.

하나라 왕상(王相)의 뒤를 이은 왕은 하나라 신하이던 예(羿)이며 후예(后羿)라 하는데, 바로 상(相)이 천하 백성들의 부모(父母)인 천자(天子)로서의 왕도정치(王道政治)를 하지 않게 되자, 단군조선이 군사를 일으켜 하나라를 정벌함으로써 하나라 땅에 새로운 정권이 들어선 것이며, 이에 하나라 신하였던 예(羿)가 상(相)을 몰아내고 제6대 왕이 된 것이다. 곧 예(羿)는 하나라를 견제하던 단군조선(구족, 九夷)의 후원을 받던 세력이 된다.

서기전 2079년에 상(相)의 아들인 소강(小康)이 재기하기 전까지 40년을 예(羿)와 한착(寒浞)이 하나라 땅을 다스렸다. 예(羿)의 신하였던 한착이 또한 권력욕 때문에 예(羿)가 한 상극(相剋)의 역사를 본받아 예(羿)를 죽이고 왕이 되었던 것이다.

중국 측 기록에서는 서기전 2118년부터 서기전 2079년까지 40년의 예(羿)와 한착(寒浞)의 역사를 소강(小康)의 역사로 윤색(潤色)하여, 서기전 2058년까지의 22년의 소강의 역사를 늘여서 61년이라 기록하기도 하는데, 이는 역사의 진실을 숨긴 명백한 역사날조(歷史捏造)인 것이다.

식달(息達)은 단군조선이 파견한 3부군(部軍) 통솔 장군이 된다. 남(藍), 진(眞),

---

630) 전계 한단고기 〈단군세기〉, 70~71쪽 참조

홍익인간 7만년 역사
제1권

변(弁)의 3부는 곧 남국(藍國), 진한(眞韓), 변한(弁韓)이 되는데, 남국(藍國)은 당시 하(夏)나라에 가장 인접하던 단군조선의 제후국이며, 변한은 곧 번한(番韓)으로서 서방(西方)을 지키던 서보(西堡)의 중추(中樞)이며, 진한은 북보(北堡)의 중추이다. 즉 식달이 진한에서 차출된 군

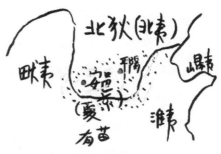

하(夏)나라 형세도

사와 번한에서 차출된 군사와 남국에서 차출된 군사를 인솔하여 하나라를 정벌한 것이다.

식달(息達)이 단군조선에서 차출된 3부의 군사를 이끌고 하나라를 정벌하니, 하나라의 정세가 뒤 바뀐 것이며, 하나라 왕이던 상(相)이 죽고 단군조선의 후원을 받던 예(羿)가 왕이 된 것이다. 이로써 하나라는 우(禹)가 하왕을 참칭한 이후 계(啓), 태강(太康), 중강(仲康)을 거친 후, 예(羿)에 이르러 단군조선의 실질적인 천자국(天子國)으로 들어온 것이 된다.

한편, 하나라 제5대왕 상(相)은 하나라의 왕통을 새로이 세운 왕이 되는데, 상(相)의 선대왕인 태강(太康)과 중강(仲康)은 형제간이 되며, 중강의 아들인 상(相)

하나라 왕상 정사일?
기사 – 금문

이 왕이 되고 상(相)의 아들 소강(小康)이 하나라를 재기하면서 중강(仲康), 상(相)의 후손으로 왕통이 이어진 것이 된다.

(8) 마한의 상춘 구월산 삼신제 봉조(奉助)

서기전 2109년 임자년(壬子年)에 마한(馬韓) 근우지(近于支)가 오사구(烏斯丘) 천왕의 명(命)을 받고 상춘(常春)에 들어가 구월산(九月山)에서 삼신(三神)께 제사

지내는 것을 도왔다.[631)

상춘(常春)은 지금의 장춘(長春, 창춘)이며 고구려의 초기 수도인 소위 눌현(訥見)으로서 "늘봄"이라는 뜻을 가지고, 서기전 1285년부터의 단군조선의 후기 수도인 백악산아사달(白岳山阿斯達)이 있는 곳이다.

상춘에 구월산(九月山)이 있으며, 구월산에 삼신(三神)께 제사를 지내는 제천단(祭天壇)이 있었다. 구월산은 "아흐달산"으로서 곧 "아사달산"이라는 말의 이두식 표기가 된다. 그래서 상춘이 백악산아사달 땅이 되는 것이다.

삼신(三神)은 천지인(天地人) 삼신(三神)을 가리키며 천지인 삼신이 곧 일신(一神)이므로, 대표격인 천신(天神)을 의미한다. 천제(天帝)는 자연신(自然神)이 되는 천신(天神)의 대리자로서 인격신(人格神)이 되는 바, 역대 한배달조선의 임금을 천제(天帝)라 하고 돌아가시니 삼신(三神)으로 모시는 것이다.

즉, 마고(麻姑) 한어머니(할미)가 세상을 다스리고 하늘로 돌아가시니 천지만물(天地만물)을 주관(主管)하는 삼신(三神)이라 하는 것이며, 한국(桓國)을 다스렸던 황궁(黃穹)과 유인(有因)과 한인(桓因) 천제(天帝)도 세상을 다스리다 하늘로 되돌아가시니 삼신(三神)이라 하는 것이며, 배달나라 한웅천왕과 단군조선의 단군천왕도 세상을 다스리다 하늘로 돌아가시니 천제(天帝)로 받들고 삼신(三神)으로 모시는 것이다.

한인(桓因) 이전의 삼신을 나반(那般)이라 하는데, 나반은 곧 한인 이전에 한국(桓國)을 다스렸던 임금으로서 천제였으며 하늘로 돌아가시니 삼신이라 하는 것이다. 이는 삼일신(三一神) 사상에서 나오는 당연한 논리가 된다.

(9) 모란봉(牧丹峰)의 마한(馬韓) 이궁(離宮)

서기전 2109년 겨울 10월에 마한(馬韓) 근우지(近于支)가 모란봉(牧丹峰)의 중

---

631) 전게 한단고기 〈단군세기〉, 70~71쪽 참조

턱에 이궁(離宮)을 세워 천왕이 순수하다 머무르는 장소로 삼았다.

매년 3월에 천왕이 마한에게 명하여, 열병과 사냥을 하고, 3월 16일에는 기린굴 (麒麟窟)에서 하늘에 제사 지내며, 조의(皂衣)를 하사하고, 관례(冠禮)를 행하며, 가무백희(歌舞百戱)하고 파(罷)하였다.632)

모란봉은 마한 땅이 되는 한반도의 평양(平壤) 부근에 있는 산이다. 이곳의 중간 기슭에 마한의 이궁(離宮)을 설치하여 단군조선의 천왕이 각 지역을 순수하다 머무는 별궁의 하나로 삼은 것이다.

이궁(離宮)은 본궁(本宮) 외에 피난(避難), 순행(巡行) 등을 위하여 특별한 의도로 설치한 궁(宮)이다. 당시 마한의 본궁(本宮)은 지금의 평양(平壤)이 되는 백아강(白牙岡)에 있었으며, 천왕이 순수하다 머무는 곳으로서 이궁(離宮)을 모란봉의 중턱에 세운 것이다. 그리하여 모란봉 이궁은 마한(馬韓)의 이궁(離宮)이기도 하며 진한(眞韓)의 이궁(離宮)의 역할도 한 것이 된다.

단군조선 전체의 영역을 고려하면, 초기의 수도는 송화강의 아사달에 있어 이 이사달궁(阿斯達宮)이 본궁(本宮)이 되고, 마한(馬韓)과 번한(番韓)의 수도가 있는 궁(宮)이 별궁(別宮)으로서 이궁(離宮)이라 할 수도 있는 것이다.

역대로 단군조선 진한(眞韓)의 이궁(離宮)으로서, 서기전 2324년경에 세운 장당경(藏唐京), 서기전 2049년에 상춘(常春)의 구월산(九月山) 제천행사 때 불렸던 신경(新京), 서기전 1984년에 상춘(常春)의 구월산 남쪽 기슭에 세운 신궁(新宮), 서기전 1345년에 영고탑(寧古塔)을 개축하면서 세운 이궁(離宮), 서기전 425년에 세운 해성(海城) 평양(平壤)633)의 이궁(離宮)을 들 수 있다.

---

632) 전게 한단고기 〈단군세기〉, 206~207쪽 참조. 3월 16일은 단군왕검의 제일(祭日) 즉 어천절(御天節)인 3월 15일 다음날로서 삼신영고제(三神迎鼓祭) 날이다. 3월 16일 삼신영고제는 배달나라 시대부터 이어져 온 것이 된다.

633) 단군조선 말기의 수도인 장당경(藏唐京)의 남쪽 인근에 해성(海城)이 있었다. 장당경은 지금의 심양(瀋陽.선양) 지역에 있고, 심양은 단군조선 시대 개사원(開斯原.開原)이다. 개사원에 개

단군조선 시대에 음력 3월은 음력 10월과 더불어 특별한 달이다. 음력 3월 15일은 단군왕검(檀君王儉) 천제(天帝)께서 승천(昇天)하신 어천절(御天節)이 되는 날이며, 3월 16일은 대영절(大迎節)이라고도 하는 삼신영고제(三神迎鼓祭)의 날이다.

삼신영고제는 "삼신 맞이굿 제사"라는 말을 나타낸다. 영고(迎鼓)라는 글자가 "맞이굿"을 이두식으로 표기한 것이다. 즉 대영절(大迎節)은 시월 국중대회(國中大會)처럼 삼신(三神)께 지내는 천제(天祭)를 올리며 제전(祭典)을 벌이는 날인 것이다.

매년 음력 3월에 마한(馬韓)이 단군조선 천왕(天王)의 명령을 받아 준비하여 열병의식과 사냥의식을 치렀던 것이며, 음력 3월 16일에는 마한(馬韓)이 자체적으로 기린굴(麒麟窟)에서 하늘에 제사를 지내고, 이에 천왕은 조의(皂衣)를 하사하고 관례(冠禮)를 행하게 하였으며, 가무백희(歌舞百戲)한 후에 파(罷)하게 하였던 것이다.

단군조선 천왕은 음력 3월 16일에 진한 땅에서 친히 삼신께 제를 올렸던 것이 되고, 마한과 번한이 자체적으로 삼신영고제를 지낸 것이 되며, 이에 천왕은 마한과 번한에게 조의(皂衣) 등의 선물을 각 하사(下賜)하여 제천행사(祭天行事)를 치르게 한 것이 된다.

가무백희는 노래를 부르고 춤을 추며 백가지 유희(遊戲)를 즐기는 것이다. 즉 가무백희는 제천행사 뒤에 벌어지는 축제로서 종합예술 행사가 된다.

(10) 양가(羊加) 구을(丘乙)이 천왕으로 즉위하다

서기전 2100년 신유년(辛酉年) 6월에 오사구 천왕이 붕하시니 양가(羊加) 구을(丘乙)이 즉위하였다.[634]

사성(開斯城)이 있었다.

634) 전게 한단고기 〈단군세기〉, 70~71쪽

태자가 아닌 구을(丘乙)이라는 이름을 고려하면, 구갑(丘甲)이라는 형(兄)이 태자로 있었던 것이 되는데, 양가(羊加)의 직을 수행하던 구을이 화백회의(和白會議)로 또는 태자(太子)가 자리를 양보하거나 사망함으로써 즉위한 것이 될 것이다.

양가(羊加)는 한국(桓國) 후기부터 전해온 오가(五加)의 하나로서 선악(善惡)을 담당하던 관직이며, 지금의 교육부와 법무부에 해당한다. 특히 순임금 시절에 있었다는 사도(司徒)가 양가에 해당하는 직책을 수행한 관직이 되며, 선악(善惡)을 구분하였다는 외뿔양(一角羊)이라 불리는 해치(獬豸)는 법(法)의 원래 글자(法+廌)를 구성하던 치(廌)이고, 후대에 해태(海駝:바다말)로 변하여 물로써 불을 진압하는 신령스런 동물로 섬겨지게 되었다.

외뿔양인 해치(獬豸)가 선악(善惡)을 구분하는 방법으로서 죄인(罪人)으로 의심되는 사람들을 모아놓고 해치로 하여금 가려내게 하였는데, 이때 해치는 외뿔로써 죄인을 가리켜 찾아내었던 것이라 한다. 죄와 벌을 담당하였던 조선시대의 사헌부(司憲府) 등은 관복(官服)이나 관(冠) 등에 이 해치의 문양을 넣었다고 기록된다.[635]

시호는 광제(光帝)이다.

5. 제5대 구을(丘乙:平帝) 천왕(天王)의 역사

(1) 태백산(太白山) 제천단(祭天壇) 축조

서기전 2099년 임술년(壬戌年)에 천왕께서 명(命)을 내려 태백산(太白山)에 제천단(祭天壇)을 축조하게 하고 사자(使者)를 보내어 제(祭)를 올리게 하였다.[636]

태백산은 지금의 백두산(白頭山)을 가리킨다. 물론 배달나라 시대의 중심지로서

---

635) 뒤편, 조선(朝鮮) 제12대 아한(阿漢) 천왕(天王)의 역사 (1) 외뿔 짐승 출현- 해치(해태) 참조
636) 전게 한단고기 〈단군세기〉, 72쪽

신시(神市)가 열렸던 태백산은 백두산이 아니라 중국내륙의 서안(西安) 부근 즉 황하 중상류의 남쪽에 위치한 태백산이 된다. 삼위산(三危山) 동남쪽에 위치한 서안의 태백산 부근에서 한국 말기이자 배달나라 개천 시기인 서기전 3897년 이전에 호족과 웅족의 전쟁이 있었으며, 이를 진압하면서 세운 나라가 배달나라인 것이다.

지금의 백두산이 단군조선의 태백산이 된 것은 서기전 2333년에 단군왕검(檀君王儉)께서 조선을 개국하면서 나라의 중앙으로 삼았기 때문이며, 이 백두산을 중심으로 하여 동서남북에 각각 동보(東堡), 서보(西堡), 남보(南堡), 북보(北堡)인 예(濊), 번한(番韓), 마한(馬韓), 진한(眞韓)을 두었으며, 중앙인 백두산은 신(神)의 자리로서 삼신(三神) 제천단(祭天壇)인 천부단(天符壇)을 두었던 것이다.

서기전 2099년에 태백산인 백두산에 제천단을 축조하였다는 것은 그동안 백두산을 나라의 중심으로서 삼신(三神)을 모신 자리로 삼아오다가 제천단을 정식으로 쌓았다는 것이 된다.

백두산은 진한, 마한의 사이에 위치하며 동쪽에는 예국(濊國)이 있어 에워싸고 있는 형국이며, 서기전 57년에 건국된 신라의 시조 박혁거세가 축조한 천제단(天祭壇)은 지금의 강원도 태백산에 있는 바, 당시에 이 산을 남태백산(南太白山)이라 하여637), 백두산을 본 태백산이라 한 것이 된다.

서기 739년 대진국(大震國)의 제3대 문황제(文皇帝)가 남긴 삼일신고봉장기(三一神誥奉藏記)에 의하면, 태백산(太白山) 보본단(報本壇) 석실(石室)에 삼일신고를 보관하는 사유를 적고 있는데, 이때의 태백산이 곧 지금의 백두산인 것이다.

(2) 황충의 폐해

서기전 2098년 계해년(癸亥年) 여름 5월에 황충(蝗蟲)의 떼가 크게 일어나 온 밭과 들에 가득하니, 천왕께서 친히 밭과 들을 순행하면서, 황충을 삼키시고 삼신께

---

637) 전게 부도지, 83쪽 참조

없애달라고 하늘에 고하니, 며칠 내에 모두 사라졌다.638)

황충은 누리라고 하며 벼 등 곡식을 갉아 먹는 메뚜기의 일종이 된다. 엄청나게 많은 무리를 지어 다니면서 곡식을 싹쓸이하는 곤충이다. 식용이 되는 곤충이나 곡식을 아예 절단 내는 존재이므로 농사짓는 농부들에게는 크나큰 재앙에 해당하는 것이다. 이에 단군 천왕이 백성들의 마음을 살펴서 황충을 잡아서 먹어 삼키면서 삼신께 기도를 드리니 그 덕으로 황충이 사라졌다라고 기록된 것이다.

단군조선 시대의 화폐인 소위 명도전(明刀錢)에 지금의 "메뚜기"가 되는 글자로서 세종대왕 시절인 서기 15세기 발음으로 "멧독"이 되는 "멧도기" 정도로 읽을 수 있는 글자가 새겨져 있기도 하다. 이로써 단군조선 시대에 메뚜기가 존재하였던 것이 틀림없게 되는 것이다.

(3) 갑자(甲子)로 시작한 책력(冊曆)

서기전 2096년 을축년(乙丑年)에 갑자(甲子)를 시작으로 하여 책력(冊曆)을 만들었다.639)

갑자를 머리로 하는 책력을 만든 해가 을축년인데, 이는 갑자년인 서기전 2097년을 기준으로 하여 책력을 다시 만들었다는 것이 된다.

배달나라 전기까지는 계해(癸亥)가 머리로 사용되고 있었으며, 서기전 3500년 경에 태호복희가 갑자(甲子)를 머리로 하여 60갑자를 만들어 사용하였던 것이다. 즉 처음에는 계해가 처음이 되어 60계해라 불리는 것이 되고, 태호복희 이후에는 갑자가 처음이 되어 60갑자로 불리는 것이 된다.

계(癸)라는 글자가 처음 또는 시작이라는 뜻을 나타내는 상형문자이며, 계(啓)와 같은 의미를 가진다. 또 해(亥)는 중심이 되는 핵(核)과 같은 뜻을 가진다. 그래서 계

---

638) 전계 한단고기 〈단군세기〉, 72쪽 참조
639) 전계 한단고기 〈단군세기〉, 72쪽 참조

해가 원래는 60갑자의 머리로 사용되었던 것이다.

현재 사용되는 12방위표에서는 해(亥)에 해당하는 시간은 밤9시부터 밤11시 사이를 가리키며, 자(子)는 밤11시에서 새벽1시 사이이고, 자(子)의 바로 뒤에 새벽1시부터 새벽3시가 되는 축(丑)과의 사이인 새벽1시의 위치에 계(癸)가 위치하고 있다.

배달나라 개천 시에도 계해(癸亥)가 처음으로서 해월(亥月)이 지금의 음력 10월로서 한해의 첫 달로 삼은 것이며, 단군조선 시대에도 음력 10월인 해월(亥月)을 첫 달로 삼은 것이다. 그래서 단군조선을 개국한 날짜도 음력 10월 3일이며, 국중대회(國中大會)를 여는 달로 음력 10월이었던 것이다.

서기전 2096년에 갑자를 처음 시작으로 사용하여 책력을 만들었다는 것은, 갑자년인 서기전 2097년을 시작점으로 하여 다시 순서대로 달력 즉 책력을 만들었다는 것이 된다. 하지만, 상달(上月)은 여전히 해월(亥月)인 음력 10월이 된다.

(4) 신독인(身毒人)의 동해(東海) 표착(漂着)

서기전 2092년 기사년(己巳年)에 신독(身毒) 사람이 표류하여 동해(東海) 바닷가에 도착하였다.[640]

신독(身毒)은 인더스 강과 갠지즈 강이 있는 지금의 인도(印度)라고 한다. 인더스 강은 인도대륙의 서북부에 흐르는 강이며 갠지즈 강은 인도대륙의 동북부에 흐르는 강이다. 갠지즈 강 넘어 평원(平原)의 북쪽에 위치한 지금의 네팔 지역에서 서기전 624년에 석가모니가 탄생하였다.

서기전 2092년 당시에 표류(漂流)하였다는 것은 배(舟)나 뗏목과 같은 것이 있었다는 기록이 된다. 물론 배달나라 시대에 한웅천왕(桓雄天王)이 배(舟)와 차(車)를 타고 사해(四海)를 방문하였다고 기록되는 바, 당연한 역사적 사실이 될 것이다.

---

640) 전계 한단고기 〈단군세기〉, 72쪽 참조

동해(東海)는 단군조선의 동해로서 지금의 동해이다. 서기전 2333년경 단군왕검께서 무리들에게 삼일신고를 가르치실 때 고시(高矢)가 동해(東海) 물가에서 청석을 캐어오고 신지(神誌)가 삼일신고를 이 청석에 글자로 새겼다고 하는데, 이때의 동해(東海)는 백두산의 동쪽이자 송화강 아사달의 동쪽에 위치한 동해가 되는 것이다.[641]

흑수백산(黑水白山)의 사이에 나라의 중심을 두었던 한인(桓因) 한국(桓國) 시대에도 지금의 동해(東海)가 당시의 동해(東海)가 될 것인 바, 기록에 나타나지 않고 있으나, 단군조선 시대 이후에는 지금의 동해(東海)가 북부여, 고구려, 대진국(大震國), 신라(新羅), 고려(高麗), 조선(朝鮮)을 거치면서 변함없이 동해(東海)인 것이다.

인도대륙에 한족(桓族)이 들어간 때는 서기전 7197년경 이후가 되는데, 마고(麻姑)의 후손 중에서 막내가 되는 흑소씨(黑巢氏)가 이주하여 자리 잡은 곳으로서, 흑소씨의 후손들이 마고시대의 유습을 이어 고탑을 많이 만들어 힌두교와 불교에까지 이어져 온 것이 된다. 흑소씨족은 아시아 흑인종 계통으로서 드라비다족의 선조일 것이라 본다.

배달나라 시대에 무여율법(無餘律法) 4조(條) 중에서 화장(火葬)에 관한 율법이 있었는바[642], 섬도(暹島)에 유배(流配)된 중죄인(重罪人)들이 죽으면 화장을 하여 죄의 덩어리가 지상(地上)에 남지 않도록 조치하였던 것인데, 이러한 유습이 인도대륙에 전파되어 종교적으로 화장법(火葬法)을 이용한 것이 될 것이다.

섬도(暹島)는 글자의 뜻으로는 해 뜨는 섬이 되는데, 중죄인을 섬도로 유배를 보냈던 것이 되고, 한편, 형벌(刑罰)의 일종으로서 광야(曠野)로 보내어 살게 하는 것은 귀양이라고 한다. 섬라(暹羅)라고 불리는 나라가 지금의 태국(泰國)이며, 아마도 배달나라 시대에는 태국이 되는 섬라(暹羅)도 섬도(暹島)에 포함되는 것이 될

---

641) 별첨 부록, 대진국 제3대 문황제의 삼일신고봉장기 참조
642) 전계 부도지, 40~41쪽 참조

것이다.

실제로 육지가 그냥 땅으로만 연결되어 있는 것이 아니며, 물길을 따라가면 땅은 물길 즉 강(江)으로서 나누어져 있는 것이 되므로, 섬(洲)이라고 하는 것이다. 그래서 서기전 7197년경 파미르고원에서 사방분거 할 당시에 천산(天山)을 기준으로 동북지역을 천산주(天山洲), 동쪽을 운해주(雲海洲), 남쪽을 성생주(星生洲), 서쪽을 월식주(月息洲)라 한 것이 된다.

(5) 장당경(藏唐京) 삼신(三神) 제천단(祭天壇) 축조(築造)

서기전 2084년 정축년(丁丑年)에 천왕께서 친히 장당경(藏唐京)에 행차하여, 삼신단(三神壇)을 봉축(封築)하고 한화(桓花)를 많이 심었다.[643]

장당경(藏唐京)은 단군조선의 이궁(離宮)이 있던 곳이 되는데, 서기전 2324년경 요(堯)를 굴복시킨 후, 정기적으로 천자(天子) 요(堯)로 하여금 단군왕검께서 장당경에 행차할 때 알현하도록 정한 곳으로 된다.

장당경에 삼신단(三神壇)을 축조하였다는 것은 장당경이 단군조선의 이궁(離宮)임을 나타내는 것이며, 상춘(常春)의 백악산아사달 신경(新京) 또는 신궁(新宮)과 더불어 송화강 아사달로서 단군조선 진한(眞韓)의 3경이 되는 것이다.

역사적으로도 상춘의 아사달은 서기전 1285년부터 서기전 426년까지 860년간 단군조선의 수도가 되었으며, 장당경은 서기전 425년부터 서기전 232년까지 194년간 단군조선의 수도가 되었다.

한화(桓花)는 환하게 밝은 꽃으로서 하늘꽃이라는 말이며, 지금의 무궁화(無窮花)이다. 무궁화는 날마다 새로이 끊임없이 피는 꽃으로서 신선(新鮮)함을 나타내는 꽃이다.

한국(桓國), 한화(桓花)라고 할 때의 한(桓)은 "하늘에서의 밝음, 광명(光明)"을

---

643) 전게 한단고기 〈단군세기〉, 72쪽 참조

뜻하는 말인데, 이를 달리 말하면 "밝은 하늘"이 된다. 한편, 단(檀)은 "땅에서의 밝음, 광명(光明)"을 뜻하는 말로서 "밝은 땅"이 된다. 즉, 한(桓)은 밝은 하늘, 단(檀)은 밝은 땅이 되는 것이다. 그리하여 한국은 밝은 하늘나라, 한화는 밝은 하늘 꽃, 단국은 밝은 땅 나라가 된다.

(6) 대박산(大博山)의 구을(丘乙) 천왕릉(天王陵)

서기전 2084년 여름 7월에 천왕께서 남쪽으로 순행하여 풍류강(風流江)을 지나 송양(松壤)에 이르러 병을 얻어 곧 붕하시니, 번한(番韓) 호갑(虎甲)이 사람을 보내어 문상(問喪)하고 병사를 보내어 경계토록 하였으며, 구을 천왕을 대박산(大博山)에 장사지냈다. 이에 우가(牛加) 달문(達門)이 무리로부터 선출되어 대통(大統)을 승계하였다.[644]

구을 천왕이 남쪽으로 순행하였다 하므로 풍류강은 송화강 아사달의 남쪽에 있는 강이 되고 송양(松壤)이라는 땅도 남쪽에 있는 것이 된다.

송양(松壤)은 글자 그대로 보면 소나무가 많은 땅이 된다. 지금의 송화강(松花江) 유역이 소나무와 관련이 있으니 풍류강은 아마도 송화강의 지류가 되고 송양은 송화강 유역에 있던 땅으로 추정되기도 한다.

한편, 번한(番韓)의 제6대 왕인 호갑(虎甲)이 사자를 보내어 문상(問喪)을 하고 군사를 보내어 경계토록 하였다는 사실에서, 구을 천왕이 붕하신 곳은 번한(番韓) 땅에 가까운 곳이 되는 바, 번한은 서쪽으로는 지금의 영정하(永定河)와 동쪽으로는 지금의 대릉하에 걸치며 남쪽은 발해만이고 북쪽은 구려(句麗)와 접하고 있었던 것이 되므로, 소나무와 관련된 땅이 되는 송양(松壤)은 곧 구려의 남쪽 지역이자 번한의 북쪽 지역에 위치한 것이 될 것이다. 실제로 소나무와 관련된 지명을 가진 곳이 여기에 있기도 하다.[645]

---

644) 전계 한단고기 〈단군세기〉, 72쪽 참조

대박산(大博山)은 구을(丘乙) 천왕릉(天王陵)이 있는 곳이 되는데, 구을 천왕을 송화강 아사달 지역으로 다시 모셨다면 천왕릉은 지금의 만주 지역에 있는 것이 될 것이나, 대박산이 송양 부근이나 대릉하 부근일 가능성을 배제할 수는 없다고 본다.

한편, 대박산(大博山)을 지금의 한반도 평양 부근에 있는 대박산이라고도 하나, 단군조선의 영역으로 볼 때 당시 마한 땅이던 한반도 평양(平壤) 부근이라고 볼 가능성은 거의 없는 것이 된다. 평양(平壤)의 대박산은 후대에 지명을 본뜬 것일 수도 있으며, 같은 지명(地名)이나 산명(山名)은 얼마든지 있을 수 있음을 염두에 두어야 할 것이다. 대박산이라는 글자 자체로 보면 태백산(太白山)과 뜻이 같은 한밝산을 이두식으로 표기한 글자가 될 것이다.

구을 천왕이 돌아가시자 우가(牛加) 달문(達門)이 화백회의(和白會議)로 선출되어 천왕이 되었다 하는 바, 태자(太子)가 있었다면 양보하였거나 태자자리가 비어 있었던 것이 되고, 농사담당이던 우가(牛加)의 직을 수행하던 구을 천왕의 아들이나 왕족으로서 달문(達門)이 대통을 이은 것이 된다.

태자가 있으면 태자가 대를 잇는 것이 원칙이지만, 태자가 불초(不肖)하거나 태자 자리가 비어 있다면 다른 천왕자(天王子) 중에서 대를 이은 것이 되는데, 이때 화백회의(和白會議)로 선출하였던 것이 된다.

단군조선 시대에 태자가 아니면서 천왕에 오른 예가 좀 있다.

제5대 구을(丘乙) 천왕과 제7대 한율(翰栗) 천왕이 태자가 아닌 양가(羊加) 출신이었다. 양가 출신으로 명기된 경우가 두 분이다.

한편, 제6대 달문(達門) 천왕, 제10대 노을(魯乙) 천왕, 제12대 아한(阿漢) 천왕, 제13대 흘달(屹達) 천왕[646], 제14대 고불(古弗) 천왕, 제16대 위나(尉那) 천왕, 제

---

645) 소나무와 연관되는 송막(松漠)이라는 지명이 있다. 대진국(발해) 시대인 서기 735년에 송막 12성과 요서6성을 축조하였는데, 난하 서편에 위치하였던 것이 된다.

646) 대음달(代音達)이라고도 불린다.

20대 고홀(固忽) 천왕이 태자가 아닌 우가(牛加) 출신이었다. 즉 태자가 아닌 우가 출신으로 명기된 분이 모두 일곱 분이다.

그 외 태자라고 명기되지 아니한 분으로는 제8대 우서한(于西翰) 천왕, 제15대 대음(代音) 천왕, 제28대 해모(奚牟) 천왕, 제29대 마휴(摩休) 천왕이 있는데, 태자나 삼사오가(三師五加) 등의 관직(官職)에 있지 아니하던 차자(次子)나 삼자(三子) 등 다른 아들이 될 것이다.

한편, 태자도 아니고 천왕의 아들이 아니면서 천왕이 된 경우로는, 서기전 1286년에 우현왕(右賢王)으로서 군사력을 기반으로 제21대 소태(蘇台) 천왕으로부터 선양(禪讓)을 받아 서기전 1285년에 즉위한 제22대 색불루(索弗婁) 천왕, 서기전 426년 우화충(于和冲)의 반란으로 피난하다 붕하신 제43대 물리(勿理) 천왕의 명(命)을 받아 난을 진압한 공로로 추대 받아 서기전 425년에 천왕이 된 제44대 구물(丘勿) 천왕, 서기전 296년 한개(韓介)의 반란을 의병을 일으켜 진압한 공로로 추대 받아 후사가 없던 제46대 보을(普乙) 천왕의 대를 이어 서기전 295년에 즉위한 제47대 고열가(古列加) 천왕이 있다.

제22대 색불루 천왕은 우현왕(右賢王) 고등(高登)의 손자로서 세습하여 우현왕이 되었으며, 서기전 1286년에 소위 군사혁명으로서 제21대 소태 천왕으로부터 선양을 받았던 것이다. 그리하여 색불루 천왕은 고씨(高氏) 단군천왕(檀君天王)의 시조가 되는 셈이다.

제44대 구물 천왕은 백민성(白民城) 욕살(褥薩)로서 제43대 물리 천왕의 명을 받아 우화충의 반란을 진압한 공로로 추대되어 천왕으로 즉위하였는바, 욕살은 지방장관으로서 성주(城主)가 되며, 일반 제후에 버금가는 직위에 있었다고 볼 수 있는데, 물리 천왕의 가까운 친족(親族)이었을 가능성이 농후하다.

제47대 고열가 천왕은 제44대 물리 천왕의 현손(玄孫)이라고 기록되고 있다.647)

제22대 색불루 천왕은 부여(扶餘) 땅이 되는 상춘(常春)의 백악산아사달(白岳山

阿斯達)에서 후기 단군조선을 시작하였는데, 역대 단군천왕들이 색불루 천왕을 제외하면 모두 천왕족(天王族)으로 대통(大統)이 계승된 것이 된다. 이로써 보면, 단군조선 시대의 황통(皇統) 계승은 확고한 제도(制度)에 의하여 이루어진 것이나 다름없는 것이 된다. 즉 단군조선은 정치제도(政治制度)가 확고(確固)히 정립(定立)된 제국(帝國)이었던 것이다.

시호는 평제(平帝)이다.

6. 제6대 달문(達門:文帝) 천왕(天王)의 역사

(1) 하(夏)나라 왕 소강(小康)의 새해 인사

서기전 2077년 갑신년(甲申年)에 하주(夏主) 소강(小康)이 달문(達門) 천왕(天王)께 사신(使臣)을 보내어 새해 인사를 올렸다.

하(夏)나라 제7대 왕이 되는 소강(小康)은 서기전 2079년에 즉위하여 서기전 2058년까지 22년을 재위하였으며, 서기전 2077년에 단군조선(檀君朝鮮)에 사신을 파견하여 새해인사를 올린 것이다. 이로써 하나라는 단군조선의 진정한 천자국(天子國)으로서 인정받은 것이 된다.

소강(小康)은 아버지가 하나라 제5대 왕인 상(相)인데, 서기전 2118년에 예(羿)가 덕을 잃은 상(相)을 죽이고 왕이 되었던 것이며, 이후 한착(寒浞)이 반란으로 예(羿)를 죽이고 왕이 되었다가, 다시 서기전 2079년에 상(相)의 아들 소강(小康)이 한착을 죽이고 왕 자리를 되찾은 것이다.

하나라 제3대 왕인 태강(太康)은 제2대 왕인 계(啓)의 아들이었으나 왕이 되어서는 여러 나라를 돌아다니며 유람하는 데 세월을 보내므로, 유궁국(有窮國)의 왕(王)

---

647) 전계 한단고기 〈단군세기〉, 119쪽 참조

이던 예(羿)가 태강의 아우인 중강(仲康)을 왕으로 세웠던 것이다. 유궁국은 단군조선의 영향력 아래 있던 제후국이었던 것이 된다.

한편, 유응(有鷹) 즉 응(鷹)이라는 나라가 하나라 왕 상(相)의 시대에 인방(人方)의 응(鷹) 땅을 점령하였던 것으로 금문(金文)에 나타나는데, 이때는 왕상(王相) 10년 5월 5일인 정사일(丁巳日)에 해당하며, 왕상(王相)은 서기전 2146년에 즉위하였으므로 10년이면 서기전 2136년경의 일이 되고, 고대중국의 3년상 기록을 계산하면 서기전 2133년경의 일이 된다.

그 후 중강이 죽고 중강의 아들인 상(相)이 즉위하였으나, 이 상(相)이 정치를 잘하지 못하므로, 서기전 2119년에 단군조선의 군사가 하나라를 정벌하였던 것이고, 이에 예(羿)가 상(相)을 죽이고 서기전 2118년에 스스로 하나라의 왕, 천자(天子)자리에 올랐던 것이다. 이후 예의 신하 한착이 예를 죽이고 천자자리를 찬탈하였던 것이 된다.

그런데, 왕 상(相)의 비(妃)가 친정인 유잉국(有仍國)으로 피하였다가 유복자(遺腹子) 소강(小康)을 낳았으며, 이후 소강이 하나라의 옛 신하였던 미(靡)를 장수로 삼아 군사를 일으켜 서기전 2079년에 결국 한착(寒浞)을 멸망시키고 왕위를 도로 찾았던 것이다.

그리하여 서기전 2118년부터 서기전 2079년까지 40년은 소강(小康)이 왕으로 있던 시기가 아니며, 예(羿)와 한착(寒浞)의 시대이고 소강은 서기전 2079년에 왕이 되었던 것으로 소강의 재위기간은 서기전 2058년까지 이므로 61년이 아니라 22년밖에 되지 않는 것이다.

그래서, 만약 중국역사 기록에서 소강(小康)의 재위기간을 61년이라 적고 있다면 이는 명백한 역사날조(歷史捏造)가 되는 것이다.

하(夏)나라 제7대왕 소강(小康)이 나라를 다시 찾은 뒤에 상대적으로 안정된 나라가 되었으며, 이후에는 단군조선의 제후국인 천자국(天子國)으로서 예(禮)를 갖추어 단군조선을 잘 섬기게 되었던 것이고, 서기전 2077년에 소강(小康)이 사신을 보내어 단군조선의 천왕(天王)께 새해인사를 올렸다는 것은, 하나라가 상국(上國)을 예(禮)로써 잘 섬기는 등 정신을 차렸다는 단적인 실례(實例)가 되는 것이다.

서기전 2224년에 우(禹)가 단군조선의 질서를 벗어나서 스스로 하왕(夏王)이라 칭하면서 시작된 하나라는 내적으로 불안한 정세를 겪고 있었던 것인데, 우(禹)가 단군조선의 사자였던 유호씨(有戶氏)와 전쟁 중에 모산(茅山, 회계산)의 진중(陣中)에서 죽고 우(禹)와 함께 치수(治水)를 하였던 백익(伯益)이 섭정을 하였으며, 우의 아들 계(啓)가 서기전 2197년에 백익을 죽이고 왕 자리를 찾았으며, 이후 계(啓)도 유호씨가 하(夏)나라에게 가르침을 주기를 포기하기까지 전쟁을 함으로써 서기전 2224년부터 서기전 2195년경까지 합 30여 년간 전쟁 속에 있었다.648)

태강(太康)이 정치를 잘 못하자 예(羿)가 중강(仲康)을 왕으로 세웠고, 중강의 아들 상(相)이 또한 정치를 잘 못하자 이때는 단군조선이 직접 하나라를 정벌하였으며 이듬에 예(羿)가 상(相)을 죽이고 스스로 왕이 되었던 것이고, 예(羿)의 신하였던 한착(寒浞)이 또한 하극상(下剋上)으로 예(羿)를 죽이고 왕이 되었던 것이다. 이처럼 하나라 초기는 정세가 불안하였던 것이 된다.

이후 소강(小康)이 하나라를 도로 찾은 때 군신(君臣)의 예(禮)가 무엇인지를 깨닫게 된 것으로, 상국(上國)인 단군조선에 새해인사를 올리는 등 예(禮)를 차린 것이 되며, 진정한 천자국(天子國)으로 인정받은 것이 되어, 이후 하나라의 정세는 그런대로 안정되어 갔던 것이 된다.

중국 측의 기록에서 고대중국이 예(禮)를 잃으면 사이(四夷)에서 그 예(禮)를 배웠다고 적는 것은, 하(夏)나라의 경우 그 주변에 있던 단군조선의 제후국이나 하나라의 제후국이라 하더라도 단군조선의 정치적 영향 하에 있었던 소국(小國)들의 간섭이나 통제를 받으면서 하나라가 생존해 왔음을 나타내는 것이 된다.

---

648) 전계 부도지, 62~72쪽 참조

(2) 상춘(常春) 구월산(九月山) 제천문(祭天文), 신지(神誌) 발리(發理)의 서효사(誓效詞)

서기전 2049년 임자년(壬子年)에 모든 한(汗)들을 상춘(常春)에 모이도록 하여 구월산(九月山)에서 삼신(三神)께 제(祭)를 올렸는데, 신지(神誌) 발리(發理)로 하여금 서효사(誓效詞)를 짓게 하였다.[649]

서효사는 아래와 같다.

"아침 해가 먼저 비치는 땅에, 삼신(三神)께서 밝게 세상에 내리시고, 한인(桓因)께서 모습을 나타내어 먼저 덕을 심으시니 크고 깊어라. 모든 신께서 의논하여 한웅을 보내시니 한웅(桓雄)께서 조칙을 받들어 개천(開天)을 시작하셨도다. 치우(蚩尤)께서 청구(靑邱)를 일으키고 만고(萬古)에 무(武)의 위엄을 떨치시니 회대(淮岱) 지역이 모두 왕께 돌아왔으며 천하가 능히 침범치 못하였도다. 왕검(王儉)께서 대명(大命)을 받으시니, 기쁜 소리가 구한(九桓)에 울려 퍼지고, 고기잡이 백성과 물가의 백성들이 깨어나고, 풀이 자라고 바람이 부는 육지에도 덕화(德化)가 새롭도다. 원한 있는 자는 먼저 원한을 풀고, 병이 있는 자는 먼저 병을 없애며, 한마음으로 인(仁)과 효(孝)가 있을 따름이며, 사해(四海)가 모두 광명(光明)이로다. 진한(眞韓)은 나라 안을 맡으니 다스림의 도(道)는 모두 새로우며, 마한은 그 왼쪽을 보좌하고 번한은 그 남쪽을 보좌하여, 험준한 바위가 사방의 벽을 쌓음이라. 성스런 임금께서 상춘의 신경(新京)에 행차하심은 저울대와 저울추와 저울그릇과 같도다. 저울그릇은 백아강이요, 저울대는 소밀랑이며, 저울추는 안덕향이라. 머리와 꼬리가 수평을 이루어 고르며, 신뢰와 덕(德)이 신(神)의 정기(精氣)를 보호하고, 나라를 흥하게 하여 태평을 보장하니, 조공하는 나라가 70국이며, 영원토록 삼한(三韓)의 뜻을 보장하도다. 왕업(王業)에 흥함과 융성함이 있을지니, 흥함과 폐함을 말하지 말지로다. 정성은 하늘님(天神)을 섬김에 있도다!

---

649) 전게 한단고기 〈단군세기〉, 74~75쪽 참조

(朝光先受地 三神赫世臨 桓因出象先 樹德宏且深 諸神議遣雄 承詔始開天
蚩尤起靑邱 萬古振武聲 淮岱皆歸王 天下莫能侵 王儉受大命 懽聲動九桓
魚水民其蘇 草風德化新 怨者先解怨 病者先去病 一心存仁孝 四海盡光明
眞韓鎭國中 治道咸維新 慕韓保其左 番韓控其南 峻岩圍四壁 聖主幸新京
如秤錘極器 極器白牙岡 秤幹蘇密浪 錘者安德鄕 首尾均平位 賴德護神精
興邦保太平 朝降七十國 永保三韓義 王業有興隆 興廢莫爲說 誠在事天神)

이에, 달문 천왕께서 모든 한(汗)들과 약속을 세워 이르기를,

"무릇 나와 함께 이를 약속하는 사람은 한국(桓國)의 오훈(五訓), 신시(神市)의
오사(五事)로써 영구토록 준수하는 일로 삼느니라. 하늘에 제사하는 의식은 사람
을 근본으로 삼고, 나라를 위하는 길은 먹는 것을 우선으로 하느니, 농사는 사람 사
는 모든 일의 근본이며, 제사는 다섯 가르침의 근원이니라. 마땅히 백성과 더불어 함
께 다스리는 것을 산업으로 삼을 것이니라."

하셨다.

천왕께서는 먼저 겨레(族)가 소중함을 가르치고 다음으로 죄인들을 용서하며 아
울러 사형을 없애고, 책화(責禍)와 국경을 지키는 것과 화백(和白)을 공개하였다.
전적으로 함께 화합하는 마음으로 하나로 베풀고, 겸손하고 낮추어 스스로 기름으
로써, 어진 정치의 시작이 되었다. 때에 동맹을 맺어 조공을 바친 곳이 큰 나라가 둘
(2)이며, 작은나라가 스물(20)이며, 마을부락이 3,624곳이나 되었다.650)

---

650) 전게 한단고기 〈단군세기〉, 77~78쪽 참조. 큰 나라는 마한과 번한이며, 작은 나라는 그 외 군
후국(君侯國)으로서 구려, 진번, 부여, 청구, 남국, 고죽, 몽고리, 숙신, 개마, 예, 옥저, 졸본, 비
류 등이 된다. 단군조선은 36주의 삼한관경(三韓管境)인바, 삼한 내에만 기본적으로 36국이 있
었던 것이 되고, 삼한관경 밖으로 천자국 등 일반 천하국이 70여국에 달하는 것이 된다. 아마도
진한이 8주, 번한이 4주, 마한이 4주로 모두 16개국이 직할영역에 내포되고, 그 밖 삼한관경 내
에 20개국이 둘러싸고 있는 형태가 된다.

서효사(誓效詞)는 신지가 지은 비밀스런 글이라 하여 신지비사(神誌祕詞)라고도 한다. 실제로 신지비사인 서효사는 서기전 2049년에 달문(達門) 천왕(天王)이 상춘(常春)의 신경(新京)에 행차하여 구월산(九月山) 제천단(祭天壇)에서 모든 한(汗)들과 함께 삼신(三神)께 제사를 올릴 때, 신지(神誌)의 직에 있던 발리(發理)라는 사람이 글을 지어 바친 것이다.

위 서효사는 단군조선 이전의 역사로서, 우리나라가 삼신께서 화신(化身)하여 내려오신 나라이며, 한인(桓因) 천제의 역사와 한웅(桓雄) 천왕의 개천(開天)의 역사와 치우(蚩尤) 천왕의 위세(威勢)의 역사를 적고 있다.

또 단군조선의 시조이신 단군왕검께서 대명(大命)을 이었음을 적고 있으며, 진한과 마한과 번한의 역할을 적으면서 만대에 삼한(三韓)의 역사가 무궁할 것인 바, 오로지 나라에 흥함이 있을 뿐이지 나라의 폐함은 말조차 꺼내지 말 것이며, 다만 하늘님을 섬김에 모든 것이 달려 있다고 강조하고 있는 것이다.

한(汗)이라는 직위는 단군조선의 제도로 볼 때 지방장관격인 욕살(褥薩) 위의 자리가 되는 일반적인 제후(諸侯)에 해당하는데, 경우에 따라 넓은 의미로 진한, 마한, 번한의 한(韓)을 포함하기도 하고, 때로는 군(君)을 포함하는 경우도 있으며, 좁은 의미로는 한(韓)이나 군(君)의 아래인 지방의 왕(王)이 되는 일반적인 제후가 된다. 즉 통상적으로 일반제후인 공후백자남(公侯伯子男)이 한(汗)에 해당하는 것이다.

단군조선의 한(汗)은 지방 제후국의 왕이 되며 군사권은 제한된다. 일반적으로 왕(王)은 군사권을 가지는데, 한(汗)은 명을 받아서 군사권을 행사하게 된다. 즉 한(韓)과 한(汗)은 보위(補衛), 보좌(補佐)의 뜻을 가진다. 군사권을 행사할 때는 왕(王)이라 칭하게 된다.

성(城)의 책임자인 성주(城主)는 일반적으로 지방장관격인 욕살(褥薩)이 맡으나 경우에 따라 욕살(褥薩)을 승진시켜 한(汗)으로 봉하기도 하였다. 이러한 경우 한(汗)으로 봉해진 성(城)은 제후국(諸侯國)이 된다.[651]

단군조선의 제후국은 자세히 구분하면, 진한(眞韓), 마한(馬韓), 번한(番韓)의 삼한(三韓)과 이들 삼한의 관경에 속한 군후국(君侯國)이 있어 한국(韓國), 군국(君國), 일반 후국(侯國)이 있는 것이다.

단군조선의 단군(檀君)은, 시조 단군왕검은 처음 배달나라의 천군(天君)에서 조선개국 시조로서 천왕(天王)이 되셨고 이후 태자 부루를 천왕격인 진한(眞韓)에 봉함으로써 천제(天帝)로 받들어진 것이며, 제2대 부루 천왕부터는 천왕(天王)이 되어 마한과 번한은 천왕격(天王格)의 비왕(裨王)이 되고, 진한과 마한과 번한의 관경에 속한 군국(君國)의 왕은 천군(天君)이 되며, 그 외 일반 제후국의 왕은 천공(天公), 천후(天侯), 천백(天伯), 천자(天子), 천남(天男)에 해당하게 된다.

그리하여 소위 삼황오제(三皇五帝)와 하은주(夏殷周) 등 고대중국의 왕들은 모두 배달나라와 단군조선의 지방 제후국의 왕이 되는 천자(天子)인 것이며, 고대중국의 기록에서도 스스로 천자(天子)라고 적고 있는 것이다.

상춘(常春)은 부여(扶餘) 특히 북부여에 있는 땅으로, 고구려의 초기 수도인 눌현(訥見)이라고도 불렀는데, 늘봄이라는 뜻을 가지는 말이다. 단군조선 진한의 3경(京) 중 이궁(離宮)이 있던 곳으로서 서기전 1285년부터는 단군조선의 수도가 된 곳이기도 하다.

상춘에 구월산(九月山)이 있는데[652], 이 구월산은 아흐달산으로서 곧 아사달산이라는 말의 이두식 표기가 된다. 서효사에 의하면 서기전 2049년의 상춘은 신경(新京)이라고 적어 이미 단군조선의 이궁(離宮) 이상으로 간주되고 있던 상태가 된다. 실제로 상춘에 신궁(新宮)을 축조한 때는 서기전 1984년인데, 이때는 청해(青海) 욕살(褥薩) 우착(于捉)이 반란을 일으켜 아사달궁을 침범하여 제9대 아술 천왕이 피난한 때이며, 여기에 3년을 머물렀다 아사달로 되돌아 왔다.

신지(神誌)는 문자담당 즉 기록담당의 관직 명칭이다. 천왕(天王)의 명령(命令)

---

651) 욕살을 한(汗)으로 승격시켜 봉한 경우가 있다. 전게 한단고기 〈단군세기〉, 86쪽 참조
652) 전게 한단고기 〈단군세기〉, 74쪽, 80쪽 참조

을 관장한 직책이기도 하다. 서기전 3897년 배달나라 초기부터 있는 관직이며, 배달나라 초기에 신지(神誌) 혁덕(赫德)이 상형문자인 녹도문(鹿圖文)을 만들었다고 기록되고 있다. 후대에는 외교문서 등 문서담당으로서 한림원(翰林院)이라는 관청(官廳)이 있었다.

한인(桓因) 천제가 다스리던 한국(桓國)은 모두 12한국이 있던 시대의 중심이 되던 나라로서, 흑수백산(黑水白山)의 땅에 있었는데, 이 흑수백산은 곧 지금의 흑룡강과 백두산을 가리키며 단군조선의 진한 땅이 된다.

파미르고원의 동쪽에 9족(族)으로 이루어진 12한국(桓國)이 황하(黃河) 이북이 되는 천산, 몽골, 시베리아, 만주, 한반도 등 대황원(大荒原)에 걸쳐 퍼져 있었던 것이며, 한웅천왕(桓雄天王)의 배달나라 중심지는 흑수백산을 중심으로 한 한국(桓國)의 저 먼 서남지방으로서 호족(虎族)과 웅족(熊族)의 전쟁터였던 황하 중상류 지역이며, 황하 부근이 되는 지금의 서안(西安) 남쪽에 위치한 태백산(太白山) 아래에 신시(神市)를 열어 수도로 삼았던 것이다.

한국(桓國) 말기가 되는 서기전 3900년경에 황하 중상류 지역의 선주민이던 호족(虎族)은 사막지대에 살던 백족(白族)이 되고, 남하하여 이주하던 웅족(熊族)은 황하 이북에 살던 황족(黃族)의 일파였다.

한인(桓因) 시대 이전에 이미 9족이 형성되었는데, 황족(黃族), 백족(白族), 남족(藍族), 적족(赤族), 현족(玄族), 양족(陽族), 우족(于族), 방족(方族), 견족(畎族)이다.653) 이중 양족, 우족, 방족, 견족은 모두 황족의 파생족이다. 황족은 황인종, 백족은 백인종, 남족은 청인종, 적족은 적인종(홍인종)654), 현족655)은 흑인종 계통

---

653) 을파소 전수, 참전계경 총론 참조

654) 아메리카 원주민인 인디안을 홍인종이라고 한다. 피부가 황인종의 색에 흑인종의 색 중간 쯤에 해당하여 검붉다.

655) 주로 흑수인 흑룡강 유역에 사는 족속으로 후대에는 흑수말갈로 불리는데, 피부가 검은 편이라 보인다. 서기전 7197년경 파미르고원에서 남방의 인도지역으로 분거한 흑소씨족이 아시아

이 된다.

그리하여 백족(白族)에 해당하는 호족(虎族)과 황족(黃族)에 속하는 웅족(熊族)이, 호족이 텃세를 부리는 틈에 웅족이 이주(移住)를 하면서, 전쟁을 하였던 것이다.

이에, 홍익인간 세상을 펼칠 뜻을 품고 있던 한웅천왕이 한인천제(桓因天帝)의 명을 받아, 밝은 하늘나라인 북쪽의 한국(桓國)에서 지방이 되는 남쪽의 밝은 땅 나라인 박달로 내려와, 천부경(天符經)과 삼일신고(三一神誥)와 참전계경(參佺戒經)이라는 하늘나라의 가르침을 주어 짐승 같은 짓을 그치게 하여 인간(人間)이 되게 함으로써 배달나라 백성으로 삼았던 것이다.

그러나, 호족(虎族)은 한웅천왕의 가르침을 끝내 따르지 않아 백성으로 받아들여지지 않고 사방으로 추방을 당하였다. 뿔뿔이 흩어진 호족(虎族)의 일부는 후대에 황제헌원(黃帝軒轅)의 백성이 되기도 하였고, 서안(西安) 서쪽에 살던 백족(白族)은 후대에 서이(西夷)로 불리면서 주(周) 나라 세력의 주축이 되기도 하였다. 그래서 주나라 문왕과 무왕을 서이(西夷) 출신이라 부른 것이 된다.[656]

고려사절요에 소위 신지비사(神誌祕詞)에 관한 글이 전하는데, 원래의 서효사의 문장이 변형되어 있다. 여기서는 신지비사의 글을 빌어 지금의 서울인 한양(漢陽)을 오덕지(五德地)라 여겼던 것이며, 고려시대 남경(南京)으로 삼았던 것이 된다.[657]

단군조선 시대의 오덕지가 되는 번한(番韓)의 오덕지는 곧 번한의 5경(京)[658]이 되는데, 동경(東京)이 되는 험독(險瀆), 서경(西京)이 되는 한성(汗城), 남경(南京)

흑인종에 해당하며, 아마도 현족은 흑소씨족의 일파로서 파미르고원에서 동북쪽으로 황궁씨를 따라와 흑수지역에 정착한 것이 될 것이다. 고죽국의 왕족의 성씨가 묵(墨) 또는 묵태(墨胎)가 되는데, 고죽국은 서기전 2267년경 단군왕검 천제께서 현족의 후예를 뽑아 봉한 나라가 아닌가 한다.

656) 김혁제 교열, 원본 맹자집주 전, 이루장구하, 205쪽 참조
657) 고려는 개경(송악), 서경(평양), 남경(한양:지금의 서울)을 두어 3경(京)을 두었다.
658) 대진국(발해)이 동서남북중의 5경 제도를 두었다.

이 되는 가한성(可汗城)인 낭야성(琅耶城), 북경(北京)이 되는 탕지(湯池) 그리고 중경(中京)이 되는 개평(蓋平)이다. 개평은 안덕향(安德鄕)이라고 부르며 탕지는 그 이전의 수도로서 구안덕향(舊安德鄕)이라 부른다.

소위 신지비사인 서효사에 의하면 번한(番韓)은 저울추와 같아서 번한의 수도 (首都)가 이리 갔다 저리 갔다 하면서 균형을 맞추는 역할을 하는 것이 되는데, 번한 의 오덕지(五德地)는 바로 번한의 동서남북중(東西南北中) 다섯 곳의 수도인 5경 제도를 가리키는 것이 된다.

이에 반하여, 고려시대에 오덕지(五德地)라 본 한양(漢陽)은 동서남북중의 덕 (德)을 한꺼번에 가진 중앙(中央)에 위치한 땅으로서의 오덕지가 된다.659)

그리하여 다섯 곳의 덕지(德地)냐 오덕(五德)을 갖춘 한 곳의 땅이냐의 차이가 있는 것이 되는데, 이는 고려시대에 소위 신지비사660)를 언급하면서도 단군조선의 번한 5경제도를 오해한 것이 되며, 결론적으로 서효사의 구절을 잘못 해석한 것이 되기도 한다.

위 서효사에서 마한(馬韓)은 왼쪽을 보좌하고 번한(番韓)은 남쪽을 보좌한다고 적고 있는데, 원래 마한(馬韓)이라는 말은 남쪽의 한(韓)으로서 남쪽을 보좌하는 것 이 되고, 번한은 차례(次例), 번(番)을 서서 지키는 한(韓)이라는 의미를 가진다.661)

---

659) 고려사 열전에 언급된 신지비사 : 神誌秘詞曰 "如秤錘極器 秤幹扶疎樑 錘者五德地 極器百 牙岡 朝降七十國 賴德護神精 首尾均平位 興邦保太平 若廢三諭地 王業有衰傾" 此以秤諭三 京也 極器者首也 錘者尾也 秤幹者提綱之處也 松嶽爲扶疎以諭秤幹 西京爲白牙岡以諭秤首 三角山南爲五德丘以諭秤錘 五德者 中有面嶽爲圓形土德也 北有紺嶽爲曲形水德也 南有冠 嶽尖銳火德也 東有楊州南行山直形木德也 西有樹州北嶽方形金德也 此亦合於道詵三京之 意也 今國家有中京西京而南京闕焉 伏望於三角山南木覓北平 建立都城以時巡駐 此實關社 稷興衰...(《高麗史》卷一百二十二 〈列傳〉卷三十五 金謂磾)

660) 소위 신지비사(神誌秘詞)는 단군조선 시대의 서효사(誓效詞)를 가리키며 물형풍수의 내용을 담고 있다. 물형풍수는 산세나 지형을 물형으로 대입하여 명당여부를 판단한다. 신지비사는 단 군조선의 영역을 저울이라는 물형으로 풀어 지정학적으로 표현하고 있다.

661) 소위 신지비사(神誌秘詞)는 서기전 2049년에 지어진 단군조선 시대의 서효사(誓效詞)를 가

즉, 단군왕검 시대에는 마한은 남쪽을 보좌하고 번한은 서쪽을 보좌하는 기능을 담당하였는데, 서기전 2049년에 이르러 마한은 왼쪽인 동쪽이 되고 번한이 바로 남쪽이 되어, 나라의 중심이 동쪽의 송화강 아사달에서 서쪽에 위치한 상춘의 백악산아사달로 이동한 것으로 상정(想定)하였다는 것이 된다.

한국(桓國)의 오훈(五訓)은 다섯 가지 가르침으로서, 성신불위(誠信不僞), 경근불태(敬勤不怠), 효순불위(孝順不違), 염의불음(廉義不淫), 겸화불투(謙和不鬪)이다.662) 즉 정성과 믿음으로 거짓되지 아니하고, 공경하고 부지런하여 게으르지 않고, 효도하고 순종하여 어기지 아니하며, 청렴하고 의로워 음탕하지 않고, 겸손하고 화목하여 다투지 아니한다는 다섯 가지 인간윤리인 가르침이다.

또 신시(神市)의 오사(五事)는 배달나라 시대에 오가(五加)가 담당하였던 직무를 가리키는데, 저가 주병(猪加主病), 구가 주형(狗加主刑), 양가 주선악(羊加主善惡), 우가 주곡(牛加主穀), 마가 주명(馬加主命)이다. 즉, 저가는 질병을 담당하고, 구가(개)는 형벌을 담당하며, 양가는 선악을 담당하고, 우가는 농사를 담당하고, 마가는 명령과 목숨을 담당한다는 것이다.

오가(五加)를 오방(五方)의 오부(五部)로 보면 저가(豬加)는 중부(中部), 구가(狗加)는 서부(西部), 양가(羊加)는 북부(北部), 우가(牛加)는 동부(東部), 마가(馬加)는 남부(南部)에 각 해당한다. 오가(五加)를 중앙의 행정조직으로 보면, 현시대의 정치조직에 대입할 때, 대통령 아래에 있으면서 실제 정치를 펼치는 행정부(行政

리키며 물형풍수(物形風水)의 내용을 담고 있다. 물형풍수는 산세나 지형을 물형으로 대입하여 명당 여부를 판단한다. 신지비사는 단군조선의 영역의 형태를 저울(秤)이라는 물형으로 풀어 지정학적으로 표현하고 있다. 사실 한국 재래의 풍수는 마고시대 이후 서기전 6000년경 유인씨 한국시대에 이미 청룡, 주작, 백호, 현무라는 동서남북의 7수(宿) 즉 28수의 윷판 역법(曆法)과 함께 정착된 것이 되는데, 신라말 도선대사(서기 827~898)를 한국 물형풍수의 시조로 하여 그 34대 전수자가 박민찬(朴珉贊) 도선풍수과학원장인데, 도선대사로부터 전수된 답산기(踏山記)에는 개성(開城) 이남으로 1080여 개의 물형 명당이 기록되어 있다.

662) 전계 한단고기 〈태백일사/한국본기〉, 165쪽 참조

府)에 해당한다.

저가(豬加)는 돝 즉 돼지를 상징으로 하는 부서(部署)로서 청결(淸潔)을 중시해야 한다는 의미에서 질병(疾病)을 담당한 것이 되고, 구가(狗加)는 개를 상징으로 하는 부서로서 안녕을 지킨다는 의미에서 치안(治安)과 형벌(刑罰)을 담당한 것이 되고, 양가(羊加)는 양이나 염소를 상징으로 하는 부서로서 착한 존재라는 의미에서 선악(善惡)을 담당한 것이 되고, 우가(牛加)는 소를 상징으로 하는 부서로서 농사를 짓는다는 의미에서 농사를 담당한 것이 되고, 마가(馬加)는 말을 상징으로 하는 부서로서 명령(命令)을 전달하고 전쟁과 국방을 담당한다는 의미에서 목숨(命)을 담당한 것이 된다.

이들 오가(五加)를 통할(統轄)하는 삼사(三師)는 풍백(風伯), 우사(雨師), 운사(雲師)인데, 풍백은 입법담당이며, 우사는 행정담당이고, 운사는 사법담당이다. 지금으로 보면 풍백은 입법부인 국회, 우사는 행정부, 운사는 사법부에 해당한다.

예를 들어 양가(羊加)의 직무는 선악(善惡) 담당인데, 교육(敎育)과 사법(司法)의 직무를 수행하는 바, 행정담당인 우사(雨師)와 사법담당인 운사(雲師)에 겸하여 속한 것이 된다. 이와 같이 오가(五加)는 삼사(三師) 아래에 있으면서 업무적으로 소속된 것이 된다. 이는 근세조선 시대 영의정(領議政), 좌의정(左議政), 우의정(右議政) 아래에 행정부인 6조가 소속된 것과 유사한 체제가 된다.

단군조선 시대에도 기본적으로 배달나라의 삼사오가(三師五加) 제도가 실시되었던 것이며, 추가로 호가(虎加), 용가(龍加), 웅가(熊加), 응가(鷹加), 노가(鷺加) 등을 설치하여 각각 업무를 담당하였다고도 기록되며 단군 8가(加), 9가라고도 불리운다. 이와 같이 오가와 별도로 가(加)를 설치하였다는 것은, 역사적으로 기본 행정부서가 되는 6부(部)나 6조(曹) 외에 별도의 업무를 관할하는 관청(官廳)을 둔 것과 같은 이치(理致)가 된다.

달문(達門) 천왕은 화합정치를 펼쳐 사형제도를 없애고, 책화(責禍)와 국경경비와 화백회의(和白會議) 등을 공개하였으며, 화합하는 마음으로 스스로 겸손하고 낮

춤으로써 어진 정치를 실행하였던 것이다.

이때 동맹을 맺어 조공을 바친 곳이 큰 나라가 둘(2)이며, 작은나라가 스물(20)이며, 마을부락이 3,624곳이나 되었다 하는 바663), 큰 나라는 천왕격인 비왕(裨王)의 나라인 마한(馬韓)과 번한(番韓)이며, 작은 나라는 그 외의 군후국을 가리키는데, 군후국 중에서 크게는 청구, 남국(藍國), 구려, 진번, 부여, 숙신, 예, 개마, 옥저, 졸본, 비류, 고죽, 몽골, 선비, 흉노, 낙랑 등이 있으며, 천자국(天子國)이 되는 하(夏)나라도 여기에 포함되고, 그 외 제후(諸侯)가 다스리는 소국(小國)들이 있어, 모두 20여 개국이 있었다는 것이다. 즉 단군조선은 16개국을 거느린 천축국(天竺國)664)처럼 대제국이라 풀이되기도 한다.

조공(朝貢)을 한 마을부락이 3,624곳이라 한 것은, 큰 나라와 작은 나라에 속한 마을의 총 숫자를 가리키는 것인지는 불명하나, 상국(上國)인 진한(眞韓)과 대국(大國)인 마한(馬韓) 및 번한(番韓)과 소국(小國)으로서 삼한(三韓) 관경에 속한 제후국 안에 있는 마을부락의 숫자라고도 보인다.

다만, 마을부락을 삼한(三韓)과 제후국(諸侯國)들로부터 독립된 마을단위로 보면, 각 추장(酋長)들이 맡고 있던 곳으로서 별도로 조공을 바친 것이 된다. 서기전 1666년의 호구(戶口) 조사에서 1억8,000만 명이라는 기록을 보면665), 삼한 관경 내 제후국과 별개인 마을부락으로 보이며, 이 인구는 파미르고원에 있던 9족(族) 전체의 수가 될 것이다.

어떤 지역에 제후국을 봉하더라도 다른 제후국에도 속하지 아니하는 마을부락이 존재할 수 있기 때문에, 이러한 마을부락으로서 단군조선에 조공(朝貢)을 별도로 바친 마을부락이 3,624개나 된다고 한 것이 된다.

---

663) 전게 한단고기 〈단군세기〉, 78쪽 참조
664) 산해경(山海經)의 주(注)에 기록되고 있다.
665) 전게 한단고기 〈단군세기〉, 91쪽 참조

(3) 양가 한율 즉위

서기전 2048년 계축년(癸丑年)에 달문(達門) 천왕께서 붕어하시니 양가(羊加) 한율(翰栗)이 즉위하였다.

제7대 한율 천왕은 달문 천왕의 태자가 아니라 차자나 삼자 등의 다른 아들이 되며 양가(羊加)의 직에 있었던 것이 된다. 양가(羊加)는 선악(善惡) 담당으로서 착한 사람이 되도록 교육을 하고 악(惡)한 자는 처벌하는 관청이며, 지금의 교육부와 법무부에 해당한다. 시호는 문제(文帝)이다.

7. 제7대 한율(翰栗:惠帝) 천왕(天王)의 역사

(1) 마한(馬韓)에 막연(莫延)을 봉(封)하다

서기전 1994년 이전에 마한(馬韓) 궁호(弓戶)가 죽었으나 후사가 없어 선대에 마한(馬韓)이었던 두라문(杜羅門)의 아우가 되는 두라시(杜羅時)의 증손 막연(莫延)이 제7대 한율(翰栗) 천왕의 명(命)을 받아 마한(馬韓)을 계승하였다.[666]

마한 궁호(弓戶)는 제8대 마한이며, 제4대 마한 두라문(杜羅門)의 아우가 두라시(杜羅時)이고, 두라시의 증손이 막연(莫延)이다. 마한 두라문은 서기전 2179년부터 서기전 2176년까지 다스렸으며 단군조선 제3대 가륵 천왕 시대 사람이 된다.

마한 궁호가 후사가 없었으므로 막연이 단군조선 제7대 한율 천왕의 명을 받아 마한(馬韓) 땅의 마한(馬韓)이 된 것이다.

마한(馬韓)은 사람으로서 비왕(裨王)이라는 의미를 가지기도 하며, 마한 땅 즉 마한(馬韓)이라는 나라(國), 관경(管境)을 의미하기도 한다. 단군조선(檀君朝鮮)이나 진한(眞韓), 마한(馬韓), 번한(番韓)의 삼한(三韓)에는 국(國)이라는 글자를 붙이는

---

666) 전게 한단고기 〈태백일사/삼한관경본기〉, 207~208쪽 참조

것은 원칙이 아니다. 즉 국(國)이라는 글자가 경계가 있는 나라를 가리키므로 경계가 없는 나라에게 적용하는 것은 타당하지 않은 것이다.

그래서 한인천제의 한(桓)이나 한웅천왕의 단(檀)이나 단군의 조선(朝鮮)이라는 나라는 경계가 없는 대제국(大帝國)이므로 국(國)이라는 글자를 붙이는 것은 이치에 맞지 않으며, 한단조선(桓檀朝鮮)의 일반 제후국에 해당하는 소국(小國)들에게 국(國)이라는 글자를 붙이는 것은 상대적으로 경계가 있으므로 이치에 맞게 된다. 마한과 번한은 소국을 넘어서는 대국(大國)으로서 경계가 없다고 보아 국(國)이라는 글자를 붙이지 않는 것이다.

후대에 단군조선의 마한(馬韓) 땅이 되던 한반도에 생긴 진한(辰韓), 마한(馬韓), 변한(弁韓)도 각각 수십 개의 소국(小國)들로 이루어진 나라로서 국(國)을 붙이지 않는 것이 맞으나, 일반칭인 국명(國名)으로서 국(國)자를 붙이는 것에 불과한 것이 된다.

이리하여 단군조선 시대에는 소국(小國)이 되는 제후국(諸侯國)이나 성읍(城邑)의 나라가 국(國)이라 불리는 것이다. 즉 봉건제후국(封建諸侯國)이 국(國)이며 중앙조정(中央朝廷)은 천조(天朝)로서 천국(天國) 또는 상국(上國)이라 받드는 것이고, 일반적인 국(國)으로 부르지 않는 것이 된다.

한편, 제후국이 대국(大國)으로서 다시 제후를 봉한 경우가 있는데, 이에 해당하는 나라로서 단군조선의 천왕격(天王格)의 나라인 마한(馬韓)과 번한(番韓)이 있으며, 천자국(天子國)인 고대중국의 당우하은주(唐虞夏殷周)가 있다.

단군조선 천왕이 봉한 군후국(君侯國)으로는 단군조선 초기에 봉해진 천왕격의 진한(眞韓), 마한(馬韓), 번한(番韓)의 삼한(三韓)과, 천군국(天君國)인 청구(靑邱), 남국(藍國), 구려(句麗), 진번(眞番), 부여(扶餘), 몽고리(蒙古里), 고죽(孤竹) 등이 있으며, 그리고 후에 봉해진 낙랑홀(樂浪忽), 엄독홀(淹瀆忽), 남선비(南鮮卑) 등이 있고, 일반 제후국으로는 숙신(肅愼), 예(濊), 개마(蓋馬), 옥저(沃沮), 졸본(卒本), 비류(沸流)와 그 후에 봉해진 청아(菁莪), 서옥저(西沃沮), 맥성(貊城) 등이 있다.

마한(馬韓)과 번한(番韓)은 지금까지는 기록상 밝혀진 바는 없으나 단군조선 본국과는 별도로 제후국(諸侯國)을 봉한 것으로 보이는데, 마한 땅이 되는 한반도 내에 평양(平壤)에 있던 마한 본국 외에 제후국들이 수십 개, 수백개가 있었던 것이 틀림없는 것이 된다. 또 마한의 관경에 속하던 지금의 일본(日本) 땅인 구주(九州, 큐슈) 등지에도 제후국들이 산재하였던 것이 된다.

번한(番韓)은 단군조선의 서쪽이자 남쪽을 보좌한 나라가 되는데, 번한 자체에서 별도로 봉한 제후국은 밝혀지지 않았으나, 서기전 1766년에 번한이 고죽국(孤竹國)의 왕인 묵태(墨胎)를 은(殷)나라 시조 탕(湯)에게 보내어 즉위(卽位)를 축하하였다는 기록이 있음을 볼 때, 고죽국은 번한의 관경에 속하였던 군국(君國)이 되는 것이다.

위치상으로 번한(番韓) 관경에 속한 나라로는 산동지역에 위치한 청구(靑邱), 남국(藍國), 엄(淹), 서(徐), 회(淮) 등이 있으며667), 발해만 서쪽에 위치한 고죽국(孤竹國), 기후국(箕侯國)이 있다.

마한과 번한의 관경 외에 있던 단군조선의 군후국은 모두 단군조선 본국 즉 진한(眞韓)에서 봉한 것이 된다. 즉, 구려, 진번, 부여, 숙신, 옥저, 개마, 예, 졸본, 비류, 서옥저 등 마한 땅의 압록강 이북과 번한의 북쪽에 위치한 군후국들이 진한(眞韓) 또는 진조선(眞朝鮮)의 군후국(君侯國)이 되는 것이다.

단군조선의 번한관경에 속하였던 영지(令支)는 요중(遼中) 12성(城)의 하나로서 위치상으로는 고죽국의 수도가 되는 고죽성(孤竹城)의 서북쪽에 위치하였던 것이 되는데, 고대중국의 기록으로는 영지국(令支國) 등으로 국(國)이라 적고 있는 바, 성(城)으로 이루어져 있으나 독립적인 나라(國) 즉 제후국(諸侯國)으로 본 것이 된다. 즉 단군조선의 성(城) 단위에 지나지 않는 영지(永支)는 중국의 제나라나 연나라의 입장에서 볼 때 그들에게 버금하는 독립적인 나라가 되는 것이다.

---

667) 전게 한단고기 〈단군세기〉, 101쪽 참조

서기전 650년경 제(齊)나라와 연(燕)나라의 팽창으로 고죽국(孤竹國)과 은(殷)나라의 망명자 기자(箕子) 서여(胥餘)의 나라가 되는 기후국(箕侯國)이 망하여, 이곳의 주축세력들이 동쪽으로 이동하거나 남하하였던 것이 되는데, 특히 기자(箕子)의 후손으로서 번한(番韓) 땅으로 들어간 수유족(須臾族, 기자 서여족)의 무리인 기후(箕詡)가 서기전 323년에 번한(番韓)을 차지하여 번조선왕(番朝鮮王)이 되기도 하였고, 일부는 남하하여 전국시대에 조(趙)나라와 연(燕)나라 사이에서 선우 중산국(鮮于 中山國)을 세우기도 하였다.

시호는 혜제(惠帝)이다.

8. 제8대 우서한(于西翰:莊帝) 천왕(天王)의 역사

(1) 20분의 1의 세율(稅率) 시행

서기전 1993년 무신년(戊申年)에 1/20의 조세법을 정하여 널리 쓰이게 하였으며, 있음과 없음을 고려하여 부족한 것을 보충하도록 하였다.[668]

1/20의 세율을 적용한 세법을 시행하기 이전에는 원칙적으로 정전법(井田法)이 되는 1/9의 세법이 되는데, 제3대 가륵 천왕 때인 서기전 2175년에 이미 사정에 따라 조세를 조절하도록 조치한 역사가 있는 바, 단군조선의 세법은 백성들을 위주로 한 법으로서 단군천왕이 솔선수범으로 근검절약하며 검소하게 생활한 것임을 엿볼 수 있다. 물론 배달나라 시대에 이미 1/20의 세율을 적용한 사실이 잇다.[669]

정전법에 의한 세율이 되는 1/9은 지금의 부가가치세율 10%에 해당하는 세율이 되는 바, 이를 두 배 이상 적게하여 1/20의 세율로 한 것은 파격적인 것이라 하겠다. 1/20의 세율은 곧 5%의 세율이 된다.

---

668) 전게 한단고기 〈단군세기〉, 79쪽 참조
669) 전게 한단고기 〈태백일사/삼한관경본기〉, 199쪽 참조

한편, 단군조선은 더욱더 파격적으로 세율(稅率)을 인하하게 되는데, 서기전 1661년에 1/80 세율의 법을 시행하였던 것이며670), 세계역사에서 그 유래가 없는 것이 된다. 1/80의 세율은 1.25%의 세율이 된다.

단군조선 말기에 이르러 재정이 달려 명령이 듣지 않게 되고 장수들이 용맹만을 믿고서 난을 일으켜 천왕의 존재가 유명무실하게 됨으로써 결국 서기전 238년에 나라를 오가(五加)들에게 맡기게 되었는 바671), 단군조선의 정치는 천왕의 황실을 우선으로 한 것이 아니라, 가혹한 정치를 없애어 백성의 삶을 위주로 하였던 것이며, 이로써 단군조선 역사상에 폭군(暴君)이 없는 이유를 쉽게 알 수 있게 된다.

즉, 단군조선은 개국 초부터 단군 천왕(天王)은 모든 백성의 부모가 되어 자식처럼 돌보는 왕도정치(王道政治)를 실현하는 임금으로서, 또 스스로가 성인(聖人)으로서 모든 백성들에게 모범을 보인 진정한 정치가였던 것이다. 단군조선의 역사가 안타깝게도 천왕의 명령이 듣지 않게 됨으로써 2,102년으로 마감한 것이 되는데, 이 2,000년을 넘는 역사를 가진 나라도 세계역사상 유래가 없으며, 명실상부 단군조선이라는 나라는 백성들의 원망이 없던 지상낙원이었던 것이 된다.

(2) 사가 일구 일승(四家一區一乘)의 분수향위법(分守鄕衛法) 시행

서기전 1993년 무신년(戊申年)에 우서한(于西翰) 천왕이 백아강(白牙岡)에 머물면서 마한 막연(莫延)에게 명하여, 밭을 나누어 땅을 주어 사가일구(四家一區), 일구일승(一區一乘)으로써 향토를 지키게 하였다.672)

우서한 천왕은 오사함(烏斯含)이라고도 하는데673), 둘 다 한자 음으로 비슷한 소

---

670) 전게 한단고기 〈단군세기〉, 91~92쪽 참조

671) 전게 한단고기 〈단구세기〉, 120~121쪽 참조

672) 전게 한단고기 〈단군세기〉, 207~208쪽 참조

673) 전게 한단고기 〈단군세기〉, 79쪽 참조

리를 표기한 이두식 글자가 된다. 우서한이나 오사함은 "웃 한, 윗 한" 즉 "윗(上) 임금(翰, 韓, 汗, 漢)"이라는 뜻을 나타낸 것이 아닌가 한다.

백아강(白牙岡)은 지금의 한반도 평양(平壤)을 가리키는데, "밝은 언덕"의 뜻을 지니는 글자가 될 것이다. 평양(平壤)은 글자로는 평평한 농사짓는 땅을 가리키는데, 땅의 모습이 평평하므로 햇빛이 잘 들어 밝은 곳이 되어 평야(平野) 지대를 나타내는 것이 된다. 단군조선 초기에 백아강 지역에는 달지국(達支國)이 있었으며, 이 백아강에 단군왕검 천왕이 웅백다(熊伯多)를 비왕(裨王)인 마한(馬韓)으로 봉하여 마한(馬韓)의 수도로 삼은 것이 된다.

역사적으로 한반도 평양 외에도 평양이 여러 곳 있었던 것으로 나타나는데, 대표적인 예로는 서기전 425년에 말기 단군조선의 수도였던 장당경(藏唐京)의 남쪽에 위치하였던 해성(海城)을 이궁지(離宮地)로 하여 평양(平壤)이라 불렀다고 기록된다.[674]

한편, 서기전 2357년에 당(唐)을 세운 요(堯)임금이 수도로 삼은 곳은 평양(平陽)인데, 황하(黃河) 중류지역에 위치한 낙양(洛陽)에서 황하를 건너 태원(太原)의 남쪽 사이의 중간쯤에 위치하였던 것이 된다. 즉 황하 남류(南流)지역의 동쪽과 황하 동류(東流)지역의 북쪽으로 분수(汾水) 유역이면서 황하 가까이에 위치하였던 것이다. 이 평양(平陽)과 한반도의 평양(平壤)은 역사적으로 지리적으로 엄연히 다른 곳이다.

제8대 우서한 천왕이 서기전 1993년에 마한(馬韓) 땅에 행차하여, 마한(馬韓) 막연(莫延)에게 네 집(四家)을 한 구역(區域)으로 묶고, 이 한 구역에서 일승(一乘)을 내게 하여 향토방위에 힘쓰도록 명하였던 것이다.

가(家)는 지금의 가구(家口)나 세대(世代)로 나누는 집(家) 단위와는 일치하지 않는 것이 될 것이다. 1가(家)는 과거의 통념상 4대(代)가 함께 사는 것을 기준으로 하

---

674) 전계 한단고기 〈단군세기〉, 114~115쪽 참조

게 되면, 인구수로는 최소한 200명 이상이 사는 크기가 될 것이며, 최소한 10호(戶)에 3대(代)가 함께 사는 것이 되어 작은 마을을 이루는 것이 되고, 장정(長丁)은 최소한 50명 이상이 될 것이다.

이렇게 계산을 하게 되면, 서기전 1652년 가을 7월에 수메르지역 출신의 우르(Ur) 사람들로 추정되는, 단군조선에 투항한 우루(虞婁) 사람 20가(家)[675]는 약 4,000명 정도가 되는 대집단(大集團)이 되어 읍(邑)을 이룰 만한 크기가 된다.

옛날에는 리(里)가 같은 성씨의 일가(一家)가 모여 사는 가(家)의 단위가 아닐까 하는 생각이 되는데, 이로써 계산하면 1리(里)는 마을과 마을의 사이의 거리로서 약 400미터 정도가 되는 것이며, 통상적으로 작은 마을에 한 집(戶)에 약 10명씩 20집(戶) 정도가 사는 것으로 보면, 한 마을(里, 家)에 약 200명 정도가 사는 것이 된다.

여기서 4가(家)이면 최소한 800명 이상이 사는 지역이 되고 장정은 최소한 200명 이상이 될 것이며, 4개의 마을(里)을 합한 것이 되고, 여기서 전차(戰車) 1승(乘)을 각각 마련하는 것이다. 즉 사방(四方)의 4가(家)가 공동 부담하여 중앙(中央)의 직무에 해당하는 1승(乘)을 내어 방위체제를 정립하는 것이다. 이는 정전법(井田法)에서 8가(家)가 공동생산물에 해당하는 1/9을 세율(稅率)로 하여 조세(租稅)로 내는 세법(稅法)과 같은 이치가 된다.

대체적으로 십리(十里)는 10개의 마을(里)을 거쳐 가는 거리가 되어 지름이 약 4킬로미터가 되는데, 팔방(八方)으로 지름 10리(里)이면 마을이 최소한 40개의 마을이 있는 것이 되고, 리(里)를 쉽게 가(家)로 계산하면 최소한 40가(家)가 되어 약 8,000명의 읍(邑)을 이루는 인구수가 된다.

십리(十里)에 걸쳐 읍(邑)이 되고 백리(百里)에 걸쳐 국(國)이 되는데, 백리에 걸치는 소국(小國)은 최소한 400가(家)가 있는 것이 되어 4가 1승(四家一乘)으로 계산하면 약 100승(乘)의 나라가 된다. 대체적으로 지름 백리 정도가 되는 군(郡) 단

---

675) 전계 한단고기 〈단군세기〉, 92쪽 참조

위 크기의 나라가 소국(小國)에 해당한다.

단군조선 시대에 1가(家)의 크기가 과연 어떠하였는지는 기록을 발견하거나 더 연구해 보아야 할 문제인데, 당시 4가(家)를 한 구역으로 묶어서 일구(一區)로 하고, 전차(戰車) 일승(一乘)을 마련하게 하여 자체적으로 향토방위를 하게 한 것이 된다. 이것이 향토를 나누어 분담하여 지키게 하는 분수향위법(分守鄕衛法)인 것이다. 오늘날의 향토예비군 제도와 유사한 제도가 된다.

한편, 후대인 서기전 192년 북부여 시대에 제2대 모수리 천왕이 경향분수법(京鄕分守法)을 세워 시행하였다고 기록되는데[676], 이는 서울과 지방을 윷놀이판과 같이 중앙과 사방(四方)으로 군대를 편성하여, 중앙은 천왕이 맡으며 사방에는 지방의 군사를 주둔시켜 지키게 하는 방위체제가 된다.

(3) 벼농사 풍년

서기전 1992년 기유년(己酉年)에 풍년이 들어 벼 한 줄기에 이삭이 8개나 달렸다.[677] 벼는 하나의 줄기에 하나의 이삭이 달린다. 그래서 한 줄기에 8개의 이삭이 달렸다는 말은 아마도 한 포기를 나타낸 것이 될 것이다. 포기는 한 묶음씩 뭉쳐져 있는 것을 나타내는 말이므로, 벼 한 포기에 8개의 줄기가 뭉쳐서 모두 8개의 이삭이 달렸다는 말이 된다.

당시의 벼농사가 논농사인지 밭농사인지는 불명이나, 한 포기 당 8개의 이삭이 달려 풍년이 되었다는 것이다.

벼농사가 단군조선 초기에 이미 있었다는 증거로서 단군왕검의 천범(天範) 8조를 들 수 있다.[678] 천범 8조는 단군왕검께서 조선을 개국하시고 백성들에게 인간윤

---

676) 전게 한단고기 〈북부여기〉, 129~130쪽 참조
677) 전게 한단고기 〈단군세기〉, 79쪽 참조
678) 전게 한단고기 〈단군세기〉, 57~58쪽 참조

리를 가르치신 하늘의 법이라는 뜻이다.

천범 8조 중 벼와 관련된 내용은, "너희가 만약 벼밭(禾田)에 불을 놓아 벼가 장차 모두 타 없어지게 된다면, 하늘님과 사람이 모두 노할 것이며, 너희들이 비록 아무리 두껍게 둘러싸더라도 그 냄새가 반드시 새어 나올 것이니, 너희들은 인간의 본성을 공경하며 지니고, 사특함을 품지 말 것이며, 악함을 몰래 숨기지 말 것이며, 재앙을 숨기지 말 것이니라. 마음으로 지극히 하늘을 공경하고 백성들을 친하게 여기면, 이에 복록이 무궁할 것이니, 너희 오가들은 이를 따를지니라."이다.

이 천범 8조에 나오는 벼밭(禾田)으로 볼 때는 밭농사를 지은 것으로 보이는데, 논이라는 한자인 답(畓)은 수전(水田)으로서 무논(물논)이며 벼를 심는 논을 가리키는 바, 이 답(畓)이라는 글자가 처음 언제 생겼는지를 알면 벼 논농사의 역사를 밝힐 수 있을 것이다. 논을 가리키는 답(畓)이라는 글자는 중국옥편(中國玉篇)에는 나오지 않는 한자(漢字)로서 선대의 한국(韓國)이 만든 순수한 우리글자가 된다. 그래서 파미르고원 동쪽에서 일어난 벼 논농사는 고대 한국이 먼저 시작한 것임을 알 수 있게 한다.

(4) 하(夏) 나라 암행시찰

서기전 1990년 신해년(辛亥年)에 천왕께서 미복(微服)을 하고서 몰래 국경을 나가 하(夏)나라의 사정(事情)을 시찰(視察)하시고 돌아와 관제(官制)를 크게 고치셨다.[679]

미복차림은 일반백성들처럼 옷을 입는 것인데, 천왕이 일반백성들의 옷차림을 하고서 즉 암행(暗行)을 하여, 하나라로 들어가 하나라의 정세를 살피고 돌아와서는 나라의 관청제도를 크게 고쳤다는 것이다.

당시 하나라는 제11대 설왕(泄王) 시대로서 큰 변란이 없이 대체적으로 평화시

---

679) 전게 한단고기 〈단군세기〉, 79쪽 참조

대였던 것이 된다.

관제(官制)를 어떤 식으로 고쳤는지는 불명이나, 하(夏)나라의 사정을 시찰하고
서 하나라의 변란이 있을 경우에 이에 대비하여 관제를 고쳤을 수도 있고, 하나라
제도의 좋은 점을 본받아 고쳤을 수도 있는 것이 된다. 아마도 당시는 단군조선의
태평시대가 분명하므로, 천왕께서 스스로 정치를 잘 하는 것인지 되돌아보기 위하
여 미복차림으로 암행시찰을 한 것이 된다.

(5) 삼족오(三足烏) 출현

삼족오

서기전 1987년 갑인년(甲寅年)에 세발까마귀(三足
烏)가 대궐 뜰 안으로 날아 들어왔는데, 날개의 넓이가
석자(三尺)나 되었다.[680]

삼족오(三足烏)는 글자 그대로 세발까마귀가 되며,
삼족조(三足鳥)라고도 한다. 오(烏)라는 글자는 "검다"
라는 뜻을 지니는 바, 검은 색깔의 삼족조(三足鳥)를 삼
족오(三足烏)라 표현한 것이 된다.

날개의 넓이가 석자이면 약 1미터 정도 되며, 몸통까지 합하면 약 2미터를 넘는
새가 되어 큰 독수리만한 새가 될 것이다. 삼족오를 나타낸 형상을 보면 머리에 벼
슬이 달려 있어 그냥 보통의 까마귀가 아니라 검은 봉황(鳳凰)을 나타내는 것이 된
다. 또 봉황(鳳凰)은 상상의 새가 되나 실존하는 새로서 가장 근접한 새는 공작류
(孔雀類)가 될 것인 바, 결국 삼족오는 검은 공작이라고 볼 수 있을 것이다.

소위 사신도(四神圖) 중 남쪽의 주작(朱雀)은 주작(朱鵲)이라고도 적는데, 주작
은 불(火)처럼 붉은 색을 띤 공작류의 새가 된다.

검은 색은 북쪽을 상징하는 색인 바, 삼족오(三足烏)는 파미르고원의 동쪽이자

---

680) 전게 한단고기 〈단군세기〉, 79쪽 참조

황하 북쪽에 위치하는 단군조선 고유(固有)의 새가 되며, 단군조선의 정통성(正統性)을 계승한 고구려(高句麗)의 상징적인 새이기도 하다.

한편, 삼족(三足)의 삼(三)이라는 글자는 천지인(天地人)의 셋을 가리키는 말로서 삼신(三神)과 관련되며, 검은 색은 신(神)을 상징하는 색이기도 한 바, 이로써 삼족오는 삼신일체(三神一體)의 천신(天神)으로서 그 대표격인 태양신(太陽神)을 상징하는 것이 된다.

태양은 겉으로 밝은 빛을 내며 타고 있는 반면에, 검은 색의 점이 출현하면서 변동이 생기는데, 이는 검은 숯이 타면서 밝은 빛을 내는 원리에 대입할 수 있는 바, 삼족오는 태양의 중심본체(中心本體)가 되는 태양의 속(中, 內)이면서 속이 비치는 모양이 되는 태양의 흑점과 관련되는 새라고 보면 될 것 같다.

겉과 속(안) 중에서 본체는 속(안)이 되고, 정신(精神)과 육체(肉體) 중 알맹이인 주(主)는 정신(精神)이 되는 바, 즉 삼족오는 태양(太陽)의 본체가 되는 태양신(太陽神)이자 태양(太陽)을 상징하는 새가 된다.

시호는 장제(莊帝)이다.

9. 제9대 아술(阿述:肅帝) 천왕(天王)의 역사

(1) 금법위반자 교화(敎化)의 정치

서기전 1985년 병진년(丙辰年)에 천왕께서 어진 덕이 있으시어 백성이 금법(禁法)을 위반하는 자가 있어도 반드시 말씀하시기를,

"똥을 눈 땅이 비록 더럽다 하나 비와 이슬이 내리는 때가 있느니라."

하며 더 이상 논하지 않으시니, 금법위반자들이 이에 그 덕에 교화되어, 인정어린 도타운 교화가 크게 행해졌다.[681]

단군조선 초기에 이미 금법이 체계적으로 잡혀 있었던 것이 된다. 후기 단군조선 시대가 시작된 후 얼마 안 되는 서기전 1282년 번한(番韓) 서우여(徐于餘)의 시대에, 막 후기 단군조선을 시작한 단군조선 색불루 천왕이 칙서를 내렸으며 이때부터 소위 8조금법인 금팔조(禁八條)를 만들어 시행하였다고 기록되고 있다.

서기전 2333년 10월 3일에 조선을 개국하신 단군왕검 천왕께서는 천범8조를 내려 백성들에게 성(誠), 심화(心化), 경효충(敬孝忠), 화목(和睦), 애우(愛佑), 양보(讓步), 구휼(救恤), 경천친민(敬天親民) 등의 가정과 사회와 국가의 구성원으로서의 인간윤리를 가르쳤다. 또, 서기전 2049년에는 제6대 달문 천왕께서는 사형(死刑)과 책화(責禍)를 없앴다.

아무리 더러운 땅이라도 비가 내리면 씻기어 내려가 깨끗하게 되기 마련이다. 쥐구멍에도 볕 들 날이 있고, 가문 땅에도 비가 내릴 날이 있듯이, 일시 잘못을 저지르거나 죄를 지은 백성들의 마음은 본성을 지니고 있어서 언제든지 올바른 사람이 될 수 있는 것이다.

아술 천왕은 죄 지은 사람들에게 교화의 기회를 주어 끝내는 모든 범법자들이 일반 백성으로 돌아와 살도록 조치하였던 것이며, 이에 따라 죄지은 백성들도 죄를 뉘우치고 참된 백성으로 살게 됨으로써 교화정치가 빛을 발하였던 것이 된다.

(2) 두개의 태양 출현

서기전 1985년 병진년(丙辰年)에 아술 천왕께서 죄지은 자를 감화하여 교화하신 날에, 두개의 태양(太陽, 日)이 나란히 나타나 이를 구경하는 자들이 몰려 쌓은 담과 같았다.[682]

하늘에 태양이 두개가 나타났다는 기록인데, 이는 이미 아침에 떠오른 태양이 개

---

681) 전게 한단고기 〈단군세기〉, 79~80쪽 참조
682) 전게 한단고기 〈단군세기〉, 79~80쪽 참조

기일식 현상으로 사라졌다가 다시 나오니 낮에 두개의 태양이 출현한 것이라 한 것일 수도 있고, 또는 이미 태양이 하늘에 떠 있는 상태에서 아침이나 저녁이나 낮에 일기현상으로 달이 보였던 것일 수도 있으며, 또는 혜성(彗星)이 나타나 밝게 빛남으로써 태양이 출현한 것으로 기록될 수도 있다.

다음해인 서기전 1984년에 청해(靑海) 욕살(褥薩) 우착(于捉)이 반란(叛亂)을 일으킨 것과도 관련이 되는 기록이라 볼 수 있는데, 잠깐 나타났다가 사라진 혜성 출현을 기록한 것이 분명하다고 보인다. 혜성은 출현한 후 사라지지만, 개기일식은 새로운 태양이 자리를 바꾼 상태가 되기 때문에 성공한 혁명에 해당하는 것이 되기 때문이다.

(3) 청해 욕살 우착의 반란과 상춘 신궁(新宮) 창건

서기전 1984년 경자년(更子年)에 청해(靑海) 욕살(褥薩) 우착(于捉)이 군사를 일으켜 대궐을 침범하니, 천왕께서 상춘(常春)으로 피하여 구월산(九月山) 남쪽 기슭에 신궁(新宮)을 창건하게 하였고, 우지(于支), 우속(于粟) 등을 파견하여 그를 토벌케 하여 주살(誅殺)하게 하고, 삼년 후인 서기전 1982년에 서울(아사달)로 되돌아 오셨다.683)

청해(靑海)는 지금의 티벳고원의 동쪽 지역에 해당한다. 욕살은 제후(諸侯)가 아닌 지방장관 격이다.

우착(于捉)이 반란을 일으켜 군사를 이끌고 송화강 아사달의 궁에 침범하니, 아술 천왕이 몸을 피하여 상춘의 이궁(離宮)으로 옮긴 것이며, 이때 상춘의 구월산 남쪽 기슭에 새로운 궁궐을 만들게 하였던 것이 된다. 이 상춘 구월산의 신궁(新宮)이 서기전 1286년에 군사혁명으로 제21대 소태단군으로부터 선양(禪讓)을 받은 제22대 색불루(索弗婁) 단군이 즉위한 후기 단군조선의 수도인 백악산아사달(白岳

___

683) 전게 한단고기 〈단군세기〉, 80쪽 참조

山阿斯達)의 궁(宮)이 된다.

우착을 토벌하여 주살한 우지(于支)와 우속(于粟)은 우착의 친족(親族)으로 추정되는데, 아술 천왕이 우지와 우속에게 명을 내려 우착을 토벌케 한 것이 된다.

아술 천왕이 우착의 난으로 인하여 상춘으로 피한 후 3년이 지나 송화강 아사달로 환궁하였는데, 상춘은 이궁(離宮)이 있던 곳임이 증명되는 것이다. 이궁은 경(京)에 해당하는 곳으로서, 단군조선 시대에 진한, 진조선의 수도가 아사달(阿斯達)과, 이궁이었다가 서기전 1285년부터 후기 단군조선의 수도가 된 백악산아사달, 이궁(離宮)이었다가 서기전 425년에 말기 단군조선의 수도가 된 장당경(藏唐京)의 기본 3경이 있었던 것이며, 그 외에 서기전 1345년에 건립된 이궁(離宮)인 영고탑(寧古塔)과 서기전 425년에 건립된, 장당경 남쪽에 위치한 해성(海城)의 이궁(離宮)이 있다.

(4) 우가(牛加) 노을(魯乙) 즉위

서기전 1951년 경인년(庚寅年)에 천왕께서 붕하시고 우가(牛加) 노을(魯乙)이 즉위하였다.[684]

우가(牛加)는 농사담당으로서 지금의 농산부에 해당하는 중앙부서이다. 단군조선 전기(前期) 시대에 태자(太子)가 아니면서 천왕(天王)에 즉위한 인물로서 양가(羊加) 출신과 우가(牛加) 출신이 있었으며, 상대적으로 우가(牛加) 출신이 많았던 것으로 보아 우가(牛加)가 다른 부서보다 요직(要職)이었던 것이 될 것이다.

시호는 숙제(肅帝)이다.

---

684) 전게 한단고기 〈단군세기〉, 80쪽 참조

10. 제10대 노을(魯乙:靈帝) 천왕(天王)의 역사

(1) 가축 외 야생동물 사육

서기전 1950년 신묘년(辛卯年)에 처음으로 큰 우리(囿)를 만들어 가축 이외의 짐승들을 길렀다.[685]

당시 가축은 대표적으로 한배달조선(桓檀朝鮮, 桓倍達朝鮮)의 오가(五加) 제도의 상징동물인 돝(돼지), 개, 양(또는 염소)과 닭, 소, 말 등이 될 것이며, 이러한 가축 외에 야생 짐승들을 길렀다는 것인 바, 범(호랑이), 표범, 곰, 늑대, 노루, 사슴, 여우, 멧돼지, 삵(살쾡이) 등을 가리키는 것이 될 것이다.

(2) 일반 마을(墟落) 행차

서기전 1949년 임진년(壬辰年)에 몸소 일반 백성들이 사는 마을로 행차하여 안부를 물으며 계시니, 어가(御駕)가 머문 야외에 현자(賢者)들이 많이 모여 들었다.[686]

노을(魯乙) 천왕이 가마를 타고 도성(都城)을 벗어나 일반 백성들이 살고 있는 마을로 행차하여 머무니, 많은 현자들이 찾아 모였다는 것이다. 단적으로 태평시대임을 알 수 있게 한다.

(3) 신원목(伸寃木)

서기전 1946년 을미년(乙未年)에 궁문 밖에 신원목(伸寃木)을 설치하여 백성들의 사정을 들으시니, 궁궐 밖 멀리까지 크게 기뻐하였다.[687]

---

685) 전게 한단고기 〈단군세기〉, 80쪽 참조
686) 전게 한단고기 〈단군세기〉, 80~81쪽 참조
687) 전게 한단고기 〈단군세기〉, 80~81쪽 참조

신원목은 억울함을 호소하는 장치로서의 나무를 가리키는데, 근세 조선시대의 신문고(申聞鼓)와 같은 제도가 된다.

임금이 일반 백성들의 억울함을 직접 들으려면 번잡하게 측근과 호위병을 거느리고 몸소 마을로 행차하여야 하는 번거로움이 있는데, 그보다도 간편한 방법으로서 억울한 백성들이 궁을 찾아와 신원목을 두드리거나 억울한 사연을 적은 글을 남겨 놓으면, 담당자를 통하여 그 사연을 듣거나 그 글을 직접 읽고서 백성들의 원한을 풀어 줄 수 있도록 한 것이 된다.

(4) 기이(奇異)한 일

서기전 1935년 병오년(丙午年)에 동문(東門) 밖 10리 떨어진 육지에서 연(蓮)이 자라서 다함이 없으며, 누워 있던 돌이 일어나고, 천하(天河)에서 신구(神龜)가 그림을 지고 나타났는데 그 그림이 윷판과 같으며, 발해 연안에서 금 덩어리가 땅 밖으로 나왔는데 그 양이 13섬이나 되었다.[688]

(가) 연꽃

연(蓮)은 연못(淵) 즉 물에서 자라는데, 이때는 연이 육지 즉 물이 아닌 일반 땅에서 생겨나고 꽃이 피고 하면서 끝이 없었다는 것이다. 즉 연이 계속하여 자라고 꽃이 피고 하였다는 것이다.

(나) 누운 돌(臥石)이 일어나다

누워 있던 돌이 일어났다는 것은 옆으로 누운 모양으로 되어 있던 큰 돌판이 세로로 섰다는 것인데, 아마도 지각변동이 있었던 모양이다. 이는 발해 연안에서 금덩어리가 노출되었다는 내용과 지각변동이라는 면에서 같은 현상이라 할 수 있다.

---

688) 전게 한단고기 〈단군세기〉, 80~81쪽 참조

(다) 신령스런 거북이(神龜)와 윷판 그림

천하(天河)에서 나온 신령스런 거북
이가 윷판 그림을 그린 듯 한 모양으로
된 등판을 가졌다는 것인데, 단군조선
의 천하(天河)는 남북으로 흐르는 지금
의 송화강이며, 거북이 등판은 소위 갑
골문을 새기는 글판의 재료가 되기도

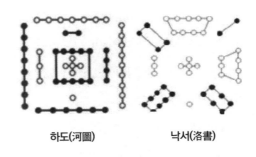

하도(河圖)   낙서(洛書)

하는데, 실제로 거북의 등판모양이 윷판과 같이 생긴 것을 의미하는 것이 될 것이
다. 하늘에 남북으로 펼쳐진 별들의 무리인 소위 은하수(銀河水) 또는 미리내(龍川)
를 천하(天河)라고도 한다.

이 천하신구(天河神龜)의 기록과 유사한 내용의 글이 서기전 2267년경 요순(堯
舜)시대 대홍수의 치수(治水)를 담당하였던 사공(司空) 우(禹)가 얻었다는 소위 낙
서(洛書)와 관련하여 전해오는데, 낙서(洛書)는 낙수(洛水)에서 나온 거북이의 등
판에 그려진 수리음양역(數理陰陽易)이다.

즉, 우가 낙서(洛書)를 얻었다는 것은 당시 우가 치수를 담당하면서 그 이전 시대
의 역(易)을 얻었다는 것을 나타내는 것이 되는데, 태호복희 8괘역을 숫자로서 방향
(方向)과 음양(陰陽)에 따라 나타낸 것이 되는 바, 북서6, 북1, 북동8, 동3, 남동4,
남9, 남서2, 서7, 중5의 순서로 되어 있으면서 홀수인 1, 3, 5, 7, 9는 양수(陽數)이
며, 짝수인 2, 4, 6, 8은 음수(陰數)이다.

여기서 태호복희 8괘역으로 북서(北西)는 진(震), 북(北)은 곤(坤), 북동(北東)은
간(艮), 동(東)은 감(坎), 남동(南東)은 손(巽), 남(南)은 건(乾), 남서(南西)는 태(兌),
서(西)는 리(離)의 괘가 된다. 중앙을 5로 하여 북서, 북, 북동, 동, 남동, 남, 남서, 서
를 우물 정(井)자에 배당하면 바로 가로, 세로, 대각선 방향으로 3개의 숫자가 각각
합이 15가 되는 소위 마방진(魔方陣)이 된다.

윷판은 북두칠성(北斗七星)이 북극성(北極星)을 중심으로 시계침(時計針)이 도

는 방향의 반대 방향으로 회전하는 모습을 사방(四方)으로 나타낸 모양이다. 그리하여 모두 7일(日), 4요(曜), 28수(宿), 12월(月), 13기(期), 365일, 366일을 나타내는 성력(星曆)이자 태양력(太陽曆)을 나타낸 것이 된다. 북두칠성의 7개 별의 모습이 곧 해(日)와 달(月)과 오행성(五行星)의 모습으로서 소위 음양오행(陰陽五行)을 나타내는 것이기도 하다.

윷판은 윷놀이판이다. 윷놀이는 통나무 막대기를 반쪽으로 나눈 4개의 나무 막대기를 사용하여 나오는 점수에 따라 말(馬)을 움직여 윷판을 돌면서 승부를 즐기는 놀이이다. 점수 1점은 한 칸을 가는 도, 2점은 두칸을 가는 개, 3점은 세칸을 가는 글, 4점은 네칸을 가는 윷, 5점은 다섯칸을 가는 모이다. 도는 돝(猪,豬)으로서 돼지(도야지)라는 말이고, 개는 집에서 키우는 개(犬, 狗)를 가리키며, 글은 털이 긴 양(羊厥, 궐)을 가리키고, 윷은 소(牛)를 가리키고, 모는 말(馬)을 가리킨다.

윷놀이판에서 점수대로 가는 도개글윷모의 순서는 오행상생의 원리를 나타내는 것이 된다. 즉, 도는 1점으로서 중앙을 가리키고, 개는 2점으로서 서방(西方)을 가리키고, 글은 3점으로서 북방(北方)을 가리키며, 윷은 4점으로서 동방(東方)을 가리키고, 모는 5점으로서 남방(南方)을 가리키

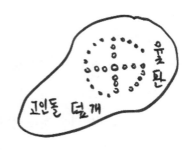

는데, 중서북동남은 곧 토금수목화(土金水木火)의 방향으로서 토생금(土生金), 금생수(金生水), 수생목(水生木), 목생화(木生火), 화생토(火生土)라는 상생(相生)의 원리로 배치된다. 이로써 배달나라와 단군조선 시대의 오가제도는 오행상생(五行相生)의 원리로 시행되고 있었던 것임을 알 수 있다.

(5) 감성(監星)

서기전 1916년 을축년(乙丑年)에 처음으로 감성(監星)을 설치하였다.[689]

이때 별을 관찰하는 감성이라는 관청을 처음으로 설치하였다는 것이며, 처음으

로 천문(天文)을 관측하였다는 것은 아니다. 왜냐하면, 별자리 관측은 이미 역법이 시작되기 이전부터 해오던 것이 되는데, 역법이 시작된 해는 계산상으로 황궁씨(黃穹氏)가 화백(和白)으로 다스리던 마고성(麻姑城) 시대의 후기시대인 서기전 25858년 계해년이 된다.

시호는 영제(靈帝)이다.

---

689) 전게 한단고기 〈단군세기〉, 80~81쪽 참조. 이미 천문관측을 담당하는 자리는 있었던 것이 되는데, 아마도 역(易)이나 점(占)을 담당하는 자가 맡았던 것이 되고, 이때에 이루러 감성이라는 천문관측 관청을 별도로 설치하였다는 것이 된다.